Aufriß der Historischen Wissenschaften

Band 4

Quellen

Philipp Reclam jun. Stuttgart

Die Deutsche Bibliothek – CIP-Einheitsaufnahme

Aufriß der Historischen Wissenschaften /
Hrsg.: Michael Maurer. – Stuttgart : Reclam
Bd. 4. Quellen. – 2002
(Universal-Bibliothek ; 17030)
ISBN 3-15-017030-3

Universal-Bibliothek Nr. 17030

Gesamtherstellung: Reclam, Ditzingen. Printed in Germany 2002

ISBN 3-15-017030-3

www.reclam.de

Inhalt

Zu dieser Reihe
Von Michael Maurer 7

Altertum

Inschriften, Münzen, Denkmäler
Von Bruno Bleckmann 15

Gesetze, Verwaltungsschriftgut, politische Pamphletistik
Von Burkhard Meißner 33

Ethnographische und geographische Literatur
Von Barbara Patzek 60

Briefe und Biographien
Von Maria H. Dettenhofer 82

Literarische Werke als historische Quellen
Von Wolfgang Christian Schneider 102

Mittelalter

Dingliche Relikte
Von Peter Wolf 126

Urkunden und Akten
Von Thomas Vogtherr 146

Urbare und verwandte Quellen zur Wirtschafts- und Sozialgeschichte
Von Enno Bünz 168

Hagiographie
Von Klaus Herbers 190

Reiseberichte, ethnographische und geographische Schriften
Von Christian Halm und Jan Hirschbiegel 215

Neuzeit

Gesetze, Verfassungen und Verträge
Von Christoph Kampmann 239

Gerichtsakten und andere Quellen zur Kriminalitätsgeschichte
Von Gerd Schwerhoff 267

Visitationsprotokolle und andere Quellen zur Frömmigkeitsgeschichte
Von Peter Thaddäus Lang 302

Reiseberichte
Von Michael Maurer 325

Briefe
Von Michael Maurer 349

Zeitungen, Zeitschriften, Flugblätter, Pamphlete
Von Hans-Christof Kraus 373

Bilder
Von Michael Maurer 402

Fotografien
Von Karin Hartewig 427

Filme
Von Joachim Wendorf 449

Zu den Autoren 472

Zu dieser Reihe

Von Michael Maurer

Interesse und Überlieferung: Das sind die beiden Stichworte, von denen aus hier eine Einführung in die Historischen Wissenschaften geboten wird. Interesse: Das enthält ein aktives Moment, das den Horizont des Betrachters mit vergangenen Welten vermitteln will. Je nachdem, wie wir unser Interesse definieren, wandelt sich für uns die Geschichte. Jacob Burckhardt erläuterte seinen Zugriff im Vorwort zur *Griechischen Kulturgeschichte* so: »Sie hebt diejenigen Tatsachen hervor, welche imstande sind, eine wirkliche Verbindung mit unserm Geiste einzugehen, eine wirkliche Teilnahme zu erwecken, sei es durch Affinität mit uns oder durch den Kontrast zu uns. Den Schutt aber läßt sie beiseite.«[1] Hier ist klar und kraß die eine Seite ausgesprochen: Wir benötigen *Gesichtspunkte* (noch ein Lieblingswort Burckhardts!), um uns Geschichte zu erschließen. Geschichte als bloßes vergangenes Sein bliebe tot; es braucht die Verbindung zu uns, unsere Teilnahme, unser Interesse.

Und die andere Seite: Geschichte vollzieht sich zwar auch ohne unser Zutun; entscheidend für unser Wissen von Geschichte ist aber die Überlieferung, ein aktives Tradieren. Gedächtnis-Stiften (*Memoria*) – das steht am Anfang. Aufbewahren und Sammeln sind grundlegende menschliche Tätigkeiten, ohne die es den Beruf des Historikers nicht gäbe. Wenn er auswählt, analysiert, Kritik übt, systematisiert, wertet: dann geschieht das nicht nur in spezifischer Hinsicht, nach seinem Interesse, sondern es bemißt sich auch nach dem überhaupt Vorhandenen, Erschließbaren,

1 Jacob Burckhardt, *Griechische Kulturgeschichte*, Bd. 1, Berlin/Leipzig 1930 (*Gesamtausgabe*, Bd. 8), S. 2.

letztlich: (ob als Denkmal, ob als Überrest) Tradierten. Das Wissen um die Institutionen und Medien des Überlieferns von Geschichte wird deshalb hier wichtiger genommen, als es anderen zeitweilig angebracht schien.

Von daher erklärt sich der Aufbau des Werkes: Dem Interesse an der Geschichte gelten die ersten drei Bände, der Überlieferung die folgenden drei, der Schlußband *Neue Themen und Methoden der Geschichtswissenschaft* zeigt die Öffnungen, die aktuellen Erweiterungen des Interesses, die Neuorientierungen, die sich abzeichnen. Im Zentrum steht also nicht das Modische, worüber gegenwärtig in Zeitschriften und auf Kongressen diskutiert wird; im Zentrum stehen vielmehr jene relativ gesicherten systematischen und Strukturbegriffe, die für Fachhistoriker selbstverständlich sind. Auch wo man sie übersteigt und umstößt, zeigt sich, daß sie vorhanden waren. Sie müssen also zunächst dargestellt und begründet werden, wenn man sichere Orientierung in einem Feld gewinnen will, das in der Öffentlichkeit oft fluktuierend und von aktuellen Strömungen abhängig erscheint, für den Kern der Fachwissenschaft aber in hohem Maße durch beharrende Strukturen, unbestrittene Grundbegriffe und handwerkliche Standards geprägt wird.

Der erste Band spiegelt zunächst als grundlegende Kategorie das Interesse an der Geschichte nach *Epochen* – Alte Geschichte, Mittelalter, Frühe Neuzeit (16.–18. Jahrhundert), 1789–1917 (»Neuere Geschichte«), Zeitgeschichte. In dieser oder abgewandelter Konkretisierung trifft man auf Geschichte als Fachwissenschaft in Universitäten, Instituten, Studiengängen und Lehrstuhlbezeichnungen. Auch zeigt es sich erfahrungsgemäß, daß beim heutigen Grad der Spezialisierung in den Historischen Wissenschaften der Umgang mit den epochenspezifischen Quellen und Methoden einen jeweils epochenspezifisch charakterisierbaren Historikertypus ausprägt; es gibt durchaus so etwas wie eine je eigene Professionalität des Mediävisten oder des

Zeithistorikers. Am Anfang steht also die Kategorie Epoche: Nicht zuletzt deshalb, weil das Verhältnis zur Zeit und zur Gliederung des Vergangenen für Historiker entscheidend ist.

Der zweite Band nimmt seinen Ansatz von der komplementären Kategorie *Raum*: Das Interesse an der Geschichte wandelt sich fundamental im Hinblick auf den gewählten geographischen Ausschnitt. Menschliches Leben vollzieht sich global in definierten Räumen; Kulturen und Staaten lassen sich abgrenzend erkennen. Aber je nachdem, wie groß oder wie klein man sein räumliches Interesse zuschneidet, entstehen unterschiedliche Formen des Umgangs mit Geschichte, andere Quellenverhältnisse, andere Deutungsvoraussetzungen. An Universitäten, in Fachverbänden, in Fachzeitschriften zeigt sich oft die geographische Einteilung als entscheidende Kategorie. Die Möglichkeiten der Differenzierung sind hier unendlich; der zweite Band bietet paradigmatisch Universalgeschichte (das Ganze), Europäische Geschichte (als Beispiel für einen herausgehobenen kulturellen Zusammenhang), Osteuropäische Geschichte (als Beispiel für einen Geschichtsraum mit eigener Problematik und disziplinärer Verfestigung), Deutsche Geschichte (die eigene Nationalgeschichte als Beispiel für den Zugriff über die Kategorie Nation) und Landesgeschichte (als Beispiel für einen Zugriff über die Kategorie Region).

Der dritte Band erschließt die Kategorie des Interesses an der Geschichte über *Sektoren* (oder *Disziplinen* bzw. Teildisziplinen) der Historischen Wissenschaften, die (explizit oder implizit) deren Aufteilung und Zuordnung zu Fächern an Universitäten determinieren. Politische Geschichte: Sie erscheint (oder erschien) oft als Geschichte schlechthin, freilich nur dann, wenn man die neuere Entwicklung der Nationalstaaten zum Maß nimmt – zugegebenermaßen verbunden mit der Verwissenschaftlichung der Historie. In einer bestimmten Phase der Entwicklung erschien der Staat als »das eigentliche Arbeitsgebiet der

Geschichte« (Dietrich Schäfer); oft genug brauchte man das gar nicht zu thematisieren, weil das Studium der Geschichte der Ausbildung von Staatsmännern und Diplomaten (sowie der Allgemeinbildung) diente. Gesellschaftsgeschichte: Sie erscheint im Verhältnis zur Politischen Geschichte als neues Paradigma, im wesentlichen eine Entwicklung der Jahrzehnte seit 1960, verknüpft auch mit der Alternative Ereignis oder Struktur, mit dem methodischen Vorbild der Sozialwissenschaften und (teilweise) mit politisch emanzipatorischen Positionen. Wirtschaftsgeschichte: An der fundamentalen Bedeutung von Wirtschaft für jedes Leben (auch jeden Staat, jede Gesellschaft, jede Kultur) besteht kein Zweifel. Trotzdem hat die Wirtschaftsgeschichte an deutschen Universitäten meist ihren Sitz nicht in den Historischen Instituten (bzw. Philosophischen Fakultäten), sondern in den wirtschaftswissenschaftlichen. Kirchen- und Religionsgeschichte: Daß die geistige Prägung für jedes Leben (einschließlich der Wirtschaft, der Kultur) von entscheidender Bedeutung ist, wird kaum irgendwo bestritten; trotzdem werden diejenigen, die sich mit diesem Sektor der Geschichte beschäftigen, gewöhnlich den Theologischen Fakultäten zugeordnet. Kulturgeschichte schließlich: In der Sicht mancher erscheint diese ältere Zugriffsweise mit ihrer komplexen wissenschaftsgeschichtlichen Entwicklung unter gegenwärtigen Prämissen einer erneuerten Geschichtswissenschaft (Alltagsgeschichte, Mentalitätsgeschichte, Historische Anthropologie) als Möglichkeit der Zukunft, ob nun in eigener Ausprägung oder als das Element, das die Allgemeine Geschichte überhaupt durchdrungen hat (wie zeitweilig die Politische Geschichte, später die Gesellschaftsgeschichte).

Der vierte Band (*Geschichte und Überlieferung: Quellen*) nimmt seinen Ausgangspunkt von der Erfahrung, daß die Spezifik unterschiedlicher Quellengattungen die Methoden und Zugriffsweisen, ja sogar das Geschichtsbild prägt. Gewiß, es läßt sich postulieren, der Darsteller einer bestimmten Epoche habe schlechterdings alle Quellen zu berücksichtigen. Faktisch aber zeigt es sich, daß stets Vorentscheidungen (für bestimmte Archive, bestimmte Aktenbestände, bestimmte Sachgüter) getroffen werden, die das Ergebnis entscheidend prägen. Für Leopold von Ranke erschloß sich eine neue Welt und spezifische Sicht der europäischen Geschichte, als er die venetianischen Relationen entdeckt hatte. Ob sich ein Althistoriker auf literarische Quellen beschränkt oder wesentlich archäologisch vorgeht, ist vorentscheidend für seine Methode, seine Ergebnisse, auch die Gesichtspunkte seiner Deutung. Es lohnt sich deshalb, die Möglichkeiten und Grenzen einzelner Quellengattungen auszuloten – auch dann, wenn dies angesichts der Fülle nur anhand von (epochentypisch zugeordneten) Beispielen (für Altertum, Mittelalter und Neuere Geschichte) geschehen kann.

Der fünfte Band beschäftigt sich mit Geschichte und Überlieferung unter dem Hauptaspekt *Geschichtsschreibung* und dem Nebenaspekt *mündliche Überlieferung*. Früheren Generationen erschien Geschichtsschreibung überhaupt, angefangen von Herodot, dem »Vater der Geschichtsschreibung«, bis zu den Memoiren der jeweiligen historisch handelnden Zeitgenossen, als entscheidend; was man über Geschichte wußte und zu wissen begehrte, hatten die klassischen Historiker aufgeschrieben; es stand in Chroniken und Annalen zu lesen. Dieser Gesichtspunkt wurde zunächst dadurch relativiert, daß man sich emphatisch auf die originalen Quellen bezog. Sodann wurde er neu bedacht, als man auf Kulturen stieß, denen Schrift noch nicht zur Verfügung stand. Und er relativierte sich schließlich durch die Beschäftigung mit andersartigen, nicht literarischen Quellen (Münzen, Bauwerken, Bildern, Sachgütern). In den letzten Jahrzehnten, so will es scheinen, wurde der Gesichtspunkt der Darstellung von Geschichte, der deutenden Überlieferung im geschriebenen Wort, über Gebühr verdrängt und marginalisiert. Hier dagegen wird die Tradition des Tradierens in ihrer rationalsten und reflektiertesten Form erneut als zentrale wissenschaftliche Aufgabe des Historikers vorgestellt.

Der sechste Band erläutert, welche *Institutionen* für historische Überlieferung zentral sind und wie sie sich entwickelt haben. Auch die großen Werke der Geschichtsschreibung (ebenso Urkunden und Akten, Münzen, Bilder, Sachgüter) bedürfen des Bewahrens und Sammelns, der Auswahl und Pflege. Zusammenhänge über das einzelne menschliche Leben hinaus werden wesentlich durch Institutionen der Überlieferung garantiert, die jeweils ihre eigene Spezifik haben und ihren eigenen Beitrag zum Bestand einer Kultur leisten. Hier werden Universitäten, Schulen, Archive, Bibliotheken und Museen vorgestellt: jeweils in ihrer Bedeutung für die Tradierung historischen Wissens. Indem wir ihre Entstehung und Funktion, ihre Geschichte und Wechselwirkung mit anderen Institutionen erläutern, vertiefen wir unsere Kenntnis der Möglichkeiten und Grenzen historischer Überlieferung.

Der siebte Band schließlich (*Neue Themen und Methoden der Geschichtswissenschaft*) bietet (jenseits der Leitkategorien Interesse und Überlieferung) Einblicke in die Werkstatt gegenwärtigen historischen Arbeitens, indem er einige der Tendenzen heraushebt und gesondert vorstellt, die sich in den letzten Jahrzehnten klarer abgezeichnet haben – manche werden vielleicht in der weiteren Entwicklung als Sektoren verstanden werden können – (u. a. Alltagsgeschichte, Frauen- und Geschlechtergeschichte, Historische Anthropologie, Oral History, Historische Demographie und quantitative Methoden).

»Aufriß« ist ein Architektenwort: Ein bereits vorhandenes Gebäude wird nicht im Grundriß gezeigt, der die Fundamente angibt, sondern in einer Projektionsweise von außen, die naturgemäß auf den Standpunkt eines Betrachters perspektiviert sein muß – allerdings, wie angeführt, eines zweiäugigen.

Von »Historischen Wissenschaften« wird hier in einem doppelten Sinne gesprochen: Einerseits sind alle jene Wissenschaften historisch, die nicht systematisch sind. Der Grundaspekt der Physik, der Medizin, der Rechtswissenschaft ist systematisch (mögen sie auch historische Nebenaspekte aufweisen). Der Grundaspekt einer konkurrierenden Fächergruppe ist historisch: Sie erfassen menschliches Leben gerade als gewordenes, in seinem Wandel (mögen sie auch systematische Nebenaspekte aufweisen). Im Zentrum dieser Historischen Wissenschaften steht die Geschichtswissenschaft; es ist aber entscheidend, sich gegenwärtig zu halten, daß die Gemeinsamkeit der Historischen Wissenschaften weit über das Fach Geschichte und die historischen Institute hinausreicht (also etwa, um die oben genannten Beispiele aufzugreifen, auch die Wirtschaftsgeschichte innerhalb der Wirtschaftswissenschaftlichen Fakultäten und die Kirchen- und Religionsgeschichte innerhalb der Theologischen Fakultäten, im übrigen auch Rechtsgeschichte, Philosophiegeschichte, Kunstgeschichte, Literaturgeschichte usw. mit umfaßt).

Der *Aufriß der Historischen Wissenschaften* soll einen Zugang zur Geschichte, zum historischen Denken und zur Wissenschaft der Historiker vermitteln. Damit stellt er ein Angebot dar für alle, denen die historische Dimension nicht gleichgültig ist. Insbesondere möchte er jedoch eine Brücke von der Schule zur Universität schlagen, also denjenigen Orientierung bieten, die beispielsweise als Schüler in einem Leistungskurs Geschichte mit diesem Fach in Kontakt gekommen sind und sich die Frage stellen, ob sie Geschichte (oder ein Fach mit historischer Komponente) studieren wollen, und selbstverständlich auch ihren Lehrern, die solche Orientierung vermitteln können. Sodann ist an Studierende gedacht, die sich im Grundstudium für Geschichte (oder ein anderes Fach aus dem Bereich der Historischen Wissenschaften) entschieden haben und nun, über die gebotenen Einführungen und thematischen Spezialveranstaltungen hinaus, ein Bedürfnis nach systematischer Orientierung (Kategorien, Methoden) entwickelt haben. Es gilt, ihr Interesse aufzugreifen und ihnen die Überlieferung weiterzugeben.

Altertum

Inschriften, Münzen, Denkmäler

Von Bruno Bleckmann

Eine historische Disziplin wie die Alte Geschichte, die über eine jahrhundertelange wissenschaftsgeschichtliche Tradition verfügt, begegnet oft dem Vorurteil, in ihr seien grundsätzlich neue Forschungsergebnisse und Erkenntnisse nicht zu erzielen. Wie jedes Vorurteil stimmt auch dieses nicht, schon deshalb, weil der Quellenbestand jedes Jahr kontinuierlich zunimmt. Dies gilt weniger für die literarische Tradition, obgleich auch hier durch die Edition bisher nicht beachteter mittelalterlicher Handschriften durchaus Zuwächse zu verzeichnen sind.[1] Vielmehr trifft dies in der Hauptsache für die Kategorie zu, die Johann Gustav Droysen in seiner Quellentypologie unter dem Begriff »Überrest« zusammengefaßt hat:[2] Jahr für Jahr werden in systematischen Grabungen, durch Zufallsfunde oder durch den Metalldetektor unmittelbar aus der Antike stammende materielle Hinterlassenschaften aus dem Boden gehoben, ob es sich nun um die Nägel eines Soldatenstiefels, einige verstreute Münzen, ein Keramikgefäß oder die Fundamente eines Kaiserpalastes handelt. All diese Hinterlassenschaften sind geeignet, dem Historiker bestimmte Informationen über die Zeit zu vermitteln, aus der sie stammen.

Für die Ereignisgeschichte und für die Geschichte der

1 Etwa im Falle einiger sozialgeschichtlich interessanter Briefe des heiligen Augustinus; vgl. Claude Lepelley, *Les lettres de Saint Augustin découvertes par J. Divjak*, Paris 1983.

2 Johann Gustav Droysen, *Historik. Vorlesungen über Enzyklopädie und Methodologie der Geschichte*, München 1937, S. 38–50.

politischen und sozialen Strukturen sind dabei Schriftzeugnisse aller Art von besonderer Aussagekraft. Für den Routineschriftverkehr benutzten die Menschen der Antike Papyrus oder andere billige Schreibstoffe wie Tonscherben, geweißte Holzbretter oder (für Notizen) auch mit Wachs überzogene Schreibtafeln. Sollte allerdings der Text auf Dauer konserviert und einer größeren Öffentlichkeit präsentiert werden – etwa an einer Gräberstraße, vor einem Tempel oder auf dem Zentralplatz, auf dem sich das öffentliche Leben abspielte, dem Forum oder der Agora –, waren aufwendigere Formen gefragt. In diesen Fällen wurde der Text auf eine geglättete Steinplatte eingemeißelt oder auf eine Bronzeplatte eingraviert. Es ist leicht nachvollziehbar, daß diese Inschriften auf dauerhaftem Material sich für alle Gegenden des griechisch-römischen Kulturraums erhalten haben, während der auf vergänglicheren Materialien fixierte Routineschriftverkehr nur in Ausnahmefällen zu greifen ist, wenn besonders günstige Bedingungen des Klimas oder des Bodens eine jahrtausendlange Bewahrung dieser Materialien erlauben. Dies gilt etwa für die zahllosen ägyptischen Papyri, die im heißen Wüstenklima konserviert worden sind, für einige Pergamente aus der Euphratgegend, für die auf Holz bzw. Rinde geschriebenen Tafeln aus dem britannischen Vindolanda, die im sumpfigen Boden erhalten geblieben sind und uns über den Alltag einer kleinen, an der Grenze stationierten Militäreinheit informieren,[3] sowie für die im schweizerischen Vindonissa entdeckten Holztäfelchen mit Wachsüberzug.[4]

Der Umgang mit Inschriften ist nicht einfach. Meistens fehlen ganze Stücke der Bronze- oder Steintafel und muß der fehlende Rest ergänzt werden. Oft bereitet auch das

3 K. Bowman / J. David Thomas, *Vindolanda: The Latin Writing-Tablets*, Glocester 1984; Bowman / Thomas, *The Vindolanda Writing-Tablets (Tabulae Vindolandenses II)*, London 1994.

4 Michael Alexander Speidel, *Die römischen Schreibtafeln von Vindonissa*, Brugg 1996.

Lesen des Vorhandenen erhebliche Schwierigkeiten. Das beginnt schon damit, daß in griechischen Inschriften die Worte nicht getrennt werden oder daß in lateinischen Inschriften mit Inbrunst zahlreiche Abkürzungen verwendet werden. Schließlich ist der Bestand der auf Stein und Bronze verzeichneten Texte so groß und wächst so rasch, daß selbst der Spezialist die Materialmengen kaum mehr überblicken kann, obgleich gerade ein solcher Überblick notwendig ist, um fragmentarische Inschriften aus den aus vollständigen Inschriften bekannten Formeln und Wendungen ergänzen zu können. Angesichts dieser vielfachen Schwierigkeiten ist es nicht erstaunlich, daß es für die Inschriften eine Sonderdisziplin der Alten Geschichte, die Epigraphik, gibt, die sich auch um die wenigen auf Holz geschriebenen Dokumente bemüht, während die Beschäftigung mit den zahllosen aus dem Wüstensand geborgenen Papyri und ihren Sonderproblemen einer anderen Disziplin, nämlich der Papyrologie, obliegt. Spezialdisziplinen wie die Papyrologie und die Epigraphik bedeuten für den allgemein arbeitenden Althistoriker eine gewaltige Arbeitserleichterung – von seinem Standpunkt aus erscheinen sie als seine »Hilfswissenschaften«. Ihre Existenz entbindet ihn allerdings nicht von der Verpflichtung, ihre Ergebnisse bis ins Detail zur Kenntnis zu nehmen und selbst mit ihren Methoden zu arbeiten.

Einige Fallbeispiele mögen genügen, um darzulegen, in welcher Form Inschriften die literarische Tradition zu Sachverhalten der Alten Geschichte wesentlich ergänzen oder überhaupt anderweitig nicht bekannte Fakten dokumentieren. Dabei soll bewußt auf neuere Entdeckungen und deren inspirierende Wirkung für die aktuelle althistorische Forschung verwiesen werden.

(1) Das Hauptthema der griechischen Geschichte des 5. Jahrhunderts v. Chr. ist bekanntlich der Konflikt zwischen den von Athen und Sparta geführten hegemonialen

Systemen, der mit dem Peloponnesischen Krieg (431–404) und dem Sieg Spartas seinen Abschluß fand. Die allgemeine historische Bedeutung dieser Phase der griechischen Geschichte ergibt sich nicht zuletzt daraus, daß die Eskalation dieses Kampfes in klassischer Weise von Thukydides, dem Begründer der wissenschaftlichen Geschichtsschreibung, beschrieben worden ist. Dabei konzentriert sich Thukydides auf einige Aspekte, die ihn besonders interessieren. Anderes hat er dagegen ausgeblendet, etwa die institutionelle Ausgestaltung der beiden Hegemonialsysteme. Für den Attischen Seebund bieten hier literarische Zeugnisse (etwa die Schrift des Aristoteles *Über den Staat der Athener* oder gewisse Anspielungen in der zeitgenössischen Komödie) einige ergänzende Auskünfte. Daneben muß man aber auf das reichhaltige Inschriftenmaterial zurückgreifen, z. B. auf Volksbeschlüsse, in denen Fragen des Seebundes geregelt werden, oder auf die monumentalen, ursprünglich auf der Akropolis aufgestellten sogenannten »Tributlisten«.[5] Was das von Sparta geführte Hegemonialsystem betrifft, besaß man bis vor kurzem kaum Anhaltspunkte, um über ein von der literarischen Tradition vermitteltes, ganz allgemeines Bild hinauszugelangen. In jüngster Zeit haben zwei Inschriftenfunde aus Sparta unser Wissen über das von Sparta geführte hegemoniale Gebilde am Ausgang des 5. Jahrhunderts zumindest für einige Aspekte erweitert. Es handelt sich dabei um einen Vertrag zwischen Sparta und den aitolischen Erxadieis[6] sowie um eine Liste mit Beiträgen zum Kriegsfonds im Peloponnesischen Krieg, von der seit 1993 ein zusätzliches großes Fragment bekannt ist.[7]

5 Benjamin D. Meritt [u. a.], *The Athenian Tribute Lists I–IV*, Cambridge 1939–53.

6 Russell Meiggs / David Lewis, *A Selection of Greek Historical Inscriptions*, Oxford ²1988, Nr. 63 bis.

7 William T. Loomis, *The Spartan War Fund. IG V 1,1 and a New Fragment*, Stuttgart 1992. Zur Datierung Bruno Bleckmann, »Sparta und seine Freunde im Dekeleischen Krieg. Zur Datierung von IG V 1,1«, in: *Zeitschrift für Papyrologie und Epigraphik* 96 (1993) S. 197–308.

Der Vertrag zwischen Sparta und einer kleinen Splittergruppe der nordwestgriechischen Aitoler, die sich anscheinend in der Peloponnes niedergelassen hatte und von deren Existenz man vor der Entdeckung dieser Inschrift nichts wußte, zeigt exemplarisch, wie die Beziehungen zwischen Sparta und den direkt von ihm abhängigen peloponnesischen Bündnern gestaltet waren, nämlich als ein jeweils zwischen Sparta und dem Bündner abgeschlossener bilateraler Vertrag, der einem recht komplexen Muster verschiedener völkerrechtlicher Beziehungen folgt. In dem erhaltenen Vertrag findet sich eine Klausel über ein permanentes Freundschaftsverhältnis zwischen den Bündnern, eine Klausel über die fast bedingungslose Verpflichtung der Aitoler zur Heeresfolge, eine Klausel über eine gegenseitige Verpflichtung zum Beistand beim Angriff einer dritten Macht. Bedauerlicherweise läßt sich die Inschrift nicht genau datieren, so daß unklar bleibt, ob der Peloponnesische Bund schon von Anfang an die durch den Vertrag dokumentierte Struktur hatte oder ob der Vertrag bereits ein entwickelteres Stadium völkerrechtlicher Beziehungen dokumentiert.

Der Aufbau eines über die Peloponnes hinausreichenden Herrschaftsraums war von Sparta zunächst nicht geplant, sondern im Krieg gegen Athen versuchte die spartanische Propaganda seit 431 klarzumachen, daß man sich lediglich die Befreiung aller Griechen vom athenischen Joch auf die Fahnen geschrieben hatte. Die politische Realität sah bald anders aus, auch wenn die Landmacht Sparta aufgrund der spezifischen Struktur ihres Staatswesens und ihres gesellschaftlichen Aufbaus keine mit Athens Herrschaft vergleichbare stabile Organisation geführt hat. Die Anfänge des spartanischen Herrschaftssystems im Ägäisraum dokumentiert eine schon länger bekannte inschriftliche Liste von Staaten, Personengruppen und Einzelpersonen, die für den Krieg Spartas Geld- und Sachleistungen zur Verfügung stellen. Die Datierung dieser Liste, nämlich in die letzten

Jahre des Peloponnesischen Kriegs, ist erst durch ein weiteres, kürzlich entdecktes Fragment möglich geworden. Die Liste macht deutlich, wie Sparta nicht umhin konnte, letztlich das Modell der athenischen Herrschaftsorganisation zu kopieren. In dieser Organisation spielte der Tribut der abhängigen Bündner eine entscheidende Rolle. Während im Peloponnesischen Bund Sparta seine Macht auf die Verpflichtung der abhängigen Bündner zur Heeresfolge stützte, verzichtete Athen auf diese Heeresfolge und ließ sich statt dessen Geld bezahlen, mit dem dann die athenische Flotte finanziert wurde. Ein solches Verfahren hatte für die Vormacht den Vorteil, militärische Macht für sich zu monopolisieren und die Bündner in dauerhafter Abhängigkeit zu halten. Es setzte allerdings eine entwickelte Geldwirtschaft voraus. Sparta stand nun vor dem Dilemma, daß in seiner Gesellschaft das Geldwesen absichtlich auf einem höchst primitiven Niveau gehalten wurde, um die Gleichheit zwischen den wenigen Staatsbürgern nicht zu gefährden, daß aber andererseits eine effiziente Flottenkriegführung ohne Geldmittel nicht möglich war. Eine befriedigende Lösung aus diesem Dilemma ist nicht gefunden worden; unsere inschriftliche Liste zeigt, wie Sparta für seine überseeische Kriegführung zwar auf regelrechte Tribute verzichtete, gleichwohl aber auf Spenden von »Freunden« zählte, wobei sich neben Geldbeiträgen auch vereinzelte Sachspenden finden, etwa getrocknete Weintrauben, die den Flottenmannschaften für einige Zeit die nötige Energien liefern konnten.

(2) Roms Anfänge liegen im mythischen Dunkel. Das liegt daran, daß eine wirkliche Geschichtsschreibung erst einsetzte, als Rom bereits zu einer der wichtigsten Mächte des Mittelmeerraums avanciert war. Zu dieser Zeit wurde die frühe Geschichte Roms recht willkürlich konstruiert und mit einer Fülle von patriotischen Legenden ausgestattet. Wie wenig zuverlässig die römische Frühgeschichte

war, fiel bereits Livius auf, als er zu Beginn der Kaiserzeit die existierenden Traditionen zur römischen Frühgeschichte gesichtet hatte, und die moderne historische Kritik, mit der Geschichte als Wissenschaft begründet worden ist, setzt im 18. Jahrhundert damit ein, daß man die Legenden der seit der Renaissance vielbewunderten Römer analysierte und zerstörte. Nachdem diese kritische Arbeit im 19. Jahrhundert fortgesetzt wurde, geht es bei der Beschäftigung mit römischer Frühgeschichte eigentlich nur darum, ob man die gesamten Traditionen völlig verwirft und nichts mehr gelten läßt (die Richtung der »Hyperkritik«) oder ob man zumindest einige verstreute Elemente dieser Tradition für historisch hält. Daß man hier so wenig festen Grund unter den Füßen gewinnt, liegt daran, daß es nur wenig Zeugnisse gibt, die unabhängig von der lügenhaften römischen Geschichtsschreibung der mittleren und späten Republik (der sogenannten Annalistik) sind. Hier kommt natürlich archäologischen und epigraphischen Neuentdeckungen eine ganz entscheidende Bedeutung zu, die freilich einer subtilen und vorsichtigen Interpretation bedürfen. Als ein Beispiel sei hier die vor relativ kurzer Zeit entdeckte Inschrift von Satricum erwähnt, einem Ort, der im Süden von Latium und in relativer Nähe von Rom lag.[8] In dieser Inschrift ist von einer Weihung der »Gefährten« des Publius Valerius an den altitalischen Bauern- und Kriegsgott Mars die Rede. Die Inschrift kann deshalb datiert werden, weil man – hier ergänzen sich Archäologie und Epigraphik – den Kontext kennt, in dem die Inschrift gefunden wurde. Sie gehört genau in den Zeitraum, in den die römische Tradition das Ende der etruskischen Fremdherrschaft und die Anfänge der republikanischen Verfassung einordnet, also in das ausgehende sechste bzw. das beginnende fünfte vorchristliche Jahrhundert. Nun spielt in der späten

8 Hendrik S. Versnel, »Die neue Inschrift von Satricum in historischer Sicht«, in: *Gymnasium* 89 (1982) S. 193–235.

patriotischen Tradition beim Übergang vom Königtum zur Republik ein Publius Valerius mit dem Beinamen Poblicola (d. h. der »Volksfreund«) eine ganz herausragende Rolle. Die Inschrift kann angesichts des romanhaften und penetrant römisch-patriotischen Kolorits dieser Figur kaum beweisen, daß es einen Publius Valerius Poblicola wirklich gegeben hat, zumal man voraussetzen müßte, daß Satricum schon um diese Zeit unter römischer Kontrolle stand. Wohl beweist sie aber etwas für den ursprünglichen Charakter der in Rom herrschenden Adelsgeschlechter und bestätigt hier ganz vereinzelte Nachrichten aus der römischen Tradition über die Anfänge der Republik. Die Häupter der großen Adelsfamilien, die später die Geschicke der Republik bestimmten, muß man sich für die Anfänge der römischen Republik nicht, wie die spätere Tradition es will, als ehrwürdige Senatoren und biedere Hausväter, sondern als brutale Anführer einer kriegerischen Gefolgschaft vorstellen, die zunächst keineswegs fest an einen einzigen Ort innerhalb Mittelitaliens gebunden waren, sondern sich dort niederließen, wo sie die günstigsten Bedingungen fanden. So soll Attus Clausus, der angebliche Stammvater der patrizischen Claudier, mit einer mehrere tausend Mann starken Gefolgschaft aus dem Sabinerland nach Rom gekommen sein. Viele Verhaltensweisen dieser Clan-Chefs änderten sich nach der Niederlassung in Rom nicht. Man kann etwa annehmen, daß während der Anfänge der römischen Republik der privat von diesen Clan-Chefs geführte Bandenkrieg eine genauso wichtige Rolle spielen konnte wie der von Staats wegen geführte »offizielle« Krieg. Daran erinnert etwa die Legende vom geschlossenen Untergang des Clans der Fabier an der Cremera. Der römische Staat – die res publica – stellte in dieser Zeit (und übrigens auch später) nicht viel mehr als eine lockere übergeordnete Struktur dar, die dazu diente, die Interessen mächtiger Clanchefs auszugleichen und die Claims an Macht und Einfluß zu verteilen. Die kriegerischen Gefährten des Valerius, die wir durch die archaische Inschrift von Satricum kennen, erinnern daran, daß auch die Valerier, die sich später einen Ahnen im Sinne der römisch-patriotischen Geschichtslegende geschaffen haben, ihre Anfänge in diesem altitalischen Bandenwesen hatten, ohne daß wir die genauen Beziehungen zwischen dem Valerius aus Satricum und den römischen Valeriern feststellen können.

(3) Die meisten, ja fast alle römischen Inschriften stammen aus der Kaiserzeit; ihre Masse dokumentiert letztlich den mit der ausgehenden Republik einsetzenden Prozeß, den man die »Romanisierung« nennt, d. h. die Übernahme römischen Lebens, einschließlich der Sprache, durch die lokalen Eliten und dann auch durch breitere Bevölkerungsschichten der westlichen Provinzen des römischen Reiches. Zu den besonders früh und besonders intensiv romanisierten Gegenden des Reiches gehört das südliche Spanien, in dem es aufgrund der Maßnahmen Caesars und seiner monarchischen Nachfolger zahlreiche nach römisch-italischem Muster organisierte Städte gab. In diesen Städten wurden Angelegenheiten, die Rom betrafen, aufwendig publiziert. Aktenstücke mit Entscheidungen römischer Autoritäten – Senatsbeschlüsse, Magistratsedikte – kannte man bisher vor allem aus dem griechischen Osten, wo Städte sie dann publizierten, wenn mit ihnen irgendeine Privilegierung zu ihren Gunsten verbunden war. Diese Aktenstücke sind freilich ins Griechische übersetzt worden und oft, aufgrund ihres auf die entsprechende Stadt Bezug nehmenden Inhalts, allgemein-politisch von geringerem Interesse. Durch den (oft illegalen) Einsatz von Metalldetektoren sind in letzter Zeit aufwendig auf Bronze gravierte Senatsbeschlüsse entdeckt worden, die in der lateinischen Originalsprache dieser Zeit abgefaßt sind, die wichtige, in Rom selbst verhandelte Tatbestände betreffen und die den bisher vorhandenen Bestand an originalen lateinischen Senatsbeschlüssen wesentlich erweitert haben. Es handelt sich um die soge-

nannte *Tabula Siarensis* mit Ehrenbeschlüssen für den verstorbenen Thronfolger des Tiberius Germanicus aus dem Jahre 19 n. Chr. und um die ein Jahr später gefällte Senatsentscheidung zum Falle des Gnaeus Piso, der beschuldigt wurde, Germanicus durch Gift ermordet zu haben, und sich während seines Prozesses vor dem Senat selbst umgebracht hatte. Nach dem inschriftlich erhaltenen Tatenbericht des Augustus,[9] der »Königin der Inschriften« (Mommsen), dürfte das erst vor kurzem publizierte *SC de Cn. Pisone patre*[10] das wichtigste epigraphische Dokument zur Geschichte der frühen Kaiserzeit darstellen, nicht nur weil der in mehreren Inschriftenexemplaren, darunter einem nahezu intakten, vorhandene Text vollständig rekonstruiert werden kann und weil er eine Fülle von Informationen über juristische und administrative Details liefert. Vielmehr erhält dieser Text auch dadurch eine herausragende Bedeutung, daß Tacitus, von dem unser Gesamtbild der frühen Kaiserzeit fast völlig abhängt, ebenfalls über den Prozeß gegen Piso berichtet und zuvor auch die Vorgänge darstellt, die zur Verurteilung Pisos führten. Tacitus, der etwa ein Jahrhundert nach der Regierung des Kaisers Tiberius (14–37 n. Chr.) geschrieben hat, entwirft dabei ein sehr eindrucksvolles und düsteres Bild der politischen Probleme der frühen Kaiserzeit. Er zeigt, wie Tiberius aus krankhaftem Mißtrauen und aus Angst um sein Herrschaftsmonopol seinen tatkräftigen Neffen und Adoptivsohn Germanicus aus Germanien abzieht und sich letztlich über den Tod des potentiellen Rivalen freut, auch wenn er sich bemüht, dies zu verbergen. Der vor dem Senat durchgeführte Prozeß gegen Piso illustriert nach Ansicht des Tacitus exemplarisch einmal mehr, wie der Senat, der formal weiterhin im

9 In Reclams Universal-Bibliothek ist eine erschwingliche Ausgabe dieses wichtigen Textes erschienen: Augustus, *Res gestae. Tatenbericht*, lat./griech./dt., übers., komm. und hrsg. von Marion Giebel, Suttgart 1991.

10 Werner Eck [u. a.], *Das senatus consultum de Cn. Pisone patre*, München 1996.

Zentrum eines republikanisch geordneten Staatswesens agiert, sich in Wirklichkeit zum Herrschaftsinstrument des Kaisers hat degradieren lassen, der verfassungsrechtlich lediglich Mandatar der *res publica* ist.

Tacitus wendet für die Interpretation der Geschichte moralisierende und literarische Kriterien an. Auf dieser Ebene kann ein Vergleich mit dem neuen Text nicht erfolgen. Wohl erlaubt aber der Text, der Frage nachzugehen, woher Tacitus sein Material hatte. Die Annahme, daß er für seine gut informierte Darstellung in der Hauptsache Senatsakten konsultiert hatte, findet sich aufgrund enger inhaltlicher Parallelen zwischen dem neuen Text und der Darstellung des Tacitus bestätigt. Auch ohne die Existenz tendenziös gegen Tiberius eingestellter Zwischenquellen hätte Tacitus aus diesem Aktenmaterial sein düsteres Bild entwickeln können. Der unmittelbare Gesamteindruck des in der Zeit des Tiberius herrschenden politischen Klimas, den das neue Dokument hervorruft, ist nämlich nicht eben positiv, wenn man devote Schachtelsätze wie den folgenden lesen muß: »Senat und römisches Volk dankten vor allem den unsterblichen Göttern, weil sie nicht zugelassen hätten, daß durch die frevlerischen Absichten des Cn. Piso pater der gegenwärtige friedliche Zustand des Staates, den man sich nicht besser wünschen könnte und den zu genießen durch die Wohltat unseres Princeps möglich wurde, gestört würde, sodann (dankten sie) dem Ti. Caesar Augustus, ihrem Princeps, weil er dem Senat zu allem, was für die Wahrheitsfindung erforderlich war, Zugang gewährt habe« usw.[11] Der untertänige Ton, den der Senat findet, um auch die weiblichen Mitglieder des Kaiserhauses in seine Dankadresse einzubeziehen,[12] macht deutlich, daß die »republikanischen« Formen des Prinzipats erstaunlich rasch durch eine von den hellenistischen Herrscherhöfen abkopierte mon-

11 *SC de Cn. Pisone patre*, Z. 12ff.
12 Ebd., Z. 132ff.

archische Realität abgelöst worden sind, in der die Frauen des Herrscherhauses im Unterschied zu römischen Gewohnheiten eine öffentliche Rolle spielten. Es fallen darüber hinaus Formulierungen des Senatsbeschlusses auf, in denen Tiberius aufgefordert wird, seine Trauer zu beenden, oder in denen betont wird, wie sehr sich die Mitglieder des Kaiserhauses trotz ihrer Trauer um den – ansonsten kaum gewürdigten – Germanicus um Mäßigung und Objektivität gegen den mutmaßlichen Giftmörder bemühen, Formulierungen, die einen Leser an der wirklichen Trauer zweifeln lassen könnten.[13] Gerade in der Auseinandersetzung mit Originaldokumenten der Tiberius-Zeit fand Tacitus genügend Stoff, um sein zwielichtiges Bild der Regierungszeit dieses Monarchen um zahlreiche Facetten zu bereichern.

Die hier vorgestellten Fallbeispiele illustrieren den Reiz, der sich aus der Kombination von historiographischen und epigraphischen Zeugnissen ergeben kann. Es handelt sich freilich hier nur um eine, nicht einmal besonders repräsentative Möglichkeit der Auswertung von Inschriften. Auf andere Wege der Auswertung ist hier nur summarisch zu verweisen. So ermöglicht etwa die prosopographische (personenkundliche) Methode, die Zusammenstellung aller meist epigraphischen und (seltener) literarischer Angaben zu Personen der römischen Oberschicht, gesicherte Aussagen über Karrierestrukturen in der römischen Administration und im römischen Militär.

Mit der Epigraphik weist die Wissenschaftsdisziplin der Münzkunde, die Numismatik, viele Berührungen auf, und zwar deshalb, weil antike Münzen meist – und in römischer Zeit immer – eine Aufschrift, eine Legende, tragen und hierin den europäischen Münzen des Mittelalters und der Neuzeit als Modell gedient haben. Die Idee, einen Kleinbarren aus Edelmetall – Gold, Silber oder Elektron (einer

13 Ebd., Z. 124 ff.

Gold-Silbermischung) – mit einem Bild als Hoheitszeichen zu versehen und damit den Wert des Barrens durch eine staatliche Autorität zu garantieren, hatten zunächst die lydischen Monarchen im westlichen Kleinasien. Die Griechen, die im engen kulturellen Kontakt mit den orientalischen Monarchien standen, haben sich diese Erfindung rasch zu eigen gemacht, und jede griechische Polis brachte bald ihre eigenen Prägungen aus, die nicht nur auf einer Seite, sondern auf beiden Seiten mit Bildern und oft auch mit einer knappen, die Polis bezeichnenden Legende ausgebracht wurden. Der dokumentarische Wert dieser Münzen ist auch dann nicht zu unterschätzen, wenn diese Legende nur aus wenigen Buchstaben besteht. Für die frühgriechische Epigraphik sind etwa diese Legenden unverzichtbar, da jeder Stadtstaat anfänglich seine eigene Sonderform des griechischen Alphabets hatte, die bisweilen nur durch Münzlegenden dokumentiert ist. Nur in Ausnahmefällen lassen sich freilich griechische Münzen mit konkreten historischen Ereignissen in Verbindung bringen. Hier sind die römischen Münzen wesentlich aussagefreudiger. Zu einer Silberprägung, die dem Geldstandard griechischer Stadtstaaten und Monarchien entsprach, haben die Römer, die zunächst mit archaischen Barrengeldformen wirtschafteten, erstaunlicherweise erst im Verlauf des dritten vorchristlichen Jahrhunderts gefunden, wobei sie nach einigen Experimenten im Denar eine Münze geschaffen haben, der jahrhundertelange Stabilität beschieden war. Vom Grundtypus entsprach der Denar anfänglich den griechischen Münzen, indem er ohne jede Anspielung auf ein konkretes Ereignis auskam und auf der Vorderseite den Kopf der Stadtgöttin, auf der Rückseite die Siegesgöttin auf einem Wagen zeigte. Daß sich dies rasch änderte, lag an der Organisation der stadtrömischen Prägung, deren Beaufsichtigung für jeweils ein Jahr abwechselnd drei jungen Angehörigen der regierenden Aristokratie anvertraut wurde. Diese Münzmeister versuchten ihre Chancen für ihre künftige Karriere zu verbessern, indem sie die breit unters Volk gestreuten Münzen mit Motiven aus ihrer Familiengeschichte versahen, um auf diese Weise bei ihren zukünftigen Wählern bekannt zu werden. Wieweit die oft sehr komplizierten Münzbilder mit abgekürzten, bisweilen schwer zu entschlüsselnden Legenden verstanden wurden, bleibt offen, und in einigen Fällen befriedigten die Münzbilder vielleicht nur die Eitelkeit des jungen, in seine Familiengeschichte verliebten Aristokraten. In der ausgehenden Republik erkannten endlich einige der jungen Aristokraten eine Möglichkeit, die viel größere Chancen für die Sicherung der eigenen Position versprach als die herkömmliche Familienpropaganda. In den inneren Konflikten der späten römischen Republik nahmen nämlich die Münzmeister immer öfter Stellung für die Senatspartei oder für einen der großen Potentaten wie Pompeius oder Caesar, indem sie sich zu aktuellen politischen Problemen programmatisch äußerten.[14] Nachdem in Rom dann nach den Bürgerkriegen die Monarchie etabliert worden war, konnte die propagandistisch-programmatische Stellungnahme nur noch im Interesse des Alleinherrschers geäußert werden; damit war der Übergang zur kaiserzeitlichen Münzprägung geschaffen, bei der die Münzmeister nur noch eine sekundäre Rolle spielten. Die Monarchen nutzten die Münzen als Instrumente permanenter propagandistischer Selbstlegitimierung, in denen in oft sehr aufwendigen Legenden und Bildern außenpolitische Erfolge, dynastische Jubiläen oder auch nur die angebliche Vollkommenheit der eigenen Herrschaft gefeiert wurde und durch die vor allem weite Kreise der Bevölkerung mit dem kaiserlichen (oft sehr geschönten) Porträt vertraut gemacht wurden. Da die (auf den Münzen meist nur in Ausschnitten wiedergegebene) Titulatur des römischen Kaisers mehrere datierende Elemente enthält

14 Vgl. hierzu Wilhelm Hollstein, *Die stadtrömische Münzprägung der Jahre 78–50 v. Chr. zwischen politischer Aktualität und Familienthematik. Kommentar und Bibliographie*, München 1993.

und da man aufgrund des großen Prägevolumens so gut wie alle Serien kennt und eine relative Chronologie zwischen diesen Serien herstellen kann, kann man ihnen im Idealfall entnehmen, wie innerhalb eines Regierungsjahrs neue Themen politischer Programmatik aktuell werden konnten. Daß der Erkenntnisgewinn, den römische Münzen für die politische Geschichte bieten, gleichwohl mitunter etwas mager ausfällt, liegt daran, daß die Kaiserpropaganda rasch in hohem Maße stereotyp wurde und sich auf wenige, immer gleiche Schlagworte reduzierte. Der Quellenwert der römischen Münze beschränkt sich jedoch nicht allein auf die politische Geschichte. Eine große Zahl von Gebäuden und Monumenten Roms, aber auch von Insignien und Staatssymbolen sind beispielsweise nur durch Abbildungen auf Münzen bekannt.[15] Die hohe Bedeutung, die religiöse Dinge im öffentlichen Leben antiker Staaten hatten, macht aus der Numismatik ferner auch eine für die Religionsgeschichte unverzichtbare Quellengattung. Schließlich dokumentieren Münzen natürlich auch wirtschaftsgeschichtliche Entwicklungen, wenn auch die Einzelinterpretation wirtschaftlicher Mechanismen, wie etwa der »Inflationen« des dritten und des vierten nachchristlichen Jahrhunderts, extrem schwierig und nur durch die Kombination mit papyrologischen oder juristischen Zeugnissen zu leisten ist.

Eine letzte Kategorie von Quellenzeugnissen ist noch in diesem Kapitel vorzustellen, nämlich die der archäologischen Denkmäler. Letztlich stellen auch Inschriften und Münzen Spezialfälle solcher Denkmäler dar, zumal sie sich ja immer zunächst in einem archäologischen Zusammenhang befunden haben müssen.

Münzen und Inschriften lassen sich demnach den Denkmälern zuweisen, die freilich wegen zahlreicher gattungsspezifischer Probleme sinnvollerweise durch Spezialdiszi-

15 Zu letzterem vgl. etwa Thomas Schäfer, *Imperii insignia. Sella curulis und fasces. Ein Beitrag zur Repräsentation römischer Magistrate*, Mainz 1989.

plinen behandelt werden. Die Wissenschaftsdisziplin, die sich mit Denkmälern im engeren Sinne, mit Ruinen, Statuen, Vasen usw., beschäftigt, ist die Archäologie. Sie interpretiert und klassifiziert diese Monumente zum einen nach stil- und kunstgeschichtlichen Kategorien, indem sie etwa Säulenordnungen oder den Faltenwurf bei Statuen beschreibt. Darüber hinaus versucht sie im Idealfall, diese Monumente als historische Zeugnisse zu interpretieren, etwa als Zeugnisse der Mentalitätsgeschichte – wenn etwa Statuen das starken Schwankungen unterworfene Schönheitsideal bestimmter sozialer Schichten dokumentieren – oder als Zeugnisse der Geschichte politisch-ideologischer Ambitionen und Selbstdeutungen. Damit ist nur ein einziger Aspekt der vielfältigen Erkenntnismöglichkeiten erwähnt, die die archäologische Forschung dem Historiker zur Verfügung stellt. Erinnert sei daran, daß das zivilisatorische Niveau, das man im Rom der Kaiserzeit erreicht hatte, in allen Details durch archäologische Funde dokumentiert wird, darunter vor allem durch die seit dem 18. Jahrhundert ergrabenen Ruinen der 79 n. Chr. untergegangenen Städte Pompeii und Herculaneum. Selbst für die Ereignisgeschichte können archäologische Entdeckungen unerwarteten Aufschluß erlauben: Für die deutsche Geschichte ist das Jahr 9 n. Chr. ein entscheidendes Datum, dessen Bedeutung im modernen Schulunterricht ein wenig vernachlässigt wird. In diesem Jahr gingen die drei Legionen des Quinctilius Varus in der Schlacht im Teutoburger Wald zugrunde. Damit war das Projekt des Augustus, Germanien bis zur Elbe zu unterwerfen und in eine römische Provinz zu verwandeln, gescheitert. Germanien blieb »frei« und barbarisch, mit all den Folgen, die dies letztlich – über viele Zwischenschritte – für die Geschichte der Völkerwanderung und für die Formung der beiden großen Nationen Frankreich und Deutschland hatte. Seit den – zunächst durch den Metalldetektor ermöglichten – Entdeckungen von Kalkriese gibt es zahlreiche Anhaltspunkte dafür, daß diese

Schlacht am sumpfigen Engpaß zwischen einer Ausbuchtung des Nordrands des Wiehengebirges und der norddeutschen Tiefebene stattgefunden haben muß.[16] Der heutige Teutoburger Wald kann – trotz des Hermanndenkmals bei Detmold – diesen Ruhm nicht für sich in Anspruch nehmen, sondern hat diesen Namen erst in der Neuzeit erhalten.

16 Wolfgang Schlüter (Hrsg.), *Kalkriese – Römer im Osnabrücker Land. Archäologische Forschungen zur Varusschlacht*, Bramsche ²1993.

Literaturhinweise

Alföldi, Maria R.: Antike Numismatik. Mainz 1978.

Bérard, François [u. a.]: Guide de l'épigraphiste. Paris [2]1989.

Borbein, Adolf Heinrich [u. a.]: Griechische Kunst. In: Heinz-Günther Nesselrath: Einleitung in die griechische Philologie. Stuttgart/Leipzig 1997. S. 585–693.

Brodersen, Kai [u. a.] (Hrsg.): Historische griechische Inschriften in Übersetzung. Bd. 1: Die archaische und klassische Zeit. Darmstadt 1992.

Cahn, Herbert A.: Griechische Numismatik. In: Heinz-Günther Nesselrath: Einleitung in die griechische Philologie. Stuttgart/Leipzig 1997. S. 694–707.

Freis, Helmut: Historische Inschriften zur römischen Kaiserzeit von Augustus bis Konstantin. Übers. und hrsg. von H. F. Darmstadt [2]1997.

Petzl, Georg: Epigraphik. In: Heinz-Günther Nesselrath (Hrsg.): Einleitung in die griechische Philologie. Stuttgart/Leipzig 1997. S. 72–83.

Robert, Louis: Die Epigraphik der Klassischen Welt. Übers. und mit Anm. vers. von Helmut Engelmann. Bonn 1970.

Schumacher, Leonhard (Hrsg.): Römische Inschriften. Lat./Dt. Stuttgart 1988.

Gesetze, Verwaltungsschriftgut, politische Pamphletistik*

Von Burkhard Meißner

Von der Gebrauchsliteratur, nicht als Kunstwerk, sondern zur Verwirklichung praktischer Absichten verfaßt,[1] soll hier angesprochen werden, was einen Bezug zu Politik, Recht und Verwaltung besitzt und daher als Quelle für den Historiker von besonderem Wert ist: Gesetze, Verordnungen, Erlasse, Anträge, Verträge usw.: Texte, die die Entwicklung der schriftlichen Verwaltung und des geschriebenen Rechts begleiten und sich zeitlich von der mykenischen Welt des zweiten vorchristlichen Jahrtausends bis zum spätrömischen Reich des 5. Jahrhunderts n. Chr. erstrecken.

Verwaltungsaufzeichnungen der mykenischen Palastwirtschaft

Die Palastwirtschaften des mykenischen Griechenland zeichneten Inventare, Geschäftsvorgänge, Einnahmen, Ausgaben usw. in der Linear-B-Schrift, einer Silbenschrift für die griechische Sprache, auf Tontafeln auf. Die zentralistische Palastverwaltung führte so Listen für ihre tägliche Kommunikation, die Dokumentation der Ackerbestellung und die Organisation von Arbeit und Verteidigung. Die Texte erlauben Einblicke in kurzfristige

* Nützliche Hinweise danke ich Prof. Dr. Andreas Mehl und meiner Frau, Dr. Antje Meißner (Halle).

1 Eckard Rolf, *Die Funktionen der Gebrauchstextsorten*, Berlin / New York 1993, S. 125 ff.; Kurt Hickethier, »Sachbuch und Gebrauchstext als Kommunikation. Für eine kommunikationsbezogene Betrachtungsweise von ›Sach- und Gebrauchsliteratur‹«, in: Ludwig Fischer [u. a.] (Hrsg.), *Gebrauchsliteratur*, Stuttgart 1976, S. 58–85.

Vorhaben, Planungen und Vorgänge, kaum aber in ein Veränderungs- oder Geschichtsbewußtsein der spätbronzezeitlichen Griechen.

Die erneuerte griechische Schriftlichkeit

Urbanisation und berufliche Spezialisierung führten im bronzezeitlichen Orient[2] und im mykenischen Griechenland zur Schriftlichkeit. In Griechenland folgte dem Zusammenbruch der Paläste eine Epoche der Kleinräumigkeit und Schriftlosigkeit (12.–8. Jh. v. Chr.). Wahrscheinlich paßten dann griechische Händler in Syrien im 8. Jahrhundert v. Chr. phönizische Buchstaben an das Griechische an und erneuerten die griechische Schriftlichkeit, so daß sich die Griechen mit der Buchstabenschrift einer flexibleren Notation bedienen konnten.[3] Griechen verließen in dieser Kolonisationszeit (8.–6. Jh. v. Chr.) als Kolonisten, Händler und Söldner die Heimat; das Seefahrtmotiv in den frühen Epen[4] und Kleinformen touristischer Gebrauchsprosa unterstreichen die neue Mobilität: Griechische Söldner des Pharaos Psammetichos (663–609 v. Chr.) dokumentierten ihre Anwesenheit in den Tempelwänden von Abu Simbel.[5] Güter wurden mobil, daher erscheinen Hersteller- und Besitzeraufschriften auf Wertgegenständen.[6] Seit dem 7. Jahr-

2 Mario Liverani, *Antico Oriente. Storia, società, economia*, Roma/Bari 1991, S. 128.

3 Fritz Gschnitzer, »La comunicazione nella Grecia antica«, in: A. Lorenzini (Hrsg.), *La comunicazione nella storia*, Roma 1991, S. 3–113, bes. S. 8.

4 Karl-Ernst Petzold, »Mythos und Historie am Beispiel der Irrfahrten des Odysseus«, in: K.-E. P., *Geschichtsdenken und Geschichtsschreibung*, Stuttgart 1999, S. 33–47. Vgl. Homer, *Odyssee* IX 105 f., X 1–135.

5 Wilhelm Dittenberger, *Sylloge Inscriptionum Graecarum I*, Leipzig ^{3}1915, Nr. 1.

6 Nestorbecher: Russell Meiggs / David Lewis, *A Selection of Greek Historical Inscriptions*, Oxford 1969 (Nachdr. 1971), Nr. 1. Übers. in: Kai Brodersen [u. a.], *Historische griechische Inschriften in Übersetzung I*, Darmstadt 1992, Nr. 1.

hundert v. Chr. machten die Griechen den Schritt zu geschriebenen Normen, die Römer seit dem 5. Jahrhundert: beide aus ähnlichen Gründen. Als nämlich die Beziehungen der Menschen zueinander und zu ihren Gütern veränderlich wurden, entstand Bedarf nach Dokumentation.

Gesetz und Volksbeschluß: Schrift und griechische Selbstverwaltung

Während die Helden der homerischen Ilias in der Versammlung miteinander persönlich und unvermittelt verhandeln, wird sich, je umfangreicher der Teilhaberkreis und je heterogener die Positionen in Entscheidungsprozessen wurden, um so deutlicher eine Tendenz zur Verschriftlichung politisch-juristischer Sachverhalte abgezeichnet haben. Im Gegensatz zu den ungeschriebenen Konventionen (*agraphoi nomoi*) der Griechen und den zu Vorbildern verdichteten Maßstäben des Rechten und Schicklichen der Römer (*mos maiorum*) sind geschriebene Gesetze nämlich öffentlich einsehbar, eindeutig, ändern sich nicht unmerklich und mit nur partieller Geltung. Die schriftliche Fixierung der Normen läßt Traditionen der Gesetzgebung, -deutung und -anwendung entstehen und provoziert den allgemeinen Wunsch nach Teilhabe an der Gesetzgebung.

Die koloniale Mobilität im archaischen Griechenland führte zur Bildung neuer urbaner Zentren. Der kleine Bürgerverbandsstaat (*polis*) wurde zum Muster der Staatlichkeit, als koloniale Tochtergründungen in großer Zahl angelegt wurden. Koloniegründungserzählungen (*ktiseis*) wurden zu einer Grundform politisch-historischer Rückerinnerung der Griechen. Regelmäßig war in Kolonien das Bürgerrecht zu regeln: Kolonisation, aber auch Kleinräumigkeit und nachbarschaftliche Enge erzwangen die Verrechtlichung und Verschriftlichung der Prinzipien der Zugehörigkeit zur Gemeinde,[7] insbesondere auch auf Kreta, wo die Zahl der Poleis hoch, deren Größe klein und Konflikte häufig waren.[8] Von Kreta stammen auch Bestimmungen über den Gerichtszugang und die einzige umfangreichere frühe Gesetzeskodifikation[9] mit Regelungen über Erb- und Familienrecht, Eigentum an Sklaven sowie Hypotheken- und Kaufrecht.

Bürgerrechtsregelungen setzen voraus, daß die Bürger in Listen der Gemeinde oder ihrer Untergliederungen – Phylen (Stämme), Demen (Stadtteile) – erfaßt waren. In politischen und kultischen Oberzentren wurden auch Listen von Wettkampfsiegern und Amtsträgern geführt, nach denen man die Jahre ordnete und bezeichnete (Eponyme). Diese Listen, die man miteinander verglich, synchronisierte, aber auch phantasievoll ergänzte, wurden später zum Rückgrat der gemeingriechischen Rückerinnerung. Wiederholt hatten Gesetze, gegebenenfalls auch *Aisymneten* (›Schiedsrichter, Versöhner‹), die Versöhnung zerstrittener Bürgergemeinden zu sichern,[10] weil Bürgerkrieg und Exil die griechische Kleinstaatlichkeit prägten.

Als Folge des Schriftlichkeitsschubes war die Selbstverwaltung der griechischen Gemeinden begleitet von der Produktion normativer Texte in erheblichem Umfang. Im 7. Jahrhundert gab Zaleukos der lokrischen Kolonie Lokroi in Südwestitalien geschriebene Gesetze, im 6. stellte Charondas von Katane die Gesetze der chalkidischen Kolonien

7 Gründungsurkunde der Kolonie Kyrene, Nordafrika (Echtheit?): Henri van Effenterre / François Ruzé, *Nomima. Recueil d'inscriptions politiques et juridiques de l'archaïsme grec*, Rom 1994–95, Bd. 1, Nr. 41, um 630 v. Chr. Lokrische Siedlung Naupaktos (um 460–450 v. Chr.): ebd. Nr. 43. Übers. in: Brodersen [u. a.] (s. Anm. 6) Nr. 10.

8 van Effenterre / Ruzé (s. Anm. 7) Nr. 1; 3 (Gortyn). Vgl. Nr. 7; 16.

9 Margarita Guarducci, *Inscriptiones Creticae IV: Tituli Gortynii*, Rom 1950, Nr. 72 (Gortyn, 5. Jh. v. Chr., der Normengehalt ist älter).

10 van Effenterre / Ruzé (s. Anm. 7) Nr. 17 (Selinunt auf Sizilien um 500 v. Chr., gef. in Olympia).

Italiens und Siziliens zusammen,[11] und vor 620 v. Chr. wurde das athenische Tötungsstrafrecht durch Drakon aufgezeichnet. Diese erste Gesetzesaufzeichnung in Athen erfolgte, um dem adligen Fehdewesen Grenzen zu setzen, das den inneren Frieden des Staates bedrohte.[12] 594/593 v. Chr. suchte dann Solon diesen als Oberbeamter und Versöhner durch eine Verschriftlichung des athenischen Normenbestandes zu sichern: durch Festlegung von Maßen, Gewichten und Münzwerten; durch Kodifikation des Schuldrechtes und Festschreibung der politischen Partizipationsrechte. Anders als in der ländlichen Welt verblieb in den städtischen Gesetzesstaaten die Erzwingungsgewalt des Richters nicht in der Hand unkontrollierter Weniger. Der Gesetzestext sichert den Normen nicht nur Konstanz, sondern erlaubt auch komplizierte Bedingungsgefüge, und mit Ausnahmen und Sonderbestimmungen zugleich das Eingehen auf komplexere Verhältnisse als die auf Memorierbarkeit angewiesenen Merksätze einer vorschriftlichen Konventionenordnung, wie sie Hesiod für die bäuerliche Welt des archaischen Boiotien andeutet.[13] Anders als in Rom bildete sich in Griechenland aber kein Berufsstand juristischer Fachleute heraus.

Die Mobilisierung der griechischen Lebensform durch Schrift führte also zur Verschriftlichung dieser Lebensform selbst. Im klassischen Athen hieß eine öffentliche Klage schlechthin ›Schriftstück‹ (*graphe*), weil sie schriftlich eingereicht wurde. Anträge an die Volksversammlung wurden ›geredet‹, doch hatten auch sie schriftlich beim geschäftsführenden Ausschuß des Rates eingereicht zu wer-

11 Aristoteles, *Politik* 1274a 22–25. Übers.: Aristoteles, *Politik*, nach der Übers. von Franz Susemihl hrsg. von Nelly Tsouyopoulos, Reinbek 1965.

12 Ein Teil der Gesetze inschriftlich erhalten: David Lewis / Lilian Jeffery, *Inscriptiones Graecae I: Inscriptiones Atticae Euclidis anno anteriores 1–2 [IG I³]*, Berlin ³1981–94, S. 104 (erneute Aufzeichnung 409/408 v. Chr.).

13 Hesiod, *Erga kai hemerai* 265–273; 336–382; 695–764. Übers.: Hesiod, *Sämtliche Gedichte*, übers. von Walter Marg, Zürich/München 1984.

den, und für ihre Behandlung wurde ein ›Schreiber‹ bestellt. Athenische Volksbeschlüsse dokumentieren in ihrem Formular das verschriftlichte Verfahren, auf das hin sie ergingen.[14] Der Umfang des in griechischen Gemeinden umgesetzten Schriftgutes war enorm; nur ein Teil wurde inschriftlich verewigt, und davon ist wiederum nur ein Teil erhalten.

Auch im zwischenstaatlichen Verkehr fiel Schriftgut an: Gesandte erhielten Instruktionen mit auf ihre Reise, Vertragstexte wurden vor Rat und Volksversammlung der Parteien verlesen, beschlossen und beschworen, und Urkunden, die den Vorgang dokumentierten, ausgetauscht und an gut zugänglichen Orten, oft Heiligtümern, inschriftlich verewigt.[15] Schriftlich geführt und inschriftlich veröffentlicht wurden die Listen über die regelmäßig neu berechneten Tributeinnahmen des attischen Seebundes[16] sowie Ausgaben, Einnahmen und Geldbestand der Heiligtümer.[17] Das verfügbare dokumentarische Schriftgut steigt seit spätarchaischer Zeit in Griechenland stetig an, immer mehr verdrängten geschriebene Gesetze die ungeschriebenen. Der formalisierte Charakter der Rechtstexte und Verwaltungslisten bedingt, daß sie vor allem Aussagen über Institutionen belegen können, weniger über politische Abwägungen und Intentionen.

14 Beispiele aus Athen, Mitte 5. Jh. v. Chr.: Regelungen für Erythrai, IG I³ (s. Anm. 12) Nr. 14, übers. Brodersen [u. a.] (s. Anm. 6) Nr. 63; Vereinheitlichung von Maßen und Gewichten im attischen Seebund, Meiggs/Lewis (s. Anm. 6) Nr. 45, übers. Brodersen [u. a.] Nr. 68; Beschluß über Tributeinziehung (»Kleonymos-Dekret«), Meiggs/Lewis (s. Anm. 6) Nr. 68, übers. Brodersen [u. a.] Nr. 111; Flottenbau und Ehrenbeschluß für Archelaos von Makedonien, IG I³ (s. Anm. 12) Nr. 117, übers. Brodersen [u. a.] Nr. 150.

15 IG I³ (s. Anm. 12) Nr. 123: Karthago und Athen 407/406 v. Chr.; Nr. 127: Samos und Athen 405/404 v. Chr.

16 IG I³ (s. Anm. 12) Nr. 71; 77; 100; 259–291.

17 IG I³ (s. Anm. 12) Nr. 292–412.

Politische und gerichtliche Rede

Nach dem Ende der Tyrannis auf Sizilien in den sechziger Jahren des 5. Jahrhunderts führten lang dauernde gerichtliche Eigentumsauseinandersetzungen zu einer steigenden Konjunktur für Gerichtsreden und zur Herausbildung einer auf Regeln, Übung und schriftlicher Vorbereitung beruhenden Kunstlehre (*techne*) wirkungsvollen Redens.[18] In Syrakus entstand das erste rhetorische Lehrbuch; Gorgias von Leontinoi (um 480–380 v. Chr.) wurde als reisender Redelehrer erfolgreich. Besonderen Eindruck machte die neue Kunst in Athen, wo sich Polos, Teisias und Gorgias 427 v. Chr. aufhielten,[19] um für die Stadt Leontinoi Hilfe gegen Syrakus zu erbitten. Die Athener bewunderten Gorgias, der die Rede als Argumentation, Rhythmus und Melodie umfassendes Gesamtkunstwerk gestaltete. In Athen bestand nämlich ein Bedarf an wirkungsvollem Reden zur Beeinflussung der Geschworenengerichte und politischen Versammlungen. Nicht auf die Aufklärung von Sachverhalten, sondern die Durchsetzung partikularer Interessen kam es an: so die Kritik der sokratischen Philosophie an der neuen Rhetorik. Jedenfalls schuf diese neben einer neuen Psychagogie geschärfte Begriffe für Grundtatbestände menschlichen Handelns als Gegenstand von Entscheidungen: Verantwortlichkeit und Zurechenbarkeit (von Antiphon, um 480–411 v. Chr., anhand von Tötungsdelikten behandelt), Verhältnis von allgemeiner Norm und einzelner Handlung, Wahrheit und Wahrscheinlichkeit. Mit der Redekunst entstand die Profession der *logographoi* bzw. *logopoioi* (›Redenschreiber‹ bzw. ›-macher‹) für die Gestaltung der Auftritte vor Versammlung und Gericht. Gerichtsreden, politische Reden (*genos symbuleutikon*: beratende

18 Quintilian, *Institutio oratoria* 3,1,8–13 = V. Rose, *Aristotelis qui ferebantur librorum fragmenta*, Leipzig 1886, Nachdr. Stuttgart 1967, fr. 137; Cicero, *Brutus* 12.

19 Pausanias VI 17,7–9.

Rede) und epideiktische Reden – Reden auf Veranstaltungen zur Ehrung einer Person oder zum Andenken Gefallener (Epitaphios) – wurden zu den produktivsten Gattungen der politischen Gebrauchsliteratur in der attischen Demokratie. Wichtig blieb trotz Professionalisierung das Reden in eigener Sache: Andokides' Bemühung um eine Rückkehr aus dem Exil (*De redito suo*), seine Verteidigung gegen religiöse Anklagen und Verratsvorwürfe (*De mysteriis*, *De pace*); im 4. Jahrhundert dann Demosthenes' Erbstreit mit seinen Vormündern.

Pamphletistik und Denkschriften

Flugschriften zur Verbreitung politischer Meinungen tauchten im ausgehenden 5. Jahrhundert auf. Aus Zitaten wissen wir von einem Werk des Stesimbrotos von Thasos, das die athenische Führungselite herabsetzte;[20] eine anonyme, unter Xenophons Werken überlieferte Schrift kritisiert die Verfassung der Athener und die Herrschaft Athens über sein Bündnissystem[21]. Der *Anonymus Iamblichi* rechtfertigt Gerechtigkeit und politische Wohlordnung (*eunomia*) aus dem Nutzen gerechten Tuns und kritisiert mit seinem Utilitarismus der Moral möglicherweise die athenische Wirklichkeit. Seit Mitte des 4. Jahrhunderts bekämpfte Demosthenes die Politik Philipps II. von Makedonien und hielt dazu nicht nur Reden (*De falsa legatione*, 343 v. Chr.), sondern ließ seine Äußerungen auch als Flugschriften kursieren.

Es war aber Isokrates, der aus der Redekunst die politische Flugschrift als literarische Gebrauchsform entwickelte und ein Konzept politischer Bildung formulierte. Zunächst als Redenschreiber so erfolgreich, daß er sich einer Klage

20 Antonis Tsakmakis, »Das historische Werk des Stesimbrotos von Thasos«, in: *Historia* 44 (1995) S. 129–152.

21 Vgl. Walter Lapini, *Commento all'Athenaion Politeia pseudo-senofontea*, Florenz 1997.

auf »Vermögenstausch«[22] zur Feststellung seiner Pflicht zu Leistungen für den Staat gegenübersah, machte er die Entwicklung der Urteils- und Formulierungsfähigkeit zum pädagogischen Programm:[23] Wenn der freie Bürger sich vor Gericht, in Politik, militärischer Führung und geschäftlicher Verwaltung vor allem redend betätigt, muß rhetorische Ausbildung der Kern bürgerlicher Bildung sein. Denk- und Flugschriften bilden einen großen Teil des von ihm Überlieferten: An Euagoras und Nikokles, Stadtherrscher von Salamis auf Zypern, richten sich Schriften über Legitimität und Grenzen monarchischer Herrschaft (II, III, IX); charakteristisch für die politische Pamphletistik des 4. Jahrhunderts ist die Bevorzugung oligarchischer Ordnungsformen (VI; VIII). Schwerpunkt von Isokrates' Agitation war die Werbung für einen gemeingriechischen Koalitionskrieg gegen das Perserreich (IV; XIV; VI) und für Philipps II. Pläne (V; 2. und 3. Brief). Philipp II. seinerseits ließ seine Ansprüche mit mythologischen Argumenten vertreten. Platons Neffe und Nachfolger Speusippos empfahl ihm eine seine Herrschaftsansprüche rechtfertigende Schrift des Antipatros von Magnesia. Theopomp und Anaximenes von Lampsakos nahmen in Flugschriften Stellung:[24] Die Zeit Philipps II. erlebte eine Hochblüte politischer Pamphletistik, auch weil diese den Austausch zwischen Städten und Höfen, alten und neuen Macht- und Kulturzentren ermöglichte.[25] Denkschriften wurden an Monarchen gerichtet, um Wissen und Techniken mitzuteilen: Biton schrieb über Torsionsgeschütze, der Kleruche (Soldat mit Landgut) Philotas über ein Bewässerungssystem; noch im 4. Jahrhundert

22 Isokrates, Rede XV.

23 Isokrates, Rede XIII.

24 Felix Jacoby, *Die Fragmente der griechischen Historiker*, II A 72 F 20a; Burkhard Meißner, *Historiker zwischen Polis und Königshof*, Göttingen 1992.

25 Burkhard Meißner, »Lo storiografo emarginato: Osservazioni sulla storiografia del primo ellenismo«, in: *Rivista di cultura classica e medioevale* 34 (1992) S. 191–222.

n. Chr. gab ein Anonymus dem römischen Kaiser technische und fiskalische Ratschläge.[26] Produktiv wurden die Fürstenspiegel (*Über Königsherrschaft*), oft im Zusammenhang einer Tätigkeit ihrer Autoren als Prinzenerzieher entstanden.[27]

Diplomatischer Schriftverkehr

Die politisch wichtigsten Kommunikationswege in den hellenistischen Monarchien waren der zwischen König und Dienstleuten und der zwischen dem König und den Führungsschichten griechischer Städte. Beide Verbindungen wurden brieflich gepflegt. Solche Briefe sind aber nur erhalten, wo sich das Beschreibmaterial erhielt (Ägypten: Papyrus), oder wenn ein Partner ein Interesse an Erhaltung und Veröffentlichung des Inhaltes hatte und ihn inschriftlich verewigte. Um der Sicherung eines Restes ihrer Autonomie willen veröffentlichten die nominell selbständigen, tatsächlich vom Herrscherwillen abhängigen griechischen Gemeinden auf Steininschriften die ihnen zugestandenen Rechte und Privilegien, um diese vor Nachfolgern und Konkurrenten der Herrscher belegen zu können, und die inschriftlich erhaltenen Briefwechsel sind neben der Historiographie und den Papyrusurkunden für die politische Geschichte des Hellenismus wichtige Quellen. 311 v. Chr. unterrichtete Antigonos die Stadt Skepsis von den Friedensverhandlungen der Diadochen[28] und nennt »Freiheit« und

26 Burkhard Meißner, *Die technologische Fachliteratur der Antike*, Berlin 1999, S. 161, 277–283; [Anonymus,] *Le cose della guerra*, hrsg. von Andrea Giardina, Mailand 1989.

27 Meißner (s. Anm. 24) S. 493 ff. Über Monarchenerziehung schrieben u. a. Euphantos von Olynth, Persaios von Kition, Aristoteles, Xenokrates, Theophrast, Straton von Lampsakos, Zenon, Kleanthes, Sphairos und Epikur.

28 Charles B. Welles, *Royal Correspondence in the Hellenistic Period*, Bd. 1, New Haven [u. a.] 1934, S. 3 ff., Nr. 1.

»Selbstbestimmung« Maßstäbe ihrer Politik. Die Herrscher gaben sich als »Retter«, »Wohltäter« und Wahrer der Demokratie, begünstigten und beschenkten ihre Dienstleute – regelmäßiger Anlaß komplizierter Verhandlungen[29] – und halfen in Notlagen.[30] Aus Briefen der Seleukiden über Landschenkungen und Bürgerrechte läßt sich der Geschäftsverkehr zwischen Kanzlei, Begünstigten, Funktionären am Ort und Städten rekonstruieren.[31] Seit dem 2. Jahrhundert v. Chr. traten dann römische Funktionäre in diese Korrespondenz mit griechischen Städten ein. Sie hatten zusätzlich Entscheidungen des Senats in Rom zu berücksichtigen, und die politischen Beziehungen gestalteten sich als kompliziertes Dreiecksverhältnis: Griechische Städte vertraten durch Gesandte in Rom ihre Position, erwirkten gegebenenfalls einen Senatsbeschluß, der dem Magistrat mitgeteilt und von diesem durchgesetzt wurde. Für Ergebnisse lateinischer Senatsverhandlungen entwickelten sich Übersetzungskonventionen und ein Übersetzungsdienst. Viele inschriftlich erhaltenen Senatsbeschlüsse der Republik liegen daher in griechischer Übersetzung vor.[32]

29 Peter Frisch, *Die Inschriften von Ilion, Inschriften griechischer Städte aus Kleinasien*, Tl. 3, Bonn 1975, Nr. 33 (Antiochos I. und Aristodikides); Welles (s. Anm. 28) Nr. 18–20 (Ländereien der Laodike, Mitte 3. Jh. v. Chr.).

30 Klaus Bringmann, »Der König als Wohltäter«, in: Jochen Bleicken / K. B. (Hrsg.), *Colloquium aus Anlaß des 80. Geburtstages von Alfred Heuß*, Kallmünz 1993, S. 83–95; Burkhard Meißner, »Naturkatastrophen und zwischenstaatliche Solidarität im klassischen und hellenistischen Griechenland«, in: Eckart Olshausen / Holger Sonnabend (Hrsg.), *Naturkatastrophen in der antiken Welt*, Stuttgart 1998, S. 242–262. Vgl. Welles (s. Anm. 28) S. 15 ff., Nr. 3–4 (Regeln für den Zusammenschluß mehrerer Gemeinden).

31 Domenico Musti, »Lo Stato dei Seleucidi. Dinastia, popoli, città da Seleuco I ad Antioco III«, in: *Studi Classici e Orientali* 15 (1966) S. 61–197.

32 Robert K. Sherk, *Roman Documents from the Greek East: Senatus consulta and epistulae to the age of Augustus*, Baltimore (1969).

Hellenistisches Verwaltungsschriftgut, hellenistische Gesetzgebung

Urkunden und aktenähnliche Schriftstücke hellenistischer Zeit sind auf Papyrus, dem verbreitetsten Beschreibstoff der Antike, in Ägypten erhalten. Ägypten war ein Vielvölkerstaat. Ein territorial einheitliches Recht existierte zunächst nicht: Recht war das Recht bestimmter Personen oder Gruppen. Die Ägypter lebten nach der makedonischen Eroberung nach ägyptischem Recht, für Griechen und Makedonen galt deren Recht, und Streitfälle zwischen beiden entschied ein »Koinodikion« (griechisch-ägyptischer Gerichtshof). Mit der Zeit unterhöhlten Bevölkerungsmischung und Intensivierung der Rechtsbeziehungen das Personalitätsprinzip im Rechtswesen. Die Vertragssprache entschied seit 118 v. Chr.[33] über Recht und Richter einer Streitentscheidung. Von den je eigenen Rechten griechischer Poleis ist das Alexandrias am besten dokumentiert.[34] Nach der Übernahme Ägyptens durch die Römer galten ägyptisches, griechisches und römisches Recht nebeneinander. Erst 212 n. Chr. schuf Caracalla für fast alle freien Bewohner des römischen Reiches durch die Constitutio Antoniniana ein Reichsbürgerrecht.[35] In hellenistischen Reichen war der König produktivster Gesetzgeber,[36] der als *prostagma* (Anordnung), *programma* (Verfügung), *diagramma* (Verordnung) oder *diorthoma* (Berichtigung)[37] neues Recht setzte. Für Rechtsprechung und Verwaltung

33 Bernard P. Grenfell [u. a.], *The Tebtunis Papyri I*, London 1902, Nr. 5.

34 Graeca Halensis (Hrsg.), *Dikaiomata: Auszüge aus alexandrinischen Gesetzen und Verordnungen in einem Papyrus des Philologischen Seminars der Universität Halle mit einem Anhang weiterer Papyri derselben Sammlung* [P. Hal.], Berlin 1913, Nr. 1.

35 O. Eger [u. a.], *Griechische Papyri im Museum des oberhessischen Geschichtsvereins zu Giessen*, Tl. 2, Leipzig/Berlin 1910, Nr. 40.

36 P. Hal. (s. Anm. 34) Nr. 1 v8,166 ff.

37 Hans-Albert Rupprecht, *Kleine Einführung in die Papyruskunde*, Darmstadt 1994, S. 85.

wurden diese gesammelt, z. B. Gesetze über Steuererhebung[38] usw.

Eine Bestimmung der »Dikaiomata« (Rechtssatzungen; s. Anm. 34) besagt, daß über Kauf und Verkauf von Grund und Boden ein Register zu führen und ohne Eintrag ein Kauf ungültig sei.[39] Seit 146 v. Chr. gab es solche Registrierung auch für andere Verträge.[40] In römischer Zeit hatten Notare Abschriften von ihnen ausgefertigter Urkunden im staatlichen Archiv zu hinterlegen.[41] Für die Beurkundung von Rechtsgeschäften wurde also erheblicher Aufwand getrieben, und Abschriften und Register erweitern das Material für den Historiker erheblich. Haupttypen öffentlicher Urkunden im hellenistischen Ägypten waren die *syngraphe* vor sechs Zeugen und die Urkunde vor dem staatlichen Notar (*agoranomos*); weniger formell waren einseitige Willenserklärungen (*hypomnemata*).

Neben Urkunden und Gesetzen hat sich auch Verwaltungsschriftgut (Akten) auf Papyrus erhalten. Eingaben wurden unter der Fiktion formuliert, den König getroffen zu haben, und sie heißen nach dem Verb für persönliches Treffen Enteuxeis.[42] Ihr Formular entsprach dem privater Briefe, und auch rechtliche Erklärungen (Cheirographa) wahrten jene Briefform, ebenso Antworten und Verlautbarungen der königlichen Kanzlei, deren Leiter daher Briefschreiber (*epistolographos*) hieß. Wie unter Alexander d. Gr. führte diese Kanzlei ein die Termine des Herrschers ver-

38 P. Rev.: Bernard P. Grenfell, *Revenue Laws of Ptolemy Philadelphus*, Oxford 1896; ern.: Jean Bingen, in: *Sammelbuch griechischer Urkunden aus Ägypten*, Beiheft 1, Wiesbaden 1952, 259 v. Chr.

39 P. Hal. (s. Anm. 34) Nr. 1 ^{v}11,2542 ff.

40 P. Tor. Choach.: Pieter Willem Pestman, *Il Processo di Hermias e altri documenti dell'archivio dei choachiti, Papyri greci e demotici conservati a Torino e in altre collezioni d'Italia*, Turin 1992, Nr. 12 col. IV 13–34.

41 Hans Julius Wolff, *Das Recht der griechischen Papyri Ägyptens in der Zeit der Ptolemäer und des Prinzipats*, Tl. 2, München 1978, S. 51 f.; 169 ff.; 188 ff.

42 Octave Guéraud, *Requêtes et plaintes addressées au Roi d'Égypte au IIIe siècle avant J.-C.* [P. Enteux.], Kairo 1931.

zeichnendes Hoftagebuch (*hypomnemata*). Aktenmäßiger Schriftverkehr wurde auch in den Kanzleien der tieferen Hierarchiestufen geführt: Epistratege (Bezirksverwalter), Stratege, Toparch (Ortsvorsteher) und Dorfvorsteher verfügten über Schreiber.

Mores und Gesetze in Rom

In Griechenland war die Konvention als Geltungsgrund für Normen durch geschriebene Gesetze ergänzt und zunehmend ersetzt worden mit der Folge einer Ausdifferenzierung zwischen positivem und überpositivem Recht (Gesetz – gewohnheitliches Recht) und einer allmählichen Verdrängung des letzteren. Das römische Rechtssystem vollzog eine ähnliche Entwicklung. Mit der schriftlichen Fixierung beschritt es den Weg zu kontrollierter und nachvollziehbarer Fortbildung und Anwendung, der in Rom dazu führte, daß Rechtskenntnisse notwendig für jede öffentliche Betätigung wurden und ein juristischer Berufsstand sich herausbildete. Voraussetzung für diese Entwicklung wurde, daß die Legitimität des römischen Kaiserreiches sich Rechtsstaatsvorstellungen verdankte und dieses daher das Recht zur besonderen Sache von Spezialisten machte. Verbunden damit waren der Fortfall der Volksgesetzgebung und ihr Übergang auf den Kaiser. Konvention und Gesetz blieben als Quellen der Normativität wirksam und den Juristen bewußt; nur allmählich bildete die Republik in Ständekämpfen und Revolutionszeit das Leitbild des Gesetzesstaates heraus, das aber bisweilen in die vorrepublikanische Königszeit zurückprojiziert wurde.[43]

Der Überlieferung zufolge wurde das römische Recht nach griechischen Vorbildern erstmals 451 v. Chr. auf zwölf

43 Sextus Pomponius, *Enchiridium* (2. Jh. n. Chr.): Codex Iustinianus, *Digesta* I 2,2,3–4.

Tafeln aufgezeichnet. Diese Gesetze sahen Modalitäten rechtsförmlicher Streitentscheidung und persönliche Schutzvorschriften vor, verboten noch die Ehe zwischen Patriziern und Plebejern und kannten die Schuldknechtschaft. Die Tafeln wurden wahrscheinlich vernichtet, als 387/386 v. Chr. die Gallier Rom plünderten, doch die Bestimmungen blieben im Bewußtsein, weil sie noch lange memoriert wurden und das Rechts- und Sprachempfinden nachhaltig prägten. Daneben überlebte die Kenntnis älterer Staatsverträge: ein Vertrag zwischen Rom und den Latinern,[44] ein weiterer von 493 v. Chr.[45] und der erste Vertrag zwischen Rom und Karthago, von Polybios auf den Anfang der Republik datiert.[46]

Noch in republikanischer Zeit wurden Gesetze gesammelt und kommentiert; es kursierten angeblich aus der Königszeit stammende Gesetzbücher kultisch-sakralen Inhalts,[47] deren Kern aus Aufzeichnungen der Oberpriester stammen dürfte, die die Entwicklung des republikanischen Rechtswesens wesentlich bestimmten: Sie überlieferten und deuteten die formelartigen Normen, die die Beziehungen der Gemeinde zu den Göttern und das profane Recht lenkten. Sie führten Kalender darüber, welche Tage ungeeignet für Rechtsakte waren (*dies nefasti – dies fasti*), entschieden Streitfälle und waren Rechtsberater der Magistrate. Durch Analogiebildung entwickelten sie eine systematische sakrale Rechtslehre, gesammelt und kommentiert zur Zeit Caesars durch Granius Flaccus. Verschriftlichung und Veröffentlichung des Rechts hatten schon früher eingesetzt: Gnaeus Flavius machte 304 v. Chr. die den Erfordernissen einer vorschriftlichen Zeit genügenden formelhaften Äußerungen bei Prozessen und die Abfolge der Geschäfts-, Ge-

44 Dionysius von Halikarnaß, *Antiquitates Romanae* IV 26,5.
45 Cicero, *Pro Balbo* 23 (53).
46 Polybios III 22.
47 Dionysius von Halikarnaß, *Antiquitates Romanae* III 36,4; Codex Iustinianus, *Digesta* I 2,2,2; 2,2,36.

richts- und Tabutage publik, und der erste der *plebs* entstammende Oberpriester (*pontifex maximus*) Ti. Coruncanius hielt Mitte des 3. Jahrhunderts Vorträge über Rechtsfindung. Die Veröffentlichung dieser Lehrtradition führte zur Entwicklung einer Lehre auch des profanen Rechts als öffentlicher Angelegenheit.

Leges *und Verwaltungsschriftgut*

Lex ist jede rechtliche Bindung und impliziert eine aussprechbare Regel, nicht aber das Prinzip der Allgemeingültigkeit, das wir mit dem Begriff des ›Gesetzes‹ verbinden. *Leges* können von Trägern der Amtsgewalt einseitig erlassen und an bestimmte Personen (*leges datae*) oder an die Gesamtgemeinde (*lex publica*) gerichtet sein. Weil im Verlauf der Ständekämpfe die Gesetzgebungskompetenz des Magistrats an die Zustimmung der Bürgerversammlung gebunden wurde, entwickelten sich *leges* zu allgemeingültigen Normen. Gesetze legten z. B. das Recht römischer Bürger, gegen Todesstrafen bei der Volksversammlung Berufung einzulegen (lex *Valeria de provocatione*, 510/509 v. Chr.), und die Inkraftsetzung der Zwölf Tafeln fest. Seit der *lex Publilia Philonis* (339 v. Chr.) bedurften Gesetze einer Vorlage im Senat, und seit 287 v. Chr. (*lex Hortensia*) waren Beschlüsse der plebejischen Sonderversammlung (*plebiscita*) Gesetzen der Gesamtgemeinde gleichgestellt. Gesetze gliedern markant die Ständekämpfe und die Entwicklung der republikanischen Verfassung: Die Möglichkeit der Ehe zwischen Patriziern und Plebejern wurde durch die *lex Canuleia* geschaffen (445 v. Chr.), der Zugang der Plebejer zum Konsulat durch die *leges Liciniae Sextiae* (367 v. Chr.), der zu Priesterämtern 300 v. Chr. durch die *lex Ogulnia*; die Schuldknechtschaft verbot die *lex Poetilia Papiria* (um 326 v. Chr.), und den Abschluß der Ständekämpfe markiert die *lex Hortensia*. Gesetze wurden von Versammlungen der männlichen Bürger (*comitia*) auf Antrag eines Magistrats beschlossen (*leges rogatae*); als *comitia curiata* stattete die Volksversammlung Amtsträger mit ihrer Gewalt aus (*lex curiata de imperio*); die Annahme eines Gesetzesentwurfes bedeutete die Zustimmung zu seiner Inkraftsetzung durch den Amtsträger.

Weil der Senat im Gesetzgebungsverfahren und bei allen die Außenbeziehungen betreffenden Fragen konsultiert wurde, sind seine Beschlüsse eine wichtige Rechtsquelle für die römische Republik, und neben den sie voraussetzenden Edikten und Schreiben römischer Amtsträger wurden die Senatsentscheide von betroffenen griechischen Gemeinden dokumentiert (s. S. 42). Die Rechtsetzung durch Magistrate in Edikten, insbesondere das *edictum perpetuum* des Prätors, war von großer Bedeutung für die Rechtsentwicklung: Amtsträger konnten Grundsätze ihrer Entscheidungen als *edicta* ansagen; die Prätoren, für die Organisation der Rechtsprechung zuständige Magistrate, veröffentlichten zu Beginn ihres Amtsjahres jene Grundsätze in einem von den Nachfolgern im wesentlichen übernommenen und sich fortentwickelnden Edikt, das für das Privatrecht bestimmend wurde und um 130 n. Chr. durch Salvius Iulianus im Auftrag des Kaisers Hadrian abschließend bearbeitet wurde.

Wie in den griechischen Poleis blieb das Recht der römischen Republik beeinflußt von Konventionen und außergesetzlichen Normen. Zum Schriftmaterial mit normativem Wert sind auch Gutachten und Stellungnahmen von Rechtskundigen zu rechnen. In der Kaiserzeit projizierte man die Bedeutung kaiserlicher Gesetze zurück in die Republik und prägte das lange nachwirkende Bild einer geordneten, linearen Entwicklung der Gesetzlichkeit. Wie in den griechischen Gemeindestaaten aber wurden in der Republik geschriebene Gesetze immer wichtiger und schließlich zum Inbegriff für Normen überhaupt. Charakteristisch für ein solches Rechtsbewußtsein ist die Regel: »Wo sich zwei Gesetzesbestimmungen widersprechen, hebt die jüngere die ältere auf.«[48] So entwickelten sich das Spannungsverhältnis zwischen Gesetz und Konvention und seit dem 3. Jahrhundert v. Chr. eine Kunstlehre gerichtlicher Rede und politischer Flugschriften vergleichbar wie in Griechenland. Überliefert wurde Appius Claudius Caecus' Rede im Senat gegen König Pyrrhos (279 v. Chr.),[49] Cato (234–149 v. Chr.) publizierte Reden. Hoch entwickelt war die Redekunst der ausgehenden Republik, die in Cicero ihren theoretischen und praktischen Gipfel erreichte. Dieser ließ Reden in bearbeiteter Form auch als Flugschriften und Muster kursieren: Reden gegen den ehemaligen Statthalter Siziliens, Verres (70 v. Chr.), Reden während des Konsulates anläßlich der Catilinarischen Verschwörung (63 v. Chr.) und die Demosthenes nachstrebenden ›Philippiken‹ gegen Antonius.

In manchem ähnelte auch das schriftliche Material, das bei der Verwaltung des republikanischen Stadtstaates anfiel, dem griechischer Poleis: Senatsverhandlungen und Verhandlungen mit auswärtigen Gesandten wurden protokolliert und mit Senats- und Volksbeschlüssen im *aerarium Saturni* (Archiv im Saturntempel) hinterlegt. Die Inhaber der oberen Ämter führten Bücher mit Abschriften ihrer Korrespondenz, Entscheide usw., die im Staatsarchiv hinterlegt wurden (*commentarii*). Dadurch wurde Verwaltungshandeln nachprüfbar und Betroffenen ein Beweismittel zur Durchsetzung ihrer Rechte gegeben.[50] Solche *commentarii* führten die Kaiser dann zur Sicherung der Rechtskontinuität,[51] durch *commentarii* konnten aber auch die Eliten die politische Kontrolle über technische Spezialgebiete behalten: Sextus Iulius Frontinus wollte Ende des 1. Jahrhunderts n. Chr. mit dem *commentarius* über die Wasserversorgung die Abhängigkeit der

48 Livius IX 34,7. Vgl. Codex Iustinianus, *Digesta* I 4,4: »Später erlassene Vorschriften haben höhere Rechtskraft als diejenigen, die vor ihnen bestanden« (Modestinus, 3. Jh. n. Chr.).

49 Cicero, *Cato maior de senectute* 16.

50 Beispiel: Verteidigung der Steuerfreiheit des Amphiaraos-Heiligtums um 73 v. Chr., Sherk (s. Anm. 32) S. 133–138 Nr. 23.

51 Plinius, *Epistulae* X 66,1; 95.

Verwaltungschefs von subalternen Mitarbeitern verringern.[52] *Commentarii* konnten Material zur literarischen Darstellung der eigenen Amtsführung liefern (Cicero über sein Konsulat;[53] Caesar über den Gallischen und den Bürgerkrieg).

Gesetzgebung in der römischen Kaiserzeit

An der Wende vom 2. zum 3. Jahrhundert sprach der Jurist Ulpian dem Willen des *princeps* den normativen Wert eines Gesetzes zu.[54] *Constitutiones* des Kaisers wurden maßgebliche Rechtsquelle und die kaiserliche Autorität zur Basis des Rechts. Der Kaiser besaß das *ius edicendi* eines Magistrats, entschied Streitfälle per Dekret, formulierte brieflich Grundsätze, die von nachgeordneten Amtsträgern als Edikte in Kraft gesetzt (promulgiert) wurden, oder gab Antworten auf Eingaben (Reskripte) und Aufträge im Verwaltungsverkehr (*mandata*). Senatsbeschlüsse blieben eine Rechtsquelle, sie ergingen aber auf Initiative des Kaisers; als symbolischer Rest der Volksgesetzgebung wurden bestimmte Edikte an den *populus* adressiert. Immer stärker trat als Rechtsautorität auch die kommentierende, einführende und erklärende Fachliteratur hervor. Die meisten juristischen Schriftsteller waren nämlich selbst kaiserliche Amtsträger und Berater, und sie konnten daher mit Autorität Rechtsauskunft erteilen. Übereinstimmenden Äußerungen kaiserlicher Juristen schrieb schon ein Reskript Hadrians (2. Jh. n. Chr.) Bindungswirkung vor Gericht zu.[55] Das sog. Zitiergesetz legte unter Theodosius II. und Valentinian III. abschließend fest, welche Juristenmeinung als herrschende gelten sollte.[56]

52 Meißner (s. o. Anm. 26) S. 185.
53 Cicero, *Epistulae ad Atticum* I 19,10.
54 Codex Iustinianus, *Digesta* I 4,1.
55 Gaius, *Institutiones* I 7.
56 Codex *Theodosianus* I 4,1–3.

Für das Recht des griechischen Ostens liefern auch zur Kaiserzeit Papyri entscheidendes Material. Wichtig ist der *Gnomon* (Rechtsweiser; eigentlich ›Sonnenuhrzeiger‹) des *Idios Logos* (ein von den Römern übernommener Zweig der ptolemäischen Finanzverwaltung für Sondereinnahmen des *fiscus* wie Konfiskation, Erbfall, Sklavenfreilassung); Aufzeichnungen dieses Amtes über Präzedenzfälle und Grundsätze sind aus der Mitte des 2. Jahrhunderts n. Chr. überliefert.[57] Sie wurden als *nomos* (Gesetz) zitiert[58] und sind für römische Bürger, Bürger latinischen Rechtes, solche Alexandrias oder griechischer Gemeinden jeweils verschieden. Den Zweck bezeichnet die metaphorische Bezeichnung: eindeutig und schnell wie die Zeit selbst das anzuwendende Recht zu weisen, das um seiner Handhabbarkeit willen auf generalisierte Leitsätze reduziert wurde. Aus dem Jahr 68 n. Chr. stammt ein Zeugnis für den Einfluß des Kaiserrechtes auf die Fortschreibung dieses *Gnomon*,[59] der mit Anordnungen von Kaiser, Senat und Präfekten in Übereinstimmung gebracht werden sollte.

Verwaltungstexte der römischen Kaiserzeit

In ägyptischen Papyri ist so wie hellenistisches auch kaiserzeitliches Verwaltungsschriftgut erhalten. Die hierarchische Gliederung der Verwaltung differenzierte sich aus und ori-

57 Salvatore Riccobono, *Fontes Iuris Romani Anteiustiniani*, Tl. 1, Florenz 1941, S. 469–478, Nr. 99 ≈ Ägyptische Urkunden aus den Staatlichen Museen zu Berlin [BGU], Tl. 5: *Der Gnomon des Idios Logos*, Tl. 1: *Der Text*, hrsg. von Wilhelm Schubart, Berlin 1919, Tl. 2: Woldemar Graf von Uxkull-Gyllenband, *Der Kommentar*, ebd. 1934. Vgl. Paul R. Swarney, *The Ptolemaic and Roman Idios Logos*, New Haven [u. a.] 1966.

58 Egypt Exploration Society (Hrsg.), *The Oxyrhynchus Papyri* [P. Oxy.] IX, London 1912, S. 1188, 19 ff. (13 n. Chr.).

59 Wilhelm Dittenberger, *Orientis Graeci Inscriptiones Selectae* [OGIS], Tl. 1–2, Leipzig 1903–05, Nr. 669 = André Bernand, *La Prose sur pierre dans l'Égypte hellénistique et romaine*, Tl. 1–2, Paris 1992, Nr. 57 B.

entierte sich an römischen Vorbildern; an der Spitze stand seit Augustus ein *praefectus*. Selbstverwaltung besaßen die griechischen Bürgerstädte (z. B. Alexandria) und seit dem 3. Jahrhundert teilweise die Hauptorte ägyptischer Gaue. Kriterium für die Zugehörigkeit zu diesen stadtähnlichen Gebilden war die Teilnahme an der griechischen Bildung. Die höchsten kommunalen Notabeln waren daher der Vorsteher der Sportschule (*gymnasiarches*) und der Organisator der Jungmännerausbildung (*kosmetes*) zusammen mit Notar (*agoranomos*) und Bürgermeister (*exegetes*). Gaumetropolen besaßen seit 200 v. Chr. wie Alexandria einen Rat. Die Verwaltungen sammelten wie in ptolemäischer Zeit den Schriftverkehr in Archiven, deren Erschließung im Zusammenhang erst die Vorgänge in Staat, Betrieben und Bankgeschäften zu verstehen erlaubt. Ein ptolemäisches Beispiel ist das Archiv Zenons (3. Jh. v. Chr.); wichtige kaiserzeitliche und spätantike Archive sind das Familienarchiv des Philosarapis von Tebtynis (89–224 n. Chr.), das Archiv des Aurelios Isidoros von Karanis und das Archiv des Flavius Abinnaeus, eines Militärkommandeurs im Fayyum (4. Jh. n. Chr.)[60].

Außerhalb Ägyptens ist Verwaltungsbriefverkehr überliefert, wenn er literarisch oder inschriftlich publiziert wurde, z. B. Plinius' d. J. Briefwechsel mit Kaiser Trajan. Plinius war um 110–112 n. Chr. Legat in Bithynien, sanierte dort die Finanzen der Kommunen und tauschte sich darüber mit dem Kaiser aus. Ein Briefpaar betrifft das sich Anfang des 2. Jahrhunderts ausbreitende Christentum.[61] Briefwechsel waren auch ein Medium, Wünsche und Absichten von Mitarbeitern, Untertanen, Gemeinden und Provinzen

60 Pieter Willem Pestman [u. a.], A Guide to the Zenon Archive, Leiden 1981; Bernhard A. van Groningen, *A Family Archive from Tebtunis*, Leiden 1950; Arthur E. R. Boak / Herbert Chayyim Youtie, *The Archive of Aurelius Isidorus in the Egyptian Museum, Cairo, and the University of Michigan*, Ann Arbor (Mich.) 1960; Harold I. Bell [u. a.], *The Abinnaeus Archive: Papers of a Roman Officer in the Reign of Constantius II*, Oxford 1962.

61 Plinius, *Epistulae* X 96–97.

an den Kaiser und seine Verwaltung zu richten. Erst wenn er auf diese Weise mit Konflikten konfrontiert wurde, traf er in der Regel Entscheidungen und manifestierte dadurch seine rechtswahrende Macht.[62] Weil dies in brieflicher Form erfolgte, hieß die für Eingaben zuständige kaiserliche Kanzlei *ab epistulis*. Für von Privatleuten vorgelegte knappere *libelli* gab es die Abteilung *a libellis*.

Spätantike Gesetzeskodifikationen und Kodifikationsbewegung

Spätantike und byzantinische Gesetzgebung bleibt Gesetzgebung des Kaisers: Grundsätze wurden als Edikte, Einzelfallentscheidungen als Reskripte, und generalisierbare Verlautbarungen als *leges* oder *constitutiones* verkündet. *Leges generales* verlas man oft im Senat, und an einzelne Würdenträger gerichtete Anordnungen galten dennoch als Edikte mit allgemeiner Geltung. Legitimität und Normativität der Gesetze garantierte der Kaiser, symbolisiert durch seine Unterschrift mit roter Tinte.

Edikte an eine Öffentlichkeit wurden durch Aushänge, gegebenenfalls inschriftlich, veröffentlicht, solche an nachgeordnete Amtsträger hatten diese zu promulgieren und zu verkünden. Die spätantike Gesetzgebung reduzierte die Normenvielfalt, machte zunehmend das Edikt zum Formvorbild der Gesetzgebung und beauftragte nachgeordnete Amtsträger mit Bekanntmachung und Inkraftsetzung der Norm. Gesetze hatten seit Theodosius II. von Senat und Konsistorium geprüft und befürwortet zu werden.[63] Man unterschied allgemeines Gesetz (*lex generalis*) und besondere Norm (*idikòs nómos*): *lex* oder *sanctio pragmatica* und das nur für die Lebenszeit des Herrschers gültige Mandat.

62 Fergus Millar, *The Emperor in the Roman World*, Ithaca/London ^{2}1992.
63 *Codex Iustinianus* I 14,8.

Die Entwicklung des spätantiken Rechts charakterisiert eine Wandlung in der literarischen Form seiner Quellen: Statt verstreuter Texte begegnet das Sammelwerk, statt der Schriftrolle der gebundene Codex, beides Ausdruck einer neuen Ökonomie des Wissens. Man bedurfte der Übersicht über das Material und daher des das Durchblättern ermöglichenden Codex. Kultiviert wurde die knappe, leitsatzartige Formulierung von Normen und Erläuterungen. Codices eigneten sich aber auch zur Inszenierung von Authentizität: Einfügen und Herausschneiden sind im gebundenen Buch schwieriger als in der Schriftrolle; den Codex sichert ein Einband, der prachtvoll und symbolisch gestaltet, gegebenenfalls auch verschlossen werden kann. Seine Transporteignung macht ihn zum Medium der Wahl für eine Mobilisierung des Wissens.

In der »Kodifikationsbewegung«[64] entstanden im 3. Jahrhundert Rechtssammlungen (*Codex Gregorianus*, *Codex Hermogenianus*), die nur fragmentarisch bekannt sind; Theodosius II. (408–450) ließ eine Kommission 429–438 n. Chr. das Kaiserrecht zusammentragen. Zunächst als umfassende, sachlich geordnete Sammlung geplant,[65] entstand eine Zusammenstellung der seit Konstantin I. erlassenen noch gültigen Konstitutionen, die 439 als Rechtsbuch in Kraft gesetzt wurde. Nach dem Vorbild dieses *Codex Theodosianus* erließen germanische Königtümer auf römischem Boden ihre Rechtsbücher (*lex Romana Visigothorum*, *lex Romana Burgundionum*). Justinian (527–565 n. Chr.) veranlaßte eine Neubearbeitung der älteren Codices (529 n. Chr.) mit höherer Verbindlichkeit: Nur was mit seinem Inhalt vereinbar war, durfte vor Gericht geltend gemacht

64 Tony Honoré, »The Making of the Theodosian Code«, in: *Zeitschrift der Savigny-Stiftung für Rechtsgeschichte, Rom.* Abt. 103 (1986) S. 133–222; Dieter Nörr, »Zu den geistigen und sozialen Grundlagen der spätantiken Kodifikationsbewegung (Anon. de rebus bellicis XXI)«, in: ebd. 80 (1963) S. 109–140.

65 *Codex Theodosianus* I 1,5–6.

werden. 530–533 wurden die *Digesta* mit älteren Rechtssätzen erarbeitet und zusammen mit einem Lehrbuch von Tribonian, Theophilos und Dorotheos zur Grundlage der juristischen Ausbildung. Die *Digesta* stellen eine Art Summe des antiken Rechts dar und waren für praktische Nachahmung und theoretische Erschließung des römischen Rechts grundlegend. Der *Codex Iustinianus* selbst wurde 534 in überarbeiteter Fassung neu veröffentlicht. Später ergangene Kaisergesetze sammelte man als *Novellae*.

Spätantikes Verwaltungsschriftgut

Verwaltungsschriftgut enthalten die Archive von Isidorus und Abinnaeus (s. S. 53) eine Papyrusrolle mit Steuerabrechnungen[66] und in italienischen Bibliotheken befindliche Papyri.[67] An mehreren Orten des griechischen Ostens wurde das Edikt Diokletians über Höchstpreise inschriftlich veröffentlicht, ein Zeugnis für die Regelungsbedürfnisse der spätantiken Verwaltung wie für die Finanzpolitik.[68] In der stärker vereinheitlichten Verwaltung waren zivile und militärische Spitzen getrennt. Größte territoriale Einheit war die Diözese. Darunter wurden *civitates* von Zentralorten aus administriert, jede mit einer Kommunalversammlung (*curia*). Daneben amtierten der *defensor civitatis*, ein gewählter *curator* und Beauftragte für Finanzverwaltung und Friedenswahrung. Manche Verwaltungs- und Steuererhebungskompetenzen gingen auf Großgrundbesitzer über, die sich als Zwischeninstanz zwischen die von ihnen Ab-

66 Roger S. Bagnall / Klaas A. Worp, »P. Princ. Roll. 2nd ed.«, in: *Archiv für Papyrusforschung* 30 (1984) S. 53–82.

67 Jan-Olof Tjäder, *Die nichtliterarischen lateinischen Papyri Italiens aus der Zeit 445–700* [P. Ital.], Tl. 1, Lund 1955; Tl. 2, Stockholm 1982; Tl. 3, Lund 1954.

68 Marta Giacchero, *Edictum Diocletiani et Collegarum de pretiis rerum venalium*, Genua 1974; vgl. Burkhard Meißner, »Über Zweck und Anlaß von Diokletians Preisedikt«, in: *Historia* 49 (2000) S. 79–100.

hängigen und den Staat schoben. Um den Überblick über ihre Struktur zu behalten, führte die spätantike Bürokratie Handbücher: Die *notitia dignitatum* (um 430 n. Chr.) stellt alle höchsten Staatsämter mir ihren Abzeichen zusammen und ist wertvoll für die Verwaltungsgeschichte.[69]

Schluß

Die Zeugnisse für schriftliche Verwaltung und Gesetzgebung in der Antike erlauben, zusammenfassend Prozesse zunehmender bürokratischer Rationalisierung wie gesetzesstaatlicher Ordnung zu skizzieren. Die kleinen Verwaltungsapparate und Ansätze administrativer Schriftlichkeit in den Stadtstaaten bauten die monarchischen Territorialstaaten (ptolemäisches Ägypten, römisches Kaiserreich) aus zu differenzierten Bürokratien mit Zuständigkeitstrennung, geordneter Verantwortlichkeit und geregelten Karrieren. Die Verschriftlichung des Rechts begünstigte die Entwicklung der Idee des Rechts als besonderer, von politischer Utilität getrennter Sache, die das römische Kaiserreich kultivierte.

69 Otto Seeck, *Notitia Dignitatum, accedunt Notitia urbis Constantinopolitanae et Laterculi provinciarum*, Berlin (1876).

Literaturhinweise

Verwaltungsaufzeichnungen der mykenischen Palastwirtschaft

Ventris, Michael / Chadwick, John: Documents in Mycenaean Greek. Cambridge 1956. [2]1973.

Die erneuerte griechische Schriftlichkeit

Braun, T. F. R. G.: The Greeks in the Near East, in: John Boardman / Nicholas G. L. Hammond (Hrsg.): The Cambridge Ancient History. Bd. 3,3. Cambridge [2]1982. Nachdr. 1990. S. 1–31.

Gesetz und Volksbeschluß: Schrift und griechische Selbstverwaltung

Hölkeskamp, Karl-Joachim: Schiedsrichter, Gesetzgeber und Gesetzgebung im archaischen Griechenland. Stuttgart 1999.

Koerner, Reinhard: Inschriftliche Gesetzestexte der frühen griechischen Polis. Köln 1993.

Politische und gerichtliche Rede

Cole, Thomas: The Origins of Rhetoric in Ancient Greece. Baltimore/London 1991.

Pamphletistik und Denkschriften

Diels, Hermann / Kranz, Walther: Die Fragmente der Vorsokratiker. Berlin 1952. Reprogr. Nachdr. Zürich/Dublin 1966.

Diplomatischer Schriftverkehr

Welles, Charles B.: Royal Correspondence in the Hellenistic Period. New Haven [u. a.] 1934.

Hellenistisches Verwaltungsschriftgut, hellenistische Gesetzgebung

Rupprecht, Hans-Albert: Kleine Einführung in die Papyruskunde. Darmstadt 1994.

Wolff, Hans-Julius: Das Recht der griechischen Papyri Ägyptens in der Zeit der Ptolemäer und des Prinzipats. Tl. 2. München 1978.

Mores und Gesetze in Rom

Bleicken, Jochen: Die Verfassung der römischen Republik. Paderborn [u. a.] [7]1995.
Flach, Dieter: Die Gesetze der frühen römischen Republik. Darmstadt 1994.

Leges und Verwaltungsschriftgut

Sherk, Robert K.: Roman Documents from the Greek East. Baltimore 1969.
Riccobono, Salvatore: Fontes Iuris Romani Anteiustiniani [FIRA]. Tl. 1. Florenz 1941.

Gesetzgebung in der römischen Kaiserzeit

Kaser, Max: Römische Rechtsgeschichte. Göttingen [2]1967. 5. Nachdr. 1993.
Kunkel, Wolfgang: Römische Rechtsgeschichte. Köln [12]1990.
Liebs, Detlef: Lateinische Rechtsregeln und Rechtssprichwörter. München/Darmstadt [6]1997.

Verwaltungstexte der römischen Kaiserzeit

Meyer, Ernst: Einführung in die lateinische Epigraphik. Darmstadt [2]1983.
Millar, Fergus: The Emperor in the Roman World. Ithaca/London [2]1992.

Spätantike Gesetzeskodifikationen und Kodifikationsbewegung

Wenger, Leopold: Die Quellen des römischen Rechts. Wien 1953.

Spätantikes Verwaltungsschriftgut

Dölger, Franz / Karayannopoulos, Johannes: Byzantinische Urkundenlehre. Tl. 1: Die Kaiserurkunden. München 1968.
Kelly, C.: Emperors, government and bureaucracy, in: Averil Cameron / Peter Garnsey (Hrsg.): The Cambridge Ancient History. Bd. 13. Cambridge [2]1998. S. 138–183.

Ethnographische und geographische Literatur

Von Barbara Patzek

Antike und moderne Wissenschaft

Von einem geographischen und ethnographischen Forschungsbericht verlangen wir individuelle, innovative und zugleich detaillierte und objektive Berichterstattung über eine fremde Welt, ihre Geographie, Flora und Fauna und die Kultur ihrer Einwohner. Die Phantasiereise oder der Lügenbericht, ein Genre, das früher oft mit dem Thema Reise verbunden war, ist heute verpönt und wird allenfalls als literarische Fiktion anerkannt. Seit dem 19. Jahrhundert haben der Erkenntnisfortschritt und der Wahrheitsanspruch der Naturwissenschaften auch die Geisteswissenschaften erfaßt. Wir erheben auch hier den Anspruch, aus der menschlichen Welt herauszutreten und ein exaktes Maß an sie anlegen zu können. Das Ziel ist eine Wahrheit, die von den Bedingungen des Standorts des Beobachters unbeeinflußt ist. Der Geograph muß ihn gewissermaßen außerhalb des Globus suchen, und in letzter Konsequenz muß der Reisende oder der reisende Wissenschaftler aus der eigenen Kultur heraustreten, um in der fremden Kultur eine andere kulturelle Subjektivität zu erkennen.

Einen derart systematischen und methodisch-kritischen Wissenschaftsbegriff gab es in der Antike nicht. Wissenschaft blieb an den Beobachterstandort sowie an eine Überlieferungstradition von Schriften gebunden und gewann ihre Objektivität aus dem Bezug zum Gegenstand. Dennoch können wir auch hier die Unterscheidung von Erfahrung, Erkundung, Beobachtung und Begriff finden und ein damit verbundenes Ordnungsdenken, das eine Erweiterung wissenschaftlichen Erkennens auslöste. Auf dieser Grundlage haben die überlieferten antiken geographischen und ethnographischen Beobachtungen und Begriffe die neuzeitlichen Entdeckungen und deren intellektuelle Verarbeitung in Gang gesetzt und die Basis für die abstrakte Begrifflichkeit der modernen Wissenschaften Ethnographie und Geographie geschaffen.[1]

Die moderne Altertumswissenschaft hatte zunächst die antike Geographie und Ethnographie von diesen Anfängen her betrachtet, die betreffenden Wissensgebiete den modernen wissenschaftlichen Sachgebieten unterworfen und die antike Begrifflichkeit von ihrer modernen objektiven Zielsetzung her beurteilt. Der Erfahrungsschatz, der in der Antike unter den betreffenden Wissensgebieten erworben wurde, wurde dadurch sehr eingeschränkt. In der Antike wurden die geographische Welt und das Fremde nicht nur in einer Fachliteratur nach wissenschaftlichen Standards behandelt, sondern lange vor deren Entstehung auch in Mythos, Literatur und Geschichtsschreibung unter verschiedenen Aspekten erfaßt. Im Zusammenhang mit dem heutigen Interesse an anderen wissenschaftlichen Denk- und Anschauungsmustern hat die Forschung die ganze Breite der antiken Überlieferung zu diesem Thema und, damit verbunden, ein eigenes System spezifisch antiker Anschauungsweisen aufgetan. In der historischen Geographie[2] werden unter dem Begriff »Mensch und Umwelt« die authentischen geographischen Umfelder der antiken Landschaften rekonstruiert. Die Wissenschafts- und Ideengeschichte erforscht das komplexe Anschauungs- und Begriffsraster sowie die Ordnungskategorien in Wort und (Karten-)Bild, die aus der Erfassung der unbekannten geographischen Welt hervorgegangen sind.[3] Auch in der Ethnographie kann man, anders als zunächst angenommen, nicht ethnozentri-

1 Wilfried Nippel, *Griechen, Barbaren und »Wilde«*, Frankfurt a. M. 1990.

2 Eckart Olshausen, *Einführung in die historische Geographie der Alten Welt*, Darmstadt 1991.

3 Christian Jacob, *Géographie et ethnographie en Grèce ancienne*, Paris 1991, bes. S. 215–222.

sches Vorurteil, sondern die Fähigkeit der antiken Anschauungsweisen zu Objektivität, d. h. der Erfassung historischer und kultureller Vielfalt entdecken.

Grenzerfahrungen und Grenzüberschreitungen in Mythos und Weisheitsliteratur

Reisen bedeutet Überschreiten der Grenze der vertrauten menschlichen Welt in eine zwar unbekannte, aber der Phantasie seltsam zugängliche andere Welt. Solche Grenzüberschreitungen kennen wir heute noch als Themen des Märchens; in der antiken Überlieferung finden wir sie als Themen des Mythos und der Weisheitsliteratur. Die fremde Welt wird zu einer Gegenwelt; sie kann mit erzählerischer Weisheit gefüllt werden. Sie ist aber auch eine Welt hinter einer Grenze, deren Überschreitung Gefahr bedeutet. Geschichten, die an die Ränder der Welt führen, bilden ein eigenes literarisches Genre, dem in der antiken Geographie und Ethnographie eine bedeutende Rolle zukommt.[4]

Im altorientalischen Gilgamesch-Epos[5] können wir drei typische Lehren, die sich aus der Grenzerfahrung ergeben, finden. Der Held Gilgamesch macht sich auf eine weite Reise zum märchenhaften Zedernwald des Libanon, um ein dort lebendes Ungeheuer zu bezwingen. Ein unbekanntes Land zu betreten, ferne Grenzen zu erreichen und dort den eigenen Namen und den Namen seiner Götter aufzurichten bedeutet für den Helden Ruhm. Vor der Tat überkommen Gilgamesch Zweifel, ob er die Grenze überschreiten und das Ungeheuer wirklich ermorden darf. Gilgamesch büßt schließlich für diese Verblendung, indem er seinen besten Freund verliert. Nun muß er das Geheimnis der menschli-

4 James S. Romm, *The Edges of the Earth in Ancient Thought. Geography, Exploration, and Fiction*, Princeton 1992.

5 Wolfram von Soden (Hrsg.), *Das Gilgamesch-Epos*, neu übers. von Albert Schott, Stuttgart 1988.

chen Sterblichkeit erfahren. Dafür gilt es, bis zu einer Insel am Rande der Welt zu reisen, wo der einzige unsterbliche Mensch wohnt. Unterwegs mahnt ihn eine Schankwirtin vor dem unmöglichen Plan: »Feiere (statt dessen) täglich ein Freudenfest!« so sagt sie, »Deine Kleidung sei rein, gewaschen dein Haupt, mit Wasser sollst du gebadet sein! ... Solcher Art ist das Werk der Menschen.«[6] So heißt die letzte Lehre, die der Mythos vom wandernden Helden vermittelt: An den Grenzen der Welt und an den Grenzen des Menschlichen lernt der Held, daß er sterblich und an Sitten seines Landes, an Kultur und Natur, gebunden ist.

Im Gegensatz zu dem Märchenhelden Gilgamesch trägt Odysseus, der reisende Held des griechischen Mythos, individuellere Züge. Er berichtet von seinen Irrfahrten wie der weitgereiste Erzähler, der Wahrheit und Geflunker ineinander übergehen läßt.[7] Odysseus' Irrfahrten finden auf der Reise zwischen Troia und Ithaka statt, in seinen Abenteuererzählungen aber bricht der wirkliche Raum auf und der Erzähler gelangt zu den Gegenwelten der Phantasie.[8] Diese Länder bergen, da sie noch niemand betreten hat, Gefahren. Sie müssen von einem klugen Helden wie Odysseus erkundet werden; nur er kann sie erkennen und zugleich ihren gefährlichen Verlockungen durch List entrinnen. Die Klugheit des Odysseus führt zu Grenzüberschreitungen, zum Überwinden des Fremden und zur Schuld. Um alt werden und eines natürlichen Todes sterben zu können, muß er sich einem Sühneritus unterziehen. Am Ende wird er das Ruder nehmen und so weit landeinwärts ziehen, bis er wieder zu einem der Randvölker der Phantasie kommen wird, hier zu den Ackerbauern, »die nichts von dem Meere wissen, noch mit Salz gemischte Speisen essen«. Sie werden das Ruder des Odysseus nicht erkennen

6 Ebd., S. 81 (Tf. 10, III 8–14; hier gekürzt und z. T. geändert).
7 Uvo Hölscher, *Die Odyssee. Epos zwischen Märchen und Roman*, München 1990, hier S. 210ff.
8 Hölscher (s. Anm. 7) S. 135ff., bes. S. 137.

und es für eine Schaufel zum Getreideworfeln halten. Dort wird Odysseus sein Ruder in die Erde rammen und eine Kultstätte für den Gott des Meeres, Poseidon, errichten (*Odyssee* 11,121–130).

Im 6. Jahrhundert v. Chr. erfanden die Griechen Weisheitsgeschichten, die sich um einzelne legendäre oder historische Personen rankten. Darin spielte auch die Figur des reisenden Weisen eine Rolle. Solon von Athen wurde zu einer solchen literarischen Figur. Herodot berichtet, daß er sich am Ende seines Lebens auf Reisen begeben habe, »um zu schauen und zu lernen« (*Historien* 1,29). Solon wird aufgrund der auf seinen Reisen gewonnenen Vielfalt an Erfahrungen zum Ratgeber des Lyderkönigs Kroisos. Eine dieser Erfahrungen handelt von der Relativität des menschlichen Lebens und von der Bindung des glücklichen Menschen an die Sitten seiner Kultur (1,29–33; 88–89). Später mahnt Kroisos als Schüler Solons die Perser vor kriegerischen Grenzüberschreitungen (1,207).

Der Skythe Anacharsis gehörte ebenfalls zu den reisenden Weisen.[9] Nach der Legende war er zu den Griechen gereist und hatte deren Sprache und Kultur erlernt. Als er in seine Heimat zurückgekehrt war, wurde er beim Opfer für die Göttin der griechischen Stadt Kyzikos von seinen Landsleuten ermordet. Für Herodot, der diese Geschichte überliefert (4,76), enthält sie eine konkrete Lehre, die er mit den argumentativen Mitteln der Ethnographie begründet: Die Skythen nehmen als einfaches Volk nicht nur fremde Bräuche nicht an, sondern sie haben einen solchen Abscheu davor, daß sie den fremd gewordenen eigenen Landsmann ermorden. Kulturen stoßen einander durch das ihnen innewohnende Ethos ab.

Der mythische Begriff des Fremden hat mit menschlicher Selbsterkenntnis zu tun und der Erkenntnis, daß alle Men-

9 Jan Frederik Kindstrand, *Anacharsis. The Legend and The Apophthegmata*, Uppsala 1981.

schen an die Sitten ihrer Kultur, an ein gutes Leben gebunden sind. Sterblichkeit und Kultur werden dabei unmittelbar zusammen gesehen. Das Überschreiten geographischer und kultureller Grenzen ist von allgemein menschlicher Bedeutung und mit verschiedenen ethischen Deutungen verbunden: Herrschafts- und Wissensstreben stehen der Unantastbarkeit und Unschuld der einfachen Kultur entgegen.

Die Ordnung des Raumes in der Kartographie: Von der Vorstellung zur Geometrie

Den Entwürfen der antiken Erdkarten, deren Anfänge eng mit Schöpfungsmythen verbunden sind, liegt eine Vorstellung von der ganzen Welt zugrunde. Ein solcher Entwurf zwingt das Vorstellungsvermögen, Wissensgrenzen zu überschreiten.[10] Dazu gehört ein Bild des Raumes der Welt oder der Erde, das durch erzählerische Ordnung oder durch sichtbare Zeichen, die die Eigenschaften des Raumes interpretieren, zu einer lesbaren Erdkarte wird. Im Gegensatz zu den Detailkarten einzelner Landschaften, die wir schon aus der frühen Antike als zuverlässige Wegweiser kennen, sind die frühen Erdkarten weniger exakt, da sie zum größten Teil aus der Vorstellung gewonnen sind. Wir unterscheiden dabei zwischen einem Wegerfassen und einem Raumerfassen in der antiken Geographie. Anders als im modernen Alltag, in dem wissenschaftlich errechnete Karten das Raumbewußtsein prägen, wurde in der gesamten Antike, trotz der bekannten, in späterer Zeit auch teilweise auf Berechnung beruhenden Weltkarten, der Raum, in dem man sich bewegte, für den man Wegweiser brauchte und dessen geographische Vielfalt man zu erfassen strebte,

10 William Arthur Heidel, *The Frame of Ancient Greek Maps*, New York 1937, hier S. 2.

durch ein lineares Raumerfassen, ein Itinerar von den zurückgelegten Wegen und ihren Richtungen, beschrieben.[11]

Eine Vorstellung der Welt aus der Perspektive des beschränkten menschlichen Beobachterstandorts konnte man, nach Meinung der Antike, folgendermaßen gewinnen: durch Himmelsbeobachtungen und durch die Anordnung bekannter und unbekannter Orte in den Himmelsrichtungen, sowie durch das Versetzen des eigenen Vorstellungsvermögens an diese Orte durch Informationen oder auch Analogieschlüsse vom Bekannten auf das Unbekannte.[12] Die anschaulichste Schablone für die Gestalt der Erde war der Himmelskreis, d. h. der Kreis des Horizontes des irdischen Beobachters. Die Konstellationen der Sterne und ihr Stand am Himmel, sowie die Bahnen der Planeten und des Mondes zeigen innerhalb dieses Kreises Richtungen an, die man mit den Positionen des Sonnenauf- und -untergangs in den wechselnden Jahreszeiten verbinden konnte. Übertrug man dieses Raster aus geometrischen Linien auf die Erde, so erhielt man Orientierungen, in denen sich die Kenntnisse und Vorstellungen von der irdischen Welt zu einer gewissen Ordnung verbanden. Der Schattenzeiger der Sonnenuhr wurde wahrscheinlich schon von den Babyloniern, nachweislich aber von Anaximander (s. S. 67f.) im 6. Jahrhundert v. Chr. zur Erdvermessung benutzt.[13]

Die »Babylonische Weltkarte« aus dem 9. Jahrhundert v. Chr. ist das älteste überlieferte Werk, das sich in die Tra-

11 Schon der antike Geograph Strabon (*Geographia* 2,5,1f.) unterschied die räumliche Erfassung und Bemessung der Erde von dem praktischen Erfassen der einzelnen Landschaftsräume. Hans-Joachim Gehrke, »Die Geburt der Erdkunde aus dem Geiste der Geometrie. Überlegungen zur Entstehung und zur Frühgeschichte der wissenschaftlichen Geographie bei den Griechen«, in: Wolfgang Kullmann [u. a.] (Hrsg.), *Gattungen wissenschaftlicher Literatur in der Antike*, Tübingen 1998, S. 163–192, hier S. 192ff.

12 Polybios, *Historiai* 3,36.

13 Arpad Szabó, *Das geozentrische Weltbild. Astronomie, Geographie und Mathematik der Griechen*, München 1992, S. 70ff., 91ff.

dition der antiken Geographie und Ethnographie einfügen läßt.[14] Das Hauptinteresse ihrer Schöpfer scheint in der Charakterisierung ferner Länder gelegen zu haben. In einem zentralen Kreis liegt Mesopotamien als Kontinent mit dem Fluß Euphrat als Nord-Süd-Achse und der Stadt Babylon im Zentrum, umringt von zeitgenössischen Städten, aber auch von alten, in Ruinen liegenden Orten. Umringt wird der Kontinent von einem Ozean, der durch einen zweiten äußeren Kreis als begrenzt dargestellt ist. Er scheint für die Grenze zu stehen, hinter der das Fremde und Unbekannte liegt. Jenseits des Ozeans liegen strahlenförmig angeordnet »Regionen« (*nagû*), nach babylonischer Begriffsbildung handelt es sich um »unbekannte Gebiete« oder auch »Inseln am Weltrand«, wie etwa der Wohnort des Weisen, den Gilgamesch aufsuchte. Vier von acht dieser »Regionen« sind erhalten. Die Nachrichten über sie sind kurz und werden unter dem Begriff »Wunder« (*tabrâti*) zusammengefaßt. Zwei Regionen werden nach dem Sonnenstand benannt; die östliche »Region« ist die, wo »es Morgen wird«, die nördliche »Region« wird als »Ort, an dem die Sonne nicht untergeht« beschrieben. Man nimmt heute an, daß diese Beschreibung auf Beobachtungen der schiefen Ekliptik zurückgeht; d. h. daß die Sonne (auf der nördlichen Erdhalbkugel, wie wir heute wissen) nie die nördlichen Himmelsregionen erreicht. Alle übrigen Regionen stehen für geographische, botanische und zoologische »Wunder«. Eine Region steht für »wundersame Bäume«, eine andere für »Rinder mit den gedrehten Hörnern«, eine weitere kann »von einem Vogel nicht überflogen werden«, ist also ein Wüstengebiet.

Nach Auskunft der griechischen Geographen war Anaximander, der um die Mitte des 6. Jahrhunderts v. Chr. in Milet lebte, der erste, der eine wissenschaftliche Weltkarte

14 Wayne Horowitz, »The Babylonian Map of the World«, in: *Iraq* 50 (1988) S. 147–165.

entworfen hatte.[15] Man muß sich fragen, wodurch ihm dieses Prädikat zukam. Anaximander hat wahrscheinlich als erster ein naturphilosophisches Werk[16] verfaßt, in dem sich Kosmologie und Geographie verbanden. Er fragte sich, ob und wie der Kosmos entstanden war, wodurch Werden, Vergehen, Bewegung und Gleichgewicht erklärt werden können und wie die Erde in dem Kosmos der auf ihr zu beobachtenden Himmelserscheinungen positioniert ist. Dieses »anfängliche Fragen«[17], in dem sich Spekulation mit Beobachtung verbindet, ist neu, es fragt nach Ursachen und Zusammenhängen, nach den hinter einer Erscheinung stehenden Prinzipien und lädt zum Weiterfragen ein.

Anaximander fragte nach dem Gleichgewicht der Erde innerhalb des Kosmos und kam zu der Überzeugung, daß sie nicht auf einem grenzenlosen Meer schwimmen könne, wie sein Vorgänger Thales von Milet angenommen hatte, sondern daß sie schwebend genau im Zentrum der sie umgebenden Ringe, den Laufbahnen von Sonne, Mond und Sternen, stünde und die Form eines Säulenschaftes habe. Auf dessen oberer Seite befand sich die bewohnte Erde, der Gegenstand der Weltkarte Anaximanders. Wir können aus späteren Nachrichten schließen, daß er sie wie die Babylonier kreisförmig von einem Ozean umgeben darstellte, anders als diese aber das Mittelmeer, das Meer der Griechen, zum Zentrum der Karte wählte und um dieses herum zwei gleich große Landmassen, Asien und Europa, anordnete.[18]

15 Strabon, *Geographia* 1,1,11. Vgl. William Arthur Heidel, »Anaximander's Book. The Earliest Known Geographical Treatise«, in: *Proceedings of the American Academy of Arts and Sciences* 56 (1921) S. 239–287.

16 Anaximanders Werk ist nur in wenigen Fragmenten erhalten: Hermann Diels / Walter Kranz, *Die Fragmente der Vorsokratiker*, Bd. 1, Berlin 1956, Nr. 12.

17 Uvo Hölscher, *Anfängliches Fragen. Studien zur frühen griechischen Philosophie*, Göttingen 1968, S. 9–89; Christof Rapp, *Vorsokratiker*, München 1997, S. 38–51.

18 Herodot, *Historie* 4,36.

Aus Anaximanders Prämissen lassen sich die Überlegungen ableiten, die schließlich zu der Überzeugung von der Kugelgestalt der Erde und ihrer Vermessung geführt haben. Aristoteles führte unter anderem folgendes aus: »Sie muß eine kugelförmige Gestalt haben, da die Schwerkraft jedes ihrer Teile bis zur Mitte reicht, das weniger Schwere von dem Schweren beiseite gedrückt wird und nicht empor wallen kann, sondern sich zusammenziehen muß und eines dem anderen Platz macht, bis der Druck zur Mitte kommt.«[19] Die Vorstellung von der Kugelgestalt der Erde wurde aus Verallgemeinerungen sinnlicher Erfahrungen im Zusammenhang mit der Schwerkraft gewonnen. Die daraus gewonnene Überzeugung führte zu einer Methode, die es ermöglichte, die Erde gleichsam von außen zu messen und ihre Oberfläche in berechenbare Zonen einzuteilen. Das gelang Eratosthenes von Kyrene, der um die Mitte des 2. Jahrhunderts v. Chr. in Alexandria Bibliothekar war und über ein breites geographisches (Buch-)Wissen verfügte.[20] Dieses Wissen führte ihn zu einer Revision der älteren Erdkarten. Er maß den jahreszeitlichen Stand der Sonne nach der Höhe des Sonnenstandes am Mittagshimmel und erkannte, daß sich die Länge des Schattens des Zeigers der Sonnenuhr am selben Tag an verschiedenen Orten unterschied. Dieser Schatten war, wie schon Reiseerzähler berichteten,[21] am Mittag des Tages der Sommersonnenwende im ägyptischen Syene (nahe Assuan), das auf dem nördlichen Wendekreis der Sonne liegt, völlig verschwunden. Im nördlich des Wendekreises gelegenen Alexandria hingegen warf der Zeiger am selben Tag zu Mittag einen Schatten, da die Sonnenstrahlen dort in einer bestimmten Neige einfie-

19 Aristoteles, *De caelo* 297a. Vgl. Aristoteles, *Meteorologie* 262 a–b.

20 Strabon, *Geographia* 2,1.1–3. Hugo Berger: *Die geographischen Fragmente des Eratosthenes*, Leipzig 1880 (Nachdr. Amsterdam 1954).

21 Strabon, *Geographia* 17,1.48. Nach dieser Erzählung wird in Syene ein Brunnen gezeigt, auf dessen Grund am Tage des Zenits der Sonnenstrahl direkt einfällt.

len. Aus der Winkeldifferenz der einfallenden Sonnenstrahlen beider Orte erhielt Eratosthenes den Winkelwert für den Kreisbogen der Erde zwischen beiden Orten und konnte damit das zwischen ihnen liegende Erdkreissegment bestimmen ($\frac{1}{50}$ des Erdkreises). Durch Multiplikation der Entfernung der beiden Städte mit dem errechneten Winkelwert konte er den Erdumfang annähernd richtig errechnen.[22]

Die Beobachtung des Sonnenstandes führte zur Einteilung der Erde in Breitengrade, den Äquator, die beiden Wendekreise der Sonne und die beiden Polarkreise. Das führte zu der Erkenntnis, daß die Oikumene der Griechen, die bewohnte Erde, der auf Anaximander zurückgehenden ionischen Weltkarte, nur einen kleinen, fast ausschließlich nördlich des nördlichen Wendekreises der Sonne gelegenen und wahrscheinlich auch in seiner Breite begrenzten Teil ausmachte. Dies war der einzige Weltteil, den die antiken Menschen mit ihren technischen Mitteln und der dadurch begrenzten Wegerforschung erkunden konnten.[23]

Die Ordnung der Kulturen und die Grenzen von Herrschaft: Vom Itinerar zur Historie

Das »anfängliche Fragen« des milesischen Naturphilosophen hat nicht nur den Weg zu einer mathematischen Geographie gewiesen. Es ist anzunehmen, daß sich schon Anaximanders geographische Ordnung nicht nur auf den Raum bezog, sondern nach der Tradition der älteren Weltvorstellungen ähnlich der babylonischen Weltkarte auch die ganze Welt der Erscheinungen auf der Erde, besonders die belebte

22 Eine anschauliche Darstellung der Berechnungen des Eratosthenes findet sich bei Alfred Stückelberger, *Einführung in die antiken Naturwissenschaften*, Darmstadt 1988, S. 187ff.

23 Weitere Weltteile waren ein Gegenstand der Vorstellung. Vgl. Heidel (s. Anm. 10) S. 125ff.; Jacob (s. Anm. 3) S. 105ff.

und die menschliche Welt mit einbezog. Bei der Erfassung dieser Phänomene liegt der Fortschritt im Präzisieren von Beschreibungen und Begriffsbildungen. Man gelangte vom Erfassen und Aufzeichnen einzelner Phänomene (»Wunder«) zu kritischem Fragen und zu einer begrifflichen Topik, die die verschiedenen Phänomene als Realien in Kategorien des natürlichen und des menschlichen häuslichen und politischen Lebens zu unterscheiden und systematisch zu ordnen erlaubte. Die frühe Herausbildung einer Schriftgelehrsamkeit spielte hier wie beim Fortschritt der geometrischen Geographie eine bedeutende Rolle.[24]

Hekataios, der um 500 v. Chr. in Milet lebte und etwa eine Generation jünger als Anaximander war, hat die Erdkarte seines Vorgängers mit einer Küstenbeschreibung verbunden. Eine solche Beschreibung, *Periplus* genannt, diente ursprünglich der Schiffahrt und folgte dem linearen (hodologischen, d. h. wegweisenden) Beschreibungsprinzip des Itinerars.[25] Hekataios schrieb eine »Führung um die Erde« (*Perihegesis*), die von Gibraltar aus im Uhrzeigersinn um die Küsten des Mittelmeeres und des Schwarzen Meeres ging mit Abstechern ins Skythenland, nach Ägypten, Persien, Nubien und Indien.[26] Diese Führung um die bewohnte Erde behielt die geometrische Raumaufteilung Anaximanders bei, bereicherte sie aber durch vielfältige Reise- und Wegerfahrungem, die er selbst und andere gemacht hatten.

Reiseerfahrungen sind Kenntnisse von der natürlichen und der menschlichen Welt, die durch Sehen, Hören und Weitererzählen erlangt werden. Hekataios' Forschungen setzten sich aus diesem ursprünglich in Erzählungen ent-

24 François Hartog, »Écriture, généalogies, archives, histoire en Grèce ancienne«, in: *Mélanges Pierre Lévêque*, Besançon 1991, Bd. 5, S. 177–188.

25 Pietro Janni, *La mappa e il periplo. Cartografia antica e spazio odologico*, Rom 1984.

26 Auch das Werk des Hekataios ist nur in Fragmenten überliefert. Zur Ordnung der geographischen Fragmente vgl. Lionel Pearson, *Early Ionian Historians*, Oxford 1939, S. 34–106.

haltenen Wissen zusammen, für dessen Verarbeitung er erste Grundsätze aufstellte. »Ich schreibe dies auf«, so hören wir in einem anderen Werk, »wie es mir der Wahrheit zu entsprechen scheint, denn die Geschichten, die die Hellenen erzählen, sind vielfältig und lächerlich, wie mir scheint.« Hekataios überliefert das in Erzählungen erhaltene Wissen, das er einer kritischen Betrachtung unterzieht, mit dem eigenen Wissen verbindet und in Raum und Zeit ordnet. Durch die schriftliche Aufzeichnung schaffte er ein erstes Ordnungssystem und einen ersten Ansatz zur kritischen Befragung.

Genaueres über seine Methode der Erkundung von menschlichem Wissen entzieht sich unserer Kenntnis. Wir können sie nur aus der Kenntnis der Methode seines Nachfolgers, Herodot, ermitteln.[27] Herodot von Halikarnaß schrieb um 430 v. Chr. ein Werk der Erkundung (*Historie*) der bewohnten Welt, ihrer Geographie, Geschichte und Kultur. Auch er bezog seine Kunde aus Erzählungen, die er kritisch einander gegenüberstellte. Seine Methode unterscheidet sich jedoch so sehr von der späteren antiken und modernen Quellenkritik, daß ihm schon in der Antike vorgeworfen wurde, ein Lügenerzähler zu sein.[28] Herodot zitiert verschiedene Sprecher, die »Ionier« oder »Griechen«, die »Einheimischen« der verschiedenen Kulturen und die »Gelehrten«, die Priester Ägyptens. Dazu gesellt sich der Ich-Erzähler, der Autor, der zur Klärung der Auseinandersetzung sagt, was er selbst gesehen und gehört hat. Man hat schon früh erkannt, daß diese Erzählerzuordnungen fiktiv sind. Manches hat der Ich-Erzähler offensichtlich nicht sehen oder hören können. Das gelehrte Wissen der ägyptischen Priester ist oft das typische Wissen des griechischen Gelehrten. Die Zuordnungen dienen nicht der Ermittlung von Empirie, sondern einer didaktischen Absicht des Au-

27 Hermann Diels, »Herodot und Hekataios«, in: *Hermes* 22 (1887) S. 411–444.

28 Detlev Fehling, *Die Quellenangaben bei Herodot*, Berlin / New York 1971.

tors.[29] Es wird eine fiktive Situation geschaffen, in der Reisewissen durch verschiedene Sprecher unterschiedlicher Autorität in Szene gesetzt wird. Den Fremden kommt eine höhere Autorität als den Griechen zu. Deren Erzählungen hingegen dienen der Darstellung des Vorurteils, das effektvoll widerlegt werden kann. Der Autor greift nicht von einem übergeordneten objektiven Standpunkt in die Diskussion ein, sondern eher nachlässig zum Zweck einer Pointe. Dieses anfängliche wissenschaftliche Argumentieren bemüht sich nicht, seine Ursprünge aus dem Erzählen, vor allem den flunkernden Reiseerzählungen, zu verschweigen. Allerdings finden wir die dabei geäußerten Erfahrungen und Argumente in der Kontinuität der wissenschaftlichen Schriften der Griechen immer wieder; sie führen schließlich, besonders durch Aristoteles, zu kontinuierlichen Revisionen, Ergänzungen und Kategorienbildungen.

Wir können davon ausgehen, daß dieser wissenschaftliche Streit schon zwischen Hekataios und Herodot entbrannte. »Ich muß lachen«, schreibt Herodot (4,36), »wenn ich sehe, wie viele Menschen schon Erdkarten gezeichnet haben, und wie doch keiner die Gestalt der Erde sinnvoll zu erklären wußte. Sie zeichnen den Ozeanfluß rund um die Erde und diese selbst rund, wie abgezirkelt. Asien machen sie so groß wie Europa.« Herodots Geographie durchbricht die idealen Figuren der Karte Anaximanders, die Hekataios übernommen hatte. Die Größe der Erdteile und ihre Grenzen selbst werden zu Gegenständen der Forschung, indem Erzähler zitiert werden, die jene Wissensgrenzen überschritten und neue Wissensgebiete eröffnet hatten (*Historien* 4,37–58). Herodot greift auf vielfältige Berichte und Kartenvorstellungen zurück.[30] Seine Erkun-

29 Detlev Fehling, »The Art of Herodotus and the Margins of the World«, in: Zweder von Martels (Hrsg.), *Travel Fact and Fiction. Studies on Fiction, Literary Tradition, Scholarly Discovery and Observation in Travel Writing*, Leiden [u. a.] 1994, S. 1–15.

30 Jacob (s. Anm. 3) S. 57 ff.

dungen zeichnen sich durch die Vielfalt der Mittel und eine damit verbundene progressive Empirie aus.

Herodots Hauptthema aber ist nicht die Erdbeschreibung, sondern erstmals eine geschichtliche Frage: Wie Feindschaft zwischen Griechen und Barbaren entstand und die Erdteile Asien und Europa politisch auseinanderfielen. In dieser geschichtlichen Dimension ist die Geschichte des geographischen Wissens der Griechen und Perser enthalten, so wie es von verschiedenen handelnden Personen, den Gelehrten, den Händlern und den Herrschern und Strategen erworben wurde. Zur Auseinanderlegung des geschichtlichen Themas griff er auf eine ältere, schon im Orient entwickelte Darstellungsweise, den Feldzugsbericht, zurück. Der eroberte Raum wird zum Raster, in dem man das Wissen um die eroberten Landschaften und Völker ausbreiten und zugleich die Grenzen, die dem Eroberer gesetzt sind, markieren kann. Mit diesen Grenzen verbindet Herodot weise Erzählungen zum Thema Grenzüberschreitung.

Eine Reihe von Erzählungen spricht von den Gefahren der Grenzüberschreitung. Zu den geographischen Grenzen, die über Ruhm und Niederlage eines Eroberers entscheiden können, gehörten breite oder reißende Flüsse, hohe Berge und das Meer. Für die Griechen der Perserkriege stellte der Hellespont eine solche Grenze dar, dessen »Züchtigung« schon in Aischylos' *Persern* (744 ff.) den tragischen Untergang des Xerxes besiegelte. Bei Herodot erweitert sich diese Grenze zwischen Asien und Europa zu einer Grenze, die die von den Barbaren (Persern) beherrschbaren Völker von den von ihnen nicht beherrschbaren trennt.

Wie wir schon in Herodots Legende von dem Skythen Anacharsis lesen konnten (s. S. 64), stoßen Kulturen einander ab, weil sie das Fremde als feindlich erachten. Das kommt besonders den einfachen, »unschuldigen« Kulturen zu. Aber auch eine altehrwürdige und durch Weisheit ausgezeichnete Kultur wie die der Ägypter zeichnet sich positiv durch diese Eigenschaft aus. Die Anordnung von Asien und Europa gibt den Rahmen für eine Topographie der einfachen und weisen Völker, die in räumlichen Achsen einander zugeordnet werden: Die »einfache« Kultur der Skythen und die altehrwürdig »weise« der Ägypter befinden sich auf einer Nord-Süd-Achse, die »weise« der Inder und die »einfache« der Kelten auf der Ost-West-Achse[31].

Neben den Grobunterscheidungen zwischen einfachen und zivilisierten Völkern finden wir bei Herodot aber auch eine Ordnungsbegrifflichkeit für ihre unterschiedlichen Lebensweisen. Sie geht wahrscheinlich auf die Sophisten zurück. In Schriften, die der Einübung sophistischer Diskussionstechnik dienten, finden sich zahlreiche Beispiele für die Verschiedenheit der Völkersitten und die daraus herzuleitenden Werturteile.[32] Herodots Beschreibung der Sitten der einzelnen Völker bezieht sich auf verschiedene in diesen Schriften verzeichnete kulturelle Techniken (*nomoi*) des Geschlechtslebens, der Eheschließungen, der Göttervorstellungen, der Rituale und Feste und der Bestattungssitten. Die Beschreibungen dieser Sitten rufen kontroverse Gefühle hervor und waren sicher darauf angelegt, solche Gefühle zu wecken.[33] Herodot beschreibt also nicht nur Kultur, sondern benennt für sie ein inneres System, das sie zusammenhält, das *ethos*. Hören wir Herodots wohl berühmteste Parabel auf die Verschiedenheit der Sitten und das Ethos der Kulturen (3,38): Der Perser Dareios soll einmal die Griechen gefragt haben, zu welchem Preis sie bereit wären, ihre verstorbenen Väter zu verspeisen, und dabei auf indignierte Ablehnung getroffen sein. Als er aber die Männer eines indischen Volkes fragte, ob sie bereit wären, ihre gestorbenen Väter (wie die Griechen) im Feuer zu verbren-

31 François Hartog, *Le miroir d'Hérodote. Essai sur la représentation de l'autre*, Paris 1980 (engl. 1988).

32 Albrecht Dihle, *Die Griechen und die Fremden*, München 1994, S. 45. Zu den Fragmenten der »Dissoi Logoi« vgl. Diels/Kranz (s. Anm. 16), Bd. 2, S. 13–17.

33 James Redfield, »Herodotus the Tourist«, in: *Classical Philology* 80 (1985) S. 97–118; Jacob (s. Anm. 3) S. 63 ff.

nen, wurde er wegen seiner gottlosen Frage beschimpft. Das beweise, so Herodot, daß alle Menschen ihre eigenen Sitten für die besten hielten. Im Falle der Griechen, die als letztes Volk dem Herrschaftszugriff der Perser widerstehen, wird diese Erklärung ins Politisch-Patriotische ausgeweitet. Die Gesetze (*nomoi*) ihres städtischen Lebens, Einfachheit und Freiheit, sind ihre Herrscher und gebieten ihnen, den Barbaren zu widerstehen (7,101–105).

Ausblick: Geographie, Ethnographie und Reiseliteratur in hellenistischer und römischer Zeit

Im Zusammenhang mit den antiken Großreichen, den hellenistischen Reichen und dem römischen Reich und deren struktureller Durchdringungen durch Straßen, Schiffswege und allgemeine Friedenssicherung finden wir auch die bequeme Gelehrsamkeit, deren Ziel es ist, Gebiete, die durch das Ausgreifen von Herrschaft gesichert und erforschbar geworden sind, kennenzulernen und in den allgemeinen Kanon des Wissens einzuordnen.[34] Die Technik der Erdmessung ermöglichte, die einzelnen geographischen Beobachtungen, die Richtungen der Flußläufe, der Küsten und der Gebirge genauer zu registrieren und genauere Einschätzungen von Entfernungen zu geben. Um diese Kartographie machte sich Klaudios Ptolemaios, der im 2. Jahrhundert n. Chr. lebte, verdient. Sie verband sich mit den Ansprüchen der Administration des römischen Reiches, einer zunehmend detaillierten Inventarisierung der geographischen, historischen und kulturellen Tatsachen.[35] Die wis-

34 Polybios, *Historiai* 3,59. Claire Préaux, »L'élargissement de l'espace et du temps dans la pensée grecque«, in: *Académie Royale des Sciences des Lettres et des Beaux Arts de Belgique, Classe des Lettres et des Sciences Morales et Politiques* 54 (1968) S. 208–266.

35 Claude Nicolet, *L'inventaire du monde. Géographie et politique aux origines de l'Empire romain*, Paris 1988.

senschaftliche Geographie, die an der Bibliothek von Alexandria entstand und ebenfalls mit dem Namen Eratosthenes verbunden ist, entwickelte nicht zuletzt aus den Kenntnissen, die die Feldzüge Alexanders, der hellenistischen Herrscher und der Römer in weiten Teilen des Imperiums erbrachten, ein reiches Kompendium des Weltwissens auf geographischer Grundlage.[36] In der auf der Bibliothek basierenden Wissenschaft wurde jedoch im Gegensatz zu den frühen Forschungsbestrebungen eher das Bekannte und Erreichbare inventarisiert als das weiter entfernte Unbekannte systematisch gesucht. Herodots Verbindung von Geographie, Ethnographie und Geschichtsschreibung in unserem Sinn (für ihn gehörten diese Wissensgebiete zusammen) hat die Topik der späteren Historiker und Geographen geprägt. Der Topos von der »einfachen« Kultur hat nicht, wie man vermuten könnte, zu einer Verengung der Völkerwahrnehmungen geführt, sondern eine begriffliche Ordnung bereitgestellt, in die neue Erfahrungen eingeordnet werden konnten. Manche Kultur, wie etwa die der Germanen, gelangte von der »Einfachheit« zu einer differenziert beschriebenen Kultur.[37] Zur Ausbreitung der römischen Herrschaft gehörte Assimilation; der ethische Wert eines fremden Volkes wurde an seiner Fähigkeit zur Romanisierung gemessen. Die ehemals »wilden« Kulturen gehörten zunehmend zur Oikumene, und das Beobachtungsgebiet des Ethnologen verlagerte sich auf die Gebiete im Inneren des Limes.

Gesichertes Reisen gab es in der Antike vornehmlich in den großen Reichsgebieten der Perser, der hellenistischen Herrscher und besonders im römischen Kaiserreich.[38] Die Verwaltung dieser Reiche führte zum Ausbau einer Infra-

36 Erhalten in Strabons *Geographia* und der *Naturalis historia* des älteren Plinius.

37 Dieter Timpe, »Ethnologische Begriffsbildung in der Antike«, in: Heinrich Beck (Hrsg.), *Germanenprobleme in heutiger Sicht*, Berlin [u. a.] 1986 (Ergänzungsbände zum *Reallexikon der Germanischen Altertumskunde*, Bd. 1). S. 37–40.

38 Marion Giebel, *Reisen in der Antike*, Düsseldorf/Zürich 1999.

struktur, die zunehmend nicht nur der Wirtschaft und Verwaltung diente, sondern auch der Mobilität von Reisenden. Am Ende dieser Entwicklung stand der typische Tourismus des römischen Imperiums. In diesem Zusammenhang finden wir eine reichhaltige Reiseliteratur, die wiederum von dem vorhandenen Wissensbestand ausgeht und etwa dem zu Hause Gebliebenen den Eindruck des kulturellen und geographischen Wissensbestands eines Reisenden vermitteln oder dem ehemals Reisenden in die Erinnerung zurückrufen konnte. Pausanias' Perihegese (Beschreibung) Griechenlands ist nicht mehr ein Itinerar unbekannter Wege durch unerforschtes Gebiet, sondern eine Wanderung auf bekannten Wegen durch die alten griechischen Landschaften, wobei sich in der Sehenswürdigkeit und der Erzählung geschichtliche Erinnerung und Lobpreisung des Philhellenismus des Kaisers Hadrian, dessen Zeitgenosse Pausanias war, verbinden.[39]

39 Christian Habicht, *Pausanias und seine »Beschreibung Griechenlands«*, München 1985.

Literaturhinweise

Quellentexte

Arrianus Flavius: Der Alexanderzug. Indische Geschichte. Griech./Dt. Übers. von Gerhard Wirth. München/Zürich 1985.

Dionysios von Alexandria: Das Lied von der Welt. Griech./Dt. Hrsg. und übers. von Kai Brodersen. Hildesheim [u. a.] 1994.

Eratosthenes: Die geographischen Fragmente. Hrsg. von Hugo Berger. Leipzig 1880. Reprogr. Nachdr. Amsterdam 1954.

Hanno: In: Antike Entdeckerfahrten. Zwei Reiseberichte. Übertr. und erl. von Otto Seel. Zürich 1961.

Hekataios von Milet. In: Die griechische Literatur in Text und Darstellung. Bd. 1. Archaische Periode. Hrsg. von Joachim Latacz. Stuttgart 1991. S. 519–523.

Herodot: Historien. Griech./Dt. Hrsg. von Josef Feix. München/Zürich 1995.

Pausanias: Beschreibung Griechenlands. Übers. und hrsg. von Ernst Meyer. 2 Bde. München 1972.

Philon von Byzanz: Reiseführer zu den Sieben Weltwundern. Zweispr. Ausg. mit anderen antiken Texten von Kai Brodersen. Frankfurt a. M. / Leipzig 1992.

Plinius Secundus der Ältere: Naturalis Historia – Naturkunde. Lat./Dt. Hrsg. von Roderich König [u. a.]. Buch 3–6. Geographie. Übers. und erl. von Kai Brodersen. Düsseldorf/Zürich 1988–96.

Pomponius Mela: Kreuzfahrt durch die Alte Welt. Zweispr. Ausg. von Kai Brodersen. Darmstadt 1994.

Pytheas von Marseille: Über das Weltmeer. Die Fragmente übers. und erl. von Dietrich Stichtenoth. Köln/Graz 1959.

Strabon: Geographica. Griech./Dt. von Wolf Aly. 2 Bde. Bonn 1968–72. [Nur Buch 1–6.]

Allgemeine Literaturhinweise

André, Jean-Marie / Baslez, Marie-François: Voyager dans l'Antiquité. Paris 1993.
Arafat, Karin W.: Pausanias' Greece. Ancient artists and Roman rulers. Cambridge 1996.
Baratin, Marc / Jacob, Christian: Le pouvoir des bibliothèques. La mémoire des livres en Occident. Paris 1992.
Berger, Hugo: Geschichte der wissenschaftlichen Erdkunde bei den Griechen. 3 Bde. Leipzig 1903.
Brodersen, Kai: Terra Cognita. Studien zur römischen Raumerfassung. Hildesheim 1995.
Casson, Lionel: Reisen in der Alten Welt. München 1974.
Dihle, Albrecht: Die Griechen und die Fremden. München 1994.
– Zur hellenistischen Ethnographie. In: Grecs et barbares. Genf 1962. S. 205–232.
Gehrke, Hans-Joachim: Die Geburt der Erdkunde aus dem Geiste der Geometrie. Überlegungen zur Entstehung und zur Frühgeschichte der wissenschaftlichen Geographie bei den Griechen. In: Wolfgang Kullmann [u. a.] (Hrsg.): Gattungen wissenschaftlicher Literatur in der Antike. Tübingen 1998. S. 163–192.
Giebel, Marion: Reisen in der Antike. Düsseldorf/Zürich 1999.
Habicht, Christian: Pausanias und seine »Beschreibung Griechenlands«. München 1985.
Hartog, François: Le miroir d'Hérodote. Essai sur la représentation de l'autre. Paris 1980. [Engl. 1988.]
Heidel, William Arthur: The Frame of the Ancient Greek Maps. New York 1937. (Reprogr. Nachdr. 1976.)
Hölscher, Uvo: Die Odyssee. Epos zwischen Märchen und Roman. München 1990.
Hunt, E. D.: Travel, Tourism and Piety in the Roman Empire. In: Echos du monde classique / Classical Views 28 (1984) S. 239–417.
Jacob, Christian: Géographie et ethnographie en Grèce ancienne. Paris 1991.
– The Greek Traveler's Areas of Knowledge: Myth and Other Discourses in Pausanias' Description of Greece. In: Yale French Studies 59 (1980) S. 65–85.
Martels, Zweder von (Hrsg.): Travel Fact and Fiction. Studies on Fiction, Literary Tradition, Scholarly Discovery and Observation in Travel Writing. Leiden [u. a.] 1994.

Müller, Klaus Erich: Geschichte der antiken Ethnologie. Reinbek 1997. [Zuerst ersch. in: K. E. Müller: Geschichte der antiken Ethnologie und ethnologischen Theoriebildung. Bd. 1 und 2. Wiesbaden 1972–80.]

Nicolet, Claude: L'inventaire du monde. Géographie et politique aux origines de l'Empire romain. Paris 1988.

Nippel, Wilfried: Griechen, Barbaren und »Wilde«. Frankfurt a. M. 1990.

Olshausen, Eckart: Einführung in die historische Geographie der Alten Welt. Darmstadt 1991.

Paassen, Christiaan van: The Classical Tradition of Geography. Groningen 1957.

Préaux, Claire: L'élargissement de l'espace et du temps dans la pensée grecque. Bulletin de l'Académie royale de Belgique (Lettres) 54 (1968) S. 208–266.

Romm, James S.: The Edges of the Earth in Ancient Thought. Geography, Exploration and Fiction. Princeton 1992.

Speyer, Wolfgang: Die Griechen und die Fremdvölker. Kulturbegegnungen und Wege zur gegenseitigen Verständigung. In: Eos 77 (1989) S. 17–29.

Szabó, Arpad: Das geozentrische Weltbild. Astronomie, Geographie und Mathematik der Griechen. München 1992.

Timpe, Dieter: Ethnologische Begriffsbildung in der Antike. In: Heinrich Beck (Hrsg.): Germanenprobleme in heutiger Sicht. Berlin [u. a.] 1986. (Ergänzungsbände zum Reallexikon der Germanischen Altertumskunde. Bd. 1.) S. 22–40.

Trüdinger, Karl: Studien zur Geschichte der griechischen Ethnographie. Basel 1918.

Briefe und Biographien

Von Maria H. Dettenhofer

Briefe gehören zu den aussagekräftigsten Zeugnissen, die uns von den antiken Menschen erhalten sind. Vor allem die vorchristlichen Texte sowie die Dokumente aus der Epoche des Konkurrenzkampfes zwischen Heidentum und Christentum eröffnen ein besonderes Spektrum intellektueller Freiheit. In gewisser Hinsicht eine Ergänzung liefern die erhaltenen biographischen Werke, da sie die antike Außensicht auf den Menschen, seinen Charakter und seine Taten, eben die vorchristlichen Maßstäbe zur Beurteilung eines Lebenslaufes überliefern. Der Schwerpunkt soll daher auf der paganen Literatur liegen, zumal sie es ist, die das Gedankengut der Antike vornehmlich prägt und repräsentiert. Entgegen der von der klassischen Philologie gebräuchlichen Trennung soll hier griechische und lateinische Literatur nebeneinanderstehen, denn für die Behandlung historischer Fragestellungen ist diese Unterscheidung in den meisten Fällen nicht relevant. Dagegen spielen die Entstehungszeit sowie die Lebenssituation des Verfassers für die Beurteilung des Quellenwerts eine weit wichtigere Rolle. Die wesentlichen erhaltenen Werke der antiken Briefcorpora und Biographien sollen daher grundsätzlich in chronologischer Ordnung und unter weiteren für den Historiker relevanten Aspekten vorgestellt werden.

Briefe und Briefliteratur

Briefe spielen in ganz verschiedenen Formen und Funktionen insgesamt eine bedeutende Rolle innerhalb der antiken Literatur. Und schon antike Historiker verwendeten gerne Zitate aus Briefen in ihren Werken. Wir sprechen in diesen Fällen von Fragmenten, die auf uns gekommen sind. Die überlieferten Schreiben lassen sich im wesentlichen in drei Gruppen einteilen: Briefe historischer Persönlichkeiten, wobei zwischen privaten und amtlichen Dokumenten unterschieden werden kann; fiktive Briefe; und politische, wissenschaftliche sowie poetische Traktate in Briefform. Dabei ist eine eindeutige Einordnung der Texte in die jeweiligen Komplexe häufig problematisch, was den modernen Historiker vor allem deswegen interessiert, weil besonders bei fiktiven Briefen die Grenzen zwischen Primär- und Sekundärquelle verwischt sein können. Auch kommt es zu Überschneidungen der drei Gruppen. Am ergiebigsten für den Historiker ist zweifellos die Gruppe der authentischen privaten und amtlichen Schreiben.

Während der ganzen Antike enthalten Geschichtswerke eingelegte Briefe, wobei jedoch in der Regel offenbleiben muß, ob es sich dabei um echte und eventuell umstilisierte Dokumente oder freie Erfindungen handelt. Den ältesten uns bekannten griechischen Briefwechsel bietet Thukydides (*Geschichte des Peloponnesischen Krieges* 1,128 f.: der spartanische Regent Pausanias mit dem Perserkönig Xerxes). Auch Cornelius Nepos überliefert Briefe Cornelias, der Mutter der Gracchen, an ihre Söhne.[1] Zahlreiche fragmentarische Hinweise auf Herrscherbriefe finden sich in Biographien. Dagegen sind insgesamt nur wenige Briefcorpora als solche erhalten, deren Verfasser und Adressaten aber um so prominenter.

1 Dazu Leonhard Burckhardt / Jürgen von Ungern-Sternberg, »Cornelia, Mutter der Gracchen«, in: Maria H. Dettenhofer (Hrsg.), *Reine Männersache? Frauen in Männerdomänen der antiken Welt*, München 1996, S. 110 f.

Als erste publizierte Privatkorrespondenz wird die des Aristoteles häufiger zitiert.[2] Sie ist jedoch nicht erhalten. Ein besonderes Problem der Forschung bilden die 13 Briefe, die unter dem Namen des Philosophen Platon (427–348/347 v. Chr.) überliefert sind. Laut Diogenes Laertios, der Ende des 2. Jahrhunderts n. Chr. ein Werk über *Leben und Meinungen der großen Philosophen* verfaßte, nahm der um 200 v. Chr. lebende alexandrinische Philologe Aristophanes von Byzanz in eine von ihm besorgte Ausgabe der Werke Platons auch *Epistolai* auf (3,62). Sie bilden die Hauptquelle für die Rekonstruktion von Platons Leben.[3] Es handelt sich dabei um fiktive Briefe, und es gilt als gesichert, daß die Mehrzahl von ihnen unecht ist, jedoch bauen sie auf gutem biographischen Material auf. Als echt gelten dagegen zumeist die Briefe 6, 7 und 8, die ungefähr in das Jahr 352 v. Chr. zu datieren sind.[4] Von diesen Briefen abgesehen, finden sich in Platons umfangreichem überlieferten Werk nur in zwei Dialogen Selbstzeugnisse, nämlich *Apologie* 34a, 38b und *Phaidon* 59b. Platon, der aus athenischem Adel stammte, hatte sich jung Sokrates angeschlossen. Nach dessen Verurteilung zum Tod (399 v. Chr.) hatte er Athen verlassen. Er versuchte, Einfluß auf Dionysios I., den Tyrannen von Syrakus, zu nehmen. Noch zweimal ging er nach Syrakus (367/366; 361/360 v. Chr.), um schließlich doch bei dem Versuch zu scheitern, einem philosophisch gebildeten Herrscher auf den Thron zu helfen. Der 6. Brief ist ein Sendschreiben, das zwischen zwei ehemaligen Akademikern, Erastos und Koriskos, und Hermias, dem Tyrannen von Atarneus, Freundschaft stiften will. Der 7. und bedeutendste Brief, der auch

2 Peter L. Schmidt, »Brief«, in: *Der Neue Pauly. Enzyklopädie der Antike*, Bd. 2, Stuttgart 1997, Sp. 774.

3 Niklas Holzberg, »Der griechische Briefroman. Versuch einer Gattungstypologie«, in: N. H. (Hrsg.), *Der griechische Briefroman. Gattungstypologie und Textanalyse*, Tübingen 1994, S. 1–52. Zu Platon: Herwig Görgemanns, *Platon*, Heidelberg 1994.

4 Ernst Howald, *Die echten Briefe Platons*, griech./dt., Zürich/München 1951.

stark autobiographische Züge trägt, enthält die Antwort an die sizilischen Anhänger Dions, die nach dessen Tod um Rat fragen, und entwickelt sich zu einem ausführlichen Bericht Platons von seinen drei sizilischen Reisen und den mit ihnen verbundenen Hoffnungen und Enttäuschungen; aber auch von seinem Anteil an den politischen Bewegungen seiner Jugendzeit, dem oligarchischen Umsturz von 411/410, ist die Rede.[5] Auch der 8. Brief enthält Ratschläge an die Parteigänger Dions, bezieht sich aber auf eine spätere Situation.[6]

In der Philosophie spielte der Brief als literarisches Genre neben dem Dialog schon früh eine bedeutende Rolle. Das mag darin begründet sein, daß ein Brief praktisch als die eine Hälfte eines Dialogs verstanden werden kann. Von den Briefen des Philosophen Epikur (341–270 v. Chr.), die als Sammlungen kursierten, hat Diogenes Laertios drei in das zehnte Buch seines Werks aufgenommen: *an Herodotos*, *an Pythokles*, *an Menoikeus*. Sie tragen sämtlich den Charakter von Lehrbriefen.[7]

Ganz anderer Natur sind die verschiedenen Briefwechsel des M. Tullius Cicero (106–43 v. Chr.). Sie stellen die vermutlich wichtigste Briefsammlung überhaupt dar und eine der bedeutendsten Quellen zur römischen Republik. Ursprünglich waren sie nicht zur Veröffentlichung vorgesehen; nach dem Tode Ciceros wurden sie von seinem Freigelassenen Tiro herausgegeben. Im ganzen sind etwa 780 Briefe erhalten, die sich auf vier Corpora verteilen. Mit 423 Briefen am umfangreichsten ist die in 16 Büchern unterteilte Sammlung der Briefe an den Bankier, Verleger

5 Dazu besonders Kurt von Fritz, *Platon in Sizilien*, Berlin 1968; Martin Hose, *Kleine griechische Literaturgeschichte. Von Homer bis zum Ende der Antike*, München 1999, S. 127f., 193.

6 Albin Lesky, *Geschichte der griechischen Literatur*, Bern/München [3]1971, S. 570f.; Platon, *Briefe*, übers. von Walter Neumann, bearb. von Jula Kerschensteiner, München 1967.

7 Epikur, *Von der Überwindung der Furcht*, übers. von Olof Gigon, Zürich/München [3]1983; zu Epikur: Hose (s. Anm. 5) S. 148.

und Antiquar T. Pomponius Atticus (*ad Atticum*), den Cicero sein »anderes Ich« nannte. Sie enthält nur Briefe Ciceros an Atticus, als Beilage darin enthalten sind auch einige wenige aus der verlorenen Korrespondenz mit Caesar, Pompeius und Marcus Antonius. Ediert wurde diese Sammlung erst spät, etwa 60 n. Chr. von den Erben des Atticus, da der intime Charakter der Briefe eine frühere Publikation nicht erlaubte.[8] Nicht ganz so umfangreich, jedoch heterogener ist die Sammlung *ad Familiares* (an seine Freunde). Die Briefe sind in 16 Büchern gegliedert und umfassen die Jahre 62 bis 43 v. Chr. Sie richten sich an Politiker, persönliche Bekannte, Freunde, Familienmitglieder; ein ganzes Buch gehört Ciceros Gattin Terentia und der über alles geliebten Tochter Tullia. Die Sammlung enthält auch 63 Briefe von Adressaten an Cicero bzw. eine Reihe von Antwortschreiben.[9] Mit 28 Briefen zwischen 60 bis 54 v. Chr. in drei Büchern weniger umfangreich ist die Sammlung an den Bruder Quintus (*ad Quintum fratrem*), wozu das *Commentariolum petitionis* tritt.[10] Diese *Denkschrift über eine Bewerbung* ist eine von Quintus für Marcus verfaßte Anleitung zum Wahlkampf, um die Wahl zum Consul für das Jahr 63 v. Chr. zu gewinnen. Sie ist eines der aufschlußreichsten Zeugnisse über die politischen und gesellschaftlichen Mechanismen der römischen Verfassung. Schließlich sind uns noch 26 Schreiben aus dem Briefwechsel mit dem Caesarmörder M. Iunius Bru-

8 Historischer Kommentar mit Text und englischer Übersetzung bei David R. Shackleton Bailey, *Cicero's Letters to Atticus*, 6 Bde., Cambridge 1965–68; ferner: Niklas Holzberg, *Auswahlbibliographie Römische Briefliteratur*, München 1999.

9 M. Tullius Cicero, *An seine Freunde*, übers. und hrsg. von Helmut Kasten, München [3]1980; historischer Kommentar bei Cicero, *Epistulae ad Familiares*, hrsg. von David R. Shackleton Bailey, 2 Bde., Cambridge 1977.

10 M. Tullius Cicero, *An Bruder Quintus. Brieffragmente*. Dazu Q. Tullius Cicero, *Denkschrift über die Bewerbung*, übers. und hrsg. von Helmut Kasten, München [2]1976; Quintus Tullius Cicero, *Commentariolum Petitionis*, hrsg., übers. und komm. von Günter Laser, Darmstadt 2001.

tus[11] aus dem Jahr 43 v. Chr. erhalten, wobei die Authentizität zweier Briefe aus der Sammlung umstritten ist.[12] Viele von Ciceros Briefen tragen autobiographische Züge. Insgesamt sind die ciceronischen Briefsammlungen bei den unterschiedlichsten Fragestellungen von unschätzbarem Wert für den Historiker.

Zur Gruppe der fiktiven Briefe zählen die beiden programmatischen Sendschreiben an Caesar, die unter dem Namen des römischen Politikers und Zeithistorikers Gaius Sallustius Crispus (86–34 v. Chr.) überliefert sind: *Epistulae ad Caesarem senem de re publica*. Der erste Brief gehört ins Jahr 50 v. Chr., also die Zeit des Ringens um den Frieden. Sallust hatte eben seinen Senatssitz verloren und gibt Vorschläge für Reformen in der Behandlung des Senats sowie der Plebs urbana, befaßt sich dann mit Krieg und Frieden und rät Caesar als *dictator rei publicae constituendae* die Macht zu ergreifen. Im Bürgerkrieg war Sallust als Gefolgsmann Caesars dann zu Reichtum gekommen. 46 v. Chr. folgte ein zweites Schreiben, das eine skeptischere Haltung zeigt: Sallust möchte an der Herstellung eines Versöhnungsfriedens mitarbeiten, erkennt aber, daß er in der Umgebung Caesars alleine steht. Dennoch bleibt er der Überzeugung, daß Caesar der einzige sei, der das Chaos der Gegenwart noch zum Guten wenden könne. Die Authentizität der Briefe ist heftig umstritten; jedenfalls zog sich Sallust nach Caesars Tod konsequenterweise aus der Politik zurück.[13]

Obwohl dem Vorbild Ciceros folgend, sind die Briefe von C. Plinius Caecilius Secundus (61/62 – um 112 n. Chr.),

11 Von M. Iunius Brutus ist aus dieser Zeit übrigens auch eine Sammlung griechischer Briefe erhalten, die sich an die Staaten im Osten richteten. Dazu Jürgen Deininger, »Brutus an die Bithynier«, in: *Rheinisches Museum* 109 (1966) S. 356–372.

12 M. Tullius Cicero, *Briefwechsel mit M. Brutus*, übers. und hrsg. von Marion Giebel, Stuttgart 1982.

13 Gaius Sallustius Crispus, *Zwei politische Briefe an Caesar*, hrsg., übers. und komm. von Karl Büchner, Stuttgart 1980; Ronald Syme, *Sallust*, Darmstadt 1975; Maria H. Dettenhofer, *Perdita Iuventus*, München 1992.

genannt Plinius der Jüngere, von anderer Qualität, denn hier stand die Intention der Publikation von vornherein im Vordergrund. Sorgfältige Stilisierung, verbunden mit der grundsätzlichen Beschränkung auf ein Thema je Brief, sind das Resultat. Plinius hat denn auch die ersten 9 Bücher sukzessive selbst herausgegeben. Schon unter Vespasian erhielt er eine Vertrauensstellung bei Hofe. Er war auch als Anwalt tätig und durchlief den *cursus honorum* bis zum Consulat. Etwa 110 wurde er in der außerordentlichen Stellung eines kaiserlichen Legaten *consulari potestate* nach Bythinien und Pontus geschickt, wo er 111 eintraf, um in dieser Provinz die Verhältnisse zu ordnen. Dort kam er mit dem Christenproblem in der Funktion des Richters in Berührung, wovon die Briefe 96 und 97 zeugen. Das Corpus umfaßt 10 Bücher, davon sind die ersten 9 Bücher an Freunde gerichtete Privatbriefe.[14] In der Forschung haben diese Texte eine unterschiedliche Bewertung erfahren, je nachdem, ob sie als reine Kunstbriefe bzw. als Feuilletons in Briefform oder tatsächliche Briefe an die Adressaten aufzufassen sind. Letztere Einschätzung wird heute bevorzugt. Die Schreiben richten sich an Freunde und wollen Ausdruck der verfeinerten Kultur und der höheren Bildung der Zeit sein. Daher finden sich umfangreiche Schilderungen von Villen und ungewöhnlichen Naturerscheinungen, aber auch Berichte über Skandalprozesse vor dem Senat. Die Briefe informieren außerhalb der Hauptstadt lebende Freunde über die dortigen Vorgänge und das kulturelle Leben; sie geben außerdem Auskunft auf Anfragen, beispielsweise über das Leben und Werk des älteren Plinius, des Onkels des Verfassers (*Epistulae* 3 und 5). Plinius erlebte den Vesuvausbruch im Jahr 79 (*Epistulae* 6, 16 und 20), dem sein Onkel jedoch zum Opfer fiel. Das Buch 10 enthält Briefe

14 Gaius Plinius Caecilius Secundus, *Briefe. Epistularum libri decem*, übers. und hrsg. von Helmut Kasten, München/Zürich [6]1990; Adrian N. Sherwin-White, *The Letters of Pliny – A Historical and Social Commentary*, Oxford 1966; Holzberg (s. Anm. 8).

des Plinius aus Bithynien an Trajan und Antworten des Kaisers. Der Briefwechsel liegt vollständig vor, wobei die Schreiben des Prinzeps von ihm selbst, nicht von seiner Kanzlei verfaßt sind. Er wurde erst nach dem Tode des Plinius veröffentlicht, vermutlich von einem der Freunde, zu denen auch Sueton und Tacitus zählten. Dieser Briefwechsel gilt als das wichtigste literarische Zeugnis für die Kenntnis der trajanischen Zeit.

Epistulae morales, 124 Lehrbriefe in 20 Büchern, sind von dem Politiker und stoischen Philosophen L. Annaeus Seneca (4–65 n. Chr.) erhalten. Seneca war als Erzieher Neros zu großem politischen Einfluß gelangt. Die Briefe sind nach seinem Rückzug aus der Politik zwischen 62 und 64 n. Chr. abgefaßt und an Lucilius adressiert, zählen aber zu den fiktiven Briefen. Seneca wirbt darin für eine sinnbewußte Lebensführung. Authentisch und vorwiegend als private Dokumente zu beurteilen sind dagegen die Briefe des Erziehers des Marc Aurel, M. Cornelius Fronto. Der Politiker lebte im 2. Jahrhundert und war vor allem als Redner berühmt. Erhalten sind Korrespondenzen mit den Kaisern Marc Aurel, L. Verus und Antoninus Pius sowie *ad amicos* (an die Freunde). Auch bei Fronto spielt die Auseinandersetzung mit philosophischem Gedankengut eine prägende Rolle.[15]

Deutlich an Dichte gewinnt die Quellenlage in der Spätantike; das gilt auch für die Briefliteratur. Libanios (314 – um 393 n. Chr.) stammte aus einer angesehenen Familie in Antiochia. Er war Redner und lehrte in Athen, Konstantinopel und Nicaea. Der spätere Kaiser Julian verschaffte sich täglich Abschriften seiner Logoi und schloß Freundschaft mit Libanios. Unter seinem erhaltenen Gesamtwerk, das vor allem aus Reden besteht, befinden sich auch über 1500 Briefe, besonders für die Jahre 355–365 und 387–393,

15 Michael P. van den Hout, *A Commentary on the Letters of M. Cornelius Fronto*, Leiden 1999; Edward Champlin, *Fronto and Antonine Rome*, Cambridge (Mass.) 1980.

unter deren Adressaten viele Berühmtheiten der oströmischen Reichshälfte sind. Das Römische war ihm fremd, und der Restitutionsversuch Julians entsprach seinen Vorstellungen. Die Briefe sind wichtig für die Kenntnis des städtischen Lebens in Antiochia.[16]

Zahlreiche offizielle Erlasse in Briefform sind von Kaiser Konstantin dem Großen (270/288–337 n. Chr.) erhalten.[17] Von keinem Herrscher der Antike besitzen wir jedoch eine ähnlich umfangreiche und vielseitige Korrespondenz wie von dem philosophisch geschulten Kaiser Julian (331–363 n. Chr.). Sie sind ebenso wie diejenigen Konstantins in griechischer Sprache abgefaßt und haben offizielle wie private Anlässe. Besonders zeichnen sie sich durch ihre Spontaneität aus.[18] Der Neffe Konstantins des Großen wurde am 6. November 355 zum Caesar ernannt. In Gallien kämpfte er erfolgreich gegen die Alemannen und Franken. 360 in Paris von den Truppen zum Augustus erhoben, zog er noch 361 als alleiniger Augustus in Konstantinopel ein, wo er umgehend die ersten Toleranzedikte erließ, durch die heidnische Bräuche erlaubt, Tempel wieder geöffnet oder neu gebaut wurden und entwendetes Tempelgut erstattet wurde, aber auch verbannte Bischöfe in ihre Heimat zurückkehren durften. Julians Innenpolitik steht trotz anfänglicher Toleranz gegenüber allen christlichen Richtungen im Zeichen der heidnischen Reaktion. Nach außen hin Christ, war er schon in der Jugend zur chaldäisch-neuplatonischen Theurgie abgefallen, d. h. er bekannte sich zu einem Sonnengott, weswegen man ihn

16 Zu Libanios siehe Hans-Josef Klauck, *Die antike Briefliteratur und das Neue Testament*, Paderborn 1998, S. 148–152; Lesky (s. Anm. 6) S. 972 ff.; für weitere Briefsammlungen in diesem thematischen Kontext siehe Hose (s. Anm. 5) S. 195 f.

17 Volkmar Keil, *Quellensammlung zur Religionspolitik Konstantins des Großen*, Darmstadt ²1995; Hermann Dörries, *Das Selbstzeugnis Kaiser Konstantins*, Göttingen 1954.

18 Julian, *Briefe*, übers. und hrsg. von Bertold K. Weis, Düsseldorf/Zürich 1973.

später *Apostata*, den Abtrünnigen, nannte. Er versuchte, den alten Götterglauben durch die Gründung einer vom Neuplatonismus geprägten griechisch-römischen Staatskirche wiederherzustellen, was zu steigenden religiösen Spannungen führte, die sich oft grausam entluden. Durch zahlreiche Gesetze und Verordnungen hat Julian die Stellung der Gemeinde verbessert, ebenso das Finanz- und Postwesen, Justiz- und Heerwesen. Die erhaltenen Briefe, darunter Unechtes, umfassen amtliche Schreiben, Erlasse und Äußerungen sowie Privatbriefe, beispielsweise an seinen Lehrer Libanios. Von besonderer Bedeutung sind der Brief an Rat und Volk der Athener, der autobiographische Züge trägt, sowie der Brief an Themistios aus dem gleichen Jahr über Reformen zur Hebung des heidnischen Gottesdienstes. Seine Briefe haben große Bedeutung als Quelle für die Kenntnis der außen- und innenpolitischen Pläne und Maßnahmen; sie beeindrucken durch die Direktheit der Aussagen. Literarische Kunstwerke wollen sie dagegen nicht sein. Zugleich sind sie auch authentische Dokumente einer Kultur im Umbruch, nämlich des Ringens des Heidentums mit dem Christentum.

Q. Aurelius Symmachus Eusebius (um 345 – 402 n. Chr.) war der gefeiertste Redner seiner Zeit, aber trotz hoher Ämter kein einflußreicher Politiker. Die 384 dem Kaiser in Mailand vorgetragene Bitte heidnischer Senatoren um Aufhebung der heidenfeindlichen Maßnahmen scheiterte besonders am Widerstand des Bischofs von Mailand, Ambrosius (334/339–397 n. Chr.), unter dessen umfangreichem literarischen Werk auch Briefe erhalten sind, darunter die Entgegnung auf Symmachus' Anliegen (*Epistulae* 17,18). Acht Reden des Symmachus, in kultiviertem Latein verfaßt, sind erhalten. Sein Sohn edierte nach dem Tode des Vaters dessen Briefwechsel nach dem Vorbild des Plinius in 10 Büchern; darin sind ungefähr 900 Briefe aus der Zeit von 365 bis 402. Das 10. Buch umfaßt die offizielle Korrespondenz mit den Kaisern und Anträge im Senat. Der Inhalt dieser mit höchster Akribie stilisierten Schreiben ist privater Natur; politische und religiöse Auseinandersetzungen werden vermieden. Das 10. Buch enthält die offizielle Korrespondenz mit den Kaisern und Anträge im Senat. Symmachus gilt als der bedeutendste Vertreter des traditionsbewußten Römertums der Spätzeit. Er und der nach ihm benannte Symmachus-Kreis sorgten für das römische Geisteserbe, indem sie Neuausgaben der klassischen Literatur, besonders von Vergil und Livius, herstellen ließen.[19]

Im jungen Christentum werden offene Briefe, in der Regel also Lehrbriefe, wie die Gemeindebriefe des Paulus und andere Apostelbriefe, tragfähige Instrumente für die Homogenisierung der Ökumene in Verkündung, Erbauung und Lehre. Auch bei den Kirchenvätern wie Basileios dem Großen, Gregor von Nazianz, Gregor von Nyssa, Hieronymus und Augustinus wurde die Veröffentlichung ihrer teilweise privaten Korrespondenz fast üblich.[20]

Schließlich besitzen wir unter dem Namen Aristainetos (etwa 500 n. Chr.) zwei Bücher fingierter erotischer Briefe. Am Ausgang der Antike ist hier alles vereinigt, was Jahrhunderte griechischen Lebens an erotischen Motiven ausgebildet hatten.[21]

19 Friedrich Klingner, »Vom Geistesleben im Rom des ausgehenden Altertums«, in: F. K., *Römische Geisteswelt. Essays zur lateinischen Literatur*, Stuttgart [5]1979, S. 554–566.

20 Schmidt (s. Anm. 2) Sp. 774; einen guten Überblick bietet Hose (s. Anm. 5) S. 215 f.; 222 ff.

21 Aristainetos, *Erotische Briefe*, übers. und erl. von Albin Lesky, Zürich/München 1951.

Biographien

Biographie im literarischen Sinn ist die Darstellung des Lebensschicksals eines einzelnen Menschen. Die Voraussetzung für die Blüte der antiken Biographie ist eine Konzentration des Interesses auf den einzelnen, das nur unter besonderen Umständen zustande kommt und zumeist eng mit den politischen Gegebenheiten zusammenhängt. Vor allem in Monarchien, in denen die Geschichte der Gemeinschaft am Charakter, an der Leistungsfähigkeit und dem Schicksal einer Person hängt und dieser Sachverhalt das Bewußtsein des Verfassers entsprechend bestimmt, wird die Biographie daher zur nächstliegenden Form der Historiographie. Dagegen ist der einzelne in der klassischen Demokratie nur als aktiver Teil der politischen Gemeinschaft interessant. Vergleichbares gilt auch für das republikanische Rom, solange das Bewußtsein vorherrschte, der einzelne sei nur ein Glied im Dienste der *res publica* und nur ein Mitglied einer *gens*. Vor der Ausprägung der Monarchien in Griechenland wie in Rom ist die literarische Form der Biographie daher eher schwach entwickelt.

Als die frühesten griechischen Schriften, die biographische Züge tragen, können bezeichnenderweise zwei Werke des – aus politischen Gründen – in Persien und Sparta lebenden Atheners Xenophon (um 462 – nach 355 v. Chr.) gelten: die *Kyrupädie*, der Erziehungsroman um den Perserprinzen Kyros, der die Entwicklung des Knaben Kyros zum jungen Mann und schließlich zum erfolgreichen Feldherrn sowie Reichsfürsten zeigt, und *Agesilaos*, benannt nach dem spartanischen König, ein Beispiel enkomiastischer Literatur, in der die Taten und Tugenden des Toten dargestellt werden.[22] Ähnliche Begleitumstände führten

22 Zu Xenophon siehe Lesky (s. Anm. 6) S. 690–697, bes. 694, 777; Hose (s. Anm. 5) S. 134 f.

auch zu Isokrates' Schrift *Euagoras*, worin der athenische Philosoph Isokrates (436–338 v. Chr.), der sich von der radikalen Demokratie ab- und der Monarchie zugewandt hatte, ein Enkomion auf den verstorbenen Vater des kyprischen Herrschers Nikokles verfaßt. Es war denn auch die Philosophie, die zum ersten Mal das Menschenleben als Ganzes in den Blick nahm.[23] Seit Sokrates verstand man Philosophie in erster Linie als Lebensform, zu deren Erfüllung im individuellen Lebenslauf die Lehren der diversen Schulen leiten sollten.[24] Weiter entwickelt wurde die Biographie jedoch erst durch die philosophische Schule des Peripatos. Ihr Ansatz beruhte auf der aristotelischen Ethik, auf den Lehren von Ethos und Pathos, von den Lebensformen und Charaktertypen: Erst diese aus der Empirie abgeleiteten Begriffe ermöglichten eine differenzierte Betrachtung der Persönlichkeit. Die Fragestellungen der verschiedenen Typen der Lebensführung und der Lebenswahl wurden mit reichlichen Beispielen versehen, die den Historiker mit biographischen, oft anekdotischen Einzelheiten versorgen. So entstanden Monographien über berühmte Philosophen und Dichter wie Pythagoras, Sokrates und Platon oder Euripides, die für uns jedoch verloren sind.[25] Im 2./3. Jahrhundert n. Chr. schuf Diogenes Laertios seine Sammelbiographie *Leben und Meinungen der berühmten Philosophen*, die für uns die wichtigste biographische Quelle für diesen Personenkreis darstellt.[26] Eine bevorzugte literarische Form wurde die Biographie bei den Griechen

23 Zu den Frühformen der griechischen Biographie siehe Herwig Görgemanns, »Biographie«, in: *Der Neue Pauly* (s. Anm. 2) Sp. 682; zu Isokrates siehe Hose (s. Anm. 5) S. 117 f.

24 Albrecht Dihle, »Zur antiken Biographie«, in: Bernard Grange / Charlotte Buchwalder (Hrsg.), *La biographie antique*, Genf 1997, S. 119–140, bes. S. 122 f.

25 Lesky (s. Anm. 6) S. 777 f.; Albrecht Dihle, *Studien zur griechischen Biographie*, Göttingen 1956.

26 Diogenes Laertius, *Leben und Meinungen berühmter Philosophen*, übers. von Otto Apelt, neu bearb. von Klaus Reich, Hamburg ³1990. Zu Diogenes Laertios siehe Hose (s. Anm. 5) S. 198 f.

jedoch nie. Plutarch von Chaironeia (s. S. 96) stellt diesbezüglich innerhalb der griechischen Literatur die Ausnahme schlechthin dar, und er ist im Kontext seiner Zeit und aus dem politischen Umfeld des römischen Kaisertums zu verstehen. Seine Lebensbeschreibungen stehen ebensosehr im philosophischen Kontext, denn sie wollen auch Exempla gelungener und mißlungener Lebensführung geben.

Im republikanischen Rom trägt die Tradition der *laudatio funebris*, der Leichenrede, in der ein naher Verwandter Leben und Taten des Verstorbenen öffentlich pries und als vorbildlich darstellte, biographische Züge. Griechische Beobachter empfanden die *laudatio funebris* als typisch römisch.[27]

Cornelius Nepos (um 100 – 24 v. Chr.) ist der einzige Autor aus republikanischer Zeit, von dem biographische Texte erhalten sind.[28] Vorläufer und Vorbild war der antiquarisch sehr gelehrte Varro mit seinem uns nicht erhaltenen Werk *Imagines*. Nepos' literarisches Schaffen war reich und die Zahl seiner Werke groß, darunter eine Weltgeschichte in drei Büchern (Catull, *Carmina* 1), wovon jedoch nur Fragmente erhalten sind. Auch von seinen umfangreichen biographischen Werken *de viris illustribus* (über berühmte Männer) sowie einer Cato- und einer Cicerobiographie sind mit den 25 uns vorliegenden Kurzbiographien nur Auszüge überliefert. Die Zusammenstellung erscheint eigenwillig, war jedoch ursprünglich nach Sachgruppen (bekannt: *reges*, *historici*, *poetae*, *philosophi*, *grammatici*) geordnet, wobei je ein Grieche einem Römer gegenüberstand. Nepos beschreibt annähernd alle militärischen Führer, »die unter den Griechen der Erinnerung würdig

27 Polybios 6,52,11 ff.

28 Cornelius Nepos, *Berühmte Männer*, übers. von Gerhardt Wirth, München ^{5}1982 (mit einer Zusammenstellung der wichtigsten Werke zu Nepos); Edna Jenkinson, »Cornelius Nepos and Biography at Rome«, in: Hildegard Temporini (Hrsg.), *Aufstieg und Niedergang der Römischen Welt*, Tl. 1, Bd. 3, Berlin 1973, S. 703 – 719.

scheinen« (31,1). Zu ihnen treten noch einige hellenistische Könige. Dem folgen die Viten der beiden Karthagerführer Hamilkar und Hannibal. Schließlich behandelt Nepos noch den älteren Cato, was sich im Zusammenhang mit Roms Kampf gegen Karthago ergibt. Außerhalb des militärischen und politischen Kontexts steht schließlich die Kurzbiographie von Ciceros wichtigstem Briefpartner Atticus, auf dessen Freundschaft Nepos sehr stolz war.

Eine Augustusbiographie von dessen Zeitgenossen Nikolaos von Damaskus (um 64 v. Chr. – nach 4 v. Chr.) ist in nennenswerten Teilen erhalten.[29] Sie hat zwar enkomiastische Tendenz, was nicht zuletzt auf ihrer Quellengrundlage, nämlich vermutlich der für uns verlorenen Autobiographie des Augustus, beruht haben dürfte, ist aber historisch aussagekräftig. Nikolaos war zunächst der Lehrer der Kinder Kleopatras und des Antonius, später Vertrauter, Ratgeber, Hofhistoriograph bei Herodes I. – und bei Augustus sehr beliebt.[30]

Plutarch von Chaironeia (um 47 – 120 n. Chr.) erhielt in der platonischen Akademie in Athen eine umfassende Bildung, lernte auf Reisen große Teile der griechischen Welt kennen und hielt sich mehrmals längere Zeit in Italien und Rom auf. Er widmete sich weiterhin ausgedehnten Studien und literarischer Tätigkeit. Mit seinen Parallelbiographien, in denen er jeweils einen großen Griechen mit einem großen Römer vergleicht (insgesamt 50 Biographien, darunter Solon und Poplicola, Perikles und Fabius Maximus, Alexander und Caesar, Agesilaos und Pompeius, Demosthenes und Cicero), und zahlreichen moralphilosophischen Schriften sowie Sammlungen von Aussprüchen antiker Persönlichkeiten schuf er eines der umfangreichsten und vielfältigsten erhaltenen Gesamtwerke der Antike. Hervorzuheben als sehr persönliches Dokument ist der Trostbrief Plutarchs

29 Clayton Morris Hall, *Nicolaus of Damascus' Life of Augustus. A Historical Commentary Embodying a Translation*, Northampton (Mass.) 1923.

30 Lesky (s. Anm. 6) S. 872f.

an seine Gattin anläßlich des Todes ihres Töchterchens (*Moralia* 608a–612b). Plutarch versucht jeweils ein einheitliches Charakterbild seines Helden herauszuarbeiten und geht dafür im wesentlichen chronologisch vor; am Ende steht die Synkrisis, der Vergleich des jeweiligen Griechen mit dem Römer und die Bewertung ihres Schicksals. Zahlreiche Zitate aus Texten, die sonst teilweise verloren sind, geben Aufschluß über seine Methode und bestätigen durch die Parallelüberlieferung seine Glaubwürdigkeit. Plutarch kann als der Klassiker der Biographie bezeichnet werden, und sowohl für die griechische Geschichte von der archaischen bis zur hellenistischen Zeit als auch für die römische Geschichte der Republik stellen seine Schriften eine der wichtigsten und aussagekräftigsten Quellen überhaupt dar.[31]

Eine gewisse Sonderstellung unter den Biographien nimmt die Lebensbeschreibung des Gnaeus Iulius Agricola ein, die 98 n. Chr., also nach dem Tode Nervas und der Thronbesteigung Hadrians, von dem römischen Senator und Geschichtsschreiber Publius Cornelius Tacitus (um 61 – nach 113 n. Chr.) verfaßt wurde. Der Titel lautete *De vita et moribus Iulii Agricolae liber*, und Tacitus schrieb das Buch gemäß seiner eigenen Auskunft zur Ehre des Schwiegervaters und aus der römischen Grundhaltung der *pietas* heraus. Von daher ist das Werk nahe verwandt mit der römischen Leichenrede, der *laudatio funebris*, in der der Verstorbene geehrt wurde. An dieser Stelle wäre denn auch die Brücke zur republikanischen Tradition zu schlagen, zumal Tacitus bekanntermaßen der senatorischen Opposition gegenüber der zunehmend absoluten Monarchie des Kaisers Domitian angehörte.[32]

Gaius Suetonius Tranquillus (um 70 – 150 n. Chr.), des-

31 Plutarch, *Große Griechen und Römer*, 6 Bde., aus dem Griech. übertr. und eingel. von Konrat Ziegler, München/Zürich 1954–65; Plutarch siehe Woldemar Uxkull-Gyllenband, *Plutarch und die griechische Biographie*, Stuttgart 1927; Christopher P. Jones, *Plutarch and Rome*, Oxford 1971; Hose (s. Anm. 5) S. 209ff.

32 Publius Cornelius Tacitus, Agricola, übers. und erl. von Robert Feger, Stuttgart 1973; Ronald Syme, *Tacitus*, 2 Bde., Oxford 1958.

sen Werk *De vita Caesarum* nach dem Erscheinen der Parallelbiographien Plutarchs zu datieren ist,[33] war der Kanzleisekretär Hadrians und hinterließ die Lebensbeschreibungen von zwölf Herrschern Roms: Gaius Iulius Caesar (100–44 v. Chr.), Augustus (63 v. Chr. – 14 n. Chr.), Tiberius (42 v. Chr. – 37 n. Chr.), Caligula (12–41 n. Chr.), Claudius (10 v. Chr. – 54 n. Chr.), Nero (37–68 n. Chr.), Galba (5 v. Chr. – 69 n. Chr.), Otho (32–69 n. Chr.), Vitellius (15–69 n. Chr.), Vespasian (9–79 n. Chr.), Titus (39–81 n. Chr.) und Domitian (51–96 n. Chr.). Damit schuf er das für Jahrhunderte gültige Muster der Kaiserbiographie.[34] Seine Lebensbeschreibungen folgen dabei nicht einem durchgängig chronologischen Muster, sondern sind systematisch geordnet, was zwar dem Lesevergnügen dient, aber die Benutzung für den Historiker nicht unbedingt erleichtert. Sueton hat die Werke der Kaiser selbst, die kaiserlichen Archive, die biographische und historische Literatur der Zeit, Briefsammlungen, wie beispielsweise die des Augustus, Memoiren und politische Flugschriften studiert und mit größter Genauigkeit die einzelnen Fakten für seine Lebensbeschreibungen registriert. Sein Quellenwert ist daher hoch anzusetzen.[35] Sein Werk *De viris illustribus* war eine Sammelbiographie mit Kurzviten von Dichtern, Rednern, Geschichtsschreibern, Grammatikern und Rhetoren, das uns nur in wenigen Fragmenten erhalten ist.

Ein unbekannter Redaktor hat im 4. Jahrhundert n. Chr. vier Schriften zu einem Geschichtsabriß von der Urzeit Roms bis ins 4. Jahrhundert n. Chr. vereinigt, darunter die etwa 360 n. Chr. entstandenen *Caesares* des Afrikaners Sextus Aurelius Victor. Der aus einfachen Verhältnissen stam-

33 Glen W. Bowersock, »Vita Caesarum. Remembering and Forgetting the Past«, in: Grange/Buchwalder (s. Anm. 24) S. 196.

34 Gaius Suetonius Tranquillus, *Leben der Caesaren*, übers. von André Lambert, München ^{3}1980.

35 Walter Steidle, *Sueton und die antike Biographie*, München ^{2}1963; Andrew Wallace-Hadrill, *Suetonius. The Scholar and His Caesars*, London 1983.

mende Aurelius Victor wurde von Julian zum Statthalter der Provinz Pannonia secunda ernannt; unter Theodosius wurde er *praefectus urbi*. Sein Werk *Historiae abbreviatae* (= *Caesares*) bietet Reichsgeschichte in der Form von Kurzbiographien der führenden Persönlichkeiten von Augustus bis Constantius II. (gest. 361 n. Chr.). Dabei wendet er erstmals die heute übliche Periodisierung an: julisch-claudische und flavische Dynastie, die Adoptivkaiser, die Soldatenkaiser, das Dominat. Leitende Gesichtspunkte sind vor allem der sich steigernde Absolutismus und die zunehmende Macht der Militärs. Aurelius Victor versucht die Handlungen der Kaiser und deren Charakter in engem Bezug zueinander zu schildern und läßt dabei seine eigenen moralischen Auffassungen deutlich durchscheinen. Insgesamt erreicht er ein hohes Maß an Unabhängigkeit und Objektivität in seinem Urteil.[36] Unter demselben Namen sind weitere Werke anderer Autoren überliefert mit ebenfalls überwiegend biographischem Charakter: Die sogenannte *Origo gentis Romanae*, die Roms mythische Ursprünge bis Romulus behandelt und *De viris illustribus urbis Romae*, die 86 Biographien der römischen Könige und historischen Persönlichkeiten aus republikanischer Zeit enthält, darunter auch Lebensbeschreibungen von Frauen und Nichtrömern. Sie bilden zusammen mit den *Caesares* ein Corpus, das die Geschichte des römischen Volkes darstellen will. Die drei Schriften ignorieren sämtlich das Christentum. Der Redaktor hat sie offensichtlich ausgewählt, um einen mit den christlichen Chroniken konkurrierenden Gesamtüberblick über die römische Geschichte herzustellen. Das Corpus gehört damit in den Kontext jener heidnisch-römischen Reaktion, die einige Zeit später in Symmachus ihren Mittelpunkt fand. Das gesondert tradierte *Libellus de vita et moribus*

36 S. Aurelius Victor, *Die römischen Kaiser. Liber de Caesaribus*, hrsg., übers. und erl. von Kirsten Groß-Albenhausen und Manfred Fuhrmann, Zürich/Düsseldorf 1997; M. Fuhrmann, »S. Aurelius Victor (7)«, in: *Der kleine Pauly. Lexikon der Antike*, Bd. 5, Stuttgart 1975, Sp. 1259–62.

imperatorum breviatus ex libris S. Aurelii Victoris (= *Epitome de Caesaribus*) reicht von Augustus bis Theodosius I. (395 n. Chr.). In den ersten elf Kapiteln sind zahlreiche Passagen nahezu wörtlich aus den *Caesares* übernommen,[37] die übrigens der *Historia Augusta* als Quelle dienten.

Die *Historia Augusta* steht in der Tradition der von Sueton begründeten Kaiserbiographie. Deshalb hat sie vermutlich dessen *Leben der Caesaren* unmittelbar fortgesetzt. Das Werk ist jedoch nicht vollständig erhalten; die Kaiser der Jahre 244 bis 253 n. Chr. fehlen. Die erhaltenen dreißig Biographien römischer Kaiser, Thronanwärter und Usurpatoren der Zeit von Hadrian bis Carinus (117–285 n. Chr.) sind kein Fürstenspiegel, vielmehr liefern sie einem sensationslüsternen Publikum eine Chronique scandaleuse römischer Herrschergestalten, die zugleich aber auch belehren will.[38] Die einzelnen Viten sind in ihrem historiographischen Wert sehr unterschiedlich und stammen angeblich von sechs Autoren der Zeit Diokletians und Konstantins. Über die Verfasser, die Zeit, Glaubwürdigkeit und Tendenz der *Historia Augusta* wird jedoch diskutiert. Die *Historia Augusta* gehört zu den wichtigsten Quellen für die Erforschung der römischen Kaisergeschichte des 2. und 3. Jahrhunderts.[39]

Mit dem Christentum entstand in der Spätantike eine eigene Gattung von Biographien, die sich an Mönchen (Hieronymus; Athanasios: *Vita des Antonius*), hervorragenden Bischöfen (z. B. Ambrosius: *Vita des Paulinus*; Augustinus: *Vita des Possidius*) und Märtyrern und Märtyrerinnen (z. B. Gregor von Nyssa: *Vita Macrinae*; *Vita der Melania*) orientierte.[40] Der Übergang zur Hagiographie ist fließend.

37 Jörg Schlumberger, *Die Epitome de Caesaribus*, München 1974.

38 *Historia Augusta. Römische Herrschergestalten*, 2 Bde., hrsg. von Johannes Straub, übers. von Ernst Hohl, bearb. und erl. von Elke Merten und Alfons Rösger, Zürich/München 1976–78.

39 Klaus-Peter Johne, »Historia Augusta«, in: *Der Neue Pauly, Enzyklopädie der Antike*, Bd. 5, Stuttgart 1998, Sp. 637–640.

40 Patricia C. Miller, *Biography in Late Antiquity. A Quest for the Holy Man*, Berkeley 1983.

Literaturhinweise

Grange, Bernard / Buchwalder, Charlotte (Hrsg.): La biographie antique. Genf 1997.
Dihle, Albrecht: Die Entstehung der historischen Biographie. Heidelberg 1987. (SB Heidelberg, phil.-hist. Kl. 3.)
Görgemanns, Herwig: Biographie. In: Der Neue Pauly 2 (1997) Sp. 682–687.
Holzberg, Niklas: Auswahlbibliographie Römische Briefliteratur. München 1999.
– (Hrsg.): Der griechische Briefroman. Gattungstypologie und Textanalyse. Tübingen 1994.
Hose, Martin: Kleine griechische Literaturgeschichte. Von Homer bis zum Ende der Antike. München 1999.
Klingner, Friedrich: Römische Geisteswelt. Essays zur lateinischen Literatur. Stuttgart ^{5}1979.
Lefkowitz, Mary. The Lives of Greek Poets. London 1981.
Leo Friedrich: Die griechisch-römische Biographie nach ihrer literarischen Form. Leipzig 1901.
Lesky, Albin: Geschichte der griechischen Literatur. Bern/München ^{3}1971.
Miller, Patricia C.: Biography in Late Antiquity. A Quest for the Holy Man. Berkeley 1983.
Momigliano, Arnaldo: The Development of Greek Biography. Cambridge (Mass.) 1993.
Peter, Hermann: Der Brief in der römischen Literatur. Leipzig 1901.
Schanz, Martin / Hosius, Carl: Geschichte der römischen Literatur bis zum Gesetzgebungswerk des Kaisers Justinian. 4 Bde. München. Neudr. 1959.
Schmidt, Peter L.: Brief. In: Der Neue Pauly. Enzyklopädie der Antike. Bd. 2. Stuttgart 1997. Sp. 771–775.

Literarische Werke als historische Quellen

Von Wolfgang Christian Schneider

»Singe, Göttin, die Wut des Peleiden Achilleus, welche verderbend den Griechen so vielen Jammer bereitet ...«[1], so beginnt der große hellenische Gesang von der Eroberung Trojas, so beginnt das Grunddokument des frühen Griechenlands. Eine Dichtung steht am Anfang der griechischen Geschichte; lange bevor aussagekräftige Inschriften vorliegen, lange bevor es zu einer griechischen Geschichtschreibung kommt, überliefert sie ein reiches Bild der frühgriechischen Gesellschaft und ihrer Gegenstände (Realien). Vom Streit des Achill mit Agamemnon, von der Verletzung der Würde des Helden durch den König singt der Rhapsode, vom Kampf der fürstlichen Helden um das feste Troja, vom Eingreifen der Götter und vom Tod der Streiter, und er spricht von der Kriegstechnik, vom Kampf mit dem Streitwagen, von der Ausrüstung und den Zweikämpfen der Großen, von der Befestigung der Stadt. Die Vorstellungen über die Welt der Götter werden ebenso überliefert wie die Totenriten, das Ethos der Helden ebenso wie die Sozialordnung. Die familiäre Abkunft und die Art des Handelns gegenüber den anderen Personen sind es, die Identität und Wertigkeit des Einzelnen bestimmen, der Sieg, das Leistungsvermögen, die Treuewahrung und die Haltung im Kriegsrat. Den einzelnen Großen sind Gefolgschaften zugeordnet, für die die Großen Sorge tragen, doch es sind allein die Helden, deren Stimme entscheidet.

Als Grunddokument einer Kulturepoche steht das homerische Epos nicht allein da; abgesehen von kurzen Erwähnungen Dritter, häufig von seiten der Gegner, sind es

1 Homer, *Ilias* I,1 (in der Übersetzung von Friedrich Leopold Graf zu Stolberg; [1]1778, [2]1781).

immer wieder große epische Dichtungen, mit denen die Völker in die Geschichte eintreten. Im Vorderen Orient zählt hierzu das Gilgamesch-Epos der Sumerer, das deren Vorstellungen nicht nur den viel späteren Hethitern, sondern auch dem Buch Genesis der Bibel überlieferte. Im südgermanischen Bereich entspricht ihnen das Hildebrandslied und das Nibelungenlied, die Geschehnisse der germanischen Welt in der Spätantike bewahren.

Kaum je freilich gehört die Gestalt, in der diese Epen heute vorliegen, der Zeit der Ereignisse selbst an, meist stammt sie aus sehr viel späteren Jahren, da das Geschehene immer wieder neu erzählt wurde. Auch der Dichter der Ilias verband in seinem Werk eine alte Überlieferung mit Dingen der eigenen Zeit,[2] und ebenso verfuhren die Zeiten nach ihm. Denn die großen Erzählstoffe sind offen; spätere Zeiten formen das Vorgefundene um, fügen ihm Eigenes hinzu, schreiben das Werk fort. Damit aber treten auch sie in die Dichtung ein, und die Dichtung spricht nun – je nach der Art und Intensität der Einwirkung – auch von ihnen. Dies gilt gerade auch für Athen. Schon recht früh nämlich erhält der im homerischen Epos enthaltene Katalog der gegen Troja auslaufenden Schiffe, das heißt also die Auflistung der am Streit um Troja Beteiligten, eine nachträgliche Erweiterung, unter anderem durch den Hinweis auf attische Schiffe.[3] Damit schob sich der attische Adel in die mittlerweile als verbindlich anerkannte Dichtung und stellte sich den bislang vorherrschenden Machtzentren auf der Peloponnes und in Kleinasien zur Seite. So bezeugt diese Erweiterung die Ausdehnung des durch den Bezug auf dieses Epos bestimmten Kommunikationsraums und die Ausbreitung des im homerischen Epos gefaßten gesellschaftlichen Ideals, das nun weit über den ursprünglichen Bezugsraum hinaus als Identifikationsplattform dient. Ein Werk

2 Vgl. Martin P. Nilsson, *Homer and Mycenae*, London 1933.
3 Vgl. Günther Jachmann, *Der homerische Schiffskatalog und die Ilias*, Köln/Opladen 1958.

kann also Daten verschiedener Zeitschichten bieten und dementsprechend für verschiedene Zeiten eine Quelle darstellen.

Die Rezeption in Athen verursachte auch, daß die homerische Dichtung gegenüber weiteren Ergänzungen ›geschlossen‹ wurde. Peisistratos veranlaßte eine Redaktion des Werks, die durch die Bestimmung Hipparchs, das Werk an den Panathenäen, dem großen Stadtfest Athens, als Ganzes vorzutragen,[4] kanonischen Rang erhielt. Mit der Verpflichtung zum öffentlichen Vortrag an den Panathenäen verändert sich freilich die Aussage des Epos ganz wesentlich. Das adelig gelagerte Personenideal wird nun auf die breite Bürgerschaft der Polis übertragen. Damit wird nicht nur dem Adel seine Identifikationsplattform streitig gemacht bzw. entzogen, sondern zugleich werden auch die Bürger in ihrer Vielzahl auf das ursprünglich adelige Leistungsideal – nun aber im Rahmen der Stadtgemeinde – verpflichtet. In ihrer Nutzung durch die populistische Tyrannis der Peisistratiden wird die Ilias zu einer Quelle für die Umstände der Demokratisierung Athens. Nicht weniger aussagekräftig als das Werk selbst ist also die Rezeption eines Werkes in der Folgezeit. Und diese kann überaus vielgestaltig sein. Der Nutzung der Dichtung Homers für ein neues Selbstverständnis der Bürger in der attischen Demokratie folgt später die Nutzung der Ilias im Zuge der Steigerung des Leistungsstrebens eines Monarchen, Alexanders des Großen.[5]

Aber auch jenseits des in Texten Geformten kann einem Dichtungszusammenhang – und eben auch der homeri-

4 Vgl. Pseudo-Platon, *Hipparchos* 228bc. Die Maßnahme wird auch Solon zugeschrieben, doch dürfte dies eine spätere Korrektur des Befundes sein, die die Bestimmung wegen ihrer Bedeutung zu Lasten des Peisistratiden dem Gründungsheroen der demokratischen Entwicklung Athens zuschreiben wollte. Nähere Angaben zu den hier erwähnten antiken Werken und Textausgaben bietet Rainer Nickel, *Lexikon der antiken Literatur*, Düsseldorf/Zürich 1999.

5 Vgl. Plutarch, Alexander 8 (unter Berufung auf eine Angabe des Onesikritos); vgl. 5 (dazu Ilias 9,43 ff.).

schen Erzählung – Zeugnischarakter zukommen. Denn nicht weniger aussagekräftig als die Texte selbst ist die Rezeption eines Werkes in der Folgezeit jenseits des Schriftlichen, sei es im Mündlichen oder im Bildlichen. So belegen Bilder die Gegenwart des homerischen Epos in Etrurien und danach in Latium; sie werden von Spuren einer mündlichen Überlieferung bestätigt, die Aineias, einen der Helden dieses Epos, als Stammvater mittelitalischer Stämme auffaßt.[6] Als deren Haupt übernahm Rom diese Vorstellung. Damit wird nicht nur die Kenntnis und die Wirkmächtigkeit der homerischen Dichtung (und ihrer Nachfolger) in Italien bezeugt, vielmehr wird deutlich, daß die aufstrebende lateinische Gemeinde sich in ihrer Identität wesentlich auch über den griechischen Grundtext bestimmt und so – vor jedem konkreten politischen Ausgreifen – die Welt des griechischen Ostens für sich als konstitutiv ansieht. Damit reagiert Rom zu einem Teil auch auf die poetisch gefaßten Zuschreibungen einer spezifischen Identität von griechischer Seite, denn Lykophron hatte in seinem trojanischen Epos *Alexandra* Rom als Stadt der Aeneas-Nachkommen als die kommende Beherrscherin der Mittelmeerwelt gepriesen.[7]

So unternahm es die führende Schicht Roms im Jahre 205/204, in einer entscheidenden Phase des Zweiten Punischen Krieges, diesem literarischen Bezug durch die Einholung der Großen Mutter vom Berge Ida nach Rom Wirklichkeit zu verleihen.[8] Die mythische Stammutter vom

6 Vgl. *Enea nel Latio. Archeologia e Mito*, Rom 1981. Schon die *Ilias* (20,215–240) hebt Aineias hervor und in 20,307 (vgl. *Homerischer Hymnus* 4,196 ff.) findet sich eine Ankündigung einer zukünftigen Herrschaft seiner Nachkommen (was vielleicht in einer näheren Beziehung Homers zu den Aineaden begründet ist).

7 Lykophron, *Alexandra* 1226 ff.

8 Gemeint war die Göttin vom Berge Ida bei Troja, konkrete Beziehungen zu Pergamon führten dann zur Übernahme der Großen Göttin von Pessinus. Der offizielle Name der Göttin in Rom, Mater Deum Magna Idaea, aber wahrte immer den Bezug zum Ida in der Troas und zu Troja.

troischen Ida erhält einen Tempel in der Roma Quadrata, dem mythischen Kern Roms auf dem Palatin. Ein erneuter Aufruf des homerischen Bezugs bezeugt dann eine zweite große Krisensituation Roms. Denn nachdem der geistige und soziale Wandel und die ihm entspringenden Bürgerkriege die republikanische Ordnung Roms zerbrechen ließen, kennzeichnet Vergils *Aeneis* den Modus der neuen Ordnung. Rom wird darin über die Aeneas-Bezüge seiner Frühzeit strikt mit der griechischen Welt verbunden, zugleich wird der Sieger des letzten republikanischen Bürgerkriegs, der Herr der neuen Ordnung C. Iulius Caesar Octavianus Augustus, als Nachfahre des Aeneas[9] und damit als verbindlicher Bezugspunkt der sozialen Wirklichkeit aufgewiesen, womit einer monarchischen Ordnung der römischen *res publica* vorgearbeitet wird. So durchdringen Wirklichkeit und Literatur einander: Ein literarischer Werkzusammenhang, der homerische Sagenkreis und die *Aeneis*, kann also eine bestimmte Auffassung und Gestaltung der Wirklichkeit auslösen und auch als Instrument realer Wirklichkeitsgestaltung eingesetzt werden und damit eine entscheidende gesellschaftliche Umstrukturierung dokumentieren.

Wie erfolgreich die Troja-Vorstellung die römische Gesellschaft durchdrang, zeigt nicht nur die geradezu kanonische Gültigkeit der Verbindung Rom – Troja im Sinne der Dichtung Vergils in der Folgezeit, sondern auch die nach Prokop in Byzanz verbreitete Vorstellung, Kaiser Konstantin (der sein neues Rom ja zunächst an der Stelle des alten Troja hatte gründen wollen) habe das von Aeneas nach Rom überführte trojanische Palladion unter dem Forum seines ›Rom‹ vergraben.[10] So erscheint es dann höchst fol-

9 Askanios, der Sohn des Aeneas, wird als Ilos = Iulus aufgefaßt (und ist so Stammvater des Augustus): Vergil, *Aeneis* 1,267 bzw. Cato, *Origines* 1,9 (ed. Peter).

10 Prokop, *Gotenkrieg* 1,15; Konstantins Neu-Rom bei Troja: Zosimus 2,30,1; Zonaras 13,3; Euagragrios (aus Epiphaneia), *Kirchengeschichte* 3,41; Sozomenos 2,3,2; *Anthologia Palatina* 14,115.

gerichtig, daß die spätantike Dichtung von Maximian (6. Jh. n. Chr.) für ihre Polemik gegen die neue christliche Welt mit einer Vielzahl von intertextuellen Verweisen auf Vergils *Aeneis* den trojanischen Bezug Roms in den Mittelpunkt rückt.[11] Bis zum Ausklang der antiken Welt bietet damit die homerische Dichtung in ihrer Verschränkung mit dem Epos Vergils ein wesentliches Zeugnis. Nicht nur für die griechische Frühzeit stellt sich das Epos Homers als Quelle dar, sondern auch für spätere Zeiten, da diese ihr Selbstverständnis über ihre je spezifische Rezeption von Homers Dichtung zum Ausdruck bringen.

Das literarische Werk ist damit nicht einfach nur Zeugnis für eine längst entschwundene Vorzeit, sondern auch für viele sehr viel jüngere Vergangenheiten. Mit dem Eintritt in den Erzählkreis der Troja-Dichtung bringen immer wieder aufstrebende Machtzentren, sei es nun Athen, Rom oder Byzanz, den Anspruch auf eine überlegene Qualität und Stellung zum Ausdruck. Der Zeugniswert eines Werkes ist somit ein höchst komplexes Phänomen. Ein Werk besitzt nicht nur in seiner ›ursprünglichen‹ Gestalt Zeugniswert, sondern in jedem Modus, in dem es im weiteren Verlauf der Geschichte zum Tragen kommt, zunächst auf Grund der späteren Texteingriffe, durch Ergänzungen, Streichungen, oder auch durch Umstellungen, dann aber auch durch jede neue Rezeption, jeden Eintritt in einen neuen Kommunikationszusammenhang, sei es nun in Form von Interpretationen, Kommentaren, Zitaten oder durch Erzählungen, die sich dem ›alten‹ Werk anlagern, etwa auch Parodien[12] und – so bei Stolberg zu Beginn der deutschen ›Klassik‹ – in Übersetzungen.

11 Wolfgang Christian Schneider, *Die Elegischen Verse von Maximian: Eine letzte Widerrede gegen die neue christliche Zeit (6. Jh.). Mit den Gedichten der Appendix Maximiana und der Imitatio Maximiani* (i. Vorb.).

12 Eine Homer-Parodie des 1. Jahrhunderts v. Chr. ist die *Batrachomyomachia*, ein iliadischer Krieg zwischen Fröschen und Mäusen; ihr folgt im 12. Jahrhundert der byzantinische *Katzmäusekrieg* des Theodoros Prodromos.

Freilich beschränkt sich die Bedeutung literarischer Werke für die Geschichtswissenschaft nicht auf die Epik, und sie umfaßt nicht nur inhaltliche Momente, sondern auch die Konzeption und das innere Gefüge einer Dichtung, denn diese ist ja nicht weniger Aussage als das Inhaltliche. Ja, es ist gerade dieser Aspekt, der den umfassendsten Einblick in die Struktur einer Gesellschaft erlaubt. So kennzeichnet die ›Einführung‹ eines zweiten Sprechers in der griechischen Tragödie im 5. Jahrhundert v. Chr. durch Aischylos einen entscheidenden Wandel der griechischen Weltsicht.[13] Was der Einzeldarsteller der früheren Tragödie in Wechselrede mit dem Chor darbot, hatte vor allem der Vergegenwärtigung des Gottes und der von ihm aufrechterhaltenen Ordnung gegolten, deren Zeugen die Hörer werden sollten. Mit dem Auftreten eines zweiten Sprechers wurde nun der Spannungsraum zwischen den beiden Darstellern entscheidend. Vor dem Hintergrund einander grundsätzlich widerstrebender Handlungserfordernisse haben sie in ihrer Dualität das jeweils bedingte Hin und Her der Strebungen und damit die Wirklichkeit in ihrer Vieldeutigkeit zu entfalten und das Für und Wider eines Handelns und dessen Folgen auszubreiten. In Fortentwicklung seiner früheren Funktion vermag nun der Chor die verpflichtenden Grundsätze der übermenschlichen Ordnung vor Augen zu führen, gleichzeitig aber auch im Sinne einer neuen Funktion den inneren Aktions- und Motivationsraum jedes der beiden Handelnden zu eröffnen – gerade auch in deren Gegensätzlichkeit und dem wechselseitigen Widerstreben.

In dieser veränderten Struktur bezeugt die Tragödie völlig neue soziale Wirkzusammenhänge. Sie impliziert nicht nur einen breiteren Rezipientenkreis, eben die ganze Polis-

13 Zum Ursprung der Tragödie und zur Einführung des ersten ›Sprechers‹ vgl. Harald Patzer, *Die Anfänge der griechischen Tragödie*, Wiesbaden 1962; Karl Reinhardt, *Aischylos als Regisseur und Theologe*, Bern 1949; Christian Meier, *Die Entstehung des Politischen bei den Griechen*, Frankfurt a. M. ³1995.

Gemeinde, sie macht auch die sehr nachhaltigen und neuartigen Anforderungen an die Zuschauer sichtbar. Von ihnen wird verlangt, die Dinge im Hinblick auf die gegebenen Handlungserfordernisse von ihren verschiedenen Seiten und in ihren jeweiligen Berechtigungen wahrzunehmen. Sie haben die einzelnen Strebungen, die einzelnen Entscheidungen und Handlungen auf ihre Fortentwicklung und ihr Ergebnis hin zu verfolgen und in ihrer Berechtigung zu bewerten, sowie schließlich mit dem eigenen Dafürhalten zu konfrontieren. Die mit der konzeptionellen Veränderung der Tragödie erreichte Herausbildung eines Konfliktraums mit Handlungsalternativen bzw. eines Argumentationsraums führt damit ganz unmittelbar die Notwendigkeiten der neuerrungenen Demokratie vor. In den Zwängen und Schicksalen der Figuren werden die Zuschauer, die in den Volksversammlungen ständig Beschlüsse fassen müssen, in die Problematik des Handelns und Entscheidens eingeführt und ihnen die jeweils ausgelösten fortwirkenden Verstrickungen aufgezeigt.

Die Tragödien des Euripides spiegeln dann die Problematik der Person im Athen des späten 5. Jahrhunderts v. Chr. und die davon ausgelöste Krise der Demokratie. Die Figuren werden sämtlich von ihrem Inneren, von einem drängenden Verlangen getrieben und sind zugleich vom Ineinander von Sein und Schein umstellt. Dadurch, daß sie sich in ihrem Handeln von ihren Leidenschaften bestimmen lassen, daß sie in ihrer Ichverblendung andere Ansprüche oder auch allgemeine Handlungsnotwendigkeiten nicht wahrnehmen oder nicht gelten lassen können, kommt es zum Konflikt: gefährden sie die Ordnung und sich selbst, werden sie schuldig oder gehen unter. Die Menschen sind somit dem Schicksal nicht ausgeliefert, ihnen wird vielmehr ein freier Wille zugewiesen, und sie haben frei zu entscheiden, doch sie tragen dafür auch die volle Verantwortung. Damit geht ein sozialer Ausgleich einher, der Frauen als Erlebnisträger berücksichtigt und Götter (und mit ihnen ihre Kulte) nach dem Maß der Menschen bewertet. Die im Drama angesprochene Möglichkeit der Entsühnung zeigt positiv die Erfordernisse, die dem Menschen in Athen gesetzt sind: Er muß sich des eigenen Tuns bewußt werden und so zu einem Erkennen der eigenen Person, der eigenen Leidenschaft vorstoßen. Dies ermöglicht ihm, das Ineinander von Schein und Sein, in dem die Menschen verstrickt sind, zu trennen. Die von Euripides ausgiebig eingesetzten Streitgespräche dienen dazu, die widerstreitenden Leidenschaften, Triebe oder Begierden der Handelnden gegeneinanderzuführen, und vermögen damit auch, das Wahnhafte des einzelnen Handelns auf eine mögliche Katharsis hin sichtbar zu machen. All dies spiegelt mit einer überraschenden Präzision die Gewinne und die strukturellen Probleme der athenischen Gesellschaft in der zweiten Hälfte des 5. Jahrhunderts, die dann in den Peloponnesischen Krieg mündeten. Die Menschen im Athen dieser Zeit haben eine Individualität gewonnen, vermögen in der Mehrheit aber doch nicht, die freigewordenen inneren Strebungen und Begierden in den Griff zu bekommen. So schwanken die Bürger hilflos zwischen unverantwortlich ihr Ich ausspielenden Demagogen, und es gelingt ihnen nicht, in den Rededuellen der populistischen Agitation den Schein und das Sein zu erkennen und danach richtige Entscheidungen zu fällen. Euripides diskutiert somit in seinen von mythischen Gestalten erzählenden Dramen genau das, was Athen aufwühlte, was Athen kurz nach Euripides' Tod (406 v. Chr.) scheitern ließ.

Der weitere Weg der sozialen und politischen Entwicklung Athens mit einer entscheidenden Verschiebung der Personenauffassung kommt dann exemplarisch in der ›Mittleren Komödie‹ zum Ausdruck. Die Stücke Menanders dokumentieren den Rückzug des athenischen Menschen von der Gemeinschaft. Tragend für das Geschehen in diesen Werken ist die je spezifische Grundanlage der auftretenden Personen und ihre daraus entspringenden inneren Bedürfnisse; deren Unvereinbarkeit läßt die Konflikte entstehen, deren Ausgleich (bei Isolierung einzelner Widerstrebender) schafft eine gültige Ordnung. Im Gegensatz zu den Komödien der Zeit des Aristophanes sind die Figuren nicht mehr über die Gemeinschaft bestimmt und sie streben dies auch nicht mehr an. Gesucht wird eine im Einzelnen abgeschlossene Privatheit. Damit bezeugt die Mittlere Komödie den Zerfall der Polis als personenrechtlicher Verband: Die Polis, die für nahezu 150 Jahre in Griechenland das tragende Gesellschaftsmodell bildete, zerfällt von innen her, der Bezug auf die Gemeinschaft hat für die Menschen seine unbedingte Verbindlichkeit verloren. Gleichzeitig gewinnt der Bezug zu einem Einzelnen mit seiner spezifischen Leidenschaft an Attraktivität. Das Vordringen monarchischer Herrschaften in Griechenland seit dem späten 4. Jahrhundert, ihr wachsender Anhang in den demokratischen Poleis, ist daher nicht schlicht ein äußerliches Phänomen, das sich einfach durch die Bestechungspolitik Philipps von Makedonien erklärte, sondern ist zutiefst in den strukturellen Veränderungen der Polisgemeinde und im gewandelten Selbstbild der diese tragenden Personen begründet. Wenn Demosthenes schließlich den Krieg gegen Philipp in Athen durchsetzen kann, so nicht, weil er den alten (hegemonial orientierten) Gemeindebezug vertreten hätte, entscheidend ist vielmehr, daß er mit seinem Pathos, seiner Leidenschaft für eine ausgeglichene Ordnung der Poleis, die Athener in ihrem Pathos zu ergreifen vermag.[14] Wiederum also spiegeln die Komödien sehr genau das Befinden und die Strukturiertheit der Gesellschaft, ja, sie vermögen – wie im Falle des Demosthenes – die Implikationen unklarer politischer Zusammenhänge sichtbar zu machen.

Um die Mitte des 3. Jahrhunderts v. Chr. (um 260) zeigt Herondas mit seinen Mimiamben, scherzhaften dramatischen Bildern, eine erneut gewandelte, differenziert ge-

14 Verfehlt daher die Auffassung des Demosthenes bei Malcolm Errington, *Geschichte Makedoniens. Von den Anfängen bis zum Untergang des Königreiches*, München 1986, S. 72ff.

schichtete Gesellschaft, aus deren Mitte das Politische geschwunden ist. Er zeigt eine kleinbürgerliche Lebenswelt und schildert dabei besonders auch Frauen, jedoch zweifellos nicht für Angehörige dieser Schicht selbst, für die die reine Abbildung ihres Alltags nichts bedeuten konnte: Der Witz der kleinen Genre-Szenen entfaltet sich nur einem Blick von außen, aus der sozialen Distanz.

Während bei Menander über das Pathos (die Leidenschaft) der Einzelnen immer wieder soziale Unterschiede überbrückt werden, bildet Herondas neue soziale Gegebenheiten ab: das Auseinanderfallen der Stadt in verschiedene Schichten, die nur noch beschränkt miteinander interagieren. Es sind Mitglieder einer gehobeneren Schicht, zweifellos in der hellenistischen Großstadt Alexandria, für deren Amüsement im Rahmen von Rezitationen der Dichter seine kleinen Stücke schreibt. Aber eben damit wird dieser kleinbürgerlichen Schicht und auch den Frauen doch eine eigene Welt zugestanden. Denn das lustvoll-amüsierte Wahrnehmen von seiten der gehobenen Schicht besagt auch, daß diese jenseits der eigenen Welt eine andere Welt eigenen Charakters anerkennt, die der Beobachtung wert ist, und daß sie die Belächelten nicht grundsätzlich vom eigenen Ich geschieden sieht. So sehr die Menschen also sozial unterschieden werden, so stehen sie zueinander doch im Verhältnis einer prinzipiellen Gleichheit, denn über gänzlich Abgelehntes lacht man nicht. Distanz und Nähe bestätigen sich damit gegenseitig, sie prägen die großstädtische Gesellschaft des späten Hellenismus insgesamt. Bei alledem schildern die Mimiamben Umstände des Alltagslebens, die in vergleichbarer Plastizität in keiner anderen Quelle überliefert sind: etwa den Schuhkauf zweier Freundinnen, von denen die eine vermittelt und später eine Prämie des schmierig-beflissenen Schusters erhalten wird; den freundschaftlichen, zugleich aber von Konkurrenz nicht freien Zank um die Namensnennung des Herstellers eines künstlichen Phallus (*baubon*), die Züchtigung eines Knaben durch den Schulmeister auf Verlangen der Mutter. Ergänzt werden die dramatischen Szenen des Herondas für diesen Bereich durch die Idyllendichtung Theokrits und seiner Schule (3. Jh. v. Chr.), die nicht nur Auskunft über das individuelle, ja sentimentalische Ich geben, sondern nahezu einzigartige Einzelbilder des großstädtischen Alltagslebens in Alexandria liefern. Und wieder treten dabei auch Frauen hervor, etwa in dem szenischen Gedicht *Die Frauen am Adonisfest*. Zugleich beleuchten sie in der idyllischen Schilderung des Landlebens die Spannung, in der sich der städtische Mensch der Natur gegenübersah.[15]

Einen breiteren Blick in das soziale Befinden und die mentale Disposition der Zeit gewährt die antike Romanliteratur des späten Hellenismus und der frühen Kaiserzeit. Zwar sind die Werke wegen der Schwierigkeiten der Überlieferungslage oft nicht eindeutig datierbar, doch bedeutet das für den Historiker keine entscheidende Einbuße, da die Romane mit ihren Implikationen Hinweise auf soziale Prozesse geben, für die punktuelle Daten weniger bedeutsam sind. Wo Romane gelesen werden, belegen sie das Vorhandensein einer städtisch geprägten gebildeten Mittelschicht und eines hinlänglich gesicherten und daher zum Mitleiden an den inneren Entwicklungen des anderen fähigen individuellen Ichs des Lesers, denn nur so ist eine angemessene Rezeption des Romans möglich. Schon in seinem Entstehungszusammenhang ist der Roman dicht mit der äußeren Geschichte verwoben. Denn die Grundlage für die Formung der antiken romanhaften Prosawerke stellten die Berichte über den Alexanderzug zur Verfügung, der einem breiten Publikum einen weiten Phantasie- und Reflexions-

15 Vgl. Wolfgang Christian Schneider, »Das Erleben von Stadt im späten Hellenismus«, in: *Archiv für Kulturgeschichte* 78 (1996) S. 33–53; W. Chr. Schneider »Vermitteln, Verkuppeln und soziales Spiel. Informelle Geschäftstätigkeit von Frauen in hellenistischer Zeit«, in: Thomas Späth / Beate Wagner-Hasel, *Frauenwelten in der Antike. Geschlechterordnung und weibliche Lebenspraxis*, Stuttgart 2000, S. 335–349.

raum eröffnete.[16] Angesichts des gesellschaftlichen Interesses am Streben und den Schicksalen des Einzelnen verbanden die Berichterstatter mit den großen Geschehnissen des Kriegszugs individuell ausgeprägte Einzelschilderungen und Phantasien oder auch eigene gesellschaftliche Entwürfe. So schmückte Alexanders Hofmann Chares seinen Bericht mit der Liebesgeschichte des Zariadres und der Odatis aus, eines jungen Meders und einer sarmatischen Königstochter, der Admiral Nearchos spricht davon, goldgrabende Ameisen gesehen zu haben, der Philosoph Onesikritos hingegen, Schüler des Kynikers Diogenes und ebenfalls ein Teilnehmer des Zuges, erzählte in seiner (nur in einigen Fragmenten und Sekundäräußerungen überlieferten) Alexandergeschichte in utopisch-lehrhafter Absicht phantasievoll von der Vorbildhaftigkeit der Gymnosophisten, der indischen Yogis, von ihren Lehrgesprächen und vom glücklichen Leben im Idealstaat des Musikanos am Indus.[17] So ermöglicht die äußere Wirklichkeit die literarische Fiktion, und diese bezeugt dann im Wechsel die soziale Tiefenwirkung des äußeren Geschehens.

So ist es ganz natürlich, daß die Romanliteratur ein Ort für die Entwicklung gesellschaftlicher Entwürfe wird. In Anlehnung an den historisierenden Abenteuerbericht bildeten Euhemeros (um 300 v. Chr.) und Jambulos (3. Jh. v. Chr.) zur aufklärerischen Darstellung idealer Gemeinschaften den utopischen Reiseroman aus. In seiner von

16 Vgl. Wolfgang Christian Schneider, »Mit Alexander in den Orient«, in: *Exotische Welten – Europäische Phantasien*, hrsg. von Hermann Pollig, Stuttgart 1987 [Ausstellungskatalog], S. 230–235.

17 Im weiteren Verlauf der Geschichte hatte diese Schilderung der indischen Yogis und ihrer Lehrgespräche große Bedeutung; sie verband sich im Westen mit dem *Alexanderroman*, etwa in der Version des Johannes Hartlieb (15. Jh.), und bildete für lange Zeit einen Kristallisationspunkt für utopisch-didaktische Darlegungen. Auch im Osten scheint sie wirksam gewesen zu sein im Buch von den Gesprächen des indogriechischen Königs Menandros (indisch: Milinda) mit den buddhistischen Mönchen im Milindapanha: Nyanatiloka/Nyanaponika, *Milindapanha. Die Fragen des Königs Milinda*, Interlaken 1985.

Diodor 5,41–46 und 6,1 in Auszügen überlieferten *Heiligen Chronik* (*Hiera anagraphe*) berichtet Euhemeros von einer mehrtägigen Reise auf dem ›arabischen Ozean‹, auf dessen Erforschung Alexander verzichten mußte. Er stößt dort auf drei Inseln, von denen eine von einer idealkommunistisch geregelten Gesellschaft bewohnt wird. Nur Haus und Garten bilden persönliches Eigentum, die Erträge des Bodens und die übrigen Erzeugnisse werden gerecht verteilt. Als Götter werden die Wohltäter der Gemeinde in der Frühzeit verehrt. So verbinden sich in diesen stoisch geprägten Erzählungen Utopie, Mythenkritik und die Aufwertung des Menschen, der als Wohltäter eine Vergöttlichung erlangen kann, ein Moment, mit dem der Roman zur Ausbildung des hellenistischen Herrscherkults beitrug. Ebenfalls auf einer Inselgruppe im Indischen Ozean siedelt Jambulos seinen idealen Sonnenstaat an, von dem Diodor 2,55–60 schreibt. Der Erzähler wird auf einer Karawanenreise nach Südarabien zunächst von Räubern, dann von Äthiopiern gefangengenommen. Von diesen mit einem Gefährten als Sühneopfer in einem Boot ausgesetzt, gelangt er nach mehrtägiger Fahrt auf eine von ethisch hochstehenden Menschen bewohnte Inselgruppe. Sie führen ein einfaches Leben ohne familiäre Strukturen und ohne eigenen Besitz, um so Eifersucht und soziale Unruhen zu vermeiden. Umgeben von einer reichen Natur, erbringen sie in einem geregelten Wechsel einander Dienstleistungen. Gegen seinen Willen muß der Erzähler und sein Gefährte schließlich die Inseln verlassen, da sie sich von ihren unedlen Bestrebungen nur unzulänglich lösen konnten.

Ausgelöst wurden diese einzigartigen Dokumente des sozialphilosophischen Diskurses in der Antike von der in Platons Dialog vom Staat aufgeworfenen Frage nach der realen Möglichkeit eines gerechten (idealen) Staates. Trotz ihres fragmentarischen Zustands bieten die Werke des Euhemeros, Jambulos und Onesikratos einen Einblick in die gesellschaftliche Reflexion in Griechenland, die unter Einbeziehung Platons auf die Aporien der hellenischen Polis-Ordnung antwortete. Was im politischen Bereich in den Bemühungen des Demosthenes und anderer um eine umfassende Friedensordnung bzw. einen ›Allgemeinen Frieden‹ (*koine eirene*) oder im Versuch des Demetrios von Phaleron, mit gleichstellenden Gesetzen einen sozialen Ausgleich innerhalb der Polis (Athen) zu erreichen, zutage tritt, wird in den philosophisch-utopischen Romanen radikalisiert. Sie legen ein Denkmodell vor, entwickeln die Planung sozialen Lebens. Die Lösung der sozialen und politischen Problematik suchen sie sämtlich in einer Veränderung des Einzelnen und einer neuen ethischen Bindung seiner Strebungen. Im weiteren Verlauf der Geschichte waren diese Werke höchst folgenreich, sie wirkten nicht nur auf Morus und Campanella, sondern auch auf die Moderne.

Trotz bewußter Andersartigkeit hat das Fremde als solches in diesen Utopien kein Eigengewicht, es dient in seiner Beispielhaftigkeit ganz der Gestaltung der eigenen Gesellschaft und ihrer Ordnung. In den späteren Romanwerken hingegen, die zumeist wohl schon in die frühe Kaiserzeit zu datieren sind, kommt es zu einer Umschichtung des motivischen Spektrums. Das reflexive und damit auch das utopische Moment tritt zurück, dafür aber tritt der durch den Alexanderzug erweiterte Kommunikationsraum konkret in Erscheinung. Obwohl es noch nicht wirklich in seiner Andersartigkeit anerkannt wird, erhält nun das Fremde als solches ein eigenes Gewicht. Frei von utopisch-philosophischer Zweckbindung wird das Fremde einem individuellen Ich des Lesers gegenübergestellt, er kann sich nun im Fremden als solchem treiben lassen. Das Fremde wird exotischer Phantasieraum eines hinlänglich gesichert erlebenden Einzelnen.

So dokumentieren die Romane präziser als jede andere Quelle den neuen individuellen Erlebnis- und Wahrnehmungsraum des Menschen im hellenistisch geprägten Osten und dann auch in Rom. Der früher bestimmende Polis-Raum wird nach zwei Seiten überschritten. Einerseits wird in einer Überschreitung nach außen das zuvor schlechthin Fremde, Babylonien, Äthiopien, Indien, aber auch die Gebiete der Sarmaten und Skythen und sogar Thule dem Leser als Erlebnisraum dargeboten, an dem die Menschen unerachtet ihrer ethnischen Herkunft teilhaben. Andererseits spiegelt die Romanliteratur die Überschreitung des Polis-Raums nach innen: In der Darstellung der Figuren in ihren inneren Bewegungen und Beweggründen, aus denen sich der Handlungsverlauf ergibt, spiegelt sich die neue innere Welt des Lesers. Die nachhaltige Personalisierung des politischen Geschehens in den Monarchien der Diadochenzeit und dann in Rom, die mitunter opernhaften Ereignisse an den Herrscherhöfen – zu erinnern ist an die glücklich endende Liebesaffäre des seleukidischen Thronfolgers Antiochos mit seiner jungen Stiefmutter Stratonike oder an Caesars Kleopatra-Abenteuer – sie stellen sich vor diesem Hintergrund als Folge eines breite soziale Schichten ergreifenden Befindens dar.

Schließlich rückt auch das Fremde in der eigenen Welt, die soziale Wirklichkeit jenseits des eigenen gesellschaftlichen Standorts innerhalb der Polis in den Blick. Dies führt zu einer verstärkten Wahrnehmung der sozialen Unterschichten und sozialen Randgruppen. Auch darüber geben nur literarische Werke genauer Auskunft. So gewähren mehrere Romane einen Einblick in das organisierte Räuber- und Piratenwesen und schildern es mehrfach in seiner internen Berechtigung. So werden diese Banden, die in den politisch geprägten Chroniken durchweg nur kurz gestreift werden, als soziales Phänomen erkennbar, als Sammelbecken der Abgedrängten. In ähnlicher Weise übermitteln die Romane Bilder aus der religiösen Subkultur,[18] von der

18 Vgl. z. B. Theokrits Gedicht über den Liebeszauber der Simaitha, den Beginn des pseudolukianischen Romanauszugs *Lukios oder der Esel* (2. Jh.) bzw. dessen Bearbeitung durch Apuleius, *Metamorphoses* sowie das literarisch wenig anspruchsvolle Fragment *Phoinikika* des Lollianos (in: *Im Reiche des Eros. Sämtliche Liebes- und Abenteuerromane der Antike*, hrsg. von Bernhard Kytzler, Bd. 2, München 1983, S. 744–750).

wir sonst nur durch Strafbestimmungen hören, schildern sie sowohl die Zauberei in ihren verschiedenen Erscheinungen als auch das Priesterwesen, etwa die dreisten Betrügereien der unwissenden Kybele-Priester.[19]

Mit diesem neuen Blick auf das Andere geht auch eine bewußtere Wahrnehmung des Bereichs der Frauen einher. Es gibt kaum einen Frauentyp, der in den Romanen nicht aufträte, kaum eine Altersgruppe, kaum eine soziale Schicht, die nicht vorkäme; als Liebende werden sie in den vielfältigsten Verstrickungen vorgeführt, als unverbrüchlich Treue oder als Ehebrecherinnen, als Mägde oder als Kupplerinnen. Das Verhältnis zwischen Frau und Mann wird in vielerlei Erscheinungen abgebildet. Das reicht vom Derb-Grotesken, wie in der wohl aus den *Milesiaka* des Aristeides (um 100 v. Chr.) stammenden Geschichte von der Witwe von Ephesos[20] bis hin zur überhöhten Treue bei den Hauptfiguren, wie in der Erzählung von Leukippe und Kleitophon des Achilleus Tatios oder in Heliodors Geschichte von Chariklea.

Aber auch hier zeigt der Roman eine Dimension des sozialen Lebens, die in den chronikalischen Quellen nur unzulänglich greifbar wird. Der im Liebesgeschehen gegebene Verinnerlichungsprozeß und die Wirrnisse des äußeren Geschicks führen dazu, daß das Erotische und das Religiöse in diesen Romanen eine enge Verbindung eingehen.[21] So wird

19 Jolaos-Fragment (in Kytzler – s. Anm. 18 –, Bd. 2, S. 735–737) und Apuleius' *Metamorphoses* 8,24 ff.; 9,8 ff.

20 Aristeides (aus Milet), *Milesiaka*, ein Kranz erotischer Novellen, von dem nur ein kleines Fragment (Harpokrates, ed. Dind p. 88) überliefert ist, doch stammt vermutlich die Geschichte der Witwe von Ephesos (Petronius, *Satyrica* 111,1–112,8) aus ihnen. Sie wurden früh ins Lateinische übersetzt (L. Cornelius Sisenna); als Lektüre erwähnt werden sie z. B. bei Teilnehmern von Crassus' Partherfeldzug (Plutarch, *Crassus* 32,3).

21 So steht am Schluß von Charitons Roman über Kallirhoe (in Kytzler – s. Anm. 18 –, Bd. 1, S. 513–672) der Dank der Heldin an Aphrodite. Petronius bietet in seinen *Satyrica* dazu die parodistische Umkehr: das Geschick der Hauptfigur wird als Strafe des Priapos für ein unbotmäßiges Verhalten gegenüber dem Gott dargestellt (in Kytzler – s. Anm. 18 –, Bd. 2, S. 5–173).

die Übermittlung religiöser Versprechungen, einer endlichen Rettung des Einzelnen trotz aller Gefährdungen, ein wesentliches Ziel des Romans. Das Geschick der Liebenden wird als exemplum der tragenden Kraft der je bevorzugten Gottheit dargestellt. Damit tritt zwar wieder ein normgebender Außenbezug der Person, ja auch mittelbar ein Gemeinschaftsbezug in Erscheinung, doch dieser setzt nun im Innern der Person selbst an. Beispiele für diesen soteriologischen Grundduktus sind *Die Waffen des Eros* des Xenophon von Ephesos, dann vor allem die *Metamorphosen* des Apuleius (von denen auch die ebenfalls soteriologisch angelegte Erzählung von Amor und Psyche einen Teil bildet), die beide die Wahrung und Rettung der Hauptpersonen der Isis zuschreiben, sowie die *Aithiopika* des Heliodor, die alles Helios zuweisen.[22]

Diesen Romanen tritt Philostrats Romanbiographie des Apollonius von Tyana (3. Jh. n. Chr.) zur Seite; sie zeigt das Verlangen der kaiserzeitlichen Menschen, sich überlegenen Heilsvermittlern zuzuwenden. Der Verfasser zielt in der Schilderung seines Helden vor allem auf die Darstellung ›übermenschlicher‹ Momente; in der Nachfolge des Pythagoras durchwandert der Wundermann die detailreich beschriebenen Länder des Mittelmeerraumes und des mittleren Orients bis hin zum Berg der Weisen, er führt Unterredungen mit den Vertretern der alten Lehren, mit Brahmanen, Kynikern und Stoikern, nährt und unterstützt Arme und bewährt sich als Erlöser. Die Darlegung der Lehre wird mit der Erzählung von Wunderbarem verknüpft und so unter Befriedigung des Erlebnisbedürfnisses eines städtischen Publikums deren weltweite Gültigkeit festgestellt.

All diese Werke zeigen einen grundlegenden sozialen Wandel an, der von herausragender Bedeutung für das Verständnis der äußeren Geschichte der fortgeschrittenen rö-

22 Dazu Franz Altheim, *Literatur und Gesellschaft im ausgehenden Altertum*, Bd. 1, Halle (Saale) 1948, S. 93–124.

mischen Kaiserzeit ist: das Aufbrechen der Frage der Erlösung, der Heilsvermittlung. Die Verbindung von verinnerlichtem Erleben und soteriologischer Gestimmtheit, deren breite soziale Verankerung von den Romanen bezeugt wird, ist die Voraussetzung für das individuell gelagerte religiöse Empfinden, das die spätantike Religiosität insgesamt und das Christentum bestimmt und das schließlich auch den Bereich der staatlichen Macht durchdringt. So verwundert es nicht, daß Romanmotive vielfach in theologisches Schrifttum eingehen, sowohl in christliche Legenden und Märtyrererzählungen[23] als auch in gnostische Texte. Die Klage der Pistis Sophia etwa erinnert ganz unmittelbar an die Klagen verlassener Liebenden. Vor dem Hintergrund solchen Heilsverlangens stellen sich die oft genug höchst kurzlebigen ›Soldatenkaiser‹ des 3. Jahrhunderts, die in den chronikalischen Quellen mitunter als zufällig nach oben gelangte Krisenprofiteure erscheinen, als Personen dar, die als Heilsvermittler im Hinblick auf ihre Sieghaftigkeit zum Herrscher erhoben werden: als Vermittler einer im Sieg sichtbaren höheren Qualität. Die Auseinandersetzungen vieler dieser Herrscher mit dem Christentum, die zum Märtyrerwesen führen, erhalten aus diesem Zusammenhang ihre Schubkraft. Die Einbeziehung literarischer Texte kann somit neue Perspektiven auf das politische Geschehen öffnen.

Literarische Texte werden aber auch bewußt als Instrumente des sozialen und politischen Handelns eingesetzt und dokumentieren damit ganz unmittelbar die gesellschaftlichen Gegebenheiten einer Zeit. Berühmt sind die Fabel-Erzählungen des biblischen Königs Joas, der seine politische Warnung an einen feindlichen König in einer Fa-

23 Vgl. Peter Brown, *Die letzten Heiden*, Berlin 1995; Eric R. Dodds, *Heiden und Christen in einem Zeitalter der Angst. Aspekte religiöser Erfahrung von Marc Aurel bis Konstantin*, Frankfurt a. M. 1985. Schon die Heilserzählungen der Evangelien orientierten sich in vielem an den Schemata der hellenistischen Legendenliteratur; vgl. Hubert Cancik (Hrsg.), *Markus-Philologie. Historische, literaturgeschichtliche und stilistische Untersuchungen zum 2. Evangelium*, Tübingen 1984.

bel zum Ausdruck bringt, und die des Menenius Agrippa, dem es mit einer Fabel gelingt, einen Streit in der römischen Gemeinde beizulegen. In besonderer Weise kommt dieser konkrete politische Quellenwert eines literarischen Werkes in der Preisdichtung für den Herrscher zum Tragen. Sie stellt ganz unmittelbar ein soziales gesellschaftliches Handeln dar, bildet Herrschaft und umreißt die politische Ordnung einer Gesellschaft. Sie bestätigt die Herrschaft des Herrschenden für diesen selbst und für die ihm Untergebenen, und sie stabilisiert das Selbstbild des Herrschers nach innen und nach außen. Die Lobesdichtung vermag – anders als die staatsrechtlich ›festen‹ Urkunden – von der Potentialität einer Herrschaft zu reden, sie kann die Wünsche, die Ansprüche, die noch offenen Handlungsansätze eines Herrschers aussprechen, und dies nicht nur in Äußerungen zur Zukunft, sondern gerade auch zur Gegenwart, indem sie in der rühmenden Feststellung eines noch ungetanen Tuns das zukünftige Handeln als vollzogen angibt. Doch wenngleich die Panegyrik den Herrscher ehrlich preisen kann, zuweilen bis hin zu Überschwang und Übertreibung, so kann das ausgesprochene Lob doch auch Distanzierung bis hin zur Kritik bezeugen. Denn da einerseits ein Lob grundsätzlich nach Maßgabe der gesellschaftlichen Werteordnung formuliert wird, andererseits aber Lob und Tun einander entsprechen müssen, fällt jede Diskrepanz belastend auf den Gelobten zurück. Der unangemessen hohe Preis wirkt negativ, er zeigt ein Nichtgelingen oder gar ein Unvermögen des Gelobten an. In Zeiten gewaltsamer Herrschaft ist daher das Lob oft genug die einzige nahezu unangreifbare Möglichkeit, Kritik auszusprechen oder einen behaupteten Rang eines Herrschers zu untergraben. Das Gedicht Theokrits auf Hieron von Syrakus zeigt in diesem Sinn unverkennbar ein Ungenügen an, und auch die vielfachen Lobesäußerungen über Augustus in den Dichtungen Ovids enthalten angesichts der nachdrücklichen Verweigerung des *princeps* ein erhebliches kritisches Potential.

Eine weitere Dimension des politischen Quellenwerts von Dichtung, die subversive Gegenwehr in Zeiten von Zensur und weltanschaulicher Unterdrückung zeigt schließlich am Ende der Antike beispielhaft die Dichtung von Maximian. Vorgeblich eine Klage über das Alter mit Erinnerungen an das Scheitern jugendlicher Liebe, stellt das lange Gedicht vor allem einen Angriff auf die zeitgenössische, vom spätrömischen Staat zur Norm erhobene christliche Werteordnung dar. Der Dichter bringt dies allerdings nicht unmittelbar, sondern verdeckt zum Ausdruck, in einem höchst artifiziellen Spiel mit Zitaten älterer römischer Lyrik, vor allem von Vergil und Ovid. Auf der Oberfläche des Textes stehen zunächst durchweg unangreifbare Wendungen. Durch die intertextuellen Bezüge aber erhalten diese einen spezifischen Akzent, der das Gesagte gegen die christliche Werteordnung und die Ablehnung des Geschlechtlichen durch die Kirchenlehrer wie Hieronymus, Ambrosius und Augustinus wendet und ihnen die natürliche Ordnung im Sinne des Lukrez entgegenhält. Was als privates literarisches Spiel erscheint, gibt sich damit als nachdrückliche Gegenrede gegen das vom christlich beherrschten Staat Gewollte zu erkennen. Darin spiegelt sich der Bedingungszusammenhang solcher Rede: die gewaltsame Unterdrückung nichtchristlicher antiker Haltungen.[24] So genau ein solches absichtsvolles intertextuelles Spiel für den Informierten eine oppositionelle Haltung ausdrückt, der Staatsmacht gegenüber entzieht es sich jeder rechtlich faßbaren Vereindeutigung. In den Anspielungen unterläuft die Dichtung die Zwangsmaßnahmen von christlicher Seite und spricht für den kundigen Leser ein Bekenntnis zur verfolgten antiken Werteordnung aus.

So vielfältig die Formen der Literatur sind, so vielfältig sind die Nutzungsmöglichkeiten für den Historiker, zumal im Bereich der Alten Geschichte mit ihrer fragmentari-

24 Eingehend dazu Schneider (s. Anm. 11).

schen Überlieferungslage. Immer wieder sind einzelne Befunde oder konkrete Dinge (Realien) nur in den Dichtungen überliefert. Darüber hinaus sind die literarischen Werke für bestimmte Zeitabschnitte – abgesehen von den doch recht beschränkten Inschriften – oft die einzigen erhaltenen zeitgenössischen Texte. Tragende Rolle kommt den literarischen Werken auch im Hinblick auf die implizite Selbstdarstellung und das Selbstverständnis der Menschen einer Zeit zu sowie bezüglich der expliziten zeitgenössischen Nutzung der Literatur zur Abbildung und Verbreitung eines politisch und sozial erwünschten Zustandes, was bis hin zur Propaganda reichen kann. Schließlich ist die Literatur ganz unmittelbar ein Ort des gesellschaftlichen Diskurses, des Streits um die sozialen Grundwerte, der, wenngleich er zumeist unterhalb der politischen Ebene geführt wird, doch diese nachhaltig bestimmt. Entscheidend für die Ergiebigkeit literarischer Werke sind die Fragen, die an die Vergangenheit gestellt werden. Je weiter sie sich von der Nachzeichnung des unmittelbar Politischen und Kriegerischen entfernen und breiteren gesellschaftlichen Zuständen zuwenden, sei es im Zuge der Beschreibung des Soziallebens, des Alltags, der mentalen Gegebenheiten oder der Geschlechterbeziehungen und ihres Wandels, sei es im Zusammenhang mit der Darstellung der grundlegenden sozialen Strukturiertheit einer Epoche, oder der sozialen Umschichtungen, desto wichtiger wird die Berücksichtigung literarischer Werke.

Literaturhinweise

Aischylos. Tragödien und Fragmente. Hrsg. und übers. von Oskar Werner. München [3]1980.

Altheim, Franz: Literatur und Gesellschaft im ausgehenden Altertum. Bd. 1. Halle (Saale) 1948.

Apuleius: Metamorphosen oder Der goldene Esel. Lat./Dt. Übers. von Rudolf Helm. Berlin [6]1970.

Brown, Peter: Die letzten Heiden. Berlin 1986.

Crusius, Otto / Herzog, Rudolf: Die Mimiamben des Herondas. Griech./Dt. Leipzig 1926.

Dodds, Eric R.: Heiden und Christen in einem Zeitalter der Angst. Aspekte religiöser Erfahrung von Marc Aurel bis Konstantin. Frankfurt a. M. 1985.

Euripides: Sämtliche Tragödien und Fragmente. Griech./Dt. 7 Bde. München 1972–81.

Helm, Rudolf: Der antike Roman. Göttingen [2]1956.

Homer: Ilias. Deutsch von Friedrich Leopold zu Stolberg. Zürich 1960.

– Ilias. Urtext, übertr. von Hans Rupé. München/Zürich [9]1989.

Pseudo-Homer: Der Froschmäusekrieg. Theodoros Prodromos: Der Katzenmäusekrieg. Griech./Dt. Übers. von Helmut Ahlborn. Darmstadt [2]1978.

Kuch, Heinrich [u. a.]: Der antike Roman. Untersuchungen zur literarischen Kommunikation und Gattungsgeschichte. Berlin 1989.

Kytzler, Bernhard (Hrsg.): Im Reiche des Eros. Sämtliche Liebes- und Abenteuerromane der Antike. 2 Bde. München 1983.

Latacz, Joachim: Homer. Eine Einführung. München 1985.

Lykophron: Alexandra. Griech./Dt. Mit erklärenden Anm. von Carl von Holzinger. Leipzig 1895. Reprogr. Nachdr. Hildesheim 1973.

Meier, Christian: Die Entstehung des Politischen bei den Griechen. Frankfurt a. M. [3]1995.

Merkelbach, Reinhold: Roman und Mysterium in der Antike. München/Berlin 1962.

Patzek, Barbara: Homer und Mykene. Mündliche Dichtung und Geschichtsschreibung. München 1992.

Patzer, Harald: Die Anfänge der griechischen Tragödie. Wiesbaden 1962.

Reinhardt, Karl: Aischylos als Regisseur und Theologe. Bern 1949.
– Die Ilias und ihre Dichter. Hrsg. von Uvo Hölscher. Göttingen 1961.
Rohde, Erwin: Der antike Roman und seine Vorläufer. Darmstadt ⁵1974.
Schneider, Wolfgang Christian: Die Elegischen Verse von Maximian. Eine letzte Widerrede gegen die neue christliche Zeit (6. Jh.). Mit den Gedichten der Appendix Maximiana und der Imitatio Maximiani. Interpretation, Text und Übersetzung. Stuttgart 2002 [i. Vorb.].
Strasburger, Hermann: Homer und die Geschichtsschreibung. Heidelberg 1972.
Theokrit: Sämtliche Dichtungen. Übertr. und hrsg. von Dietrich Ebner. Leipzig 1983.
Thiel, Helmuth van (Hrsg.): Abenteuer eines Esels oder Die Verwandlungen des Lukios. München 1972.
Till, Walter: Die Pistis Sophia, Die beiden Bücher des Jeu, unbekanntes altgnostisches Werk. Berlin 1954. (Die griechischen christlichen Schriftsteller der ersten Jahrhunderte. Bd. 45: Koptisch-Gnostische Schriften. 1.)
Treu, Kurt / Treu, Ursula: Menander und Herondas. Werke. Berlin/Weimar 1980.
Vergil: Aeneis. Lat./Dt. Übers. von Johannes Götte. München/Zürich ⁶1983.
Wilamowitz-Moellendorf, Ulrich von: Die Ilias und Homer. Berlin ²1920. Reprogr. Nachdr. Zürich 1988.

Mittelalter

Dingliche Relikte

Von Peter Wolf

»Manchmal besitzen gewöhnliche Dinge die Macht, die Gegenwart zu entfernen und uns in eine andere Zeit und an einen anderen Ort zu versetzen.« Dieses Zitat entstammt einem Prospekt des kanadischen »Holocaust Education Centre«,[1] das hier für einen »discovery trunk« zur Geschichte des Holocaust wirbt. In dem für Unterrichtszwecke ausleihbaren Koffer befinden sich Nachbildungen von Gegenständen, die an das Schicksal von Kindern in deutschen Konzentrationslagern erinnern sollen, so etwa Identitätsnachweise, Lebensmittelmarken, Fotografien, aber auch ein Judenstern und ein Spielzeughund. Das harmlose Spielzeug wird zum Symbol der unschuldig gemordeten Kindheit. Durch Mitleid und Erschütterung soll sich das Unfaßbare der Vernichtung der Juden vermitteln, eben über »affective learning«, wie in der Broschüre zu lesen ist. In ihr vermißt man freilich Sätze über die Fragwürdigkeit, solche Gefühle mit seriell produzierten Nachbildungen wecken zu wollen.

Vergangenes Geschehen läßt sich nicht nur in Wort und Bild, sondern auch mit Hilfe materieller Überreste veranschaulichen, die als stumme (aber doch sehr beredte) Zeugen der Vergangenheit gelten können. Oft geht dabei die reine Anschauung mit Faszination, mit emotionalem Engagement einher – so in vielbesuchten historischen Ausstellungen mit Objekten wie der Feldflasche Napoleon Bona-

1 *Outside the Attic Walls*, Werbeprospekt des Holocaust Education Centre, Vancouver. Original im Archiv des Verfassers. Zitat aus dem Englischen übersetzt.

partes oder einem Brief Wallensteins mit den Blutspuren des tödlich verwundeten Feldmarschalls Pappenheim.[2] Solchen Relikten vergangenen Geschehens haftet die Aura der Zeitgenossenschaft an. Ihre »Echtheit« ist nicht reproduzierbar; versucht man es doch, gerät dadurch die »geschichtliche Zeugenschaft« ins Wanken. Diese aus dem Wissen um moderne Reproduktionstechniken entstandenen Feststellungen hat Walter Benjamin in seiner Schrift über *Das Kunstwerk im Zeitalter seiner technischen Reproduzierbarkeit* dargelegt.[3] Faßbare oder zumindest sichtbare Objekte überbrücken den weiten Zeitabstand zwischen der Gegenwart des Betrachters und der dargestellten Zeit.

Die »Faszination« des Originals ist nicht nur ein Anreiz für das Publikum, sich für historische Themen zu interessieren; auch die historische Forschung wurde immer wieder von der Anschaulichkeit dinglicher Relikte geprägt. Dies zeigte sich etwa anläßlich der archäologischen Entdeckung eines Wikingerschiffes 1880 in Norwegen, die die Vorstellungen von mittelalterlichen Schiffen massiv beeinflußte. Nord- und Ostsee wurden in der historischen Vorstellungswelt damit bevölkert; 1893 segelten Norweger in einem Nachbau über den Atlantik – und waren mit dieser berühmt gewordenen Fahrt unfreiwillig mutiger als ihre kampfeslustigen Vorfahren. Erst durch Funde in den sechziger Jahren des 20. Jahrhunderts erkannte man, daß die Faszination des Originals die Phantasie der Historiker allzusehr mit sich gerissen hatte.[4]

2 Ausstellungskatalog *Napoleon. Feldherr, Kaiser, Mensch*, hrsg. von Meinrad Maria Grewenig, Speyer 1998, S. 66. Ausstellungskatalog *Wittelsbach und Bayern. Um Glauben und Reich. Kurfürst Maximilian I.*, München 1980, Bd. 2.2, S. 434.

3 Walter Benjamin, *Gesammelte Schriften*, Bd. 1.2, hrsg. von Rolf Tiedemann und Hermann Schweppenhäuser, Frankfurt a. M. 1974, S. 471–508 (2. Fassung), bes. S. 476 f.

4 Detlev Ellmers, »Schiffe in schriftlicher, bildlicher und Sachüberlieferung am Beispiel der Kogge«, in: Ulf Dirlmeier / Gerhard Fouquet (Hrsg.), *Menschen, Dinge und Umwelt in der Geschichte. Neue Fragen der Geschichtswissenschaft an die Vergangenheit*, St. Katharinen 1989, S. 66–101, hier S. 71–73, 81.

Auf welche Weise haben dingliche Relikte des Mittelalters im Lauf der Jahrhunderte Interesse für Geschichte geweckt? Die Formulierung dieser scheinbar einfachen Frage ist nicht unproblematisch. Das gilt insbesondere für die Vorstellung vom »Mittelalter«. Bezeichnung, Bedeutung, Wertung der Jahrhunderte vor der Reformation unterlagen einem ständigen Wandel, ebenso der Blick auf Überreste aus der Periode zwischen 500 und 1500.[5] Auch unser Begriff von »Geschichte« stellt keine überzeitliche Konstante dar. In seiner heutigen umfassenden Verwendung stammt er aus dem 18. Jahrhundert.[6] So fragt man besser allgemein nach der Bedeutung materieller Überreste für das Interesse an der Vergangenheit.

Grundsätzlich kann für den Historiker alles zur Quelle werden. Wählt man die äußere Form als Ordnungskriterium, so lassen sich Texte, Gegenstände und abstrakte Quellen unterscheiden.[7] Johann Gustav Droysen, auf dessen Einteilung von Quellen sich auch die neueren Ordnungssysteme beziehen, führte die Kategorie der »Überreste« ein. Das historisch Wesentliche an diesen Überresten sah er darin, »daß man die Spur von Menschengeist und Menschenhand an diesen Resten erkennt«.[8] Sachen als Produkte menschlicher Arbeit unterscheiden sich insofern von naturgegebenen Dingen und lassen sich als Zeugen für ökonomische, soziale, kulturelle oder psychische Prozesse interpretieren.[9] Dingliche Relikte des Mittelalters können heute alle

5 Vgl. dazu Hartmut Boockmann, *Die Gegenwart des Mittelalters*, Berlin 1988, S. 24 und 62 f.

6 Grundlegend zu dieser Entwicklung Reinhart Koselleck (Hrsg.), *Vergangene Zukunft. Zur Semantik geschichtlicher Zeiten*, Frankfurt a. M. ^{2}1984.

7 Vgl. Hans-Werner Goetz, *Proseminar Geschichte*, Stuttgart 1993 (UTB 1719), bes. S. 62–64.

8 Johann Gustav Droysen, *Historik. Vorlesungen über Enzyklopädie und Methodologie der Geschichte*, hrsg. von Rudolf Hübner, München/Berlin 1937, S. 37–39.

9 Vgl. zur Definition und Bedeutung von Sachen in moderner Volkskunde und Soziologie Andrea Hauser, *Dinge des Alltags. Studien zur historischen Sachkultur eines schwäbischen Dorfes*, Tübingen 1994, hier S. 19.

Gegenstände sein, die aus den entsprechenden Jahrhunderten überdauert haben. So erlauben beispielsweise die archäologischen Funde aus mittelalterlichen Latrinengruben Aussagen über den mittelalterlichen Haushalt; ob nun zerbrochenes Geschirr, Besteck oder Überreste von Lederschuhen. Heute fasziniert gerade die Frage nach dem Alltag einer fernen Lebenswelt; dagegen hätte sich kein Sammler des 17. Jahrhunderts für derlei materiell wertlose Dinge begeistern lassen. Anzahl und Art der als historisch bewahrenswert erachteten Gegenstände unterliegen also im Lauf der Zeit der Veränderung.

In der Zeit des Mittelalters selbst überdauerten nur wenige, besonders kostbare Gegenstände mehrere Jahrzehnte oder gar Jahrhunderte und konnten so zu Zeugen der Vergangenheit werden. Der Kontakt zu ihnen beschränkte sich im wesentlichen auf den Klerus sowie die weltliche Führungsschicht. Kirchen und Klöster boten Raum für Reliquien, für liturgische Geräte, für Grabmale. Im Umkreis königlicher Herrschaft fanden sich insbesondere Herrschaftszeichen (z. B. Kronen), aber auch Schmuck oder kostbare Luxusgegenstände. Herrschaftszeichen dienten als Instrument der Legitimation, Reliquien bewahrten die göttliche Gnade, die sich in der Gestalt eines Heiligen manifestiert hatte.[10] Beidem eignete auch eine historische Dimension – sie erinnerten an frühere Zeiten, an die Vita eines Heiligen oder die Regierungszeit eines Herrschers, dem die Mit- oder Nachwelt den Beinamen des »Großen« gegeben hatte.

Die prominenteste Herrschergestalt des Mittelalters war Karl der Große. Kaiser Friedrich I. Barbarossa ließ 1165 dessen Gebeine feierlich erheben und initiierte damit die Heiligsprechung. Damit genossen auch die Überreste, die angeblich Karls Grab entstammten, höchste Verehrung.

10 Zu den Herrschaftszeichen das Sammelwerk von Percy Ernst Schramm, *Herrschaftszeichen und Staatssymbolik. Beiträge zu ihrer Geschichte vom dritten bis zum sechzehnten Jahrhundert*, Bd. 1–3, Suttgart 1954–56.

Das galt etwa für das Krönungsevangeliar des Reichs, das Karl im Grab auf seinen Knien getragen haben soll: Es war Reliquie durch die unmittelbare Berührung mit dem Heiligen und Herrschaftszeichen durch die Rückführung auf einen durch die Chronisten verbürgten »historischen« Kaiser. Manche Nachfolger stellten sich mit besonderer Betonung in die Tradition des großen Karl, so etwa der Luxemburger Wenzel, der als Kaiser Karl IV. im 14. Jahrhundert unweit Prags die Burg Karlstein errichten ließ – zunächst vor allem als persönlichen Reliquienhort, später auch als Aufbewahrungsort der Reichskleinodien. Deren detailgenaue Abbildung findet sich auch auf dem Helden- und Heiligenporträt von Karl dem Großen, das Albrecht Dürer im Auftrag des Nürnberger Rats 1512/13 malte.[11] Bis zum Ende des Alten Reichs galten die Krönungsinsignien als Karls-Reliquien, wobei ihr ungeheures Alter im Spannungsverhältnis zur politischen Gegenwart des Heiligen Römischen Reichs deutscher Nation stand. In *Dichtung und Wahrheit* beschrieb der Augenzeuge Johann Wolfgang Goethe die Krönung von Joseph II. in diesem Sinn: Der junge König schleppe sich »in den ungeheuren Gewandstücken mit den Kleinodien Karls des Großen wie in einer Verkleidung« einher und könne sich selbst des Lächelns darüber manchmal nicht erwehren.[12]

Zu den Reliquien und Herrschaftszeichen traten seit dem 14. Jahrhundert, zuerst wohl in Italien, weitere »Sammel«-Objekte, vornehmlich Kuriositäten und »Altertümer«. Vielfach kamen nun zufällig bewahrte oder im Wortsinne ausgegrabene Gegenstände (römische oder früh-

11 Vgl. Karl Hauck, »Die Ottonen und Aachen 876–936«, in: Wolfgang Braunfels (Hrsg.), *Karl der Große. Lebenswerk und Nachleben*, Bd. 4: *Das Nachleben*, Düsseldorf 1967, S. 29–53, und Paul Schoenen, »Das Karlsbild der Neuzeit«, in: ebd., S. 274–305.

12 Johann Wolfgang Goethe, *Sämtliche Werke*, Bd. 10, Zürich/München 1977, S. 221 f.

mittelalterliche Funde) wieder ans Tageslicht und wurden in den entstehenden fürstlichen »Kunst- und Wunderkammern« aufbewahrt. Besondere Berühmtheit erlangte die Sammlung Erzherzog Ferdinands von Österreich auf Schloß Ambras bei Innsbruck. In den Jahren 1570 bis 1580 trug er zunächst Rüstungen und Waffen, dann Gemälde, Kleinplastik, Glasmalereien, mathematische und Musikinstrumente, Edelsteine und Naturgegenstände zusammen, die er seinen Gästen vorführte. Im Vordergrund standen hier wohl Besitzerstolz, sicher auch Prestigedenken und vielleicht der Wunsch, ein Abbild der Vielfalt der Welt zu besitzen.[13] An die gesammelten Altertümer knüpfte sich Interesse an der Vergangenheit: Er habe »zoe allerhandt Antiquiteten und altfrenckischen Sachen besonders Lust und Affection«, bekannte ein weiterer fürstlicher Sammler der Zeit.[14]

Nicht nur die Fürsten legten Sammlungen an, auch die humanistischen Gelehrten, getrieben von der Neugier nach fremden und vergangenen Welten. Besonders in Italien entstanden Ende des 16. Jahrhunderts derartige Arsenale der Wissenschaft. Zu nennen ist hier insbesondere das »Museum«, das der Jesuit Athanasius Kircher in Rom einrichtete.[15] Auch im Mittelalter hatte sich das Interesse an Inschriften und architektonischen Überresten insbesondere der Antike nicht verloren. Neu war aber nun die Idee, eine untergegangene Zivilisation aus der systematischen Sammlung ihrer Überreste wiedererkennen zu wollen. Daran ver-

13 *Ambraser Kunst- und Wunderkammer. Die Bibliothek.* Katalog der Ausstellung im Prunksaal, Wien 1965.

14 Kurt Böhner, »Altertumssammlungen des 18. und 19. Jahrhunderts im Rheinland«, in: Bernward Deneke / Rainer Kahsnitz (Hrsg.), *Das kunst- und kulturgeschichtliche Museum im 19. Jahrhundert*, München 1977, S. 59–76, hier S. 60.

15 Dazu: Silvio A. Bedini, »Citadels of Learning. The Museo Kircheriano and Other Seventeenth Century Italian Science Collections«, in: Maristella Casciato [u. a.] (Hrsg.), *Enciclopedismo in Roma barocca. Athanasius Kircher e il Museo del Collegio Romano tra Wunderkammer e museo scientifico*, Venedig 1986, S. 249–267.

suchten sich Antiquare, die sich den nicht-erzählenden Quellen, eben den dinglichen Relikten widmeten. In vielen Gebieten Europas gab es aber keine Überreste aus der Antike. Wollte man sich hier antiquarisch betätigen und so vielleicht die Blütezeit seines Landes, seiner Stadt dokumentieren, war man auf die nachantike Zeit verwiesen.[16] Der sich hierin ausdrückende, neuartige Stolz auf die eigene Geschichte war gerade auch für die deutschen Gelehrten bis hinauf in den Umkreis Kaiser Maximilians I. kennzeichnend.[17]

Zeugnisse für die Hochschätzung der eigenen Vergangenheit sind die Kataloge zu dinglichen Relikten des Mittelalters. Man findet solche Aufstellungen zum Beispiel in Stadtbeschreibungen, etwa in derjenigen von Regensburg, die der humanistische Gelehrte Andreas Raselius in den Jahren 1598/99 verfaßte. In Form eines literarischen »Stadtrundgangs« suchte er gezielt Überreste aus der römischen und aus der mittelalterlichen Blütezeit der Stadt auf. So entstand ein Koordinatennetz historisch bedeutsamer Relikte, das Alter, Würde und Wehrhaftigkeit der reichstreuen Stadt unterstrich.[18] Die antiquarische Arbeit der Humanisten führte oft auch zu genauen Fundbeschreibungen, so zum Beispiel in der von Marcus Welser verfaßten Stadtgeschichte Augsburgs vom Ende des 16. Jahrhunderts.[19] Vielerorts läßt sich feststellen, daß es gerade die dinglichen

16 Vgl. Wolfgang Weber, »Zur Bedeutung des Antiquarianismus für die Entwicklung der modernen Geschichtswissenschaft«, in: Wolfgang Küttler [u. a.] (Hrsg.), Geschichtsdiskurs, Bd. 2: *Anfänge modernen historischen Denkens*, Frankfurt a. M. 1994, S. 120–133.

17 Hierzu Jan-Dirk Müller, *Gedechtnus. Literatur und Hofgesellschaft um Maximilian I.*, München 1982, vgl. S. 85.

18 Peter Wolf, *Bilder und Vorstellungen vom Mittelalter. Regensburger Stadtchroniken der frühen Neuzeit*, Tübingen 1999. Speziell zu den »Rundgängen« auch: P. Wolf, Historische Exkursionen um 1600. Die Stadtchroniken von Andreas Raselius und Hieremias Grienewaldt«, in: Helmut-Eberhard Paulus [u. a.], *Regensburg im Licht seines geschichtlichen Selbstverständnisses*, Regensburg 1997, S. 101–108.

19 Marcus Welser, *Rerum Augusta Nar[ratio] Vindelicar[um]. Libri octo*, Venedig 1594.

Relikte der Vergangenheit waren, die das historische Selbstverständnis und darauf aufbauend regionales Selbstbewußtsein stärkten.

Wenn man reiste, besichtigte man unter anderem auch dingliche Relikte der Vergangenheit – aus unterschiedlichen Gründen freilich. Oft wurden die Überreste als Wahrzeichen genutzt: Schlußsteine, Steinmetzzeichen, Groteskfiguren. Wer sie kannte, bewies damit, am betreffenden Ort gewesen zu sein.[20] Diese ursprünglich für wandernde Handwerksgesellen gedachten Wahrzeichen fanden etwa seit dem 17. Jahrhundert auch Eingang in die zeitgenössischen »Reisekünste«, tabellarisch geordnete Zusammenstellungen von Sehenswürdigkeiten fremder Städte.[21] Eine Mischung aus solchen Vorformen von Statistiken und noch humanistisch beeinflußten Erzählungen bildeten die weit verbreiteten topographischen Beschreibungen des 17. und 18. Jahrhunderts, so etwa die von Matthäus Merian, Martin Zeiller, oder die Stadtbeschreibungen von Georg Braun und Franz Hogenberg.[22] Historisches Interesse an mittelalterlichen Relikten bedeutete nicht notwendigerweise auch ästhetische Hochschätzung. Ein französischer Reisender empfand 1663 den Kaisersaal im Frankfurter Römer, der zu seinem Besichtigungsprogramm gehörte, als »sehr irregulair«.[23]

Entgegen der landläufigen Meinung schätzte man auch während der Renaissance- und Barockzeit mittelalterliche (Bau-)Kunst, baute oder restaurierte bisweilen sogar in go-

20 Überlieferung von Wahrzeichen z. B. bei Franz Ernst Brückmann, *Epistola Itineraria XLIX de signis urbium mnemonicis*, Wolfenbüttel 1735.

21 Mohammed Rassem / Justin Stagl (Hrsg.), *Statistik und Staatsbeschreibung in der Neuzeit vornehmlich im 16.–18. Jahrhundert*, Paderborn [u. a.] 1980.

22 Z. B. Matthäus Merian, *Topographia Bavariae*, [Frankfurt a. M.] 1644; Martin Zeiller, *Itinerarium Germaniae Nov-Antiquae*, Straßburg 1632; Georg Braun / Franz Hogenberg, *Civitates orbis terrarium*, Köln 1612 ([1]1572).

23 Robert Diehl, *Frankfurt am Main im Spiegel alter Reisebeschreibungen vom 15. bis zum 19. Jahrhundert*, Frankfurt a. M. 1939, reprogr. Nachdr. Würzburg 1984, S. 28.

tischem Stil.[24] In einer Reisebeschreibung von 1766 über den Dogenpalast in Venedig liest man: »Er mag doch, ungeachtet seines gothischen Ansehens, vor einen sehr prächtigen Pallast gehalten werden.«[25] Eindeutig wird der Bezug auf die Vergangenheit, wenn man mittelalterliche Bauteile als sog. Spolien in neue oder veränderte Gebäude einfügte. Bei der Umgestaltung der Regensburger »Alten Kapelle«, die als älteste Kirche Bayerns galt, flankierte man den neuen Eingang bewußt mit zwei romanischen Steinskulpturen. Die archaisch wirkenden Figuren machten gemeinsam mit dem gotischen Hochchor nach außen die weit zurückreichende Tradition des im Inneren mit reicher Rokokoausstattung versehenen Bauwerks deutlich.

Im 18. Jahrhundert entwickelten die Historiker neue Methoden, die auf der Untersuchung kulturhistorischer Realien aufbauten. Auch verbreitete sich allmählich die Überzeugung, daß archäologische Beweise eine festere Basis für die Historie sein können als literarische. Schon 1697 formulierte Francesco Bianchini, daß solche Zeugnisse »simboli insieme e pruove dell'istoria« seien, also Zeichen und Beweise für die Historie.[26] Die Mannheimer Akademie der Wissenschaften versandte 1771 einen Fragebogen zur allgemeinen Landeskunde mit der Frage: »Finden sich keine Alterthümer von Stein, mit Schriften oder Figuren, in der Gegend?«[27] Patriotische Gesellschaften wandten sich der Vergangenheit zu,[28] und in einem programmatischen Aufsatz

24 Kurt Löcher (Hrsg.), *Retrospektive Tendenzen in Kunst, Musik und Theologie um 1600*, Nürnberg 1991.

25 *Sammlung der besten und neuesten Reisebeschreibungen in einem ausführlichen Auszuge*, Bd. 4, Berlin 1766, S. 189.

26 Arnaldo Momigliano (Hrsg.), *Studies in Historiography*, London 1969, S. 14.

27 Zit. bei Böhner (s. Anm. 14) S. 62.

28 Dazu Rudolf Vierhaus, »Einrichtungen wissenschaftlicher und populärer Geschichtsforschung im 19. Jahrhundert«, in: Deneke/Kahsnitz (s. Anm. 14) S. 109–117.

forderte Christoph Wilhelm Hufeland in Wielands *Teutschem Merkur* 1788 die Beschäftigung mit dem deutschen Mittelalter. Dies sollte gerade durch Tatsachenforschung geschehen, um den »Gang des Geistes der Menschen« und nicht nur die Herrschergeschichte kennenzulernen.[29]

Hufeland hatte an wissenschaftliche Beschäftigung mit dem Mittelalter gedacht; fast gleichzeitig popularisierten Dichter der Frühromantik ein neues, ein poetisiertes Mittelalter. »Wie innig lieb ich die Bildungen jener Zeit, die eine so derbe, kräftige und wahre Sprache führten! Wie ziehen sie mich zurück in jenes graue Jahrhundert [...].« Diese Sätze[30] stammen von Wilhelm Heinrich Wackenroder, der 1796 Nürnberg besuchte und tief beeindruckt war von den Überresten früherer Jahrhunderte, den Reliefs, die ein »antikes, abentheuerliches Ansehen« hätten: »Mit jedem Schritt heftet sich der Blick auf ein Stück des Alterthums, auf ein Kunstwerk in Stein oder in Farben.«[31] Diese neuartige Mittelalterbegeisterung, die dann Dichter wie Tieck und Novalis zu einem Höhepunkt führen sollten, galt schon den Zeitgenossen als Hauptmerkmal der neuen romantischen Bewegung.

Ein Jahr nach Erscheinen des Aufsatzes von Hufeland, sechs Jahre vor Wackenroders Nürnberg-Besuch, leitete der Beginn der Französischen Revolution einen epochalen Umbruch in ganz Europa ein, der viele bis ins Mittelalter zurückzuführende Traditionen kappte, viele historische Zeugnisse und dingliche Realien des Mittelalters zerstörte. Ludwig XVI. hatte sich noch krönen und salben lassen. Nun

29 [Christoph Wilhelm] Hufeland, »Über den Werth und Nutzen der Geschichte des Mittelalters. Eine Vorlesung«, in: *Der Teutsche Merkur*, 4. Vj. 1788, S. 8–32.

30 Zit. nach: Martin Bollacher, *Wackenroder und die Kunstauffassung der frühen Romantik*, Darmstadt 1983 (Erträge der Forschung, 202), S. 43.

31 Wilhelm Heinrich Wackenroder, *Sämtliche Werke und Briefe*, Hist.-krit. Ausg., Bd. 2: *Briefwechsel, Reiseberichte*, hrsg. von Silvio Vietta, Heidelberg 1991, S. 180 und 188.

zerschlug in Reims ein Schmied die Ampulle mit dem heiligen Öl, mit dem angeblich seit den Merowingern die französischen Könige gesalbt worden waren.[32] An diesem politischen Akt kann man die Bedeutung ablesen, die dinglichen Relikten aus dem Mittelalter für die Gegenwart zugeschrieben wurde. Fast gleichzeitig mit den Vernichtungsaktionen begannen auch die auf die Überreste der Vergangenheit gerichteten Rettungsversuche, die am Beginn der modernen Musealisierung stehen. Die im Zuge der Französischen Revolution beschlagnahmten, aber nicht zerstörten Relikte früherer Jahrhunderte wurden im Musée des Monuments français in einer historisch-chronologischen Aufstellung konzentriert und seit 1795 als gelehrte Sammlung zugänglich gemacht.[33]

Im Jahr 1806 erklärte Kaiser Franz II. das Ende des Heiligen Römischen Reichs deutscher Nation; kurz zuvor waren die Reichskleinodien, diese »durch die Verehrung von Jahrhunderten geheiligten Überreste des grauen Alterthums« (so der zuständige kaiserliche Diplomat) nach Wien gebracht worden.[34] Hier wurden Reichskrone und Heilige Lanze allmählich zu Museumsgut; ihre auf die Vergangenheit verweisende Funktion verdrängte die politische Bedeutung. Einerseits beendete der Kaiser also eine jahrhundertealte Tradition, andererseits ließ er sich ab 1798 im Park der Laxenburg bei Wien ein Gartenhaus in Gestalt einer gotischen Burgfeste mit Ritterburg und Knappenhof errichten. Durch Integration ganzer mittelalterlicher Bauensembles sollte der Eindruck eines historisch gewachsenen, poetischen Mittelalters entstehen. Hierfür trug man ein tatsächlich mittelalterliches Denkmal ab, nämlich die aus der Zeit

32 Schramm (s. Anm. 10) Bd. 3, S. 1059–62.

33 Dazu: Rainer Kahsnitz, »Museum und Denkmal. Überlegungen zu Gräbern, historischen Freskenzyklen und Ehrenhallen in Museen«, in: Deneke/Kahsnitz (s. Anm. 14), S. 152–175, hier S. 154 f.

34 Zitiert bei Fritz Ramjoué, *Die Eigentumsverhältnisse an den drei Aachener Reichskleinodien*, Suttgart/Köln 1968, S. 87.

der Babenberger stammende Capella Speciosa in Klosterneuburg.[35]

Dingliche Relikte aus dem Mittelalter wurden innerhalb weniger Jahrzehnte zu den Symbolen einer idealisierten Vergangenheit (ohne daß damit das Vorurteil vom »finsteren Mittelalter« verschwunden wäre); gerade die Erfahrung der vielfältigen Traditionsbrüche scheint diese Entwicklung befördert zu haben. Eine der Schlüsselfiguren hierfür war Walter Scott, vielleicht der damals europaweit erfolgreichste Schriftsteller. Er hatte sich, anknüpfend an die in Großbritannien seit dem 18. Jahrhundert verbreitete Bewegung des »gothic revival« und zugleich an spezifisch schottisches Nationalbewußtsein, in Abbotsford ein Schloß im neugotischen Stil bauen lassen und dort eine Sammlung von vorwiegend mittelalterlichen Altertümern eingerichtet. Hier empfing er auch ähnlich gesinnte Besucher, wie etwa 1819 Prinz Leopold von Sachsen-Coburg-Saalfeld, dessen Bruder Herzog Ernst I. zwei Jahre zuvor das in neugotischem Stil errichtete Schloß Rosenau mit einem Ritterturnier »in altdeutscher Tracht« seiner Bestimmung übergeben hatte.[36] Diese Beispiele zeigen die Ambivalenz der Zeit: Die Begeisterung knüpfte sich an Ritterburgen und Turniere, während man zugleich begann, die mittelalterlichen Stadtmauern zu schleifen oder in Goslar gar den Kaiserdom für den Abbruch freizugeben.

Unter dem Eindruck von Relikten früherer Jahrhunderte, etwa den Kathedralen, deren gotischen Stil man als »deutsch« empfand, wurde ein nach christlich-universalen oder auch nationalen Motiven geformtes »Mittelalter« in

35 Dazu Anna Bürgler [u. a.], »Die Franzensburg im Schloßpark von Laxenburg«, in: *Kaisertum Österreich 1804–1848*, Ausstellung Schallaburg 1996, Bad Vöslau 1996, S. 125–129.

36 Dazu bes. die Beiträge von Heym und Wainwright in: *Ein Herzogtum und viele Kronen. Coburg in Bayern und Europa*, Aufsatzband zur bayerischen Landesausstellung 1997, hrsg. von Michael Henker und Evamaria Brockhoff, Augsburg 1997.

die Geschichte zurückprojiziert. In diesem Sinn interpretierte Sulpiz Boisserée die mittelhochdeutsche Architekturbeschreibung aus dem *Jüngeren Titurel.* Statt deren fern von aller realistischen Schilderung angesiedelte Symbolik auszudeuten, nahm Boisserée die Beschreibung wörtlich und folgerte, daß der Dichter »Werke der deutschen Baukunst aus ihrer schönsten Blüthezeit gesehen haben müsse«: eben die gotischen Dome des 13. und 14. Jahrhunderts.[37] Mit der Sammlung der Brüder Boisserée, einer der Wurzeln der Münchner Alten Pinakothek, begann sich in Deutschland die Institution des Museums gerade auch für Relikte des Mittelalters zu etablieren. Derartige Kollektionen boten nach der Säkularisierung von Kirchen und Klöstern neuen Schutzraum für eine Kunst, die nun als Zeugnis nationaler und historischer Kultur wiederum zum unverlierbaren Besitz wurde.

Boisserée stellte, ähnlich wie Wackenroder, das persönliche Erleben früherer Kunst in den Mittelpunkt, im Gegensatz zu Ausstellungen etwa wie im Pariser Louvre, die historisch-dokumentarisch ausgerichtet waren. Ganz im Sinne Boisserées eröffnete Alexandre du Sommerard 1832 eine Schausammlung im ehemaligen Pariser Stadthaus der Äbte von Cluny. Du Sommerard wollte nicht historisch belehren, sondern historisch begeistern, stark beeinflußt von Walter Scott. Hierzu trugen nicht nur hochrangige Kunstwerke, sondern in gemeinsamen Ensembles auch Gebrauchsobjekte der Vergangenheit bei. Eben damit argumentierte auch der Historiker Prosper de Barante im Senat für den Ankauf der Sammlung durch den Staat: »Das Schwert des großen Kriegers, die Insignien eines gefeierten Souveräns, die Juwelen einer großen oder unglücklichen Königin, die Bücher, in denen ein Autor einige Notizen

37 Sulpiz Boisserée, »Über die Beschreibung des Tempels des heiligen Grales in dem Heldengedicht: Titurel Kap. III«, in: *Abhandlungen der philosophisch-philologischen Klasse der Königlich Bayerischen Akademie der Wissenschaften*, Bd. 1, München 1835, S. 307–392.

hinterließ, sind alles Relikte, welche die Leute sehen wollen, und die einen anderen Eindruck machen als die toten Buchstaben des Buches, in dem wir Geschichte lesen.«[38] Ähnlich hatte es der Kölner Kanonikus Franz Pick freilich schon 1808 für die Ausstattung der Godesburg geplant. Hier sollte mit Hilfe mittelalterlicher Relikte der Eindruck entstehen, »als wäre der Ritter im Vorhof«.[39]

Nicht nur der Kreis der eines Museums für würdig erachteten Gegenstände hatte sich erweitert, auch der Kreis möglicher Adressaten. Das zeigt sich an den neu entstehenden historischen Vereinen, die sich vor allem der Rettung und Dokumentation der heimischen Denkmäler widmeten. Gewiß war die Arbeit der bildungsbürgerlichen Lokalpatrioten nicht immer frei von historischen Verzeichnungen. Trotzdem blieb der gerade in Deutschland bemerkenswerte Aufstieg der Geschichtswissenschaft mit der breiten Entfaltung dieses historischen Interesses verknüpft. Geschichtskenntnis und geschichtliches Verstehen galten als hohe Bildungswerte, die sich nicht zuletzt aus der Pflege dinglicher Überreste auch des Mittelalters speisten. Der Entwicklungsgang eines Volkes, so eine Schrift von 1844, würde sich kaum besser erkennen lassen als aus den zurückgelassenen Werken seiner Kunst.[40]

Für die Verbindung von Sammlung und Forschung steht insbesondere das Germanische Nationalmuseum in Nürnberg, das unter Freiherr Hans von Aufseß ein Generalrepertorium aller öffentlich in Deutschland bestehenden Sammlungen bieten sollte – zunächst mit dem Sammel-

38 Stephen Bann, »Poetik des Museums – Lenoir und du Sommerard«, in: Jörn Rüsen [u. a.] (Hrsg.), *Geschichte sehen. Beiträge zur Ästhetik historischer Museen*, Pfaffenweiler 1988, S. 35–49, hier S. 41.

39 Vgl. Böhner (s. Anm. 14) S. 64.

40 So J. F. Lange (1844), zit. bei Bernward Deneke, »Die Museen und die Entwicklung der Kulturgeschichte«, in: Deneke/Kahsnitz (s. Anm. 14), S. 118–123, hier S. 123.

schwerpunkt im Mittelalter. Obwohl die nun als Wissenschaftsfach und Berufssparte etablierte historische Forschung gegen Ende des 19. Jahrhunderts stets betonte, daß die dinglichen Überreste wichtige Quellen darstellten, wandte sie sich in ihrer konkreten Arbeit doch vorwiegend schriftlichen Quellen zu und überließ die materiellen Relikte den Museen, in denen nun das übergreifende Konzept »Kulturgeschichte« den unspezifischeren Begriff der »Altertümer« verdrängte. Diese auch als literarische Form weitverbreitete Form der Vermittlung historischen Wissens (man denke an Gustav Freytags *Bilder aus der deutschen Vergangenheit*) versuchte, aus der Zusammenstellung historischer Realien einen unmittelbaren Zugang auch zur Lebenswelt vergangener Jahrhunderte zu finden, oft ungeachtet quellenkritischer Vorbehalte. Hier lag allerdings oft die Gefahr eines historistischen Kuriositätenkabinetts aus unzusammenhängenden Einzelbelegen nahe.

»Realien« oder »Sachen« blieben im Horizont der Forschung, zunächst vor allem der Germanistik, seit Ende des 19. Jahrhunderts verstärkt bei der sich entwickelnden Volkskunde. 1889 stellte Rudolf von Virchow, der für die Einrichtung des Berliner »Museums für deutsche Volkstrachten und Erzeugnisse des Hausgewerbes« warb, fest: »Wie unser Volk denkt und glaubt und fühlt und spricht und singt und tanzt, das wissen wir. Aber wie die Gegenstände ausschauen, welche es geschaffen hat [...], das ist wahrscheinlich zum weitaus größten Teil noch verborgen.«[41] Im Umkreis des Grazer Sprachwissenschaftlers Rudolf Meringer suchte man Anfang des 20. Jahrhunderts im Projekt »Wörter und Sachen« die Vereinigung von Sach- und Sprachwissenschaft und damit die Einbettung von

41 Zit. Wolfgang Brückner, »Das Museumswesen und die Entwicklung der Volkskunde als Wissenschaft um die Jahre 1902/1904. Die Dingwelt der Realien im Reiche der Ideen«, in: Deneke/Kahsnitz (s. Anm. 14) S. 133–140, hier S. 138.

Realien in historische Entwicklungen.[42] Daran anknüpfend entwickelte der Museumspraktiker Otto Laufer eine neue Konzeption der Sachforschung, in der er die Kombination von Sachforschung mit Sprache und Bildern forderte.[43] Dies geschah wohl auch in Reaktion auf die Propaganda der NS-Zeit, bei der gerade dingliche Relikte ganz eindimensional als Zeugen einer schlichten, »deutschen« Lebensart gewertet wurden. Hierbei wandte man sich bewußt gegen die bürgerliche Geschichtsbegeisterung des 19. Jahrhunderts und ersetzte beispielsweise neugotische Überformungen mittelalterlicher Bauwerke durch eigene Konzeptionen »schöpferischer Denkmalpflege«. Das geschah programmatisch auf der Nürnberger Kaiserburg, wo der angebliche Grundcharakter des »schlichten, aber trutzig kraftvollen Bauwerks« durch weiße Wände und pseudoarchaische Leuchter sowie wenige zelebrierte Relikte des Mittelalters heraufgerufen werden sollte.[44]

In den Jahrzehnten seit Ende des Zweiten Weltkriegs widmete sich die historische Forschung in immer stärkerem Maße den Sachzeugen der Vergangenheit. Seit den späteren siebziger Jahren geht damit ein verstärktes Interesse am »Mittelalter« einher. Im Vorwort des seit 1980 erscheinenden *Lexikon des Mittelalters* liest man: »Besonderer Wert wurde darauf gelegt, den Realien und der materiellen Kultur einen gebührenden Platz einzuräumen [...].«[45] Dies greift eine Vielzahl wissenschaftlicher Tendenzen auf, etwa die Erforschung der »materiellen Kultur« in Frankreich und Polen oder die Arbeit des »Instituts für mittelalterliche

42 Vgl. die Zeitschrift *Wörter und Sachen*, bes. Bd. 3 (1911).

43 Otto Laufer, »Quellen der Sachforschung, Wörter, Schriften, Bilder und Sachen. Ein Beitrag zur Volkskunde der Gegenstandskultur«, in: *Oberdeutsche Zeitschrift für Volkskunde* 17 (1943) S. 106–131.

44 Vgl. die Propagandaschrift *Bayern im ersten Vierjahresplan. Denkschrift der Bayerischen Landesregierung zum 9. März 1937*, München 1937, S. 552 f.

45 *Lexikon des Mittelalters*, Bd. 1, München/Zürich 1980, S. XI.

Realienkunde« in Krems.[46] Ein Großprojekt zur Sammlung und Auswertung auch von materiellen Überresten stellt das Repertorium der französischen »Gedächtnisorte« dar, das Pierre Nora anlegte. Überreste kultureller Überlieferung seien, wie es dort heißt, »Augenblicke der Geschichte, die der Bewegung der Geschichte entrissen wurden«.[47] Auch die moderne »Alltagsgeschichte« will mehr als die Beschreibung dinglicher Relikte; sie versteht sich als spezifische Darstellungsform der Geschichte des menschlichen Lebens jenseits der politischen Ereignisse.[48] Die Verankerung der Dinge in der jeweiligen Lebenswelt ist auch eine Fragestellung der modernen Volkskunde, anknüpfend an die Sachkulturforschung der Nachkriegszeit.

Insbesondere seit 1968 begegnete man dem unmittelbaren ästhetischen Zugang zu dinglichen Relikten vergangener Zeiten sehr kritisch. Beispielhaft hierfür stand das Historische Museum in Frankfurt. Im Konzept der historischen Dokumentation sollte die »Aura« eines Gegenstandes radikal zertrümmert werden, etwa durch eine sehr technizistische Museumsästhetik und Ausblendung sinnlichen Genusses.[49] Spätere Mittelalter-Ausstellungen versuchten die »Imagination« seitens der Besucher durch gezielt ironische oder irritierende Brechungen zu verhindern.[50] Dieses Mißtrauen

46 Helmut Hundsbichler, »Geschichte – Realien – Alltag. Der Mensch im Zentrum der Sachkulturforschung«, in: Dirlmeier/Fouquet (s. Anm. 4), S. 128–151.

47 Pierre Nora, *Zwischen Geschichte und Gedächtnis*, Berlin 1990, S. 17.

48 Methodisch grundlegend: Hans-Werner Goetz, »Alltag im Mittelalter. Methodische Überlegungen anläßlich einer Neuerscheinung«, in: *Archiv für Kulturgeschichte* 67 (1985) S. 207–225, und H.-W. Goetz, »Geschichte des mittelalterlichen Alltags. Theorie – Methoden – Bilanz der Forschung«, in: *Mensch und Objekt im Mittelalter und in der frühen Neuzeit. Leben – Alltag – Kultur*, Wien 1990, S. 67–101.

49 Aus der Rückschau: Viktoria Schmidt-Linsenhoff, »Historische Dokumentation – zehn Jahre danach«, in: *Die Zukunft beginnt in der Vergangenheit. Museumsgeschichte und Geschichtsmuseum*, Frankfurt a. M. 1982, S. 330–347.

50 Ausstellungsbericht: Ulrich Borsdorf / Heinrich Theodor Grütter »Überdachte Fragmentarik. Die Ausstellung ›Vergessene Zeiten. Mittelalter im

gegenüber der Macht des Originals, das angeblich verzerrte Geschichtsbilder hervorrufe, ist heute weitgehend zurückgedrängt. »Musealisierung« muß nicht notwendigerweise eine Flucht aus der Lebenswelt der Moderne bedeuten, wie es Hermann Lübbe kritisiert. Sie kann auch historisches Interesse gerade am eigenen historischen Lebenshintergrund mit Hilfe dinglicher Realien hervorrufen.[51] Wichtig erscheint dabei die Untersuchung der Wirkungsweise musealer Ästhetik auf die Wahrnehmung des Historischen.[52] Die aktuellen historischen Ausstellungen setzen wieder verstärkt auf das Original, wie im Katalog zur »ostarrîchi«-Ausstellung 1996 formuliert wird: »Ausstellungsobjekte dienen, als Relikte der Vergangenheit, der Gegenwart zur Spurensicherung. Nur die Originale sprechen die Originalsprache.«[53]

Man spricht analog zur »Sozialisation« des Menschen auch von der »Kultivation«, der Auseinandersetzung mit den Dingen. Der Mensch beachtet, schätzt, benützt Dinge, er drückt sich zugleich darin aus.[54] Gerade von Menschen geschaffene Gegenstände, die vor Abnutzung im Alltag geschützt werden, können durch ihre Beständigkeit, mit der sie scheinbar dem Verfall in der Zeit entrückt sind, dem Menschen Halt in der Geschichte verleihen.[55] Warum eigentlich »sammelt« man Gegenstände aus früheren Zeiten? Krzysztof Pomian hat, an-

Ruhrgebiet‹«, in: Klaus Fröhlich [u. a.] (Hrsg.), *Geschichtskultur*, Pfaffenweiler 1992, S. 51–61.

51 So in einem Plädoyer für den »Reizwert« originaler Relikte: Gottfried Korff, »Ausstellungsgegenstand Geschichte«, in: Frank Niess (Hrsg.), *Interesse an der Geschichte*, Frankfurt a. M. / New York 1989, S. 65–76.

52 Jörn Rüsen, »Geschichtskultur als Forschungsproblem«, in: Fröhlich (s. Anm. 50), S. 39–50.

53 Bengt Sprinzl, »Gedanken zum Ausstellungskonzept«, in: *Ostarrîchi Österreich. Menschen, Mythen, Meilensteine*, hrsg. von Ernst Bruckmüller und Peter Urbanisch, Horn 1996, S. 7–9.

54 Mihaly Csikszentmihaly / Eugene Rochberg-Hallon, *Der Sinn der Dinge. Das Selbst und die Symbole des Wohnbereichs*, Bern 1989.

55 Vgl. Hannah Arendt, *Vita Activa oder Vom tätigen Leben*, Stuttgart 1960, bes. S. 125, 154, 162.

knüpfend an Walter Benjamin, geantwortet: Man sucht das Ferne im Nahen, das Unsichtbare im Sichtbaren. Die Objekte sind dabei nicht Gebrauchsgegenstände, sondern Bedeutungsträger, die zwischen dem Betrachter und einer örtlich oder zeitlich fernen Welt vermitteln.[56]

Diese Faszination durch das »Ferne im Nahen« ist keine rein rationale Entscheidung. Wie beim Interesse an Geschichte, gar bei der »Lust auf Geschichte« geht es hier auch um emotionale, affektbestimmte Haltungen. Fühlen und Denken gehört, wie der Psychologe Luc Ciompi immer wieder betont hat, enger zusammen, als gemeinhin angenommen. Ciompi rechnet auch das »Interesse« zu den Affekten, die die Aufmerksamkeit zentrieren und logische Denkwege ebnen. Als Erläuterungsbeispiel wählt er bezeichnenderweise einen Regionalhistoriker, den seine emotionale Bindung an die Heimatregion zur historischen Forschung brachte.[57] Vielleicht wirkt das »Auratische« historischer Realien genau auf diese Weise: Die (affektive) Faszination durch das aus ferner Zeit stammende Objekt, das doch auch auf die eigene Herkunft verweist, ebnet den Weg zu einem bestimmten »Denkinhalt«: der Beschäftigung mit der Vergangenheit. Allerdings muß man als Historiker vorsichtig mit solchen anthropologischen Konstanten umgehen. Selbst wenn sie für den heutigen Menschen zutreffen sollten, kann man sie nicht ohne weiteres in zurückliegende Jahrhunderte übertragen. Daher mag zum Schluß die Feststellung ausreichen, daß Realien des Mittelalters auf unterschiedliche Weise immer wieder das Interesse an der Vergangenheit befördert und zugleich dokumentiert haben. Wenn sich die historische Wissenschaft um die Wirkungsweise dieser Faszination bekümmert, beschäftigt sie sich zugleich mit ihrer eigenen Geschichte.

56 Krzysztof Pomian, *Der Ursprung des Museums. Vom Sammeln*, Berlin 1998, bes. S. 38–54.

57 Luc Ciompi, *Die emotionalen Grundlagen des Denkens. Entwurf einer fraktalen Affektlogik*, Göttingen 1997, hier bes. S. 13, 98–108, 201–207.

Literaturhinweise

Benjamin, Walter: Gesammelte Schriften. Bd. 1.2. Hrsg. von Rolf Tiedemann und Hermann Schweppenhäuser. Frankfurt a. M. 1974.

Boockmann, Hartmut: Die Gegenwart des Mittelalters. Berlin 1988.

Csikszentmihaly, Mihaly / Rochberg-Hallon, Eugene: Der Sinn der Dinge. Das Selbst und die Symbole des Wohnbereichs. Bern 1989.

Deneke, Bernward / Kahsnitz, Rainer (Hrsg.): Das kunst- und kulturgeschichtliche Museum im 19. Jahrhundert. München 1977.

Mensch und Objekt im Mittelalter und in der frühen Neuzeit. Leben – Alltag – Kultur. Wien 1990.

Momigliano, Arnaldo: Studies in Historiography. London 1969.

Niess, Frank (Hrsg.): Interesse an der Geschichte. Frankfurt a. M. / New York 1989.

Nora, Pierre: Zwischen Geschichte und Gedächtnis, Berlin 1990.

Pomian, Krzysztof: Der Ursprung des Museums. Vom Sammeln. Berlin 1998.

Urkunden und Akten

Von Thomas Vogtherr

I
Urkunden

1. *Was ist eine Urkunde?*

»Die Urkunde ist ein unter Beobachtung bestimmter Formen ausgefertigtes und beglaubigtes Schriftstück über Vorgänge von rechtserheblicher Natur.«[1] Diese Generaldefinition Ahasver von Brandts nennt in prägnanter Kürze die wesentlichen Elemente dessen, was eine mittelalterliche Urkunde ausmacht. Sie deutet verschiedene Aspekte der Urkunde als Quelle an und hilft, deutlich zu machen, welche Überlegungen beim Umgang mit Urkunden als Quellen unvermeidlich anzustellen sind.

Ein »unter Beobachtung bestimmter Formen ausgefertigtes Schriftstück«: Die Ausfertigung, also die Herstellung einer letztlich rechtsgültigen Urkunde, vollzog sich in bestimmten Formen. Man teilt diese Formen in äußere und innere Merkmale ein. Als äußere Merkmale gelten der Beschreibstoff, die Einrichtung des Schriftraumes mit Rand- und Linienvorzeichnungen, die Schrift einschließlich der verwendeten Abkürzungen sowie sonstige graphische Zeichen. Als innere Merkmale bezeichnet man alle denkbaren Aspekte des Wortlautes, zunächst also die im Text verwendete Sprache, dann vor allem aber die zahlreichen, oft über lange Zeit feststehenden Formeln. Die Beachtung dieser äußeren und inneren Merkmale, die zur Zeit der Ausstellung

1 Ahasver von Brandt, *Werkzeug des Historikers*, Stuttgart [15]1998, S. 82.

der Urkunde von ihrem Aussteller üblicherweise verwendet worden sind, ist ein wichtiges Kriterium für die Echtheit einer Urkunde. Ein Verstoß gegen die üblichen äußeren und inneren Merkmale kann einen Fälschungsverdacht hervorrufen. Dagegen bedeutet die Einhaltung der üblichen äußeren und inneren Merkmale, daß die Urkunde den zeittypischen Gebräuchen der ausfertigenden Kanzlei entspricht.

Ein »unter Beobachtung bestimmter Formen beglaubigtes Schriftstück«: Die Beglaubigung mittelalterlicher Urkunden vollzog sich auf unterschiedliche Art und veränderte sich im Laufe der Zeit oder von Region zu Region. In der Regel wurden Kaiser- und Königsurkunden seit karolingischer Zeit durch ein Siegel beglaubigt, das auf das Pergament aufgedrückt oder – seit dem 12. Jahrhundert – an das Pergament angehängt wurde. Neben dem Siegel wurde als Beglaubigungsmittel zeitweise auch die persönliche Unterschrift des Ausstellers verwendet. Unterschriften wurden vorwiegend in merowingischer Zeit unter Königsurkunden gesetzt und traten – von Einzelfällen abgesehen – dann erst wieder im Laufe des späten Mittelalters (14./15. Jahrhundert) als anerkannte Beglaubigungsmittel auf. Gänzlich unbeglaubigte – also weder gesiegelte noch unterschriebene – Urkunden sind relativ selten; ein bekanntes Beispiel stellen die früh- und hochmittelalterlichen englischen Königsurkunden dar.

Ergänzende oder alternative Beglaubigungsmittel blieben im Mittelalter eher selten. Bedeutung beginnt seit dem ausgehenden Hochmittelalter lediglich die Beglaubigung einer Urkunde durch einen öffentlichen Notar zu bekommen. Er schrieb die Urkunde eigenhändig, setzte einen ebenso eigenhändigen Notariatsvermerk darunter und neben diesen Vermerk ein persönliches graphisches Zeichen, das nur er selber als Beglaubigungsmittel verwendete. Diese Form der Beglaubigung verbreitete sich von Italien aus über Südfrankreich in den Norden Frankreichs, nach Deutschland und in weite Teile Europas.

Ein »Schriftstück über Vorgänge von rechtserheblicher Natur«: Urkunden sind Rechtsdokumente. Es handelt sich also nicht etwa um Aufzeichnungen, die im Interesse künftiger Nutzung durch Historiker vorgenommen worden sind. Als Rechtsdokumente enthalten sie alle Informationen, die für das jeweilige Rechtsgeschäft von Interesse sind. Sie müssen aber keine darüber hinausgehenden Informationen enthalten. Wie moderne Rechtsdokumente, so bedienen sich auch Urkunden einer Fachsprache mit vor allem juristischer Zielsetzung. Sie wollen ein Rechtsgeschäft in rechtlich eindeutige und unmißverständliche Formulierungen fassen und dieses Geschäft einer rechtlichen Überprüfung standhalten lassen. Das hat zur Folge, daß moderne Historiker in Urkunden möglicherweise nicht alle Fragen beantwortet finden, die sie als Historiker an das Rechtsgeschäft haben, daß sie andererseits aber eine Fülle rechtlicher Details den Urkunden entnehmen können, die teils auch Einblicke in das symbolische, nicht-schriftlich organisierte Rechtsleben des Mittelalters eröffnen.

Mittelalterliche Urkunden haben sich aus den Wurzeln des spätantiken Urkundenwesens römischer Herkunft entwickelt. Das hatte Folgen ebenso für die rechtlichen Inhalte der Urkunden wie auch für ihre Beweiskraft. Diese zunächst rechtdogmatischen Beobachtungen verlieren im Laufe des Mittelalters mit der Zunahme der Anzahl der Urkunden an praktischer Bedeutung, sind aber für das frühe und hohe Mittelalter von zentraler Bedeutung für die Bewertung der Urkunden als juristische (und in zweiter Linie auch als historische) Quellen.

Konkret bedeutet das, daß im Grundsatz zweierlei Arten von Urkunden möglich gewesen sind: zum einen Urkunden, in denen bereits abgeschlossene Rechtsgeschäfte nachträglich schriftlich aufgezeichnet werden (sog. *notitia*), zum anderen Urkunden, in denen ein Rechtsgeschäft aufgezeichnet wird, das im Moment der Urkundenausstellung oder -übergabe oder erst in der Zukunft in Kraft treten soll (sog. *carta*, dispositive oder konstitutive Urkunde). Diese theoretische Unterscheidung in der früh- und hochmittelalterlichen Urkundenpraxis tatsächlich nachzuweisen ist schwierig. Sie hilft aber, zwei mögliche Verhältnisse des Urkundentextes zum Inhalt des Rechtsgeschäftes voneinander zu unterscheiden und damit die Möglichkeiten der Urkundeninterpretation zu verbessern.

Im Zuge zunehmender Verbreitung der Schriftlichkeit im Mittelalter verwischen sich die rechtstheoretischen Unterschiede mehr und mehr. Urkunden werden unterschiedslos als Titel für Rechte, Besitz, Einkünfte u. a. m. benutzt. Ihre zunehmend ausgefeilteren Formulierungen nehmen seit dem 12. Jahrhundert auch mehr und mehr Elemente der Rechtssprache des Römischen Rechtes auf, um auf diese Weise mögliche Rechtseinwände schon im voraus abzufangen. Die Rechtsqualität und tatsächliche Wirkung einer Urkunde entschied sich letztlich erst im Streitfall, wenn der Urkundenbeweis geführt werden mußte.

2. *Welche Arten von Urkunden gibt es?*

In der Diplomatik, der Lehre von den Urkunden, unterscheidet man zwischen (1) Kaiser- und Königsurkunden, (2) Papsturkunden und (3) Privaturkunden. Diese Unterscheidung geht von den Ausstellern der Stücke aus. Sie faßt – wenig glücklich und sachlich nicht angebracht – alle Aussteller, die nicht Kaiser bzw. Könige oder Päpste gewesen sind, in einer Gruppe zusammen, in der sich folglich so unterschiedliche Urkundenaussteller wie Herzöge und Grafen, Niederadlige, Bischöfe, Klöster und Stifte, Städte und ihre Bürger, Universitäten und viele andere mehr ausmachen lassen. Die formal erheblichen und inhaltlich gewichtigen Unterschiede der Privaturkunden untereinander werden durch diesen untauglichen Globalbegriff eingeebnet. Es ist aber bisher nicht gelungen, ihn durch einen anderen Begriff zu ersetzen oder durch prägnante Zusätze zu ergänzen.

Innerhalb der Kaiser- und Königsurkunden sind (a) Diplome im engeren Sinne von (b) Mandaten zu trennen. Diplome beinhalten Rechtsverleihungen oder Rechtssetzungen von prinzipiell dauerhafter Gültigkeit, Mandate enthalten zeitlich begrenzt gültige Anweisungen, häufig mehr verwaltungstechnischen Charakters. Mandate sind formal wesentlich einfacher gestaltet als Diplome. Sie hatten wegen ihres temporären Charakters eine ungleich schlechtere Überlieferungschance als Diplome, die wegen ihres rechtlichen Wertes im allgemeinen dauerhaft aufbewahrt worden sind.

Bei den Papsturkunden entsprechen die Privilegien den Diplomen, die *litterae* (Briefe) im Kern den Mandaten der Könige bzw. Kaiser. Für beide Urkundenarten bildet sich im Laufe schon des frühen und hohen Mittelalters ein feststehender Formenapparat heraus, der streng eingehalten wird. Im Laufe des 13. Jahrhunderts verändert sich der Rechtsinhalt päpstlicher Beurkundungen: Privilegien werden seltener. Ihre Inhalte werden zunehmend Gegenstand der *litterae*, die nun in sich differenziert werden: *litterae cum serico* (mit Bleisiegel am Seidenfaden) enthalten Gnadensachen, *litterae cum filo canapis* (mit Bleisiegel am Hanffaden) geben Befehle oder teilen Rechtsentscheidungen mit. Als Zwischentyp zwischen Privilegien und *litterae* entsteht um 1200 die Bulle. Als formale Vereinfachung der *litterae* werden seit dem ausgehenden 14. Jahrhundert *Breven* (kurze Schreiben) verwendet, die zunächst nur für diplomatische und Verwaltungskorrespondenz, bald aber auch anstelle von Litterae benutzt werden.

Eine Typologie der Privaturkunden existiert wegen der großen Heterogenität möglicher Inhalte und Formen nicht. Als Faustregel kann man sagen, daß sich Privaturkunden fürstlicher Aussteller im wesentlichen an Vorbildern aus den Kanzleien der Kaiser und Könige, gelegentlich auch der Päpste orientieren. Privaturkunden sozial und rechtlich niedriger stehender Aussteller weichen von diesen Vorbildern mitunter ab und sind, vor allem in formaler Hinsicht, weitgehend auf das Nötigste reduziert.

Der wesentliche Unterschied zwischen Kaiser-, Königs- und Papsturkunden einerseits sowie Privaturkunden andererseits liegt in ihrer Rechtsqualität: Privaturkunden nichtfürstlicher Aussteller können im wesentlichen nur in eigener Sache Geltung beanspruchen. Privaturkunden fürstlicher Aussteller können dagegen auch in Angelegenheiten Dritter ausgestellt werden, genießen also weitgehend öffentlichen Glauben. Dieser Unterschied in der rechtlichen Bewertung und Gültigkeit, nicht zuletzt auch vor Gericht, bildet eine deutlich sichtbare Scheidelinie zweier Großgruppen innerhalb der unüberschaubaren Masse überlieferter mittelalterlicher Privaturkunden.

Diesen rechtlichen Unterschied besonders zu betonen lag schon im Interesse der mittelalterlichen Rechtspraktiker, vor allem des kanonischen Rechtes. Ihnen war daran gelegen, Sicherheit über die prozessualen Verwendungsmöglichkeiten von Urkunden zu gewinnen. Heute liegt die Herausarbeitung dieses Unterschieds im Interesse einer Urkundenforschung, die sich wesentlich auf den Charakter der Urkunden als juristischer Quellen beruft und die daraus Folgerungen für die historische Interpretierbarkeit und Interpretation von Urkunden ableiten will.

3. *Wie entstanden mittelalterliche Urkunden?*

Urkunden sind wohl nur selten aus eigenem Antrieb des Ausstellers entstanden, in der Regel aber auf ausdrückliche Bitte oder auf Wunsch des Empfängers ausgestellt worden. Der Aussteller prüfte dann im Rahmen der Möglichkeiten, ob die Voraussetzungen für die Ausstellung einer Urkunde vorlagen, ob die Angaben, die der künftige Empfänger zur

Sache gemacht hatte, stimmig waren und ob andere Rechtstitel der Ausstellung im Wege standen. Nach dieser Prüfung, die unterschiedlich intensiv sein mochte und manchmal völlig unterblieb, stellte der Aussteller die Urkunde dann aus oder verweigerte die Ausstellung. Diese Verhandlungen des künftigen Urkundenempfängers mit dem Aussteller und die Prüfungen des Sachverhaltes durch den Aussteller haben in der endgültig ausgefertigten Urkunde nur wenige Spuren hinterlassen, so daß die Vorgänge, die zur Ausstellung einer Urkunde geführt haben, nicht selten im Dunkel bleiben. Relativ am häufigsten ist die namentliche Nennung derjenigen im Urkundentext, die im eigenen Interesse um die Ausstellung von Urkunden gebeten (Petenten) oder die sich für die Ausstellung von Urkunden zugunsten Dritter verwendet haben (Intervenienten).

War die Ausstellung einer Urkunde im Grundsatz angeordnet worden (Beurkundungsbefehl), so konnte (in unterschiedlicher Vollständigkeit der nun genannten Schritte) etwa folgendes geschehen: Ein Angehöriger der Kanzlei des Ausstellers verfaßte einen Entwurf, der gegebenenfalls korrigiert und, unter Umständen mehrfach, neu geschrieben werden konnte. Es folgte die Herstellung der Reinschrift (Mundierung) und deren Beglaubigung durch ein Siegel oder – seltener – durch die Unterschrift des Ausstellers.

Dieser Prozeß konnte erheblich komplizierter ablaufen und auf mehrere Personengruppen verteilt sein, so etwa in der päpstlichen Kanzlei seit dem Beginn des 13. Jahrhunderts, er konnte aber auch wesentlich vereinfacht werden, wenn bescheidenere Kanzleiverhältnisse niedriger stehender Aussteller das erforderten. Die präzise Verteilung der verschiedenen Arbeitsschritte auf das Personal ist oft kaum auszumachen. Kanzleiordnungen, in denen dies normativ festgelegt wird, sind – abgesehen von der päpstlichen Kanzlei – erst aus dem 15. Jahrhundert überliefert.

Der Kern dieses Entstehungsprozesses einer mittelalterlichen Urkunde lief innerhalb der Kanzlei ab. Dabei handelt es sich um diejenige Personengruppe, deren zentrale Aufgabe die Verfertigung von Urkunden war. Für lange Zeiten des Mittelalters ist »Kanzlei« nichts anderes als ein Verabredungsbegriff moderner Urkundenforscher. Erst um 1200 taucht der Begriff *cancellaria* im annähernd modernen Sinne auf.

Diplomatiker bis zum Beginn des 20. Jahrhunderts haben in dieser Kanzlei eine behördenartig aufgebaute Institution sehen wollen, der ein Leiter vorstand und in der in hierarchischer Unterordnung und bei genauer Abgrenzung der Kompetenzen voneinander weitere Personen für Teile des Urkundengeschäftes verantwortlich waren (»Beurkundungsbehörde«). Dieses Bild ist nach heutigem Kenntnisstand zwar nicht gänzlich verfehlt, gibt aber doch die Realität der meisten Kanzleien nicht brauchbar wieder. Allein die päpstliche Kanzlei – zumal seit den Reformen unter Papst Innozenz III. (1198–1216) – und die Kanzleien der großen Königreiche Europas dürften dieser Vorstellung annähernd entsprochen haben. Die Mehrzahl der übrigen Kanzleien bestand nur aus wenigen Personen, die – oftmals neben anderen Aufgaben – die Urkundenherstellung besorgten, aber dies zumeist nicht in einer präzise definierten Arbeitsteilung, sondern eher als Generalisten des Urkundenwesens. Die tatsächlichen Abläufe in Kanzleien zu rekonstruieren ist dort, wo nicht einschlägige Kanzleiordnungen vorliegen, wie das für die päpstliche Kanzlei seit etwa 1200 gilt, eines der wesentlichen Erkenntnisziele moderner Diplomatiker. Sie erhoffen sich von der Kenntnis dieser Vorgänge eine vertiefte Einsicht in Frühformen der mittelalterlichen Verwaltung, aber auch in politische Entscheidungsprozesse und Herrschaftstechniken.

4. *Wie sieht eine Urkunde aus?*

Urkunden sind Rechtsdokumente aus einer weitgehend schriftlosen Zeit. Das bedeutet, daß sie auch für denjenigen, der nicht lesefähig war, einen hohen Grad an äußerer Wiedererkennbarkeit aufweisen mußten. Die Folge ist eine weitgehende Standardisierung des Äußeren von Urkunden. Dadurch konnte einerseits sichergestellt werden, daß eine Urkunde schon aufgrund ihres Aussehens einer bestimmten Kategorie von Ausstellern zugeordnet werden konnte; andererseits bedeutete die Standardisierung des Aussehens aber auch eine Sicherung gegen Urkundenfälschungen.

Unter den äußeren Merkmalen von Urkunden seien nur wenige hervorgehoben: Die erste Zeile mittelalterlicher Kaiser- und Königsurkunden zeichnet sich bis in das 13. Jahrhundert hinein durch einen besonderen Schrifttypus aus, bei dem die Buchstaben übermäßig hoch geschrieben werden (*Elongata*); gleiches gilt für Teile der ersten Zeile von Papsturkunden, die sich durch eine Auszeichnungsschrift ebenfalls vom Rest des Textes abheben. Ähnliches gilt für die in der Gestaltung der Kaiser- bzw. Königsurkunde vom Text getrennten abschließenden Zeilen mit der Rekognition durch den die Verantwortung tragenden Kanzler, der nochmaligen Nennung des ausstellenden Herrschers sowie beigegebener graphischer Zeichen.

In diesen Zusammenhang der wiedererkennbaren äußeren Merkmale gehören auch das Format und das Siegel. Bis in das beginnende 12. Jahrhundert sind Kaiser- und Königsurkunden breiter als hoch, dann wechseln die Seitenverhältnisse. Zu annähernd gleicher Zeit ändert sich auch die Anbringung des Siegels: Bis in das 12. Jahrhundert werden Siegel auf das Pergament aufgedrückt, seither an das Pergament angehängt.

Die weitgehende, hier nur angedeutete Standardisierung äußerer Merkmale macht die Urkunde geradezu zum Träger kodierter Zeichen, die semiotisch wahrgenommen und entschlüsselt werden können, ohne im vollen Sinne verstanden werden zu müssen. Darüber hinaus werden viele Urkunden durch ihre prachtvolle Ausfertigungsart zu bedeutenden Werken der mittelalterlichen Kunst.

5. *Welche Textbestandteile enthält eine Urkunde?*

Im Grundsatz ist der innere Aufbau einer Urkunde dreigeteilt. Das Protokoll (Einführung) und das Eschatokoll (Abschluß) umrahmen den Hauptteil, den Kontext. Diese grundsätzliche Dreiteilung ist, bei allen Unterschieden in den Details, in den allermeisten mittelalterlichen Urkunden nachweisbar.

Das Beispiel einer Kaiserurkunde des hohen Mittelalters läßt die Feingliederung einer Urkunde besonders gut erkennen. Sie kann folgende Bestandteile enthalten:

I. Protokoll:

Invocatio – Mit Hilfe eines Symbols oder in Worten wird der Name Gottes, häufig unter Nennung der Dreieinigkeit, angerufen und damit der folgende Urkundeninhalt auf ihn und sein Wirken bezogen.

Intitulatio – Der Aussteller der Urkunde nennt sich mit Namen und Titel, sehr häufig ergänzt um eine Devotionsformel (»von der Gnade Gottes« o. ä.), durch die er sein Gottesgnadentum ausdrücklich betont.

Inscriptio – Der Empfänger der Urkunde wird genannt, ebenfalls mit Namen und Titel. Dieser Teil ist in Diplomen sehr selten, in Mandaten und Briefen die Regel.

II. Kontext:

Arenga – In allgemeiner Form wird an dieser Stelle begründet, wieso der Aussteller Urkunden auszustellen pflegt. Dieser Passus bezieht sich nicht direkt auf den konkreten Fall, leitet aber auf ihn hin, indem z. B. bei Schenkungen an die Kirche die allgemeine Pflicht des Königs hervorgehoben wird, sich als Wohltäter gegenüber der Kirche zu beweisen.

Promulgatio – Mit dieser Verkündungsformel wird der folgende Inhalt eingeleitet und zugleich öffentlich gemacht.

Narratio – Es folgt die Wiedergabe der konkreten Vorgeschichte des folgenden Rechtsgeschäftes, oft unter Nennung von Beteiligten und Betroffenen. Genannt werden häufig Petenten (als Interessenten in eigener Sache) und Intervenienten (als Fürsprecher für Dritte).

Dispositio – Dies ist der Kern der Urkunde, das eigentliche Rechtsgeschäft, mit einer Beschreibung der Güter und Rechte, die das Geschäft enthält, mitunter auch mit einer Begründung der Übertragung. Die Güterbeschreibung erfolgt häufig in umfangreichen Pertinenzformeln, die Rückschlüsse auf einzelne Teile des Besitzes erlauben, und enthält gelegentlich auch Beschreibungen des Besitzumfangs (Grenzen, Zuordnungen zu Gauen und anderen Verwaltungseinheiten).

Sanctio – Dem Zuwiderhandelnden werden Strafen geistlicher und/oder weltlicher Natur angedroht (Exkommunikation, Strafzahlungen, Entzug der Huld des Ausstellers).

Corroboratio – Die im folgenden benutzten Beglaubigungsmittel werden aufgezählt. Seit dem 12. Jahrhundert werden an dieser Stelle in Kaiser- und Königsurkunden u. U. die Zeugenlisten aufgeführt.

III. Eschatokoll:

Signumzeile – Das Monogramm und die im Grundsatz als Unterschrift gedachte, aber nicht eigenhändig geschriebene nochmalige Nennung des Ausstellers stammen von der Hand eines Kanzlisten; eigenhändig ist allenfalls der herrscherliche Vollziehungsstrich innerhalb des Monogramms.

Rekognition – Dies ist die Bestätigung der Urkunde durch den Leiter der Kanzlei, seit dem ausgehenden 9. Jahrhundert nur noch in seinem Namen, also ebensowenig eigenhändig wie das Ausstellersignum.

Ort und Datum – Genannt werden Ort und Zeit der Handlung, die zur Ausstellung der Urkunde führte, oder der Ausstellung selber. Handlung und Ausstellung können zeitlich auseinanderfallen.

Apprecatio – Wie sie begonnen hat, so schließt die Urkunde wiederum mit einer Anrufung Gottes, die den Segen erbittet und oftmals in Gebetsform mit einem »Amen« schließt.

6. *Wie sind Urkunden überliefert?*

Von der Analyse der Urkundenüberlieferung nahm die moderne Diplomatik, die wissenschaftliche Lehre von den Urkunden, um 1700 ihren Anfang. Die Grundfrage war damals und ist bis heute das *discrimen veri ac falsi*, die Unterscheidung des Echten vom Falschen. Urkunden können also, das war eine erste und bis heute wegweisende Beobachtung, in echter oder in gefälschter Form vorliegen. Neben dieser Alternative steht eine zweite, die für die Bewertung des Urkundentextes von gleich großer Bedeutung ist: Urkunden können als Originale oder in Abschriften überliefert sein. Beide Alternativen verdienen eine genauere Analyse, denn es handelt sich um quellenkritische Probleme grundsätzlicher Art, von deren Betrachtung und Lösung die Bewertung des Urkundentextes als Quelle im Kern bestimmt wird.

Als Original wird eine Urkunde dann bezeichnet, wenn sie die äußere Form und den Inhalt aufweist, die bzw. den ihr der Aussteller geben wollte. Hinzu kommt, daß sie vollständig und unverändert in den Besitz des Empfängers gekommen ist und von ihm verwahrt wurde.

Abschriften hingegen sind alle Formen des Urkundentextes, in denen er zwar inhaltlich gegenüber dem Original unverändert, aber äußerlich in anderer Gestalt überliefert ist. Das kann bedeuten, daß er in Form von Entwürfen verschiedenster Stufe oder in Form einer beglaubigten Abschrift oder in Form einer unbeglaubigten Abschrift vorliegt.

Diese Abschriften unterscheiden sich in zweierlei Hinsicht untereinander und vom Original: Entwürfe, die der Aussteller für die Urkunde angefertigt hat, oder Abschriften, die er selber für seine Dokumentationszwecke genommen hat, oder Abschriften, die durch Dritte beglaubigt worden sind, sind in der Regel dem tatsächlichen Wortlaut der Urkunde sehr nahe oder gar gleich. Sie genießen, wenn sie von Dritten beglaubigt wurden, die dazu autorisiert waren, unter Umständen sogar dieselbe Rechtskraft wie Originale.

Unbeglaubigte Abschriften dagegen, die der Empfänger für seine eigenen Dokumentationszwecke oder irgendein beliebiger Dritter angefertigt haben, sind strenggenommen juristisch nicht beweiskräftig. Sie können unter Umständen manipuliert sein.

Dieser Unterschied in der rechtlichen Beweiskraft ist auch ein Unterschied in der historischen Interpretierbarkeit. Als Grundregel kann man formulieren, daß Originale oder beglaubigte Abschriften im Grundsatz historisch gleich zu bewerten sind, während alle anderen Formen von Abschriften sorgsam daraufhin zu untersuchen sind, wer sie zu welchen Zwecken angefertigt hat und wo sie überliefert sind.

Ähnlich ist bei der Echtheitsüberprüfung von Urkunden vorzugehen. Sowie eine Urkunde aufgrund ungewöhnlicher äußerer oder innerer Merkmale einen Fälschungsverdacht auf sich zieht, müssen der Umfang möglicher Fälschungen und das dahinterstehende Interesse ermittelt werden.

In einer Form von Abstufung unterscheidet man zwischen Totalfälschungen und Verfälschungen, die zumeist durch Interpolationen zustande gebracht werden. Interpolationen können negativ sein, indem man nachteilige Bestandteile der Urkunde tilgte, oder positiv, indem man Vorteilhaftes hinzufügte. Der Zweck ist in allen Fällen derselbe: Ein Urkundenfälscher will für den Empfänger der Urkunde Vorteile bewirken, die über den gewollten Inhalt des Urkundenoriginals hinausgehen.

Die Fälschungstechniken im einzelnen sind so vielgestaltig, wie dies die Bestandteile einer Urkunde nur irgend möglich machen: Am häufigsten dürften Manipulationen am Text sein, aber auch die Benutzung falscher Beglaubigungsmittel (etwa Siegel) zählt zu den geläufigen Techniken. Die Absicht war in allen Fällen, durch diese Verfahren den Anschein des Echten zu erwecken.

7. *Wie und wofür kann man eine Urkunde als historische Quelle interpretieren?*

Urkunden sind – darauf wurde schon hingewiesen – zunächst juristische Quellen. Dennoch stellen sie wichtige Informationen für Historiker des Mittelalters bereit. Freilich muß man Interpretationsmethoden benutzen, die die Eigenheit des Zustandekommens von Urkunden berücksichtigen, die ihnen also keine Antworten abverlangen, die zu geben Urkunden nicht geeignet sind.

Urkunden sind folglich zunächst und vor allem interpretierbar als Zeugnisse derjenigen Rechtsgeschäfte, die in ihnen dokumentiert werden sollten. Vergaben von Besitzungen, Gütern und Rechten, allgemeine Privilegierungen verschiedenster Art sind zumeist in Urkundenform erfolgt und aus ihnen ohne Schwierigkeiten zu entnehmen. Dies gilt auch für die Vorgeschichte des jeweiligen Rechtsgeschäftes, die in der Narratio der Urkunden erzählt wird und eine Fülle von rechtsgeschichtlich wie allgemeinhistorisch wichtigen Informationen enthalten kann. Ein Beispiel statt vieler: Bei Gütern, die nach einer vorherigen Beschlagnahme neu verliehen werden, werden die Umstände dieser Konfiskation in der Regel historisch wichtige Informationen über Betroffene und Beteiligte enthalten.

Urkunden enthalten in ihren Formeln wichtige Informationen über das Selbstverständnis der Aussteller und ihrer Zeit: Die Intitulatio und die Arenga, aber auch mehrere andere Bestandteile, sind hervorragend geeignet, den Herrschaftsvorstellungen der Zeit auf die Spur zu kommen, den Bezug der Herrschaft auf Gott und von Gott zu ergründen, Vorstellungen von Pflichten und Rechten der Herrscher zu ermitteln und Veränderungen in diesen Bereichen aufzuspüren. Es ist einer der wesentlichen Fortschritte der Diplomatik der zweiten Hälfte des 20. Jahrhunderts, nachgewiesen zu haben, daß scheinbar »Formelhaftes« eben doch historisch interpretierbare Informationen enthalten kann.

Urkunden enthalten schließlich in reicher Fülle Informationen über Personen. Nennungen bestimmter Geistlicher oder Weltlicher in Urkunden von Herrschern belegen, daß sie mit ihnen in Kontakt standen, sich unter Umständen regelmäßig am Hofe aufhielten und zu den Ratgebern der Herrscher zu zählen sind. Nennungen von Personen als Urkundenzeugen können darüber hinaus belegen, daß sie mit dem Inhalt des Rechtsgeschäftes etwas zu tun haben. Erwähnungen von Familienangehörigen der Herrscher belegen die Eingebundenheit jeder Form von Herrschaft in Verwandtschaftssysteme. Insgesamt bilden die Namen, die in Urkunden erscheinen, einerseits die Umgebung der Aussteller, andererseits die Beteiligten an den jeweiligen Rechtsgeschäften wesentlich präziser ab als die meisten anderen Quellengattungen.

Urkunden sind schließlich auch als sprachliche und

künstlerische Zeugnisse bemerkenswert. Die Veränderungen des mittelalterlichen Lateins und die seit dem 13. Jahrhundert häufiger werdenden volkssprachigen Urkunden zeigen, wie die Anforderungen des Rechts sprachgestaltend wirken. Gerade die volkssprachigen Urkunden sind wegen der Massenhaftigkeit der urkundlichen Überlieferung im Spätmittelalter auch wichtige Zeugen für die verschiedenen Sprachlandschaften des Deutschen und ihre innere Differenzierung.

Als künstlerische Zeugnisse belegen manche Urkunden einerseits die Entwicklung von Auszeichnungs- und Gebrauchsschriften des Mittelalters. Andererseits können sie auch Elemente der Malerei enthalten, vor allem in Initialbuchstaben. Herausragende Werke mittelalterlicher Kleinkunst sind viele der Siegel, die zu Beglaubigungszwecken benutzt wurden.

Urkunden sind Quellen, die in ihrer Vielfältigkeit kaum erschöpfend zu interpretieren sind. Kennzeichen der Auseinandersetzung mit Urkunden ist geradezu die Multidisziplinarität möglicher Ansätze. Die Diplomatik als Urkundenlehre im engeren Sinne stellt für diese Auseinandersetzung das Handwerkszeug und grundlegende Kriterien der Interpretierbarkeit bereit. Ein ganzes Bündel anderer Wissenschaften bedient sich der Urkunden als Quellen für Erkenntnis mittelalterlicher Wirklichkeiten: zunächst und vor allem natürlich die Geschichtswissenschaft.

II

Akten

Im allgemeinen gilt erst die Neuzeit als das »Aktenzeitalter«, während die mittelalterliche Überlieferung von Urkunden bestimmt ist (»Urkundenzeitalter«). Diese Feststellung ist so zutreffend wie alle Faustregeln: Sie trifft das Wesentliche, aber sie beschreibt nicht den Befund insgesamt. Sieht man näher hin, so finden sich durchaus auch im Mittelalter, etwa seit dem 14. Jahrhundert, nennenswerte Ansätze zur Aktenbildung.

1. *Was sind mittelalterliche Akten?*

Eine treffende Definition dessen, was eine Akte ist, hängt eng mit der Vorüberlegung zusammen, unter welchen Umständen und zu welchen Zwecken Akten entstehen können. Die Betonung dieses funktionalen Aspektes unterscheidet die Aktenlehre des Mittelalters von derjenigen der Moderne, bei der eher die formalen Aspekte der einzelnen Aktenschriftstücke im Vordergrund bisheriger Überlegungen standen. Vorläufig und hilfsweise kann man definieren: Akten sind nichturkundliche Aufzeichnungen, in denen die Arbeit von Verwaltungsinstitutionen dokumentiert wird. Welche Teile der mittelalterlichen Überlieferung als Akten zu bezeichnen sind, wird sich also weniger aus ihrem besonderen formalen Charakter oder gar aus einer formelhaft verfestigten äußeren Struktur ableiten lassen, sondern es hängt eher mit der funktionalen Einordnung bestimmter Aufzeichnungen in erkennbare oder zu vermutende Verwaltungsabläufe zusammen.

2. *Unter welchen Umständen können Akten entstehen?*

Offensichtlich ist das Entstehen von Akten eng daran gebunden, daß eine institutionell fundierte Verwaltung besteht. Diese Verwaltung beruhte nicht oder jedenfalls nicht allein auf der unstetigen Tätigkeit einzelner Personen, wie das bis weit in das späte Mittelalter hinein eher die Regel gewesen ist, sondern sie reichte über das Wirken einzelner Amtsträger hinaus und erlangte Dauerhaftigkeit, wie das endgültig freilich erst im Laufe der frühen Neuzeit zur Norm werden sollte.

Eine solche institutionalisierte Verwaltung zeigt in den meisten Fällen bereits seit dem späten Mittelalter Ansätze fachlicher Spezialisierung. Die klassischen Verwaltungssparten Finanzen, Militär und Recht sind bereits während des Mittelalters als Zentren früher Aktenbildung nachweisbar. Aufzeichnungen über erhaltene oder zu erwartende Einnahmen, Listen über Militärdienstpflichten oder frühes Prozeßschriftgut sind Beispiele für diese Felder.

Führend für die institutionelle Ausprägung und Verfestigung von Verwaltungen in Mitteleuropa sind die Städte des späten Mittelalters. Ihre intensive Schriftlichkeit hat den Grund in einer besonders differenzierten und hochspezialisierten Verwaltung. Ergebnis dieser städtischen Verwaltung sind schon im späten Mittelalter vielfältige und vielgestaltige Akten. Die spätmittelalterlichen Territorien folgen in diesem Prozeß mit einer gewissen Phasenverzögerung nach. Dabei gehen nicht selten geistliche Territorien in der Entwicklung den weltlichen voraus. Auf der Reichsebene setzt die Institutionalisierung der Verwaltung und damit die Ausbildung von Aktenschriftgut erst im Laufe des ausgehenden 15. Jahrhunderts auf breiterer Front ein.

Wenn man dieses Prozeßhafte bei der Ausbildung von aktenähnlichen Aufzeichnungen berücksichtigt, dann kann zwangsläufig die formale Gestalt der Akten in der Frühzeit des Aktenwesens keine zentrale Rolle spielen: Wo der Prozeß der Institutionalisierung von Verwaltung noch in vollem Gange ist, kann man keine abgeschlossene und stabile Form der Erzeugnisse dieser Verwaltungen erwarten. Die jahrhundertelange Routine im Verfassen von Urkunden stand den Verwaltungen beim Experimentieren mit nichturkundlichen Aufzeichnungen nicht zu Gebote. Der primär interne Zweck der Aktenführung ließ zunächst eine stärkere Formalisierung auch entbehrlich erscheinen.

Diese Überlegungen führen zu der Einsicht, daß gängige Definitionen des neuzeitlichen Aktenbegriffs für das späte Mittelalter nicht taugen. Sie orientieren sich eher an verfahrensrechtlich und verwaltungsorganisatorisch deutlich ausgefeilteren Zuständen der frühen Neuzeit als am Experimentierstadium des ausgehenden 14. oder beginnenden 15. Jahrhunderts.

3. *Was unterscheidet mittelalterliche Akten und Urkunden voneinander? Was unterscheidet mittelalterliche von neuzeitlichen Akten?*

(1) Akten entstehen als interne Aufzeichnungen von Verwaltungsstellen. Sie dienen der internen Dokumentation von Verwaltungshandeln, in zweiter Linie auch der nachträglichen Kontrolle dieses Handelns. In jedem Falle überwiegt der Memorialzweck: Aktenaufzeichnungen sollen an vergangenes Handeln erinnern, es rekonstruierbar machen.

(2) Die Frage der Rechtserheblichkeit spielt für eine Definition dessen, was eine mittelalterliche Akte ist, keine zentrale Rolle. Da Akten primär für interne Zwecke angelegt werden, kommt den Aufzeichnungen ohnehin kaum öffentliche Rechtskraft zu. Sie dienen nicht der Beglaubigung vergangener Vorgänge, denn potentielle Benutzer der Akten sind ausschließlich innerhalb desjenigen Personen-

kreises anzunehmen, der an ihrer Entstehung unmittelbar oder mittelbar beteiligt war. Betroffene haben in der Regel keinen Zugriff auf mittelalterliche Akten.

(3) Die äußere Form der Akten kann im Mittelalter offenkundig sehr unterschiedlich sein. Da sie primär für interne Zwecke der Verwaltung angelegt werden, müssen sie auf Verständlichkeit und Vollständigkeit der Aufzeichnungen nur so weit Rücksicht nehmen, daß Angehörige der Verwaltungsstellen aus ihnen rekonstruieren können, was geschehen ist. Formal können Akten also stark verkürzte Aufzeichnungen enthalten, bloß stichwortartige Vermerke umfassen oder Listen jederlei Art ohne erklärendes Beiwerk bieten.

(4) Typische Formen mittelalterlicher Aktenbildung sind die Serienakten sowie eine Vorform der Sachakten, die man als Dossier bezeichnen kann. Als Serienakten treten z. B. Korrespondenzen von Städten und Landesherren auf, in denen häufig Originale der Eingänge und Entwürfe der Ausgänge gemeinsam in chronologischer Reihenfolge abgelegt werden. In Form von Dossiers werden sachlich zusammengehörende Schriftstücke verwahrt, etwa im Bereich des Rechnungs- und Finanzwesens, aber vereinzelt auch im Lehnswesen.

Umstritten und letztlich nicht eindeutig zu klären ist der Charakter mittelalterlicher Amtsbücher (Geschäftsbücher). Dies liegt einerseits an ihrer Form, andererseits an der Frage der Rechtsverbindlichkeit. Amtsbücher genießen in der Regel einen hohen öffentlichen Glauben. In bestimmten Rechtskreisen, etwa in mittelalterlichen Städten, gelten sie sogar als besonders privilegierte Möglichkeit, Aufzeichnungen privatrechtlicher Art öffentlichen Glauben zu verschaffen. Selbst dort, wo derartige privatrechtliche Einträge in Amtsbüchern nicht vorliegen, erfüllen die Amtsbücher dennoch im allgemeinen nicht nur verwaltungsinterne Funktionen, sondern dienen auch zum öffentlichen Nachweis rechtlicher Verhältnisse durch die sie anlegenden Stellen. Formal wie rechtlich weisen Amtsbücher deswegen mitunter eine starke Nähe zu urbarialen Aufzeichnungen auf.

Ein generelles Problem mittelalterlicher Aktenführung stellt es dar, daß kaum Spuren längeren Arbeitens mit einmal angelegten Aufzeichnungen nachweisbar sind. Das Prozeßhafte der Aktenverwendung, das Akten seit der frühen Neuzeit auszeichnet und an ihnen rein äußerlich unter anderem durch Bearbeitungsvermerke ablesbar ist, fehlt mittelalterlichen Akten in der Regel. Ausnahmen stellen hier wiederum mittelalterliche Amtsbücher dar, die teilweise nicht nur über längere Zeit benutzt, sondern auch mehr oder weniger häufig aktualisiert worden sind.

Literaturhinweise

Brandt, Ahasver von: Vorbemerkungen zu einer mittelalterlichen Aktenlehre. In: Archivar und Historiker. Studien zur Archiv- und Geschichtswissenschaft. Zum 65. Geburtstag von Heinrich Otto Meisner. Berlin 1956. S. 429–440.

– Werkzeug des Historikers. Stuttgart [15]1998. [S. 81–118, 181–190, 197 f.]

Bresslau, Harry: Handbuch der Urkundenlehre für Deutschland und Italien. 2 Bde. Berlin [4]1968–69 (= [2]1912–31). Reg.-Bd. Berlin 1960.

Dülfer, Kurt: Urkunden, Akten und Schreiben in Mittelalter und Neuzeit. In: Archivalische Zeitschrift 53 (1957) S. 11–53.

Fichtenau, Heinrich: Forschungen über Urkundenformeln. In: Mitteilungen des Instituts für Österreichische Geschichtsforschung 94 (1986) S. 285–339.

Frenz, Thomas: Papsturkunden des Mittelalters und der Neuzeit. Stuttgart [2]2000.

Goetz, Hans-Werner: Proseminar Geschichte: Mittelalter. Stuttgart [2]2000. [S. 112–131, 267–270.]

Guyotjeannin, Olivier / Pycke, Jacques / Tock, Benoît-Michel: La Diplomatique médiévale. Turnhout 1993.

Lexikon des Mittelalters. 9 Bde., München/Zürich bzw. München 1980–1998. [Darin u. a. die Lemmata »Kaiser- und Königsurkunden« (Bd. 5, Sp. 857–859), »Kanzlei« (Bd. 5, Sp. 910–929), »Papsturkunden« (Bd. 6, Sp. 1688–91), »Privaturkunden« (Bd. 7, Sp. 222–224), »Urkunde, -nwesen« (Bd. 8, Sp. 1298–1323) (jeweils mit Lit. und Verweisen auf andere Lemmata).]

Meisner, Heinrich Otto: Aktenkunde. Berlin 1935.

– Urkunden- und Aktenlehre der Neuzeit. Leipzig 1950.

Pitz, Ernst: Schrift- und Aktenwesen der städtischen Verwaltung im Spätmittelalter. Köln – Nürnberg – Lübeck. Köln 1959.

Quirin, Heinz: Einführung in das Studium der mittelalterlichen Geschichte. Braunschweig [3]1964. Stuttgart [5]1991. S. 65–103.

Santifaller, Leo: Urkundenforschung. Weimar 1937. Köln/Wien [4]1986.

Theuerkauf, Gerhard: Die Interpretation historischer Quellen. Schwerpunkt: Mittelalter. Paderborn [u. a.] [2]1997.

Urbare und verwandte Quellen zur Wirtschafts- und Sozialgeschichte

Von Enno Bünz

Unvorstellbar, daß im heutigen Europa Hunger ein Problem sein könnte. Die mittelalterliche Gesellschaft hingegen war stets von Hungersnöten bedroht. Ein langer, schneereicher Winter oder ein heißer, zu trockener Sommer konnte sich schnell auf den Ernteertrag auswirken – mit katastrophalen Folgen, wie eine Vielzahl von Berichten mittelalterlicher Geschichtsschreiber bezeugt. In den Annalen des Klosters Fulda beispielsweise heißt es 850:

> In diesem Jahr hat eine sehr schwere Hungersnot die Bevölkerung Deutschlands bedrückt, vor allem die Einwohner am Rhein; denn ein Scheffel Getreide wurde in Mainz für zehn Pfennige verkauft. Erzbischof Hrabanus [von Mainz] hat sich damals in einem Ort seines Bistums namens Winkel aufgehalten. Er hat dort Arme, die von verschiedenen Orten kamen, aufgenommen und täglich mehr als 300 mit Nahrung unterstützt, ganz abgesehen von denen, die in seiner Gegenwart fortwährend gespeist wurden.[1]

Der weitaus überwiegende Teil der europäischen Bevölkerung des Mittelalters war in der Agrarwirtschaft tätig. Zwar fehlen uns aus dem mittelalterlichen Jahrtausend zwischen 500 und 1500 zuverlässige statistische Angaben, doch kann man davon ausgehen, daß im Früh- und Hochmittelalter etwa 90% der Bevölkerung auf dem Land lebten. Seit dem 13. Jahrhundert nahm dieser Anteil durch den Aufschwung der Städte ab, aber eine agrarisch geprägte Welt

1 Zit. nach: Fritz Curschmann, *Hungersnöte im Mittelalter. Ein Beitrag zur deutschen Wirtschaftsgeschichte des 8. bis 13. Jahrhunderts*, Leipzig 1900, S. 96.

blieb Europa bis ins 19. Jahrhundert. Die Landwirtschaft, in den heutigen Industriestaaten ein Randbereich der Ökonomie, formte Grundstrukturen der mittelalterlichen Gesellschaft. Die landwirtschaftliche Produktion begrenzte, wie der zitierte Bericht aus Fulda in dramatischer Weise deutlich macht, die Lebensbedingungen der Bevölkerung ganz entscheidend. In Notzeiten konnten die Hungernden nur noch darauf hoffen, daß die Vorratsspeicher der geistlichen Grundherren reich gefüllt waren.

Die meisten Menschen waren eingebunden in Grundherrschaften, die als »Herrschafts-, Betriebs- und Lebensform« (D. Hägermann) bis in die frühe Neuzeit ein wesentliches Element der Verfassung Alteuropas bildeten. In den Grundherrschaften waren Wirtschaftsverfassung und Gesellschaftsordnung, Herrschaftspraxis und Rechtspflege untrennbar verknüpft. In einer Zeit, die noch kein staatliches Gewaltmonopol kannte, organisierten der König und die Adelsfamilien, die Bischöfe und die geistlichen Stifte und Klöster, im späten Mittelalter auch Städte und Bürger ihren Grundbesitz und ihre Herrschaftsrechte über Land und Leute in Grundherrschaften. Die Bauern erhielten ihr Land zur selbständigen Bewirtschaftung vom Grundherrn und waren dafür zu Abgaben und Diensten verpflichtet. Grundherrschaft ist jedoch nicht mit Großgrundbesitz zu verwechseln, der nur wirtschaftlich genutzt wurde, sondern mit dem Boden war ein organisierter Personenverband verbunden, die *familia*. Ein solcher Hörigenverband umfaßte eine Vielzahl von Menschen unterschiedlicher Rechtsstellung, deren wirtschaftliche und soziale Position durch die Grundherrschaften geprägt wurde.

Die Urbare sind die wichtigste Quellengruppe, die aus dem Bereich der mittelalterlichen Grundherrschaft überliefert ist – ein breites und vielgestaltiges Spektrum schriftlicher Quellen, die das liegende Gut und die Gerechtsame einer Grundherrschaft, vor allem die Einkünfte und Abgaben, z. T. auch die Inhaber der Güter verzeichnen. Die zeitgenössischen Bezeichnungen reichen von den frühmittelalterlichen Polyptychen und Inventaren über Hubenlisten, Heberegister, Zinsrödel und Gültbücher bis hin zu den spätmittelalterlichen Lagerbüchern, Berainen und Zinsregistern. Verbindendes Element dieser urbariellen Aufzeichnungen ist, daß sie vorrangig ökonomischen Zwecken dienen (*urbor* bezeichnet im Mittelhochdeutschen den Ertrag eines Grundstücks). Urbare zeigen die Sicht des Herren auf seine Grundherrschaft, wobei natürlich der Einnahmeaspekt im Vordergrund stand. Dabei ging es aber eher darum, »eine konkrete Übersicht über Besitz und Rechtstitel zu verschaffen«, als »eine geordnete, vielleicht auf maximalen Gewinn orientierte Wirtschaftspraxis zu ermöglichen« (Hägermann).

Der knapp bemessene Raum des Beitrags zwingt zu einem exemplarischen Vorgehen, das gleichwohl bestrebt ist, von der Fülle europäischer Urbarüberlieferung in zeitlicher, geographischer und typologischer Erstreckung einen gewissen Eindruck zu geben.

Mönche und Bauern
Das Polyptychon von St-Germain-des-Prés in Paris (9. Jahrhundert)

Le polyptyque d'Irminon – das Polyptychon des Abtes Irmino – bezeichnet eine der berühmtesten Quellen zur Wirtschafts- und Sozialgeschichte des Frühmittelalters. Aus dem 8. und 9. Jahrhundert sind mehrere urbarielle Aufzeichnungen erhalten, die in Anlehnung an spätantike Steuerlisten von den Zeitgenossen als *polyptychum* bezeichnet worden sind. St-Germain-des-Prés (Paris) war eines der ältesten und angesehensten Klöster im Frankenreich. Das in einer Handschrift des 9. Jahrhunderts erhaltene Polyptychon des Klosters (Bibliothèque Nationale in Paris) ist »die umfangreichste und detaillierteste Quelle zur Wirtschafts- und Sozialgeschichte des frühen Mittelalters« (Hägermann) und dürfte zwischen 825 und 828 aufgezeichnet worden sein. Dies könnte noch von Abt Irmino von St-Germain-des-Prés (er begegnet u. a. 811 unter den Zeugen des letzten Willens Karls des Großen) veranlaßt worden sein, vielleicht aber auch erst von seinem Nachfolger Hilduin. Diese Benediktineräbte waren nicht nur Vorsteher geistlicher Gemeinschaften, sondern auch Leiter wirtschaftlicher Großbetriebe, zu denen die Klöster der Karolingerzeit gerechnet werden müssen.

Das Polyptychon ist in 25 sogenannte *brevia* unterteilt. Jeder dieser Abschnitte ist einem der großen Besitzkomplexe des Klosters, einer sogenannten Villikation, gewidmet. Daneben umfaßte die Klostergrundherrschaft aber noch zahlreiche Mühlen, Eigenkirchen und nicht zuletzt 1700 Bauernstellen. Den Aufbau des Urbars vermag der Eintrag über Neuilly-sur-Eure (nordwestlich von Chartres) zu verdeutlichen (Breve XI).[2] Zunächst werden der große Herrenhof (*mansus indominicatus*) mit seinem Salland beschrieben, das vom Kloster in Eigenregie bebaut wird. Dazu gehört auch ein großes Waldgebiet, in dem 800 Schweine gemästet werden können. Weiteres Land hat das Kloster an abhängige Leute ausgegeben, die dafür Abgaben und Frondienste auf dem Salland leisten. Sie werden einzeln verzeichnet:

> Der Knecht Abrahil und seine Frau, die Litin Berthild, Eigenleute von Saint-Germain. Das sind ihre Kinder: Abram, Avremar, Bertrada. Und der Lite Ceslin und

2 *Das Polyptychon von Saint-Germain-des-Prés. Studienausgabe*, hrsg. von Dieter Hägermann [u. a.], Köln [u. a.] 1993, S. 95–97, und die Abbildungen am Ende des Bandes.

seine Frau, die Litin Leutberga. Das sind ihre Kinder: Leutgard, Ingohild. Und der Lite Godalbert. Das sind ihre Kinder: Gedalcaus, Celsovild, Bladovild. Die drei bleiben in *Nuviliacus* [Neuilly]. Sie haben eine Hufe, bestehend aus Ackerland 15 Gewann, aus Wiese vier Joch. Sie machen Spanndienst nach Angers und im Monat Mai nach Paris. Sie erbringen für die Heeressteuer zwei Hammel. [Sie entrichten] neun Hühner, 30 Eier, 100 Bretter und ebensoviele Schindeln, 12 Dauben, sechs Reifen, 12 Fackeln [...]. Auf dem Herrenhof umzäunen sie vier Ruten mit Latten, auf der Wiese vier Ruten mit Hecke, zur Ernte aber nach Bedarf. Sie pflügen zur Winterbestellung acht Ruten, zur Frühjahrsbestellung 26 Ruten. Neben dem normalen und außerordentlichen Felddienst fahren sie Mist aufs Herrenfeld. Jeder erbringt vier Pfennig Kopfzins.[3]

Erst nach eingehender Lektüre werden die Strukturen dieser Villikationsgrundherrschaft deutlicher. Zweifellos war »der Urbarschreiber des Klosters [...] nicht zu beneiden angesichts dieser irrationalen Verfilzung von Bodengrößen, Sacherträgen, Menschenzahlen, Arbeitsleistungen« (Borst). Schon der zitierte kurze Urbareintrag läßt ahnen, welcher Organisationsaufwand für den effektiven Betrieb einer frühmittelalterlichen Grundherrschaft nötig war. Das klassische Organisationsprinzip der früh- und hochmittelalterlichen Grundherrschaft war die Villikations- oder Fronhofsverfassung, die auch als »zweigeteiltes« Grundherrschaftssystem (*système bipartite*) bezeichnet wird. Diese war im 7./8. Jahrhundert im Kerngebiet des Frankenreichs zwischen Loire und Rhein entstanden, wohin auch das Urbar von St-Germain-des-Prés gehört. Neben den günstigen geographischen Bedingungen, namentlich den ausgedehnten Lößböden, die sich für den Getreideanbau besonders eignen, ist der Einfluß des Königtums wohl

3 Arno Borst, *Lebensformen im Mittelalter*, Frankfurt a. M. 1973, S. 347.

maßgeblich für die Ausbreitung dieses Grundherrschafttyps in den Kernzonen des Frankenreichs gewesen.

Die klassische Villikationsgrundherrschaft besteht aus zwei Komponenten: Fron- oder Herrenhöfe, die vom Grundherrn in eigener Regie bebaut werden, und davon abhängige Hufen, die von Bauern selbständig bewirtschaftet werden. Die Hufe bezeichnete die Normalausstattung einer vom Fronhof abhängigen, aber selbständigen Bauernstelle mit Hofstatt, Ackerland und Nutzungsrechten an der Allmende; ihre Größe unterlag regionalen Schwankungen. Das zu den Fronhöfen gehörige Land (Salland) konnte je nach Lage und Funktion einen unterschiedlichen Umfang haben. Für das Salland stand dem Grundherrn unfreies Hofgesinde zur Verfügung, doch waren zusätzlich Arbeitsleistungen der Hufenbauern notwendig, denn ohne diese Frondienste ließ sich der Eigenbau des Grundherrn gar nicht betreiben. Beide Elemente zusammen – Fronhof und Hufen – sind für die Klosterwirtschaft von wesentlicher Bedeutung gewesen. Im Vordergrund der Urbaraufzeichnungen mußten deshalb die Zahl der Hufen, die Höhe ihrer Abgaben und der Umfang der Dienste stehen.

Wie sind die Urbare aufgezeichnet worden? Die Aufnahme erfolgte zumeist durch den Grundherrn oder dessen Beauftragten vor Ort. Das Polyptychon von St-Germain erwähnt dies an mehreren Stellen. Dabei war man häufig auf die Befragung der kundigen Männer angewiesen (*inquisitio*), die dem Grundherren unter Eid seine Güter, Einkünfte und Rechte wiesen; ihre Aussagen hatten also den Charakter einer rechtlichen Auskunft, eines »Weistums«. Die Befragung allein reichte jedoch nicht immer, sondern man griff auch auf ältere Aufzeichnungen zurück, um ein neues Urbar anzulegen. Ein berühmtes Beispiel ist das Urbar des Klosters Prüm von 893, das Abt Cäsarius 1222 abschrieb und kommentierte.

Die Menschen, die in die Fronhofsverbände des frühen Mittelalters eingebunden waren, treten uns – wenn überhaupt – in einer verwirrend vielfältigen Terminologie entgegen, die ihre rechtlich unterschiedliche Stellung widerspiegelt. In St-Germain sind es vor allem die *servi* und die *lidi*; deren soziale Stellung ist ungünstiger als die der *coloni* (von dem *colonus* Bodo hat die englische Historikerin Eileen Power ein »Lebensbild« gezeichnet), doch besser als die der *servi* gewesen. Ihr gehäuftes Auftreten ist übrigens eine Besonderheit der Klostergüter im Perche, der Landschaft um Neuilly, was verdeutlicht, daß auch in räumlicher Hinsicht die Grundherrschaft ein sehr vielgestaltiges Phänomen darstellt. Eine Besonderheit des Polyptychons von St-Germain-des-Prés sind die namentlichen Aufzählungen der Bauern und ihrer Familien (es handelt sich um insgesamt etwa 10000 Namen), zumal auf dieser Grundlage auch Daten zur Bevölkerungsentwicklung erschließbar sind, über die man in anderen Wirtschaftsquellen der Zeit vergebens Angaben sucht. Zunächst fällt bei der Personennamengebung auf (sie ist im Frühmittelalter einnamig; Familiennamen gibt es nicht), daß bei etwa Dreiviertel aller Familien Nachbenennung stattfindet, indem eines oder mehrere der Kinder einen Namensteil des Vaters oder der Mutter tragen (Abra-hil/Abra-ham, Bert-hild/Bert-rada). Daraus kann man schließen, daß es auch bei Hörigenschichten ein Familienbewußtsein gegeben hat, wie man es für die adeligen Führungsschichten seit langem kennt. Aufschlußreich ist, daß anhand dieser Namenslisten kaum Dreigenerationen-Haushalte nachgewiesen werden können, was auf eine relativ niedrige Lebenserwartung schließen läßt. Die gewagte These einer amerikanischen Historikerin, der Männerüberschuß in den Namenslisten lasse darauf schließen, daß man im Frühmittelalter aus ökonomischem und sozialem Kalkül systematisch Kindsmord an Mädchen betrieben habe, ist hingegen auf allgemeine Ablehnung gestoßen.[4] Der Historiker sollte auch

4 Jean-Pierre Devrœy, *Études sur le grand domaine carolingien*, Aldershot 1993, Beitrag Nr. VI.

die Grenzen der Aussagekraft seiner Quellen stets im Blick behalten.

Den geistlichen Großgrundherrschaften der Karolingerzeit floß der umfangreiche Grundbesitz vor allem durch Schenkungen des Königtums und des Adels zu. Dem weiträumigen Besitz entsprachen vielfach weitgespannte wirtschaftliche Beziehungen, wie sie sich in St-Germain-des-Prés besonders anhand der im Polyptychon verzeichneten Transportdienste der Bauern verdeutlichen lassen. Die Hörigen der Villikation Neuilly hatten Fuhrdienste vom Anjou nach Paris zu leisten, um (wie wir aus anderen Quellen wissen) Wein zu transportieren. Außerdem lieferten sie aus ihrer waldreichen Heimatregion Holz nach Paris.

Ein quantitativer Vergleich zwischen den Grundherrschaften der Karolingerzeit stößt deshalb auf Schwierigkeiten, weil sich die Größe des Sallandes vielfach nicht berechnen läßt. Die Reichsabtei Fulda beispielsweise verfügte Anfang des 9. Jahrhunderts bereits über den gewaltigen Besitz von 6000 bis 7000 Hufen sowie über Salland im Umfang von rund 30000 Morgen. Die Grundherrschaft des bedeutenden Klosters Prüm (Eifel) umfaßte Ende des 9. Jahrhunderts hingegen etwa 1700 Hufen, die von Corvey an der Weser im 10. Jahrhundert etwa 2000 Bauernstellen. St-Germain in Paris gehörte folglich zu den großen, aber nicht zu den größten Grundherrschaften im Reich Karls des Großen.

König und Land
Wilhelm der Eroberer und das *Domesday Book* (1086)

Höhnisch kommentiert der Verfasser der *Angelsächsischen Chronik* 1087 den Tod Wilhelms des Eroberers: »Ach, wie eitel und unstet ist der Wohlstand dieser Welt! Er war vorher ein reicher König und Herr über manches Land; nun besaß er von all dem Land nur noch sieben Fußbreit«, womit der Autor auf das Grab des Königs in Caen anspielt. Der Hinweis auf den reichen Landbesitz des englischen Königs geschah nicht zufällig, denn es wird wenige Herrscher des Mittelalters gegeben haben, die über ihre materiellen Ressourcen so gut Bescheid wußten wie Wilhelm I. von England. Wilhelm durchsuchte nämlich England, wie der zitierte Benediktinerchronist schreibt, »so genau, daß es keine einzige Hufe [...] gab, von der er nicht wußte, wer sie besaß und was sie wert war; und dann hielt er das schriftlich fest«[5].

Diese Aufzeichnungen sind noch heute erhalten (Public Record Office in London): Das *Domesday Book* besteht aus zwei dickleibigen Pergamentcodices, von denen *Great Domesday* – die großformatigere Handschrift – 383 zweispaltig beschriebene Blätter und *Little Domesday* 451 Blätter umfaßt. Es handelt sich um die wohl berühmteste Quelle des englischen Mittelalters. Über den Zweck und den eigentümlichen Namen dieser Aufzeichnung unterrichtet der Schatzmeister Richard von Ely in seinem *Dialogus de scaccario*, den er in den Jahren 1177/79 verfaßt hat. Danach sandte König Wilhelm

> seine scharfsinnigsten Vertrauten auf einen Umritt durch das Königreich. Diese Leute besorgten eine gewissenhafte Beschreibung des gesamten Landbesitzes

5 Borst (s. Anm. 3) S. 461 f.

in Wäldern, Weiden, Wiesen und Ackerland und zeichneten sie [...] in einem Buche auf [...]. Dieses Buch wird von den Einheimischen bildhaft ›Domesdei‹, also ›Tag des Gerichts‹ genannt. Denn so wie man dem Urteil jenes strengen und furchtbaren letzten Gerichts mit keiner Ausflucht entrinnen kann, so darf auch, wenn es im Reiche Streit gibt über die Dinge, die in dem Buch verzeichnet sind, und man es dann beizieht, sein Urteil nicht entstellt oder ungestraft übergangen werden [...][6].

Das Domesday Book war weit mehr als nur ein Urbar der königlichen Domäne – es war eine Landesbeschreibung. Mit einer Detailbesessenheit und Präzision, wie sie wohl erst wieder in den umfangreichen landesherrlichen Salbüchern der Frühen Neuzeit begegnet, ließ Wilhelm der Eroberer 1086 den Besitz aller Herrschaftsträger in England aufzeichnen, die der Krone untergeordnet waren: von Erzbischöfen, Bischöfen, Grafen und allen anderen Männern wurde notiert, was sie an Land und Vieh besaßen und wieviel Geld dies wert war. Der Angelsächsische Chronist notierte empört: »So peinlich genau ließ er das ausspionieren, daß es nicht eine einzige Hufe gab oder eine Rute Landes, noch blieben – es ist eine Schande dies zu sagen, deuchte ihn aber keine Schande zu tun – ein Ochse oder eine Kuh oder ein Schwein übrig, die nicht in sein Geschreibsel gesetzt wurden.«[7] Die Landesbeschreibung war auf einem Hoftag in Gloucester Weihnachten 1085 beschlossen worden. König Wilhelm war vom Kontinent nach England geeilt, weil eine dänische Invasion drohte. Es wird aber schwerlich nur dieses kurzfristige fiskalische Interesse gewesen sein, das den Normannenherrscher zu seiner Maßnahme veranlaßte. Die königlichen Beauftragten

6 *Richard von Ely. Schatzmeister des Königs: Finanzverwaltung im Mittelalter*, lat./dt., eingel., übers. und erl. von Marianne Siegrist, Zürich [u. a.] ^{2}1986, S. 136/137 f.

7 Kurt-Ulrich Jäschke, *Die Anglonormannen*, Stuttgart [u. a.] 1981, S. 108.

gingen bei der Landesaufnahme nach einem Fragenkatalog vor, der nicht nur die aktuellen Einnahmen im Blick hatte, sondern auf deren Steigerung zielte. Königliche Steuererhebungen wurden zur Landplage.

Vor dem Hintergrund der scharfen zeitgenössischen Kritik und des praktischen fiskalischen Nutzens der Landesbeschreibung hat man den Grad der Präzision dieser Aufzeichnungen gelegentlich überschätzt. Folgende Angaben wurden erfaßt: die Menge der Hufen (*hides*) und Pflugländereien (*carucatae*) auf Herrenhöfen und Bauerngütern; die Zahl der Dörfler (*villani*), Kötter (*cotarii*, *bordarii*), Knechte (*servi*), freien Männer (*liberi homines*) und gerichtsabhängigen Freien (*sochemanni*); Anzahl und Umfang der Wälder, Wiesen, Weiden, Mühlen und Fischteiche – und das alles mindestens für zwei Stichdaten: beim Tod des angelsächsischen Königs Edward 1066 (im Domesday Book heißt es immer: T. E. R., *tempore Edwardi regis*), und zum gegenwärtigen Zeitpunkt (1086). Ein Vergleich der beiden Handschriften des Domesday Book läßt signifikante Unterschiede zutage treten. *Little Domesday* enthält lediglich die Beschreibungen der drei östlichen Grafschaften Essex, Norfolk und Suffolk. *Great Domesday* beschreibt den Rest Englands mit wenigen Lücken. Von den großen Städten sucht man London und Winchester vergeblich. Zudem ist die Beschreibungsweise in beiden Handschriften unterschiedlich, wenn auch nicht grundverschieden. Der Vergleich zeigt, daß es zwischen der Erhebung vor Ort, der *Little Domesday* nähersteht, und der endgültigen Niederschrift, wie sie im *Great Domesday* vorliegt (der Band wurde von einem einzigen Schreiber zu Pergament gebracht!), Redaktionsstufen gegeben hat, denen manche Detailinformationen zum Opfer gefallen sind. So nennt nur *Little Domesday* den Umfang der Viehbestände und Bevölkerungszahlen. In nahezu allen Fällen erscheint im *Domesday Book* aber zumindest der Ortsname, die Besteuerungsgrundlage des Besitzes und sein Wert 1066 und 1086. Für einige Gebiete Englands sind übrigens ähnliche Erhebungen überliefert, die dem *Domesday Book* vorangegangen sind und deshalb von der Forschung als »Domesday Satellites« bezeichnet werden.

Das *Domesday Book* zeigt, daß der König in den meisten Grafschaften der mächtigste Grundbesitzer war. Fast flächendeckend läßt sich nachvollziehen, wie sich die Besitzverhältnisse nach 1066 zu seinen Gunsten verschoben haben. Die Herrschaftsordnung der Monarchie wird deutlich, die sich neben den kirchlichen Würdenträgern (Bischöfen und Äbten) auf eine relativ kleine Gruppe von etwa 170 Familien der Laienbarone stützte. Darunter gab es eine breite Schicht von 5000 bis 6000 Rittern, die ihre Lehen von den Baronen oder von der Kirche hatten. Aus der Fülle der Einträge soll hier die adelige Grundherrschaft eines königlichen Vasallen näher betrachtet werden. Im County of Worcestershire verzeichnet das *Domesday Book* neben dem Königsland den Besitz von zwei Bischöfen (Hereford und Bayeux), von zehn geistlichen Gemeinschaften und von 15 Adligen, darunter das *manor* des William Fitz Corbucion:

> William, Sohn des Corbucion, hat vom König als Lehen ›Witone in Wich‹ (Witton in Droitwich). Tuini, ein Lehnsmann König Edwards, hatte es [bis 1066] inne. Es gibt dort 2 Hufen (*hides*). Die Domäne umfaßt 2 Pflüge (Land), und (dort sind) 18 Kötter (*bordars*) und 1 Priester mit 1 Pflug (Land). Dort sind 4 Unfreie (*serfs*) und 1 Unfreie (*bondwoman*), und dazu gehört in Worcester 1 Hofstelle (*burgess*), die 2 Schilling wert ist. Es gibt 3 Salzpfannen, die 60 Maß (*mittas*) Salz ertragen; und den Anteil an einer Salzpfanne im Wert von 10 Maß (*mittis*) Salz. Es gibt dort eine halbe *lewede* Wald. Es war und es ist wert 3 Pfund.[8]

8 *Domesday-Book seu Liber Censualis Willelmi Primi Regis Angliae*, Bd. 1–2, hrsg. von Abraham Farley, London 1783 (Edition); Bd. 3–4, hrsg. von Henry Ellis, London 1816, fol. 177b.

Eine solche adelige Grundherrschaft (englisch *manor*, lateinisch *manerium*) konnte vom König direkt oder von einem anderen Lehnsherrn abhängig sein. Adelsgrundherrschaften hat es selbstverständlich auch in angelsächsischer Zeit gegeben. Aber erst nach 1066 setzte sich das klassische feudale Organisationsmodell durch, wie es auf dem Kontinent schon seit Jahrhunderten etabliert war: die zweiteilige Grundherrschaft. Der beschriebene Adelsbesitz ist ähnlich strukturiert wie die großen Villikationen des Klosters St-Germain-des-Prés. Es gibt Hufen, die an Bauern ausgegeben werden, und Domänenland, das im Eigenbau betrieben wird. Dazu gehören abhängige Leute unterschiedlicher Rechtsstellung. Die Nennung eines Priesters und seiner Landausstattung läßt auf eine Kirche schließen, die zu diesem adeligen *manor* gehört hat. Interessant sind außerdem die Verbindungen zur Stadt (eine Hofstelle in Worcester) und die gewerbliche Salzproduktion, an der William Fitz Corbucion beteiligt ist. Der erwähnte Wald war als Brennstofflieferant der Siedepfannen unverzichtbar.

Welchen Wert solche detaillierten Aufzeichnungen haben, zumal, wenn sie praktisch für ein ganzes Land vorliegen, steht außer Frage, doch birgt das *Domesday Book* auch manche Probleme. Auf der einen Seite, so meinte der britische Siedlungshistoriker Darby, bewundert man es als statistische Quelle, die ganz England nach einheitlichen Kriterien beschreibt. Auf der anderen Seite erweist sich aber erst bei genauerer Beschäftigung, wie verwirrend und problematisch viele der dargebotenen Daten sind. Wie im Falle von St-Germain-des-Prés ist auch hier zunächst nach dem Aufzeichnungszweck zu fragen. Der König war natürlich besonders an genauen Angaben über die Lehensträger, die Besteuerungsgrundlagen und den Wert der Besitzungen interessiert, und für diese Aspekte ist das *Domesday Book* von größter Aussagekraft. Weitaus problematischer erweist sich sein Quellenwert bei Untersuchungen zur Siedlungsgeschichte, da in manchen Landschaften viele Orte nicht genannt werden, obwohl sie im 11. Jahrhundert schon bestanden haben. Gleichwohl ist die Aussagekraft der Aufzeichnungen für die Kulturgeographie schier unerschöpflich. Weniger tragfähig ist das *Domesday Book* für Fragen der historischen Demographie, war es doch nicht beabsichtigt, die englische Bevölkerung vollständig zu erfassen. Dies hat die vergleichende Auswertung von Urbaren der Burton Abbey aus dem 12. Jahrhundert erwiesen, in denen eine Vielzahl von Personen erscheint, die durch das Raster des *Domesday Book* hindurchgefallen sind.

Der hohe Rang des *Domesday Book* als Zeugnis der Verwaltungsgeschichte und als Quelle der Sozial- und Wirtschaftsgeschichte Englands im Hochmittelalter wird erst recht deutlich, wenn man sich nach vergleichbaren Aufzeichnungen auf dem Festland umschaut. In der Karolingerzeit entstanden im Frankenreich zwar umfangreiche Inventare der Königsgüter, doch sind nur wenige und regional begrenzte Bruchstücke überliefert. Daß es sich bei dem Lorscher oder dem churrätischen Reichsurbar nur um die bescheidenen Reste schriftlicher Verwaltung des Reichsgutes handelt, zeigen die Bestimmungen des *Capitulare de villis*, einer Wirtschaftsordnung Karls des Großen für die Reichsgüter. In Deutschland wird erst unter den Staufern wieder das Bestreben der Herrscher deutlich, ihre Rechte zu sichern und auszubauen. Das berühmte »Tafelgüterverzeichnis« (wohl in den ersten Regierungsjahren Friedrich Barbarossas, bald nach 1152 entstanden) bietet einen ersten summarischen Überblick über die weitgestreuten Königsgüter in Deutschland und Reichsitalien.[9] Freilich werden nur die großen Königshöfe (Villikationen) mit ihren Leistungsverpflichtungen erfaßt, nicht aber die einzelnen Besitzungen der Krongutbezirke genannt. Für eine umfassende Landesbeschreibung, wie sie im anglonormannischen Eng-

9 Carlrichard Brühl / Theo Kölzer, *Das Tafelgüterverzeichnis des römischen Königs (Ms. Bonn S 1559)*, Köln [u. a.] 1979.

land 1086 durchgeführt wurde, fehlten in den Nachfolgemonarchien des Karolingerreiches die verfassungsgeschichtlichen Voraussetzungen. In Deutschland entstammt die schier unüberschaubare Fülle von Urbaren des späten Mittelalters nicht etwa der Reichsgutverwaltung, sondern den zahllosen Grundherrschaften der geistlichen und weltlichen Landesherren, der kirchlichen Institutionen, der Städte sowie der adeligen und bürgerlichen Herrschaftsträger.

Kirche, Adel, Bürger Die Urbarüberlieferung Frankens im späten Mittelalter

Im späten Mittelalter schwillt die Überlieferung auf allen Gebieten durch wachsende Verschriftlichung sprunghaft an. Die enorme Zunahme der urbariellen Quellen wurde zudem durch den Strukturwandel der Grundherrschaften gefördert. Die Auflösung der Villikationen mit ihrem Salland führte zu einer Vermehrung der bäuerlichen Betriebe, wodurch eine strengere Kontrolle der grundherrlichen Einkünfte durch detaillierte Urbare nötig wurde. Diese Überlieferungsfülle macht neue Wege der Quellenerschließung notwendig, da es nicht möglich ist, alle seit dem 13. Jahrhundert überlieferten Urbare des deutschsprachigen Raumes zu edieren, wie es für das Domkapitel Bamberg mit seinen zahlreichen urbariellen Aufzeichnungen und Wirtschaftsordnungen des 11. bis frühen 16. Jahrhunderts mustergültig geschehen ist.[10] In der engen, ja un-

10 Erich Freiherr von Guttenberg (Bearb.), *Urbare und Wirtschaftsordnungen des Domstifts zu Bamberg*, Tl. 1, aus dem Nachlaß hrsg. von Alfred Wendehorst, Würzburg 1969.

trennbaren Verschränkung von Besitzgeschichte, Wirtschaftsorganisation, Liturgie und Lebensordnung des Domkapitels erweisen sich diese Urbare als außerordentlich schwieriger, ineinander verschachtelter und nur im Gesamtzusammenhang der Überlieferung treffend zu deutender Quellenstoff.

Bei der Erschließung und Auswertung der spätmittelalterlichen Urbarüberlieferung müssen freilich andere Wege beschritten werden. Eine Möglichkeit bieten analytische Quelleninventare, wie es jüngst für einen Teil Frankens verwirklicht worden ist.[11] Untersuchungsgebiet ist das Hochstift Würzburg mit allen in diesem Raum gelegenen Grundherrschaften – ein Gebiet, das im wesentlichen mit dem heutigen bayerischen Regierungsbezirk Unterfranken identisch ist. Dort sind 464 Urbare überliefert, die zwischen dem 9. und der Mitte des 16. Jahrhunderts aufgezeichnet bzw. angelegt worden sind und sich auf 137 Grundherrschaften verteilen. 77 Grundherrschaften sind mit nur einem Urbar vertreten, einige wenige aber sogar mit zehn oder mehr.

Ein Blick auf die zeitliche Verteilung belegt den allgemeinen Trend stark anschwellender Schriftlichkeit im 15. Jahrhundert. Sind es bis 1300 nur 18 Urbare, so steigt ihre Zahl in der ersten Hälfte des 14. Jahrhunderts um 25, in der zweiten Hälfte um 27 Urbare, um dann im 15. Jahrhundert in die Höhe zu schnellen: 90 Urbare werden in der ersten und 154 in der zweiten Jahrhunderthälfte angelegt. Der Trend hält in der ersten Hälfte des 16. Jahrhunderts an, denn nach 1500 kommen noch 150 Quellen hinzu. Urbare in deutscher Sprache begegnen ab der zweiten Hälfte des 14. Jahrhunderts und überwiegen im 15. Jahrhundert. Die quantitative Verteilung von Urbaren weltlicher und geistlicher Grundherren verändert sich bei stetigem Anstieg der Menge enorm. Dabei erscheinen Urbare weltlicher Herr-

11 *Fränkische Urbare. Verzeichnis der mittelalterlichen urbariellen Quellen im Bereich des Hochstifts Würzburg*, bearb. von Enno Bünz [u. a.], Neustadt (Aisch) 1998.

schaften erst seit der zweiten Hälfte des 14. Jahrhunderts in nennenswerter Zahl.

Als besonders aktive Urbarersteller sind die Klöster und die weltlichen Landesherren erkennbar, wobei die Zahl der Urbare pro Grundherr bei den Klöstern schwankt (auch Verluste sind zu bedenken), bei den wenigen weltlichen Landesherren dagegen durchweg hoch ist. Vor allem bei den größeren Grundherrschaften geht die Tendenz hin zu einer Erfassung des Besitzstandes durch Teilurbare, die nicht mehr den gesamten Besitz erfassen, sondern territoriale Ämter oder klösterliche Sondervermögen inventarisieren. Die detaillierte Analyse des Aufbaus der fränkischen Urbare, der Eintragsform und ihrer Vorlagen sowie der Evidenthaltung läßt tiefere Einblicke in die von Schriftlichkeit gestützte Wirtschaftspraxis mittelalterlicher Grundherren erwarten.

Das analytische Inventar der fränkischen Urbarüberlieferung bietet noch tiefergehende Möglichkeiten der inhaltlichen Analyse, da alle in den Urbaren genannten Besitzorte der Grundherrschaften erfaßt und identifiziert worden sind. Die Zusammenschau aller Urbare ergibt so – freilich mit Einschränkungen, vor allem aufgrund der Überlieferungslücken – gewissermaßen ein flächendeckendes »Domesday Book« für das spätmittelalterliche Unterfranken. Im folgenden seien nur einige wenige Aspekte näher ausgeführt.

Wie stark die grundherrschaftliche Zersplitterung der mainfränkischen Orte in Mittelalter und Neuzeit gewesen ist, soll exemplarisch für den Altlandkreis Ochsenfurt gezeigt werden: Es gibt mehr als doppelt so viele Orte mit zwei bis fünf Grundherrschaften als Orte mit nur einer Grundherrschaft. In etwa 17 % der Ortschaften des Kreises begegnen sogar mehr als fünf Grundherren. Die inhaltliche Auswertung der einschlägigen Urbare dürfte gewiß ein noch differenzierteres Bild ergeben, da dann deutlich würde, daß der Anteil der verschiedenen Grundherren an den

Herrschafts- und Besitzrechten in einem Ort recht unterschiedlich war. Andererseits würde sich bei Berücksichtigung ergänzender Quellen aber auch zeigen lassen, daß die Zahl von maximal 15 Orten mit nur einem Grundherrn tatsächlich wohl noch kleiner gewesen ist, weil manche Orte eben nur in *einem* Urbar belegt und die Aufzeichnungen anderer dort begüterter Grundherren nicht erhalten sind. Gerade die adeligen Grundherrschaften sind insgesamt nur schlecht überliefert.

Die Auswertung von Ortskatalog und Urbarverzeichnis läßt sich auch chronologisch differenzieren. Das Siedlungsbild im Altlandkreis Ochsenfurt um 1300 weist zahlreiche untergegangene Orte im südlichen Bereich auf: Etwa die Hälfte der mittelalterlichen Ortschaften ist wüstgefallen. Daß regionalspezifische Gründe für den gesteigerten Wüstungsquotienten verantwortlich sind, zeigt die gegen Süden zum Taubertal hin stark abfallende Bodengüte der Region, während die ertragsstarken Lößböden im nördlichen Teil des Kreises kaum Siedlungsabgänge aufweisen. Ob die spezifischen grundherrschaftlichen Verhältnisse den Wüstungsprozeß womöglich noch beschleunigt haben, kann allerdings erst eine qualitative Analyse der Quellen zeigen. So heißt es im Urbar der Kartause Tückelhausen über die Wüstung Oberhausen im Altlandkreis Ochsenfurt, dies sei früher ein Weiler gewesen und habe Adeligen gehört: »Vnd sunderlich sagt man von eyme, der waz den luten so herte, daz dy lewt von im wichen vnd also ist ez czu eym hoff worden.«[12] Die besonders drückende Herrschaftspraxis adeliger Grundherren mag also durchaus den Wüstungsprozeß befördert haben, indem sie die Bauern zur Landflucht veranlaßten.

*

12 Dieter Rödel / Peter Rückert, »Die Erfassung mittelalterlicher urbarieller Quellen mittels EDV und die Möglichkeiten ihrer Auswertung für die historische Siedlungsforschung«, in: *Siedlungsforschung* 10 (1992) S. 263–279, hier S. 272.

Die hier vorgestellten Urbare und anderen wirtschaftlichen Aufzeichnungen des Mittelalters enthüllen ihre spröden Reize erst bei genauerer Betrachtung. Dafür erschließen sich dem geduldigen Leser durch sie Bereiche des mittelalterlichen Lebens, die von den übrigen Quellen kaum oder gar nicht beleuchtet werden. Im Vordergrund des Interesses steht zunächst natürlich die Entwicklung der Grundherrschaft und ihrer Strukturelemente, die im Laufe des Mittelalters vielfältigen Wandlungen unterlagen: Umfang und Verteilung des Besitzes, seine agrarische Nutzung, das Verhältnis von Herrenland und Hufen, die soziale und rechtliche Schichtung der grundherrschaftlichen *familia*, ihre Wandlung zur Dorfgemeinde, die Marktbindung der Grundherrschaft, die Wirtschaftspraxis der Grundherren u. a. m. Darüber hinaus bilden urbarielle Aufzeichnungen unerschöpfliche Quellen für alle erdenklichen Fragen der mittelalterlichen Herrschaftspraxis und Wirtschaftsweise, der Siedlungs- und Technikgeschichte, der Kulturgeographie und Bevölkerungsgeschichte, der Sozialgeschichte und historischen Anthropologie.

Antworten sind jedoch nur durch eine gründliche Analyse der einschlägigen Urbare möglich. Die Frage nach den Aufnahme- und Anlagekriterien, die für jedes Urbar neu gestellt werden muß, ist der Schlüssel zu einer angemessenen Interpretation. Einheitliche Vorschriften für die Urbarerstellung gab es in mittelalterlichen Grundherrschaften nicht. Dazu waren wohl auch die jeweiligen Strukturen, die es zu erfassen galt, zu unterschiedlich. Verbindliche Anweisungen für die Anlage umfassender Urbare wurden erst von den frühneuzeitlichen Territorialstaaten im 16. Jahrhundert formuliert. Jeder mittelalterliche Grundherr aber mußte das Problem, ein Verzeichnis seiner Besitzungen, Einkünfte und Rechte anzulegen, für sich selbst lösen. Eine wesentliche Aufgabe der Urbarforschung besteht deshalb darin, die Entwicklung von den vielgestaltigen urbariellen Aufzeichnungsformen des Mittelalters zu den standardisierten Sal- oder Lagerbüchern der frühen Neuzeit herauszuarbeiten und damit die quellenkritischen Grundlagen für ihre Auswertung zu schaffen. Die historische Aussagekraft mittelalterlicher Urbare ist in Grenzen unbegrenzt.

Literaturhinweise

Bünz, Enno: Probleme der hochmittelalterlichen Urbarüberlieferung. In: Grundherrschaft und bäuerliche Gesellschaft im Hochmittelalter. Hrsg. von Werner Rösener. Göttingen 1995. S. 31–75.

– Neue Wege zur Erschließung spätmittelalterlicher Quellen. Die Erfassung der fränkischen Urbare als Modellvorhaben. In: Jahrbuch der historischen Forschung in der Bundesrepublik Deutschland. Berichtsjahr 2000. München 2001.

Darby, Henry Clifford: Domesday England, Cambridge 1977. (Tb.-Ausg. 1986.)

Domesday Book. A Reassessment. Hrsg. von Peter Sawyer. London 1985.

Duby, Georges: Krieger und Bauern. Die Entwicklung von Wirtschaft und Gesellschaft im frühen Mittelalter. Frankfurt a. M. [2]1981.

Elmshäuser, Konrad / Hedwig, Andreas: Studien zum Polyptychon von Saint-Germain-des-Prés. Köln [u. a.] 1993.

Fränkische Urbare. Verzeichnis der mittelalterlichen urbariellen Quellen im Bereich des Hochstifts Würzburg. Bearb. von Enno Bünz [u. a.]. Neustadt (Aisch) 1998.

Fuchs, Rüdiger: Das Domesday Book und sein Umfeld. Zur ethnischen und sozialen Aussagekraft einer Landesbeschreibung im England des 11. Jahrhunderts. Stuttgart 1987.

Galbraith, Vivian Hunter: Domesday Book. Its Place in Administrative History. Oxford 1974.

Die Grundherrschaft im späten Mittelalter. 2 Bde. Hrsg. von Hans Patze. Sigmaringen 1983. (Vorträge und Forschungen. Hrsg. vom Konstanzer Arbeitskreis für mittelalterliche Geschichte. 27.)

Hägermann, Dieter: Anmerkungen zum Stand und den Aufgaben frühmittelalterlicher Urbarforschung. In: Rheinische Vierteljahrsblätter 50 (1986) S. 32–58.

Hallam, Elizabeth M.: Domesday Book through Nine Centuries. London 1986.

Heidrich, Ingrid: Befragung durch Beauftragte – Beeidung durch Betroffene. Zum Verfahren bei mittelalterlichen Besitzaufzeichnungen. In: Vierteljahrschrift für Sozial- und Wirtschaftsgeschichte 85 (1998) S. 352–358.

Jäger, Helmut: Die spätmittelalterliche Kulturlandschaft Frankens nach dem Ebracher Gesamturbar vom Jahr 1340. In: Festschrift Ebrach 1127–1977. Hrsg. von Gerd Zimmermann. Volkach 1977. S. 94–122.
Kuchenbuch, Ludolf: Grundherrschaft im frühen Mittelalter. Unter Mitarb. von Stefan Hanemann [u. a.]. Idstein 1991.
Power, Eileen: The Peasant Bodo. Life in a Country Estate in the Time of Charlemagne, in: E. P.: Medieval People. London [9]1950. S. 18–38 und 174–177.
Richter, Gregor: Lagerbücher- oder Urbarlehre. Hilfswissenschaftliche Grundzüge nach württembergischen Quellen. Stuttgart 1979.
Rösener, Werner: Bauern im Mittelalter. München 1985.
– Grundherrschaft im Wandel. Untersuchungen zur Entwicklung geistlicher Grundherrschaft im südwestdeutschen Raum vom 9. bis 14. Jahrhundert. Göttingen 1991.
Schulze, Hans K.: Grundstrukturen der Verfassung im Mittelalter. Tl. 1: Stammesverband, Gefolgschaft, Lehnswesen. Grundherrschaft. Stuttgart [u. a.] 1985.
Strukturen der Grundherrschaft im frühen Mittelalter. Hrsg. von Werner Rösener. Göttingen 1989.
Villa – curtis – grangia. Landwirtschaft zwischen Loire und Rhein von der Römerzeit zum Hochmittelalter. Hrsg. von Walter Janssen und Dietrich Lohrmann. München 1983.

Hagiographie

Von Klaus Herbers

I
Anknüpfungspunkte

Wer kennt ihn nicht, den heiligen Nikolaus, der am 6. Dezember die Schuhe der Kinder mit guten Dingen füllt, oder Sankt Martin, zunächst römischer Militär, später Bischof von Tours, der seinen Mantel mit einem armen Bettler teilte und an dessen Festtag heute zuweilen eine »Martinsgans« verspeist wird. Die Erinnerung an diese Heiligen wird wachgehalten, vielleicht auch durch Schokoladenmänner, Gebäck und anderes kommerziell verformt, denn der »Weihnachtsmann« hat nur noch wenig mit der historischen Gestalt des Nikolaus zu tun. Aber immerhin: Sie sind noch bekannt. Was aber ist mit den Barbarazweigen oder dem Blasiussegen, was mit Jakobiäpfeln und dem Bonifatiuswerk? Woran denken wir, wenn wir St. Wendel im Saarland, St. Pauli in Hamburg oder St. Georgen im Schwarzwald besuchen?

Heilige und Geschichten über sie sind noch teilweise präsent, aber sicher nicht mehr in dem Maße wie bei Generationen zuvor. Ist aber das, was vielleicht Eltern und Großeltern noch von diesen Personen wußten, nicht völlig verformte Geschichte? »Das ist eine fromme Legende«, heißt es oft in der Umgangssprache, wenn man nicht so recht an die Wahrheit glauben will. Sind Texte zu Heiligen und deren angeblichen Taten meist Lügenmärchen, die seit Luther und spätestens seit der Aufklärung für jeden modern denkenden Menschen ins Zwielicht geraten sind? Hatte der Reformator nicht überhaupt geraten, sich mit Heiligen nicht abzugeben, nicht nach Santiago de Compostela in Spanien zu pilgern, da man nicht wisse, ob dort Jakobus oder ein totes Roß begraben liege?[1] Welche Einblicke können uns Erzählungen und Schriften über Heilige in vergangene Zeiten überhaupt gewähren?

Wie immer man heute zu den Traditionen um verschiedene Heilige steht – mit neuen Funktionen versehene Reimporte aus den USA wie der Valentinstag haben es offensichtlich leichter als alte Traditionen –, die Texte, die sich aus dem Mittelalter, aber auch noch aus der frühen Neuzeit zu Heiligen erhalten haben, sind Legion. Nur, wie hat das soziale und kulturelle Gedächtnis[2] die Geschichten gespeichert, wie wurden sie verformt, was können sie über Wirklichkeiten, was über Konzeptionen, Wünsche und Hoffnungen der Menschen zu verschiedenen Zeiten sagen; kurz: wie bringt der Historiker sie zum Sprechen?

II

Hagiographie – Heiligenverehrung und zugehörige Texte (»Genera« und Textsorten)

Soviel steht fest: Heilige als Begleiter, Vorbilder und Mittler waren den Menschen vergangener Zeiten wichtiger als uns. Wollen wir uns den Menschen des europäischen Mittelalters nähern, sollten wir ihre Heiligen kennenlernen. Ein weiterer Grund gebietet es, die Texte und Zeugnisse zur Kenntnis zu nehmen: Schon in der Quantität übertreffen

1 Martin Luther, *Kritische Gesamtausgabe*, Bd. 10, Weimar 1905, S. 235.
2 Jan Assmann, *Das kulturelle Gedächtnis. Schrift, Erinnerung und politische Identität in frühen Hochkulturen*, München 1992.

Schriften über Heilige fast alle weiteren Quellencorpora, so daß hier eine unerschöpfliche Vielfalt an Möglichkeiten besteht, die nicht ungenutzt bleiben sollte. Geht man in eine wissenschaftliche Bibliothek, so wird man schon rein äußerlich des Quellenreichtums schnell gewärtig. Die sogenannten *Acta Sanctorum*, die den größten Teil dieser Texte im Druck bieten, nehmen – in welcher Ausgabe auch immer – mit ihren großen Foliobänden sechs bis sieben Regalmeter der meisten Bibliotheken ein. Es finden sich dort allein etwa 4000 Lebensbeschreibungen von rund 2500 Heiligen.

Mit dem Begriff »Hagiographie« werden Schriften bezeichnet, die sich mit den Heiligen befassen (griech. *hagios* ›heilig‹, *graphein* ›schreiben‹). Der Entstehungszusammenhang und die Vielfalt dieser Schriften, bei denen vor allem Viten (a), Mirakel (b), Translationsberichte (c) und Heiligenverzeichnisse (d) zu unterscheiden sind, ist am besten mit einem Blick auf die Entwicklung der christlichen Heiligenverehrung zu erläutern.

(a) Die alte Kirche zählte in den ersten christlichen Jahrhunderten vor allem die um ihres Glaubens willen getöteten Christen (Märtyrer) zu den hervorgehobenen, heiligen Personen. Heilig waren vor allem diejenigen, die besonders frühzeitig von Gott erwählt worden waren, die Märtyrer zählten hierzu (vgl. Offenbarung 20,4–6). Entsprechend werden die Ursprünge der christlichen Heiligenverehrung hauptsächlich im Märtyrerkult gesucht. Über die Personen, besonders aber über deren Glaubenszeugnis gab es bald einschlägige Texte. Schon über die Taten Jesu, Mariae und der Apostel waren – ausführlicher als heute meist bekannt – Schriften angefertigt worden, die zum größten Teil im Jahre 405 von Papst Innozenz I. als unkanonisch verurteilt und nicht unter die approbierten biblischen Schriften aufgenommen wurden. Gerade diese sogenannten »Apokryphen« stellten jedoch das Menschliche häufig in den Vordergrund, wurden gelesen und trugen damit zur Durchsetzung des Christentums in der Spätantike maßgeblich bei. Schriften über die Blutzeugen des Glaubens (Märtyrer) betrafen zunächst die Prozeßakten (*acta*), weiterhin die Darstellung ihres Todes für den Glauben (*passio*). Dieses Schrifttum entwickelte sich weiter zu Lebensbeschreibungen (*vitae*), bei denen zunächst die Todesumstände den wichtigsten Teil bildeten. In dem Maße, in dem Christenverfolgungen nachließen, gewann eine weitere Gruppe von Heiligen an Bedeutung, die *confessores* (Bekenner), Asketen oder Bischöfe, deren Viten entsprechend typische Merkmale ihres heiligmäßigen Lebens hervorhoben. Das asketisch-monastische Modell wurde für das Mittelalter über weite Strecken prägend; so erlangten beispielsweise die von Athanasios von Alexandria verfaßte Vita des Wüstenvaters Antonius oder die Martinsvita des Sulpicius Severus für die Vitenliteratur des frühen und hohen Mittelalters prägenden Einfluß. Der Heilige erscheint hier vor allem als Asket, der durch den Rückzug aus der Welt sich selbst abtötet und damit eine neue Form des Martyriums ermöglicht.[3]

(b) Als Zeichen dafür, daß ein Heiliger schon besonders früh von Gott erwählt war, galt seine Fähigkeit, Wunder zu wirken. Viele der älteren Viten, aber vor allem zusammenfassende Schriften mit Beschreibungen des Lebens und der späteren Wirksamkeit von Heiligen enthielten Wundergeschichten. Dies gilt zum Beispiel für die von Papst Gregor I. (dem Großen) (590–604) (in der Autorschaft freilich umstrittenen) vorgelegten *Dialogi.* Auch die Schriften des bekannten Bischofs Gregor von Tours (573–593) integrierten solche Wunderberichte in den Handlungsablauf. Heilige konnten zu Lebzeiten Wunder wirken, dann war es nur folgerichtig, diese Passagen in die Viten einzuschließen.

3 Insbesondere zu den Viten bis ins hohe Mittelalter: Walter Berschin, *Biographie und Epochenstil im lateinischen Mittelalter*, Bd. 1–4, Stuttgart 1986–2000.

Heilige zeigten aber ihre besondere *virtus* (im Mittellateinischen neben der klassischen Bedeutung ›Tugend‹ auch im Sinne von ›Wunder‹ gebraucht) auch durch Zeichen nach dem Tod. Diese am Grab des Heiligen registrierten Wunder hingen maßgeblich mit dem sich entwickelnden Reliquienkult zusammen. Seit dem 4. Jahrhundert wurden den Überresten oder Reliquien von Heiligen übernatürliche Kräfte beigemessen, wie das zweite Konzil von Nizäa (787) später indirekt bestätigte. Die Verehrung der Gebeine war häufig von Wundern begleitet, die sogar gesondert aufgezeichnet wurden, zuweilen, um eine Pilgerverehrung hervorzurufen oder weiter zu beflügeln. In solchen Wunderberichten (*miracula*) dominieren nach biblischem Vorbild Heilungen an Blinden, Stummen, Tauben und Gelähmten. Eigenständige Mirakelsammlungen gibt es seit karolingischer Zeit; das seit dem 12. Jahrhundert hauptsächlich in Rom praktizierte Heiligsprechungsverfahren verlangte außer der Vita auch den Nachweis von mindestens zwei Wundern.[4]

(c) War aber ein solcher wunderwirkender Leichnam stets an seinen Ort gebunden? Während man im kirchlichen Westen in der Spätantike die Gräber zumeist noch als unverletzlich respektierte, verbreitete sich im Orient die Sitte, die Leichname zu übertragen oder gar in einzelne Partikel aufzuteilen. Im Okzident führten vor allem die Plünderung der römischen Friedhöfe durch die Ostgoten (537) und die Normanneneinfälle im karolingischen Frankenreich (ab 834) dazu, diese Entwicklung nachzuvollziehen. Auf der Flucht nahm man die Reliquien mit und ließ dem Kloster, das Schutz gewährt hatte, einen Teil des heiligen Leichnams zurück. Die Weihe zahlreicher neuer Kirchen vornehmlich in karolingischer Zeit führte zusätzlich zu einem großen Bedarf an Reliquien, um die Altäre mit den Überresten der

4 Vgl. dazu den von Martin Heinzelmann und Klaus Herbers mit Dieter R. Bauer herausgegebenen Sammelband *Mirakel im Mittelalter. Konzeptionen – Funktionen – Realitäten*, Stuttgart 2001.

Heiligen zu versehen. Viele Romreisen hatten seit dem 8. Jahrhundert den Erwerb von Reliquien zum Ziel. Die Suche nach wirksamen Heiltümern nahm teilweise solche Ausmaße an, daß sogar von Reliquiendiebstahl und -handel berichtet wird. Mentalitätsgeschichtlich aufschlußreich sind Begründungen solcher Vorgehensweisen in den Texten. Hätte ein Heiliger seine Übertragung nicht gewollt, so hätte er sich dagegen gewehrt. Und in der Tat heißt es in manchen Berichten, daß der Sarkophag eines bestimmten Heiligen selbst durch eine Vielzahl starker Männer nicht von der Stelle bewegt werden konnte. Über Reliquientranslationen gibt es vor allem im 8.–11. Jahrhundert eigenständige Berichte (*translationes* oder Translationsberichte). In diese Texte wurden teilweise Wundererzählungen eingefügt, manchmal gab es auch einen Anhang mit den Wundern am Zielort. Verwandt sind Berichte über die wundersame Auffindung (*inventio*) oder die feierliche Erhebung (*elevatio*) von Gebeinen, zum Beispiel aus einem Grab in einen in der Kirche meist zentral aufgestellten Schrein.[5]

(d) Praktische kultische Bedürfnisse führten zu einer vierten Art von hagiographischem Schriftgut. Der Märtyrerkult ließ schon frühzeitig Verzeichnisse von Märtyrern und Heiligen nach ihren Todestagen (Festtagen) entstehen. Die sogenannten Martyrologien verzeichnen – ähnlich wie häufig eher auf lokaler Ebene Kalendarien – die Festtage der Heiligen und fügen zuweilen Bemerkungen zu einzelnen Personen, zu deren Todesumständen, Begräbnisort oder Kult hinzu. So konnte der Diakon die anstehenden Feste jeweils in der Liturgie verkünden. Das besonders bekannte *Martyrologium Hieronymianum* ist zwischen dem Anfang des 5. und dem Ende des 6. Jahrhunderts entstanden. Spätere Verzeichnisse, besonders aus dem 9. Jahrhundert, bieten über neue Schwerpunkte und Orientierungen

5 Vgl. hierzu Martin Heinzelmann, *Translationsberichte und andere Quellen des Reliquienkultes*, Turnhout 1979.

der jeweils »aktuellen« zeitgenössischen Heiligenverehrung Aufschluß.[6] Die Sammlung von Geschichten nach Festtagen führte weiterhin zu den Sammelwerken der »Legendare« (lat. *legenda* ›das zu Lesende‹), von denen das bekannteste die *Legenda Aurea* des Jacobus von Varazze (Voragine) ist, die dieser zwischen 1263 und 1273 zusammenstellte.

Vor allem liturgisch-kultische Bedürfnisse führten zu weiteren, hier nicht mehr zu systematisierenden Textsorten, von der Sequenz bis hin zu anderen metrischen Formen; auch Inschriften und Weiterverarbeitung in den volkssprachigen Literaturen gehören in diesen Zusammenhang. Hier berühren die hagiographischen Schriften andere Quellengattungen.

Die vorgeschlagene Gliederung der Hagiographie in vier Hauptbereiche bietet Überschneidungen mit anderen Textsorten, zum Beispiel den liturgischen (wie Predigtsammlungen und Formularen) und zur Historiographie, deren Ziel ja vielfach ganz ähnlich in einer Deutung von Menschen und deren Handlungen im Sinne der Heilsgeschichte lag. Entsprechend werden einerseits gerade die Viten ähnlich wie historiographische Texte behandelt,[7] andererseits gelten Definitionen einer einheitlichen Gattung »hagiographische Texte« oder einzelner Teilbereiche hagiographischer Produktion als eigenständige Gattung inzwischen zumindest als problematisch.[8]

6 Jacques Dubois, *Les martyrologes du Moyen âge latin*, Turnhout 1978; J. Dubois, *Martyrologes: d'Usuard au Martyrologe romain*, Abbeville 1990.

7 Baudouin de Gaiffier, »Hagiographie et historiographie«, in: *La storiografia altomedievale*, Bd. 2, Spoleto 1970; Dieter R. Bauer / Klaus Herbers, »Hagiographie und Historiographie. Ein Tagungsbericht«, in: *Hagiographica* 2 (1995); Heinz Hofmann, »Artikulationsformen historischen Wissens in der lateinischen Historiographie des hohen und späten Mittelalters«, in: *Grundriß der romanischen Literaturen des Mittelalters*, Bd. 11.1, Heidelberg 1987, S. 367–687.

8 Friedrich Lotter, »Methodisches zur Gewinnung historischer Erkenntnisse aus hagiographischen Quellen«, in: *Historische Zeitschrift* 229 (1979), S. 298–356.

III
Näherungsversuche der Wissenschaft – Hagiographie und Hagiologie

Weil die hier zur Diskussion stehenden Texte eng an die konkrete Heiligenverehrung gebunden waren, blieb die wissenschaftliche Aufarbeitung der Texte hiervon mitbestimmt, was sie zu einer spannenden Geschichte werden läßt. Fast 400 Jahre liegt es zurück, daß Heribert Rosweyde (1607) den Plan vorlegte, Lebensgeschichten von Heiligen aus belgischen Bibliotheken zu sammeln. Kopf des gesamten Unternehmens wurde der später namengebende Jesuit Jean Bolland (1596–1665), der die Konzeptionen seines Mitbruders Rosweyde weiterentwickelte und in Antwerpen umsetzte. 1643 erschienen die ersten beiden Bände der *Acta Sanctorum*, denen bis 1794 weitere 52 folgen sollten, welche die Heiligen von Januar bis zum 14. Oktober erfaßten. Nach der Unterdrückung in den Wirren der Revolutionszeit konnten die Bollandisten ihr Werk mit der Neugründung der Gesellschaft 1837 in Brüssel wieder aufnehmen und bis heute mit den Acta Sanctorum, der Zeitschrift *Analecta Bollandiana* (seit 1882) und einer ergänzenden Schriftenreihe (*Subsidia Hagiographica*, seit 1886) fortsetzen.

Das Unternehmen war zunächst die katholische Antwort auf Kritiker der Reformation, jedoch erscheint das Konzept für die damalige Zeit ausgesprochen modern. Kommentare gaben Auskunft über die gesammelten und benutzten Handschriften, den Wert der Quellen und die Personen, die in den Texten beschrieben wurden. Dabei stand oft die Frage der Historizität im Vordergrund, zuweilen von der Prämisse bestimmt, die historisch verbürgten Traditionen zu retten und den Rest auszuscheiden.

Einen anderen Zugang suchten die großen Unternehmungen zur Sammlung der Geschichtsquellen wie die *Mo-*

numenta Germaniae Historica. Einem der geistigen Väter, dem preußischen Staatsminister Freiherr vom Stein, ging es vor allem um die Geschichtsschreiber der deutschen Frühzeit, die eine Grundlage für die Erforschung der Nationalgeschichte bieten sollten. Allerdings schieden die Monumentisten, insbesondere am Ende des 19. Jahrhunderts, hagiographische Quellen weitgehend aus den zu edierenden Schriften aus, weil die Texte größtenteils »ganz werthlose Wundererzählungen« seien und »historisch unbrauchbares Zeug enthalten« (Oswald Holder-Egger): deshalb solle man aus hagiographischen Quellen nur die Passagen herausgeben, die »historisch brauchbar« seien.[9] Diese positivistisch bestimmte Auffassung ist noch bis weit ins 20. Jahrhundert bestimmend geblieben.

Im wesentlichen erst nach dem Zweiten Weltkrieg ergriff ein erneutes Interesse an hagiographischen Quellen auch die Geschichtsforschung. Inzwischen hatten die durch die sogenannte *Annales*-Schule ausgelösten Tendenzen zunächst in Frankreich, danach auch im übrigen Europa methodisch neue Vorgehensweisen und ein gewandeltes Quellenverständnis befördert. Damit gewannen auch neue Fragestellungen an Raum. Viele der neuen Interessengebiete ließen sich mit dem herkömmlichen Quellenmaterial nicht mehr angemessen bearbeiten. Fragen zur Mentalität von sozialen Gruppen, zu religiösen Vorstellungen wie Jenseits- und Mirakelglaube wurden nun auch Themen historischer Forschung.

Fragen nach Lebenswelten, wie sie hagiographische Texte erschließen können, bestimmten dementsprechend Arbeiten schon seit den sechziger Jahren des vorigen Jahrhunderts (Graus, Bosl, Prinz). Man fragte nun nicht mehr, ob etwas wahr oder falsch sei, sondern die Autoren interessier-

9 Oswald Holder-Egger, *Die Monumenta und ihr neuester Kritiker. Eine Entgegnung*, Hannover 1887, S. 20 (gegen Carl Georg Dümgé); vgl. Felice Lifshitz, »Beyond Positivism and Genre. ›Hagiographical‹ Texts as Historical Narrative«, in: *Viator* 25 (1994), hier bes. S. 111 ff.; Annegret Wenz-Haubfleisch, *Miracula post mortem*, Siegburg 1998, S. 22–25.

ten sich für hagiographische Quellen als Zeugnis einer Lebenswirklichkeit.[10] In diese neuen Ansätze reihen sich weitere Entwicklungen wissenschaftlicher Paradigmen, von der Geschlechter-, über die Vorstellungsgeschichte bis zum »linguistic turn« (einer stark textbezogenen Interpretationsweise) ein.

Damit einher gingen Initiativen, die Quellenmaterialien auch in ihrer Überlieferungssituation zu erfassen, um sie auch aus dieser Perspektive angemessen interpretieren zu können, denn oft ist der Kontext der häufig in Sammelhandschriften überlieferten Texte aufschlußreich, um deren Anlaß, Verwendung und Funktion genauer kennenzulernen. Eine solche Aufarbeitung wird zum Beispiel in den *Sources hagiographiques de la Gaule* betrieben[11]. Neue Zirkel haben sich gegründet, in den USA die »Hagiographic Society«, in Italien die »Associazione italiana per lo studio della santità, dei culti e dell'agiografía«, in Belgien das »Atelier belge d'études sur la sainteté« (mit den *Litterae Hagiologicae*) und in Deutschland der »Arbeitskreis für hagiographische Fragen«[12]. Eine neue Zeitschrift (*Hagiographica*, 1994 ff.) trägt den jüngsten Ansätzen inzwischen Rechnung.

Damit einher gingen auch Bemühungen um weitere begriffsgeschichtliche Klärungen. Weil der Begriff Hagiographie bereits für das Schreiben der Quellen in ihrer Entstehungszeit verwendet wird, geht ein jüngerer Vorschlag dahin, die heutige, wissenschaftliche Auseinandersetzung mit diesen Texten unterscheidend als »Hagiologie« zu bezeichnen.[13]

10 Lotter (s. Anm. 8) S. 303.

11 Zuletzt Martin Heinzelmann (Hrsg.), *L'Hagiographie du Haut Moyen Âge en Gaule du Nord*, Stuttgart 2001.

12 Vgl. eine erste Bilanz in: Dieter R. Bauer / Klaus Herbers, *Hagiographie im Kontext*, Stuttgart 2000, hier S. XII–XV.

13 Guy Philippart, »Hagiographes et hagiographie, hagiologes et hagiologie: des mots et des concepts«, in: *Hagiographica* 1 (1994) S. 1–16; Anne-Marie Helvétius, »Les saints et l'histoire«, in: Hans-Werner Goetz (Hrsg.), *Die Aktualität des Mittelalters*, Bochum 2000, hier S. 136 f.

IV

Phasen hagiographischer Produktion

Angesichts der Masse hagiographischer Texte erscheint es fast zwecklos, über ihre Entwicklung einen halbwegs zufriedenstellenden Überblick zu geben, denn dies könnte sich leicht zu einer Geschichte des größten Teilbereiches der mittellateinischen Literatur entwickeln.[14] Dennoch seien zumindest einige strukturierende Aspekte chronologischer Gliederung vorgeschlagen, die sich allerdings auf die – auch für Kultus und Liturgie – im Mittelalter zentralen lateinischen Texte beschränkt, ohne hier die teilweise schon sehr früh in die verschiedensten Volkssprachen übertragenen und speziellen Publikumsbedürfnissen angepaßten Schriften zu berücksichtigen.

Blickt man vor allem auf die lateinische Hagiographie, so gehören die frühesten Werke in den Zusammenhang der Märtyrerverehrung. Wichtig wurden dann vor allem die aus dem östlichen Mittelmeerraum stammende Antoniusvita, weiterhin die im Westen verfaßte Vita des hl. Martin. Weitere wichtige Impulse gingen im 5. Jahrhundert von Nordafrika aus. Die Schriften des Paulinus und Possidius trugen zu einer weiteren Befruchtung der Literatur bei. Eine dem Ideal mönchisch-asketischen Lebens verpflichtete Tradition bildete sich auf der Insel Lérins (St-Honorat) bei Cannes, einem der frühesten Zentren des provenzalischen Mönchtums. Die Vita des Klostergründers Honoratus, die sein Nachfolger auf dem Bischofsstuhl in Arles, Hilarius, verfaßte, verlieh ihrem Protagonisten einen charismatischen Charakter. Weitere Viten im gallischen Raum thematisierten und priesen vor allem den Typus des Mönchsbischofs.[15]

14 Vgl. die nach Ländern/Regionen unterschiedenen Abrisse in den ersten zwei des auf vier Bände angelegten Sammelwerks *Hagiographica*; guter Überblick bei Hofmann (s. Anm. 7).

15 Vgl. hierzu Marc van Uytfanghe in: Gennaro Luongo (Hrsg.), *Scrivere di Santi*, Rom 1998, S. 17–48.

Im 6. Jahrhundert wuchs das hagiographische Schrifttum vor allem in Gallien an. Die Anwesenheit von Germanenvölkern stellte das katholische gegen das arianische Bekenntnis auf die Probe, entsprechend spiegelt die Hagiographie vielfach die politische Situation der Zeit. Es ging um Abwehr falscher Vorstellungen, zugleich aber auch um Askese, Missionierung und Aufrechterhaltung der öffentlichen Ordnung. Das häufig evozierte Bischofsideal besaß vielleicht im einzelnen nicht immer einen realen Hintergrund, unterstreicht aber eindringlich, worin die gebildeten Zeitgenossen die Hauptaufgaben eines Bischofs in dieser Zeit sahen.

So ersetzten der Mönch, der Bischof und/oder der Klostergründer die Märtyrer der frühen Zeit. Sie bewiesen mit ihrer Lebensweise eine andere Form der Abkehr von der Welt. Bei Frauen konnte die selbstgewählte Jungfräulichkeit das Martyrium kompensieren. Die Zeit der irischen und angelsächsischen Mission auf dem Kontinent, besonders im 7. und 8. Jahrhundert, brachte das Motiv der asketischen Heimatlosigkeit ins Spiel. Missionare aus Irland und den britischen Inseln waren dem Ideal der *peregrinatio*, der Pilgerschaft in der Fremde, verpflichtet, wie in mehreren Viten bis ins 9. Jahrhundert ausgiebig thematisiert wurde (z. B. in der *Vita Findani*).

Heilige stammten schon im spätantiken Gallien häufig aus dem vornehmen senatorischen Adel, auch weiterhin blieben sie im frühen Mittelalter meist von vornehmer Herkunft; die Forschung hat deshalb sogar den Typus des »Adelsheiligen« erkennen wollen.[16] Die Heiligung solcher Personen konnte dazu beitragen, hierdurch die ganze Familie, das gesamte Adelsgeschlecht auf eine neue Stufe zu heben

Die Karolingerzeit führte im 8./9. Jahrhundert nicht nur zur zunehmenden Benutzung und Veränderung der Heili-

16 Klassisch: Karl Bosl, »Der Adelsheilige«, in: Clemens Bauer [u. a.] (Hrsg.), *Speculum Historiale*, München / Freiburg i. Br. 1965, S. 167–187.

genverzeichnisse, der Martyrologien, sondern seit dieser Zeit dokumentieren Translationsberichte die Ankunft von zunächst weit entfernt bestatteten, verehrten Heiligen. Diese Translationen betrafen zugleich Aspekte der Missionierung. In das erst in Karolingerzeit dem Christentum zugeführte Sachsenland sind zahlreiche Translationen des 9. Jahrhunderts zu belegen. Interessant ist nicht nur hier, mit welchen anderen Texten diese Erzählungen überliefert wurden: Der Bericht zur Übertragung der Reliquien Alexanders von Rom in das sächsische Wildeshausen stellt der eigentlichen Reliquientranslation ein Exordium über die Ursprünge der Sachsen – mit Rückgriffen auf die *Germania* des Tacitus – voran. Herkunft der Sachsen und die Auszeichnung dieses Volkes durch römische Reliquien ergeben einen neuen Interpretationsrahmen für das erst unter Karl dem Großen teilweise gewaltsam christianisierte Sachsenvolk.

Bei den Viten dominierten im 10. und 11. Jahrhundert, zumindest in Mitteleuropa, Lebensbeschreibungen von Bischöfen. In diesen Texten wird ein gegenüber dem gallischen Bischof der Merowingerzeit verändertes Bischofsideal erkennbar, das oft in die Nähe des neuerdings jedoch in die Diskussion geratenen, sogenannten »ottonisch-salischen Reichskirchensystems« gerückt wurde. Hier, aber nicht nur bei diesem Material, zeigt der Forschungsansatz zur sogenannten »réécriture« fruchtbare Ergebnisse. Viele Viten wurden – je nach Zeitbedürfnissen – immer wieder neu geschrieben und hierbei verändert. Drei Viten des »Reichsbischofs« Ulrich von Augsburg zeigen, wie sich die Vorstellungen von einem »guten Bischof« und dessen Erhebung entwickelten. Unterstrich eine erste, noch um die Jahrtausendwende verfaßte Vita, Ulrich habe sein Amt durch den Einfluß der schwäbischen Herzogsfamilie erhalten, so wird in einer zweiten königlicher Einfluß und Gottes Gnade hervorgehoben; die dritte Vita, die Bern von Reichenau (gest. 1048) schrieb, wollte sogar wissen, daß der König nur seine Zustimmung zur Bischofserhebung gegeben habe. In Berns

Augen war jedoch nicht dieses Einverständnis des Herrschers, sondern das Votum von Klerus und Volk, das heißt die »freie kanonische Wahl«, entscheidend.

Die in dieser letzten Vita durchscheinenden Zielvorstellungen aus der Zeit der römischen Kirchenreform und des Investiturstreites sollten auch die hagiographische Produktion des 11. und 12. Jahrhunderts prägen, vor allem die Besinnung auf die Urkirche und das Ideal apostolischer Nachfolge. Dies ließ sich leicht auch in die hagiographische Produktion der Bettelorden überführen.

Das beginnende 13. Jahrhundert bedeutete einen mindestens zweifachen Einschnitt. Zum einen wurde in dieser Zeit das Heiligsprechungsverfahren eine verrechtlichte römische Angelegenheit. Die weitgehende Formalisierung des Verfahrens[17] beeinflußte zugleich die in Rom erforderliche Dokumentation. Zum zweiten, und folgenreicher für die Verbreitung der einschlägigen Schriften, wurde die Sammlung des schon vorhandenen Materials, zunächst durch die Zisterzienser, dann in großem Maße durch die Dominikaner vorangetrieben. Viele Texte und Sammlungen wurden später sogar in die Volkssprache übersetzt.[18] Die schon genannte *Legenda aurea*, die »Goldene Legende«, war das populärste und am weitesten verbreitete derartige Sammelwerk, es ist als »religiöses Volksbuch des Mittelalters« bezeichnet worden. Der Dominikaner Jacobus de Voragine benutzte für dieses Werk vielfältiges Quellenmaterial; außer der Bibel auch Apokryphen und vorhandenes hagiographisches Schrifttum. Geordnet wurde der Stoff nach dem Kirchenjahr. Den großen Festen widmete er ausführliche eigene Darstellungen; dazu erklärte er die Bedeutung der kirchlichen Jahreszeiten und liturgischer Bräuche. So konnte das Werk ebenso als Anleitung zur Besinnung an Festtagen wie

17 Zum langsamen Prozeß der Festlegung vgl. Wetzstein in: Heinzelmann/Herbers/Bauer (s. Anm. 4).

18 Williams-Krapp in: Bauer/Herbers (s. Anm. 12), S. 241–244 (mit Hinweis auf weitere Studien).

als tägliche, erbauliche Lektüre dienen. Jedoch ging Jacobus für seine Zeit durchaus kritisch mit seinen Vorlagen um, so daß seine Texte auch im akademischen Unterricht besonders geschätzt wurden, wie neue Forschungen hervorheben.[19] Trotzdem wurde Jacobus' Werk schon von manchen Zeitgenossen als unvollständig und historisch unzuverlässig bezeichnet. Der Dominikaner Bernard Gui – der den meisten nur aus Umberto Ecos *Der Name der Rose* bekannt ist – verfaßte deshalb das *Speculum Sanctorale*, das vornehmlich ein Werk für Gelehrte blieb.[20]

Im Gegensatz dazu trat gleich nach ihrem Erscheinen die Legendensammlung des Jacobus von Voragine einen einzigartigen Siegeszug durch das ganze Abendland an, die Sammlung wurde in vielen Ländern übersetzt und oft durch lokale Legenden erweitert, womit sie fast auf das Doppelte ihres ursprünglichen Umfangs anwuchs. Die erste deutsche Übersetzung stammte aus dem Elsaß und entstand 1362; insgesamt erlebte die *Legenda aurea* bis zum Jahr 1500 etwa 80 Druckauflagen.[21] Außer einer Art »Laienbrevier« bildete sie auch eine eifrig benutzte Quelle für die Prediger des Mittelalters und eine Fundgrube für Motive in der kirchlichen Kunst, die damit eine Vorlage zur Gestaltung lebendiger Darstellungen bekam; deshalb haben auch zunächst die Kunsthistoriker diesen einmaligen Schatz wiederentdeckt, um z. B. ikonographische Programme zu ermitteln. Hagiographische Motive und Texte wurden außerdem in Exempla- und Predigtsammlungen integriert und erlangten auf diese Art und Weise eine ausgesprochen große Verbreitung.

19 Barbara Fleith, *Studien zur Überlieferungsgeschichte der lateinischen Legenda Aurea*, Brüssel 1991; Brenda Dunn-Lardeau (Hrsg.), *Legenda aurea – la légende dorée*, Montreal 1993.

20 Bernhard Schimmelpfennig, »Bernard Gui: Hagiograph und verhinderter Heiliger«, in: Bauer/Herbers (s. Anm. 12) S. 257–265.

21 Vgl. außer den Spezialstudien die begleitenden Bemerkungen in der letzten Auflage der deutschen Übersetzung der *Legenda aurea* von Richard Benz, Gütersloh [13]1999.

V

Möglichkeiten der Interpretation hagiographischer Texte

Sichten wir noch einige Möglichkeiten, die hagiographische Quellen dem Historiker bieten.[22]

(a) Wie schon einzelne Bemerkungen des kurzen Überblicks verdeutlicht haben, lassen hagiographische Quellen oft Aspekte von Herrschaft und deren Legitimation deutlich erkennen. Nicht nur die Gewalt bei der Entstehung feudaler Strukturen in merowingischer Zeit, auch die Durchsetzung des Christentums (wie z. B. in Viten der irischen Heiligen thematisiert) oder die Hilfe des hl. Jakobus bei den Kämpfen gegen die Muslime auf der Iberischen Halbinsel gehören in diesen Zusammenhang. Auch die sogenannten »heiligen Könige«, die mit Stephan in Ungarn oder Olaf in Skandinavien und anderswo nachzuweisen sind, hat die Forschung in den Kontext von Heiligenkult und Politik gestellt. Maria als Beschützerin der salischen Könige, Karl der Große als heiliger Herrscher oder die Wunderkraft als »rois thaumaturges« (Marc Bloch), die gerade den Königen im westlichen Frankenreich/Frankreich zugeschrieben wurde, sind weitere Beispiele für solche Forschungsansätze. Unter Stichworten wie »Herrschen mit den Heiligen« »Politik und Heiligenverehrung« oder »fonctions des saints«[23] sind diese Auswertungsmöglichkeiten, die noch keinesfalls ausgeschöpft sind, bisher subsumiert worden.

22 Vgl. einige Beispiele (auch aufgrund der im Arbeitskreis für hagiographische Fragen vorgetragenen Erläuterungen) bei Herbers in: Bauer/Herbers (s. Anm. 12) S. IX–XXVIII; ferner Helvétius (s. Anm. 13), bes. S. 155–163.

23 Vgl. Ursula Swinarski, *Herrschen mit den Heiligen*, Bern [u. a.] 1991; Jürgen Petersohn (Hrsg.), *Politik und Heiligenverehrung im Hochmittelalter*, Sigmaringen 1994; *Les fonctions des saints dans le monde occidental (IIIe–XIIIe siècles)*, Rom 1991.

(b) Ein weiterer Bereich betrifft Aspekte, die implicite schon mehrfach angesprochen wurden und an die deshalb nur knapp zu erinnern ist: Es geht um die Rückschlüsse, die hagiographische Quellen auf Mentalitäten und Vorstellungswelten zulassen. Verschiedene, sich wandelnde Ideale von Heiligkeit[24] und unterschiedliche Topoi gehören in diesen Zusammenhang. Heilige erscheinen in den Quellen in mehrfacher Funktion und lassen erkennen, welche religiösen Vorstellungen zu einer jeweiligen Zeit – und je nach angesprochener sozialer Gruppe differenziert – dominierten. Weil das Spektrum der Schriften sehr breit ist, betrifft dies nicht nur die Personen, sondern auch Vorstellungen über die Natur und anderes mehr.[25]

(c) Spannende Fragen ergeben sich weiterhin, wenn die Organisation von Zeit und Raum mit Hilfe dieser Quellen besser erläutert werden kann. Die Anreicherung und »Auffüllung des Jahreskalenders durch Heilige« (von den frühmittelalterlichen Martyrologien bis hin zur *Legenda Aurea* und deren Bearbeitungen und Ableitungen) lassen erkennen, wie der Rhythmus der Gesellschaft und das soziale Leben überhaupt von den hagiographischen Schriften und der Heiligenverehrung bestimmt wurden. Die schubweisen Veränderungen – so z. B. die Aufnahme vor allem römischer Heiliger in die Martyrologien seit dem 9. Jahrhundert[26] – wirkten vor allem durch die jährliche Wiederholung der Feste und das immer wieder erneute Vorlesen der Schriften prägend auf Lebenswelten. Die stärkere Berück-

24 Zu sich wandelnden Idealen des Bischofs, z. B. im Hochmittelalter: Stephanie Coué, *Hagiographie im Kontext*, Berlin / New York 1997; Stephanie Haarländer, *Vitae episcoporum*, Stuttgart 2000.

25 Vgl. z. B. Maximilian Diesenberger, »Wahrnehmung und Aneignung der Natur in den *Gesta abbatum Fontanellensium*«, in: Christoph Egger / Herwig Weigl (Hrsg.), *Text – Schrift – Codex*, Wien/München 2000.

26 Vgl. Klaus Herbers, »Rom im Frankenreich«, in: Dieter R. Bauer [u. a.] (Hrsg.), *Herrschaft – Kirche – Mönchtum 750–1050*, Sigmaringen 1998, S. 133–169, hier: 156–160.

sichtigung römischer Heiliger fiel in eine Zeit, als die Romorientierung des Frankenreiches auch anderweitig greifbar ist. Römische Orientierungen wurden außerdem von Reliquientranslationen begleitet. Insofern entsprachen neue Koordinaten im Jahreskalender auch räumlichen Zuordnungen. Die im 7. und 8. Jahrhundert einsetzenden Austauschprozesse im lateinischen Westen betrafen Reliquien, aber auch hagiographische Schriften; die doppelte Ebene des Transfers von Realien und Texten fordert zu einem methodischen Neuansatz heraus, und zwar um so mehr, als anschließende Transformationsprozesse etwa in der Verschränkung beider Bereiche erkennbar sind. Die Träger dieser Prozesse sind kaum in einem Satz zu benennen: die späteren Kultförderer, die Verehrer und Pilger, die Schreiber, die zuweilen immer wieder neue Fassungen der Viten, Offizien oder andere hagiographische Texte anfertigten oder sogar neue Texte wie Mirakelberichte hinzufügten – sie alle trugen zu vielfältigen Entwicklungen von Anpassung oder Ablehnung bei, bis sich ein Kult weitgehend stabilisierte. Fragen von Mündlichkeit und Schriftlichkeit, von (symbolischer) Kommunikation spielen hierbei ebenso eine Rolle wie Prozesse der Identitätsbildung und Selbstvergewisserung; im weiteren Sinne lassen deshalb die Texte sogar Aspekte der Formierung Alteuropas[27] erkennen. Die Sakralisierung des Raumes geht auch aus den Patrozinien hervor, hier harrt noch ein weites Feld der näheren Erforschung. In hagiographischen Raumkonzeptionen sind auch die verschiedenen Zentren, an denen Reliquien verehrt werden, einzubeziehen. Die Entstehung der Pilgerfahrten, die Konkurrenz von Zentren und die Versuche, den jeweils eigenen Heiligen besonders zu fördern, lassen eine sehr vielfältige Kultlandschaft erkennen, an deren Formierung das Verfassen hagiographischer Schriften *pro domo* stets eine wichtige

27 Vgl. z. B. Thomas Bauer, *Lotharingien als historischer Raum*, Köln [u. a.] 1997.

Rolle spielte. Bekanntes Beispiel ist der Jakobuskult: Der *Liber Sancti Jacobi* aus dem 12. Jahrhundert ist ein hagiographisches Werk mit starken propagandistischen Aspekten, das in einzigartiger Weise Wege zum Jakobsgrab in Nordwestspanien aufzeichnete und empfahl.[28]

(d) Mit diesen Hinweisen auf die Bindung der Schriften an Institutionen wird ein wichtiger Bereich angesprochen. Weil es oft nicht nur um das Heiligsein an sich ging, sondern um den Heiligen der eigenen Gemeinschaft, ist die Interpretation der jeweiligen Interessen im Zusammenhang mit Aufzeichnung und Verbreitung der Schriften spannend. Die Gründung oder Stabilisierung zahlreicher Klöster oder anderer geistlicher Institutionen wurde mit Verweis auf Heilige begründet. Schreibanlässe waren aber nicht nur institutionengebunden. Die Gründe für die Aufzeichnung, die *causae scribendi*, von denen in jüngerer Zeit oft gesprochen wurde,[29] werden fruchtbar für Heiligendossiers erarbeitet – z. B. in den *Sources hagiographiques de la Gaule* (SHG) –, betreffen weiterhin Fragen der Liturgie,[30] die Berücksichtigung von Publikumsinteressen oder die Möglichkeiten der Verwendung in der Predigt.[31] Deshalb sind Fragen zu den Texten selbst, zu ihrer Entstehung, zu Einflüssen und zu Verwendungsmöglichkeiten ein viertes, wichtiges Forschungsfeld.

28 Klaus Herbers, *Der Jakobsweg*, Tübingen [6]1998 (mit weiterer Literatur).

29 Vgl. z. B. Gerd Althoff, »Causa scribendi und Darstellungsabsicht«, in: Michael Borgolte / Herrad Spilling (Hrsg.), *Litterae medii aevi*, Sigmaringen 1988, S. 117–133.

30 Vgl. eine Rundumversorgung z. B. im hagiographischen Dossier des hl. Heribert; hierzu Bernhard Vogel (Hrsg.), *Lantbert von Deutz, Vita Heriberti, Miracula Heriberti, Gedichte und liturgische Texte*, Hannover 2001.

31 Vgl. die Arbeiten zur *Legenda aurea* von Fleith (s. Anm. 19) und anderen.

VI
Schlußbemerkung

Wenn die Quellen Wachs in den Händen der Historiker sind, das der interpretative Zugriff erst in Form bringt,[32] so scheint mit den hagiographischen Quellen ein besonders interessanter Werkstoff vorzuliegen. Dabei sind die heutigen Historiker freilich keinesfalls die ersten Bearbeiter dieser Stoffe, denn gerade hagiographische Quellen haben schon generationenlang dazu beigetragen, ein konsistentes Bild des christlichen Europa zu formen. Diese früheren Modellierungsversuche offenzulegen und kritisch aufzuarbeiten, ermöglicht es zugleich, Vorstellungswelten früherer Zeiten auf die Spur zu kommen. Dabei wird das Urteil des 19. Jahrhunderts, hier träten uns nur »ganz werthlose Wundererzählungen« entgegen, schnell relativiert, denn was ist wertvoller, als Hoffnungen, Sehnsüchte, Glaubensvorstellungen vergangener Zeiten, kurz: Lebenswelten verschiedenster Art, in diesen Schriften zu entdecken?

32 Johannes Fried, »Wissenschaft und Phantasie«, in: *Historische Zeitschrift* 263 (1996) S. 291–316, hier 305.

Literaturhinweise

Die Bibliographie verzeichnet nur einige weiterführende Arbeiten. Insbesondere die Sammelbände sind mit zahlreichen Einzelstudien und auch weiteren Literaturverweisen versehen. Als einschlägige Zeitschriften sind generell die *Analecta Bollandiana*, *Hagiographica*, als Reihen die *Subsidia Hagiographica* und *Beiträge zur Hagiographie* zu nennen.

Abou-el-Haj, Barbara: The Audiences for the Medieval Cult of Saints. In: Gesta 30 (1991) S. 3–15.

Aigrain, René: L'hagiographie: ses sources – ses méthodes – son histoire. Paris 1953. Reprogr. Nachdr. 2000.

Althoff, Gerd: Causa scribendi und Darstellungsabsicht: Die Lebensbeschreibungen der Königin Mathilde und andere Beispiele. In: Borgolte, Michael / Spilling, Herrad (Hrsg.): Litterae medii aevi. Festschrift für Johanne Autenrieth zum 65. Geburtstag. Sigmaringen 1988. S. 117–133.

Assmann, Jan: Das kulturelle Gedächtnis: Schrift, Erinnerung und politische Identität in frühen Hochkulturen. München 1992. Tb.-Ausg. 1998.

Bauer, Dieter R. / Herbers, Klaus: Hagiographie und Historiographie. Ein Tagungsbericht. In: Hagiographica 2 (1995) S. 309–312.

Bauer, Dieter R. / Herbers, Klaus (Hrsg.): Hagiographie im Kontext. Wirkungsweisen und Möglichkeiten historischer Auswertung. Stuttgart 2000.

Bauer, Thomas: Lotharingien als historischer Raum: Raumbildung und Raumbewußtsein im Mittelalter. Köln [u. a.] 1997.

Benz, Richard (Hrsg. und Übers.): Die Legenda aurea des Jacobus de Voragine. 13., neugesetzte Aufl. Gütersloh 1999.

Berschin, Walter: Biographie und Epochenstil im lateinischen Mittelalter. Bd. 1–4. Stuttgart 1986–2000.

Beumann, Helmut: Die Hagiographie ›bewältigt‹. Unterwerfung und Christianisierung der Sachsen durch Karl den Großen. [1982.] In: H. B.: Ausgewählte Aufsätze. Sigmaringen 1987. S. 289–323.

– Methodenfragen der mittelalterlichen Geschichtsschreibung.

[1961.] In: H. B.: Wissenschaft vom Mittelalter. Ausgewählte Aufsätze. Köln/Wien 1972. S. 1–8.

Boesch Gajano, Sofia: L'agiografia. In: Morfologie sociali e culturali in Europa fra tarda antichità e alto medioevo II. Spoleto 1998. S. 797–843.

Boureau, Alain: La légende dorée: le système narratif de Jacques de Voragine. Paris 1984.

Bosl, Karl: Der Adelsheilige. Idealtypus und Wirklichkeit, Gesellschaft und Kultur im merowingerzeitlichen Bayern des 7. und 8. Jahrhunderts. Gesellschaftsgeschichtliche Beiträge zu den Viten der Bayerischen Stammesheiligen Emmeram, Rupert, Korbinian. In: Bauer, Clemens / Boehm, Laetitia / Mueller, Max (Hrsg.): Speculum Historiale. Geschichte im Spiegel von Geschichtsschreibung und Geschichtsdeutung. Festschrift für Johannes Spörl. München / Freiburg i. Br. 1965. S. 167–187.

Coué, Stephanie, Hagiographie im Kontext. Schreibanlaß und Funktion von Bischofsviten aus dem 11. und vom Anfang des 12. Jahrhunderts. Berlin / New York 1997.

Derwich, M. / Dmitriev, M. (Hrsg.): Fonctions sociales et politiques du culte des saints dans les sociétés de rite grec et latin au Moyen Âge et à l'époque moderne. Approche comparative. Wrocław 1999.

Diesenberger, Maximilian: Wahrnehmung und Aneignung der Natur in den *Gesta abbatum Fontanellensium*. In: Egger, Christoph / Weigl, Herwig (Hrsg.): Text – Schrift – Codex. Quellenkundliche Arbeiten aus dem Institut für Österreichische Geschichtsforschung. Wien/München 2000. S. 9–33.

Dolbeau, François / Heinzelmann, Martin / Poulin, Joseph-Claude (Hrsg.): Les sources hagiographiques narratives composées en Gaule avant l'an mil. Inventaire, examen critique, datation (avec annexe). In: Francia 15 (1987) S. 701–731.

Dubois, Jacques: Les martyrologes du Moyen âge latin. Turnhout 1978.

– / Lemaitre, Jean-Loup: Sources et méthodes de l'hagiographie médiévale. Paris 1993.

– Martyrologes: d'Usuard au Martyrologe romain. Abbeville 1990.

Dunn-Lardeau, Brenda (Hrsg.): Legenda aurea – la légende dorée (XIIIe–XVe s.). Actes du congrès international de Perpignan (séances »Nouvelles recherches sur la Legenda aurea«). Montréal 1993.

Flachenecker, Helmut: Patrozinienforschung in Deutschland. In: Concilium Medii Aevi 2 (1999) S. 145–158.

Fleith, Barbara: Studien zur Überlieferungsgeschichte der lateinischen Legenda Aurea. Brüssel 1991.

Les fonctions des saints dans le monde occidental (IIIe–XIIIe siècle). Actes du colloque organisé par l'Ecole française de Rome avec le concours de l'Université de Rome ›La Sapienza‹, Rome, 27–29 octobre 1988. Rom 1991.

Fried, Johannes: Wissenschaft und Phantasie: Das Beispiel der Geschichte. In: Historische Zeitschrift 263 (1996) S. 291–316.

Gaiffier, Baudouin de: Hagiographie et historiographie. In: La storiografia altomedievale. Bd. 2. Spoleto 1970. S. 139–166 und 179–196.

Graus, František: Sozialgeschichtliche Aspekte der Hagiographie der Merowinger- und Karolingerzeit. Die Viten der Heiligen des südalemannischen Raumes und die sogenannten Adelsheiligen. In: Borst, Arno (Hrsg.): Mönchtum, Episkopat und Adel zur Gründungszeit des Klosters Reichenau. Sigmaringen 1974. S. 131–176.

Haarländer, Stephanie: Vitae episcoporum. Eine Quellengattung zwischen Hagiographie und Historiographie, untersucht an Lebensbeschreibungen von Bischöfen des Regnum Teutonicum im Zeitalter der Ottonen und Salier. Stuttgart 2000.

Hausberger, Karl: Das kritisch hagiographische Werk der Bollandisten. In: Schwaiger, Georg (Hrsg.): Historische Kritik in der Theologie. Beiträge zu ihrer Geschichte. Göttingen 1980. S. 210–244.

Head, Thomas (Hrsg.), Medieval Hagiography: An Anthology. New York 2000.

Heinzelmann, Martin (Hrsg.): L'Hagiographie du Haut Moyen Âge en Gaule du Nord. Manuscrits, textes et centres de production. Stuttgart 2001. (Beihefte der Francia. 52.)

Heinzelmann, Martin: Translationsberichte und andere Quellen des Reliquienkultes. Turnhout 1979.

– / Herbers, Klaus / Bauer, Dieter R.: Mirakel im Mittelalter. Konzeptionen – Funktionen – Realitäten. Stuttgart 2002 [i. Vorb.].

Helvétius, Anne-Marie: Les saints et l'histoire. L'apport de l'hagiologie à la médiévistique d'aujourd'hui. In: Goetz, Hans-Werner (Hrsg.): Die Aktualität des Mittelalters. Bochum 2000. S. 135–163.

Henriet, Patrick: La parole et la prière au moyen âge. Le verbe efficace dans l'hagiographie monastique des XIe et XIIe siècles. Brüssel 2000.

Herbers, Klaus: Bemerkungen zu Reliquientranslationen im früheren Mittelalter. In: Markus Mayr (Hrsg.): Von Goldenen Gebeinen. Innsbruck 2001. S. 221–231.

– Rom im Frankenreich – Rombeziehungen durch Heilige in der Mitte des 9. Jahrhunderts. In: Bauer, Dieter R. [u. a.] (Hrsg.): Herrschaft – Kirche – Mönchtum 750–1050. Festschrift Josef Semmler. Sigmaringen 1998. S. 133–169.

– Der Jakobsweg. Tübingen [7]2001.

Hofmann, Heinz: Artikulationsformen historischen Wissens in der lateinischen Historiographie des hohen und späten Mittelalters. In: La littérature historiographique des origines à 1500. Heidelberg 1987. (Grundriß der romanischen Literaturen des Mittelalters. Bd. 11.1.) S. 367–687.

Holder-Egger, Oswald: Die Monumenta Germaniae und ihr neuester Kritiker. Eine Entgegnung. Hannover 1887.

Lifshitz, Felice: Beyond Positivism and Genre. ›Hagiographical‹ Texts as Historical Narrative. In: Viator 25 (1994) S. 95–113.

Lotter, Friedrich: Methodisches zur Gewinnung historischer Erkenntnisse aus hagiographischen Quellen. In: Historische Zeitschrift 229 (1979) S. 298–356.

Luongo, Gennaro (Hrsg.): Scrivere di Santi, Rom 1998.

Luther, Martin: Kritische Gesamtausgabe. Bd. 10. Weimar 1905.

Müller, Gerhard Ludwig: Gemeinschaft und Verehrung der Heiligen. Geschichtlich-systematische Grundlegung der Hagiologie. Freiburg i. Br. / Basel / Wien 1986.

Nahmer, Dieter von der: Die lateinische Heiligenvita. Eine Einführung in die lateinische Hagiographie. Darmstadt 1994.

Paoli, Emore (Hrsg.): Gli studi agiografici sul medioevo in Europa (1968–1998). [o. O.] 2000. (Quaderni di »Hagiographica«. 1.)

Petersohn, Jürgen (Hrsg.): Politik und Heiligenverehrung im Hochmittelalter. Sigmaringen 1994.

Philippart, Guy (Hrsg.): Hagiographies. Histoire internationale de la littérature hagiographique latine et vernaculaire en Occident des origines à 1550. Bd. 1. 2. Turnhout 1994. 1996. (Corpus Christianorum).

Philippart, Guy: Hagiographes et hagiographie, hagiologes et hagiologie: des mots et des concepts. In: Hagiographica 1 (1994) S. 1–16.

Prinz, Friedrich: Der Heilige und seine Lebenswelt. Überlegungen zum gesellschafts- und kulturgeschichtlichen Aussagewert von Viten und Wundererzählungen. In: F. P.: Mönchtum, Kultur und Gesellschaft. Beiträge zum Mittelalter. München 1998. S. 251–268.

Röckelein, Hedwig: Zur Pragmatik hagiographischer Schriften im Frühmittelalter. In: Scharff, Thomas / Behrmann, Thomas (Hrsg.): Bene vivere in communitate. Beiträge zum italienischen und deutschen Mittelalter. Hagen Keller zum 60. Geburtstag. Münster / New York [u. a.] 1997. S. 225–238.

Scharer, Anton / Scheibelreiter, Georg (Hrsg.): Historiographie im frühen Mittelalter. Wien 1994.

Signori, Gabriela: Maria zwischen Kathedrale, Kloster und Welt. Hagiographische und historiographische Annäherungen an eine hochmittelalterliche Wunderpredigt. Sigmaringen 1995.

Swinarski, Ursula: Herrschen mit den Heiligen. Kirchenbesuche, Pilgerfahrten und Heiligenverehrung früh- und hochmittelalterlicher Herrscher (ca. 500–1200) Bern [u. a.] 1991.

Uytfanghe, Marc van: Stylisation biblique et condition humaine dans l'hagiographie mérovingienne (600–750). Brüssel 1987. (Verhandelingen van de Koninklijke Academie voor Wetenschapen, Letterenen, Schone Kunsten van Belgie, Klasse der letteren. 120.)

Vauchez, André: La sainteté en Occident aux derniers siècles du Moyen Âge, d'après les procès de canonisation et les documents hagiographiques. Rom 1988.

Vogel, Bernhard (Hrsg.): Lantbert von Deutz, Vita Heriberti, Miracula Heriberti, Gedichte und liturgische Texte. (Monumenta Germaniae Historica, Scriptores rerum Germanicarum in usum scholarum. 73.) Hannover 2001 [i. Vorb.].

Wenz-Haubfleisch, Annegret: Miracula post mortem. Studien zum Quellenwert hochmittelalterlicher Mirakelsammlungen, vornehmlich des ostfränkisch-deutschen Reiches. Siegburg 1998.

Reiseberichte, ethnographische und geographische Schriften

Von Christian Halm und Jan Hirschbiegel

Wer heutzutage reist, der ›verreist‹, der hat Urlaub oder viel Zeit und verfügt über die nötigen Mittel, der kann sich sein Ziel wählen und sich über seine beabsichtigte Reise auf vielfältige Weise informieren und diese schließlich auch selbst dokumentieren. Bis hin zur Reisegepäckversicherung kann allen möglichen Widrigkeiten schon im Vorfeld begegnet werden. Unglücksfälle zählen, so scheint es, als Negativschlagzeilen zu den berichtenswertesten Reiseereignissen im öffentlichen wie im privaten Bereich. Gleichwohl läßt sich eine Reise heute bis ins Detail planen, und die Angebote der Reiseunternehmen tragen den Erwartungen ihrer Kunden, die Entspannung oder Abenteuer suchen, sich bilden wollen oder schlicht dem Alltag entfliehen, Rechnung. Da erscheint die gänzlich anders motivierte Reise aus beruflichen Gründen, die Dienstreise, zwar noch mit dem Anhängsel ›-reise‹, wird aber schon allein sprachlich deutlich von dem heute vorherrschenden Reiseverständnis abgegrenzt.

Ist von Reiseberichten, von ethnographischen und geographischen Schriften des Mittelalters die Rede,[1] so wird der unvoreingenommene Leser mit den ihm bekannten Vorstellungen und eigenen Erfahrungen vom Reisen und mit wie auch immer gearteten heutigen Berichten über das Reisen vergleichen. Gleichwohl hat das aktuelle Reiseverständnis, verändert durch technische Innovationen im Transport- und Medienbereich vor allem seit dem 19. Jahrhundert, seine Wurzeln in dem hier zu behandelnden Zeitraum.

1 Einführend sei genannt: Norbert Ohler, »Reisen, Reisebeschreibungen. A. Westen, I. Allgemein; Formen; Verkehrsmittel«, in: *Lexikon des Mittelalters*, Bd. 7, München/Zürich 1995, Sp. 672–675.

Der Reisebegriff des Mittelalters nun ist einerseits, sprachgeschichtlich gesehen, ein sehr enger, andererseits, was die Menschen und ihre Bewegungen in den ihnen damals bekannten Räumen anbelangt,[2] ein sehr weiter.

Das mittelhochdeutsche Wort *reise* bezeichnete ursprünglich die Heerfahrt, den kriegerischen Zug,[3] daneben existierte die *peregrinatio* als Bezeichnung für den Aufenthalt in der Fremde, für die Pilgerschaft des christlichen *homo viator*, entsprechend der christlichen Auffassung vom Leben als Wanderschaft.[4] Die heutige Bedeutung von *reisen* und *Reise* stammt erst aus der Lutherzeit.

Mittelalterliche Reisen waren zweckbestimmt: »Man reiste, um anzukommen.«[5] Der mittelalterliche Reisende reiste als Angehöriger seiner Schicht, seiner Gruppe, seines Standes, und es gab stets einen konkreten Bezug zwischen ihm und seinem Ziel. Strukturierende Momente des Reisens waren und sind der Abschied, die Fahrt (Ortsverände-

2 Zu mittelalterlichen Raumerfahrungen hinsichtlich real existierender Räume siehe den Abschnitt »Physische Räume« bei Hans-Hennig Kortüm, *Menschen und Mentalitäten. Einführung in Vorstellungswelten des Mittelalters*, Berlin 1996, S. 224–231 (die entsprechenden bibliographischen Angaben S. 242).

3 Vgl. z. B. Norbert Richard Wolf, »Wie reist Gawan, wie der Pilger? Zum ›Reisewortschatz‹ im Mittelalter I«, in: *Reisen und Welterfahrung in der deutschen Literatur des Mittelalters. Vorträge des XI. anglo-deutschen Colloquiums, 11.–15. September 1989, Universität Liverpool*, hrsg. von Dietrich Huschenbett und John Margetts, Würzburg 1991, S. 14–23. Exemplarisch Werner Paravicini, *Die Preußenreisen des europäischen Adels*, Bd. 1, Sigmaringen 1989, Bd. 2, ebd. 1995 (Beihefte der Francia, 17.1 und 17.2). – Die Tatsache, daß es im Englischen, Italienischen oder Französischen andere Begriffe für die Reise gibt wie *journey/voyage/tour/travel*, *viaggio* oder *voyage/tour*, die andere sprachgeschichtliche Wurzeln haben und wie z. B. *voyage* und *viaggio* auf das lateinische Substantiv *via* zurückzuführen sind, kann hier nur angedeutet werden.

4 Siehe u. a. Cornelius Mayer, »›Peregrinatio‹ bei Augustinus«, in: *Reisen und Reiseliteratur im Mittelalter und in der frühen Neuzeit. Vorträge eines interdisziplinären Symposiums vom 3.–8. Juni 1991 an der Justus-Liebig-Universität Gießen*, hrsg. von Xenia von Ertzdorff und Dieter Neukirch unter red. Mitarb. von Rudolf Schulz, Amsterdam 1992 (Chloe, 13), S. 67–80.

5 Kortüm (s. Anm. 2) S. 225.

rung als wichtiges Strukturelement), die Ankunft, der längere Aufenthalt fern der Heimat und, vor allem, die Rückkehr.[6] Erst die Rückkehr machte und macht eine Reise zu einer wirklichen Reise, die im Mittelalter natürlich von erheblich längerer Dauer war als heute und den Reisenden – ganz anders, als wir es gewohnt sind – tatsächlich nötigte, die von ihm durchmessenen Räume zu »erfahren«, und dies im wahrsten Sinne des Wortes. Erst die Rückkehr unterscheidet die Reise von der Emigration und gab und gibt den Reisenden Gelegenheit, mündlich oder schriftlich in der Heimat von ihren Erlebnissen zu berichten.[7] Die Motivation, eine Reise in schriftlicher Form festzuhalten,

6 Eine knappe Einteilung mittelalterlicher Reisen gibt Lia Scheffer, »De Itinerarius van Johannes de Hese. Een voorbeeld van een laatmiddeleeuws reisverhaal uit de Nederlanden (ca. 1400)«, in: *Genoechlicke ende lustige historiën. Laatmiddeleeuwse geschiedsschrijving in Nederland*, Red. B. Ebels-Hoving [u. a.], Hilversum 1987, S. 21–33, hier S. 21–23. Siehe neuerdings die Einteilung mittelalterlicher Fernreisen bei Folker Reichert, »Fernreisen im Mittelalter«, in: *Fernreisen im Mittelalter*, hrsg. von F. R., Berlin 1998, S. 5–9, hier S. 5. Eine aktuelle Auswahlbibliographie ebd., S. 10–17.

7 An bibliographischen Sammlungen von Reiseberichten sind zunächst zu nennen diejenigen von Titus Tobler, *Bibliographia geographica Palaestinae. Zunächst kritische Übersicht gedruckter und ungedruckter Beschreibungen der Reisen ins Heilige Land*, Leipzig 1867 (reprogr. Nachdr. Amsterdam 1965) und Reinhold Röhricht, *Bibliotheca geographica Palaestinae. Chronologisches Verzeichnis der von 333 bis 1878 verfassten Literatur über das Heilige Land. Mit dem Versuch einer Kartographie*, verb. und verm. Neuausg. mit einem Vorw. von Prof. David H. K. Amiran, Jerusalem 1963 (Nachdr. der Ausg. Berlin 1890), die erst in neuerer Zeit in Teilen ersetzt wurden, z. B. durch Linda Key Davidson / Maryjane Dunn-Wood, *Pilgrimage in the middle ages. A research guide*, New York / London 1993, und L. K. D. / M. D.-W., *The Pilgrimage to Santiago de Compostela. A Comprehensive, Annotated Bibliography*, New York / London 1994, sowie durch analytische Bibliographien (vollständige Erfassung von Handschriften, frühen Drucken, Editionen und Literatur mit Angabe detaillierter Wegbeschreibungen) in der Reihe *Europäische Reiseberichte des späten Mittelalters*, hrsg. von Werner Paravicini (Kieler Werkstücke. Reihe D. Beiträge zur europäischen Geschichte des späten Mittelalters, 5, 12 und 14). Tl. 1: *Deutsche Reiseberichte*, bearb. von Christian Halm, Frankfurt a. M. [u. a.] 1994, ^{2}2001. Tl. 2: *Französische Reiseberichte*, bearb. von Jörg Wettlaufer in Zsarb. mit Jacques Paviot, ebd. 1999, und Tl. 3: *Niederländische Reiseberichte*, nach Vorarb. von Detlev Kraack bearb. von Jan Hirschbiegel, ebd. 2000.

ist selbstverständlich von der Motivation zur Reise selbst zu trennen, die im christlich geprägten Abendland nicht selten »Andacht und Abenteuer« verband.[8] Dem Streben nach Sozialprestige[9] oder nach der Belegbarkeit der Faktizität der eigenen Reise[10] mögen andere Motive ergänzend oder ersetzend zur Seite getreten sein wie schlichter Pragmatismus (zum Beispiel in Form von Pilgerführern mit allerlei Ratschlägen oder als Folge der Pflicht eines Gesandten, Bericht zu erstatten), Belehrung (so daß ein Reisebericht wie im Fall des Joos van Ghistele nahezu enzyklopädischen Charakter annehmen konnte)[11] oder der Aufruf zum Kreuzzug.[12] Auch die Schaffung von Nachvollzugsmöglichkeiten für diejenigen, die nicht reisen konnten, fand ihren schriftlichen Niederschlag. Heer Bethlem, ein Priester aus Nordwestdeutschland, hat während seines Aufenthalts in Palästina die Entfernungen zwischen den einzelnen Stationen des Leidensweges Christi nachgemessen und diese in einem Büchlein gemeinsam mit den Ablässen für die Besucher der Kreuzwegstationen aufgeführt, damit auch diejenigen, die sich nicht außer Landes begeben konnten, durch Imitation in den Genuß dieser Ablässe kamen. Diese Ende des 15. Jahrhunderts entstandene Schrift hatte gedruckt weite Verbreitung gefunden und war von großem Einfluß auf die Ausbildung der Kreuzwegandacht.[13]

8 Eine Formulierung nach dem Titel Ursula Ganz-Blättler, *Andacht und Abenteuer. Berichte europäischer Jerusalem- und Santiago-Pilger*, Tübingen 1990.

9 Vgl. z. B. Jan van Herwaarden, »Pilgrimages and Social Prestige. Some Reflections on a Theme«, in: *Wallfahrt und Alltag in Mittelalter und früher Neuzeit. Internationales Round-Table-Gespräch, Krems an der Donau, 8. Oktober 1990*, Red. Gerhard Jaritz und Barbara Schuh, Wien 1992, S. 27–79.

10 Siehe auch im vorliegenden Band S. 227.

11 Siehe ebenfalls im vorliegenden Band S. 233 f..

12 Dazu knapp Ganz-Blättler (s. Anm. 8) S. 264–268.

13 Detaillierte bibliographische Angaben in: *Europäische Reiseberichte des späten Mittelalters*, Tl. 3 (s. Anm. 7) Nr. 14.

»Unterwegs«[14] waren mithin Angehörige aller Gruppen, Schichten und Stände, auch mehrmals jährlich, Männer wie Frauen. Das Mittelalter war im Rahmen seiner Möglichkeiten trotz der Ortsgebundenheit vieler Menschen ein von einer nicht unbedeutenden horizontalen Mobilität gekennzeichnetes Zeitalter,[15] freilich nicht gleichbleibend, sondern sich vom frühen bis zum späten Mittelalter steigernd,[16] wobei zu bedenken ist, daß der größte Teil der vor allem ländlichen Bevölkerung wohl kaum je seine vertraute Umgebung verlassen haben wird.

Die ›Reiseherrschaft‹ als Kennzeichen herrschaftlicher Raumbewältigung[17] folgte dem Diktum »kein auxilium ohne consilium«[18]. Diese Herrschaftsform ging allerdings gegen Ende des Mittelalters um 1500 zunehmend über in eine von festen Residenzen ausgeübte Herrschaft.[19] Dies bedeutete selbstverständlich nicht, daß die Ausübung von Herrschaft nun ausschließlich von zentralen Orten aus erfolgte. Die persönliche Begegnung der – im Mittelalter überwiegend adli-

14 Entsprechend dem Titel *Unterwegssein im Mittelalter*, hrsg. von Peter Moraw, Berlin 1985 (Zeitschrift für historische Forschung, Beiheft 1).

15 Vgl. Ernst Schubert, *Einführung in die Grundprobleme der deutschen Geschichte im Spätmittelalter*, Darmstadt 1992, S. 16–21. Einzelprobleme sind exemplarisch behandelt in dem Band *Migration in der Feudalgesellschaft*, hrsg. von Gerhard Jaritz und Albert Müller, Frankfurt a. M. [u. a.] 1988.

16 Dafür spricht auch die Überlieferung. Allein 240 der insgesamt 571 bekannten Berichte der Zeit von 1300 bis 1500 stammen aus der zweiten Hälfte des 15. Jahrhunderts; Zahlen nach Anne Simon, »›Gotterfahrung‹ oder ›Welterfahrung‹. Das Erlebnis des Reisens in Pilgerberichten des fünfzehnten Jahrhunderts«, in: *Reisen und Welterfahrung* (s. Anm. 3) S. 173–184, hier S. 173 mit Anm. 2.

17 Die Erstellung von Itinerarien (lat. *iter* ›Weg‹) dient hierbei der Forschung als Hilfsmittel zum Nachvollzug von Herrscherbewegungen.

18 Gerd Althoff »Vom Zwang zur Mobilität und ihren Problemen«, in: *Reisen und Reiseliteratur* (s. Anm. 4) S. 91–111, hier S. 93.

19 Der Erforschung dieses Vorgangs widmet sich die Residenzen-Kommission der Akademie der Wissenschaften in Göttingen mit einer eigenen Reihe (*Residenzenforschung*, Bd. 1 ff., Sigmaringen 1990 ff., bislang erschienen sind 12 Bände), einer eigenen Zeitschrift (*Mitteilungen der Residenzen-Kommission* 1 ff., 1991 ff.) und mit im Zweijahresrhythmus veranstalteten Symposien zu einschlägigen Themenbereichen.

gen – Träger von Herrschaft[20] blieb bis auf den heutigen Tag unerläßliches Instrument des Austauschs. Das Boten- und Gesandtschaftswesen stellt in diesem Zusammenhang eine besondere Form des Reisens dar, Diplomatie war und ist ohne das Reisen nicht denkbar – ein beredtes Beispiel dafür sind die im weiteren zu schildernden Fahrten des burgundischen Gesandten Guillebert de Lannoy. Nicht zuletzt war dem Adel das Reisen auch Mittel zum Ausdruck seiner besonderen Standesqualität – man denke nur an Turnierfahrten wie diejenigen des ebenfalls aus Burgund stammenden Adligen Jacques de Lalaing, die ihn bis nach Spanien und Schottland führten[21] –, und die Entwicklung des Reisens zum heutigen Massentourismus nahm ihren Ausgang unter anderem von der »Heidenfahrt zur Kavalierstour«[22] dieses Standes.[23]

Nonnen und Mönche hingegen waren geradezu mit einem Reiseverbot belegt und sollten sich dem Reisen, wenn überhaupt, in kontemplativer Form mit christlichen Inhalten und Zielen widmen. Dem widersprach nicht, daß Päpste, Bischöfe und Prälaten Konzilien und Synoden besuchten oder ihre Sprengel visitierten und Äbte zu den Generalkapiteln ihrer Orden reisten. Nicht zuletzt ist die Verbreitung des Christentums nicht vorstellbar ohne die räumlich und zeitlich ausgedehnten Fahrten der Missionare. »Beruflich« unterwegs waren darüber hinaus nicht nur Soldaten – ein eigenes Phänomen sind die Kreuzzüge[24] –, sondern auch Kauf-

20 Siehe z. B. Werner Kolb, Herrscherbegegnungen im Mittelalter, Bern [u. a.] 1988.

21 Detaillierte bibliographische Angaben in: *Europäische Reiseberichte des späten Mittelalters*, Tl. 3 (s. Anm. 7) Nr. 6.

22 Entsprechend dem Titel bei Werner Paravicini, »Von der Heidenfahrt zur Kavalierstour. Über Motive und Formen adligen Reisens im späten Mittelalter«, in: *Wissensliteratur im Mittelalter und in der frühen Neuzeit. Bedingungen, Typen, Publikum, Sprache*, hrsg. von Horst Brunner und Norbert Richard Wolf, Wiesbaden 1993, S. 91–130.

23 Vgl. *Tourismus*, hrsg. von Hans-Werner Prahl und Albrecht Steinecke, Stuttgart 1981, hier v. a. S. 16–38 das Kapitel »Historischer Abriß«.

24 Dazu Hans-Eberhard Mayer, *Geschichte der Kreuzzüge*, 7., verb. Aufl., Stuttgart [u. a.] 1989.

leute und Händler oder Hirten, Bergleute, Handwerker[25] und Künstler[26], die damit ebenso der Verbreitung von Wissen dienten wie Studenten und Lehrer[27]. Auf den Straßen des Mittelalters – wozu auch die schiffbaren Gewässer zu zählen sind – fanden sich aber auch Arme und Kranke, Kriminelle[28], Flüchtende vor Hunger, Not und Krieg sowie allerlei »fahrendes Volk«[29], zudem Kriegsgefangene und Sklaven. Bekannt sind die Schilderungen des bayerischen Knappen Johannes Schiltberger, der, nachdem er 1396 bei der Schlacht von Nikopolis in die Hände der siegreichen Osmanen gefallen war, erst nach zweiunddreißig Jahren wieder in seine Heimatstadt München zurückkam.[30] Schließlich waren es Pilger, vor allem im späten Mittelalter, auf ihrem Weg zu den großen Wallfahrtszentren, den *loca sancta*, wie Santiago de Compostela in Spanien und Jerusalem[31] oder Rom, teilweise freiwillig zum Beispiel aufgrund eines Gelübdes (und die Pilgerfahrt gehörte zu den wenigen wirklich jederzeit legiti-

25 Siehe z. B. Wilfried Reininghaus, »Wanderungen von Handwerkern zwischen hohem Mittelalter und Industrialisierung. Ein Versuch zur Analyse der Einflußfaktoren«, in: *Migration in der Feudalgesellschaft* (s. Anm. 15) S. 179–216.

26 Hierzu die entsprechenden Ausführungen bei Martin Warnke, *Hofkünstler. Zur Vorgeschichte des modernen Künstlers*, 2., überarb. Aufl., Köln 1996.

27 Siehe etwa Rainer Christoph Schwinges, »Migration und Austausch. Studentenwanderungen im deutschen Reich des späten Mittelalters«, in: *Migration in der Feudalgesellschaft* (s. Anm. 15) S. 141–155. Vgl. R. Chr. Schwinges, *Deutsche Universitätsbesucher im 14. und 15. Jahrhundert*, Wiesbaden 1986.

28 Vgl. etwa Herta Mandl-Neumann, »Überlegungen zu Kriminalität und Mobilität im späten Mittelalter«, in: *Migration in der Feudalgesellschaft* (s. Anm. 14) S. 57–63.

29 Vgl. Ernst Schubert, *Fahrendes Volk im Mittelalter*, Bielefeld 1995.

30 Ausführliche Angaben in: *Europäische Reiseberichte*, Tl. 3 (s. Anm. 7) Nr. 12.

31 Hierzu Claudia Zrenner, *Die Berichte der europäischen Jerusalempilger (1475–1500). Ein literarischer Vergleich im historischen Kontext*, Frankfurt a. M. 1981; Christiane Hippler, *Die Reise nach Jerusalem. Untersuchungen zu den Quellen, zum Inhalt und zur literarischen Struktur der Pilgerberichte des Spätmittelalters*, Frankfurt a. M. [u. a.] 1987; *Deutsche Jakobspilger und ihre Berichte*, hrsg. von Klaus Herbers, Tübingen 1988, und Ganz-Blättler (s. Anm. 8).

men Begründungen, einen Ort zu verlassen)[32], teilweise aber auch erst nach entsprechender Verurteilung als Sühneleistung. Nicht zu vergessen sind zuletzt all diejenigen, die am Pilgerwesen verdienten wie beispielsweise die venezianischen Reeder. Berühmt war die Familie Contarini, und wir besitzen von einem ihrer »Reiseleiter«, dem Niederländer Claes van Dusen, der für Augustino Contarini tätig war, eine Schrift, die belegt, daß er zwischen 1485 und 1505 nicht weniger als elfmal im Heiligen Land gewesen ist.[33] Den Reisenden des Humanismus, in dem das mitunter ausufernde Pilger- und Wallfahrtswesen scharf angeprangert und verurteilt wurde, trieb dann allerdings nicht mehr das Streben nach Absolution und Ablaßgewährung, sondern die die Horizonte mittelalterlicher Frömmigkeit überschreitende Neugier.[34] Damit war ein entscheidender Schritt zu neuzeitlichen Reisemotivationen und -formen getan.

Der wirtschaftliche und kulturelle Aufschwung von Städten und Landschaften, augenfällig bei den Wallfahrtszentren, die Verbreitung der lateinischen Sprache, von handwerklichen und künstlerischen Fertigkeiten, haben ihre Ursache auch in der mittelalterlichen Reisetätigkeit. Die Weiterung des Weltbildes ist neben wissenschaftlichen Fortschritten auch dem Reisen zu verdanken. Ohne Berücksichtigung des Reisens wären die Bedeutung der mittelalterlichen Kirche, die Ausübung mittelalterlicher Herrschaft und das soziale und wirtschaftliche Ausgreifen der Menschen im Raum nicht zu verstehen.[35]

32 Vgl. Ludwig Schmugge, »Kollektive und individuelle Motivstrukturen im mittelalterlichen Pilgerwesen«, in: *Migration in der Feudalgesellschaft* (s. Anm. 14) S. 263–289.

33 Detaillierte bibliographische Angaben in: *Europäische Reiseberichte*, Tl. 3 (s. Anm. 7) Nr. 18.

34 Siehe Simon (s. Anm. 16) und Justin Stagl, »Ars apodemica. Bildungsreise und Reisemethodik von 1560–1600«, in: *Reisen und Reiseliteratur* (s. Anm. 4) S. 141–189.

35 Zu der diesbezüglichen Bedeutung der Reiseforschung siehe Peter Moraw, »Reisen im europäischen Mittelalter im Licht der neueren historischen Forschung«, in: *Reisen und Reiseliteratur* (s. Anm. 4) S. 113–139.

Voraussetzungen und Bedingungen mittelalterlichen Reisens waren zunächst bestimmt von naturräumlichen Gegebenheiten, die das Reisen in Europa begünstigten: schiffbare Flüsse, das vielerorts nahe Meer, seit der Antike erschlossene Alpenübergänge und ein relativ mildes Klima, ergänzt durch ein einigermaßen dichtes Wege- und Siedlungsnetz.[36] Es entstanden, vermehrt seit dem 12. Jahrhundert, Fähren und Brücken, Hospize, Hospitäler und Unterkünfte, die durch oft eigens gegründete Bruderschaften unterhalten wurden. Gereist wurde über Land in der Regel zu Fuß, Wohlhabendere oder Höhergestellte hatten Pferde, mancher Geistliche mag den Esel benutzt haben. Überdachte Reisewagen mit verschließbaren Fenstern und Vorrichtungen zum Abfedern von Erschütterungen kannte erst das späte Mittelalter. Frauen und Kranke wurden mit Karren befördert, allerdings auch Verbrecher. Im Winter konnten Schlitten genutzt werden, und größere Gewässer wurden mit Kähnen, Booten und Schiffen befahren.[37]

Auf ihren Reisen sahen sich die Reisenden mit allerlei Schwierigkeiten und Gefahren konfrontiert, von denen das Problem der Unterkunft noch das geringste war, konnten sie doch als Christen auf das christliche Gebot der Gastfreundschaft vertrauen; entsprechend erhielten Juden von ihren Glaubensbrüdern Unterstützung.[38] Man kehrte bei Standesgenossen ein, weltliche Herrscher hatten Gastungsrecht oder verfügten über eigene Unterbringungsmöglichkeiten. Schließlich entstanden seit dem Hochmittelalter

36 Siehe z. B. Dietrich Denecke, »Straßen, Reiserouten und Routenbücher (Itinerare) im späten Mittelalter und in der Frühen Neuzeit«, in: *Reisen und Reiseliteratur* (s. Anm. 4) S. 227–253. Exemplarisch das sogenannte »Brügger Itinerar«, siehe *Europäische Reiseberichte des späten Mittelalters*, Tl. 3 (s. Anm. 7) Nr. 1.

37 Ausführlicher zum Vorstehenden Norbert Ohler, *Reisen im Mittelalter*, 4. Aufl. München 1995, S. 21–193.

38 Zu den beiden einzigen überlieferten jüdischen Reiseberichten siehe *Jüdische Reisen im Mittelalter. Benjamin von Tudela und Petachja von Regensburg*, aus dem Hebr. übers., mit Anm. und einem Nachw. von Stefan Schreiner, Leipzig 1991.

Gasthäuser und Hospitäler.[39] Vor Dieben, Räubern und Betrügern schützte man sich durch die Bildung von Reisegruppen, da auf Gebote zum besonderen Schutz von Reisenden und die ausgerufenen Gottes- und Landfrieden nicht immer Verlaß war. Verständigungsschwierigkeiten konnten durch Dolmetscher überbrückt werden. Die Oberschichten waren zum Teil mehrsprachig, die Geistlichkeit und die Gelehrten verfügten über die Kenntnis der lateinischen Sprache.[40] Gemein war allen Reisenden, nicht nur als Folge der Überschreitung der Grenzen ihrer jeweils eigenen Kultur,[41] die Erfahrung der Fremde,[42] was zwangsläufig auch zur schriftlichen Reflexion über das Eigene führen und das spezifische Selbstverständnis des jeweiligen Reisenden explizit oder implizit zum Ausdruck bringen konnte. Peter J. Brenner bringt Fremdheitserfahrungen hinsichtlich ihrer schriftlichen Äußerung auf die Formel, daß das Mittelalter das Kuriose, die frühe Neuzeit das Merkwürdige und Auffällige, die Neuzeit das Schöne verzeichnet habe, stets aber das Singuläre in den Mittelpunkt rückte, wobei die Fremde früher von erkenntnisfördernder oder zumindest erbauender Funktion war, heute jedoch nur noch als Reizfaktor diene.[43]

39 Vgl. etwa Hans Conrad Peyer, *Von der Gastfreundschaft zum Gasthaus. Studien zur Gastlichkeit im Mittelalter*, Hannover 1987 (Monumenta Germaniae Historica. Schriften, 31).

40 Siehe z. B. Ursula Ganz-Blättler, »›Und so schrieen sie in ihrer Sprache‹. Vom Umgang mit Fremdsprach(ig)en in spätmittelalterlichen Pilgerberichten«, in: *Das Mittelalter. Perspektiven mediävistischer Forschung* 2 (1997) H. 1, S. 93–100. Siehe auch Daniel Rocher, »Das Problem der sprachlichen Verständigung bei Auslandsreisen in der deutschen Literatur des Mittelalters«, in: *Reisen und Welterfahrung* (s. Anm. 3) S. 24–34.

41 Vgl. Reichert (s. Anm. 6) v. a. S. 5 f.

42 Siehe [u. a.] Peter J. Brenner, »Die Erfahrung der Fremde. Zur Entwicklung einer Wahrnehmungsform in der Geschichte des Reiseberichts«, in: *Der Reisebericht. Die Entwicklung einer Gattung in der deutschen Literatur*, hrsg. von P. J. B., Frankfurt a. M. 1989, S. 14–49. Neueren Datums der Band *Fremdheit und Reisen im Mittelalter*, hrsg. von Karl-Heinz Spiess und Irene Erfen, Stuttgart 1997.

43 Vgl. Brenner (s. Anm. 42) S. 35.

Einen ersten Höhpunkt in der Reiseberichterstattung des Abendlandes markiert die einschlägige Überlieferung des 13. bis 15. Jahrhunderts, hier wiederum insbesondere die Pilgerliteratur. Diese Überlieferung offenbart am Vorabend des Humanismus in teilweise bereits starker Individualisierung neben bekannten Gemeinplätzen meist religiöser Natur starke landeskundliche Interessen. Am bedeutendsten sind des Ulmer Dominikaners Felix Fabri *Evagatorium*[44] (über seine Reisen 1480 und 1483–84) und des Mainzer Domdekans Bernhard von Breydenbach *Reise ins Heilige Land*[45] (1483–84). Die Überlieferung tatsächlich unternommener Reisen aus dem davor liegenden Zeitraum ist ungleich geringer. Masudi (gest. 956)[46], ein Araber, berichtete über Nord- und Westeuropa, eine Atlantikfahrt des 12. Jahrhunderts wurde von seinem Landsmann Idrisis[47] beschrieben. Einzigartig hingegen ist Marco Polos Darstellung *Il milione* von 1298/99[48], die, in zahlreichen Abschriften und Übersetzungen erschienen, das europäische Asienbild der Zeit entscheidend geprägt hat. Über Asien berichten ferner Johannes de Plano Carpini (Mongolei)[49], der Franziskaner Wilhelm von Rubruck (Mongolei)[50] und Odoricus von Pordenone (Indien und China)[51]. Alle drei waren aus Furcht vor einer mongoli-

44 Siehe zu diesem ausführlichsten aller Berichte eines Reisenden aus dem deutschen Raum *Europäische Reiseberichte des späten Mittelalters*, Tl. 1 (s. Anm. 7) Nr. 83 und 88.

45 Siehe ebd., Nr. 87. Eine Fallstudie bei Ohler (s. Anm. 37) S. 397–405.

46 Lutz Richter-Bernburg, »al-Mas'udi, Abu l-Hasan 'Ali«, in: *Lexikon des Mittelalters*, Bd. 6, München/Zürich 1993, Sp. 374 f.

47 Peter Thorau, »al-Idrisi«, in: *Lexikon des Mittelalters*, Bd. 5, München/Zürich 1991, Sp. 326 f.

48 Ugo Tucci, »Polo, Marc«, in: *Lexikon des Mittelalters*, Bd. 7, München/Zürich 1995, Sp. 71 f.

49 Max Kratochwill, »157. J. de Plano Carpini«, in: *Lexikon des Mittelalters*, Bd. 5, München/Zürich 1991, Sp. 594.

50 *The mission of friar William of Rubruck. His journey to the court of the Great Khan Möngke 1253–1255*, transl. by Peter Jackson, London 1990.

51 Reinhold Jandesek, »Odoricus v. Pordenone«, in: *Lexikon des Mittelalters*, Bd. 6, München/Zürich 1993, Sp. 1362 f.

schen Expansion in den zentralasiatischen Raum zur Erkundung der Lage gesandt worden. Von besonderer Bedeutung ist auch der Bericht des Gesandten Liutprand von Cremona aus dem 10. Jahrhundert über den byzantinischen Hof.[52]

Generell gilt, daß Reisebeschreibungen – bekannt sind allein für die Zeit von 1300 bis 1550 fast 600 Reiseberichte (einschließlich derer, die fiktive Reisen behandeln)[53] aus den Bereichen der romanischen, der englischen, der skandinavischen, der deutschen und der mittelniederländischen Literatur, wovon das Gros von etwa 300 Handschriften (darunter 120 deutschsprachige) der deutschen Literatur zuzurechnen ist[54] – eigene Beobachtungen mit tradierten Mustern verbinden, selten eindeutig als (Auto-)Biographie, Erfahrungsbericht, Pilgerführer oder heilsgeschichtliche Topographie zu definieren sind, und häufig Erwartungen der Leserschaft bedienen.[55] Wortwörtlich identische Passa-

52 Ernst Karpf, »2. L. v. Cremona«, in: *Lexikon des Mittelalters*, Bd. 5, München/Zürich 1991, Sp. 2041 f.

53 Fiktionale oder möglicherweise fiktionale Reisen und Reiseberichte können als eigene Gattung angesehen werden – vgl. *Reisen in reale und mythische Ferne: Reiseliteratur in Mittelalter und Renaissance*, hrsg. von Peter Wunderli, Düsseldorf 1993 – und waren teilweise weit verbreitet, insbesondere seit der Entwicklung des Drucks, so der Reisebericht des Utrechter Priesters Johannes de Hese von 1389 – ausführliche Angaben in: *Europäische Reiseberichte des späten Mittelalters*, Tl. 3 (s. Anm. 7) Nr. 2 –, ganz zu schweigen von den *Voyages d'outre mer* des Jean de Mandeville, entstanden zwischen 1357 und 1371, hier nur der Verweis auf Ingrid Baumgärtner, »Mandeville, Jean de«, in: *Lexikon des Mittelalters*, Bd. 6, München/Zürich 1993, Sp. 188 f.

54 Siehe auch Anm. 16. Vgl. Norbert H. Ott, »Reisen, Reisebeschreibungen. A. Westen. II. Reisebeschreibungen. [3] Deutsche Literatur«, in: *Lexikon des Mittelalters*, Bd. 7, München/Zürich 1995, Sp. 678 f., hier Sp. 678. *Europäische Reiseberichte des späten Mittelalters*, Tl. 1 (s. Anm. 7) nennt für den Zeitraum von 1334 bis 1552 über 150 überlieferte Reisen von Reisenden aus dem deutschen Sprachraum, Tl. 2 (s. Anm. 7) kann von 1300 bis 1552 über 50 Reisende aus Frankreich aufführen. Tl. 3 (s. Anm. 7) erschließt mehr als 60 Reisen von 40 namentlich bekannten Reisenden aus den alten Niederlanden von 1389 bis 1536.

55 Vgl. die Ausführungen von Ott (s. Anm. 54), hier Sp. 678.

gen in unterschiedlichen Reiseberichten deuten dabei einerseits auf die Verwendung bekannter Vorbilder (oder hinsichtlich gleichartiger Reiseverläufe und -ziele auf den Gebrauch von Reiseführern), zielen andererseits auf die Dokumentation der Faktizität des eigenen Reisens.[56] Der Leser soll durch ihm bekannte Wendungen und Inhalte davon überzeugt werden, daß der Autor intime Kenntnis der bereisten Orte und Länder besitzt. Interessanterweise haben viele adlige Reisende der Nachwelt außer schriftlichen Zeugnissen, deren Glaubwürdigkeit durch Heranziehung anderer Dokumente wie Rechnungen überprüfbar ist, noch andere Bestätigungen ihrer Reisetätigkeit hinterlassen, nämlich Inschriften und Graffiti. Sie verewigten sich durch ihre in Stein geschnittenen oder aufgemalten Wappen an den Gebäuden der Orte, die sie besucht hatten, wie z. B. im Katharinenkloster auf dem Sinai.[57] Darüber hinaus unterstreichen auch Bilder und Karten in Reiseberichten die Versuche, von der Authentizität des Reisens zu künden.[58]

Es sind die Fahrten des flandrischen Ritters Guillebert de Lannoy (um 1386–1462), eines der vornehmsten Adligen in Diensten Johanns Ohnefurcht und Philipps des Guten von Burgund – aufgrund seiner ausgedehnten Reisetätigkeit als der »erste belgische Diplomat« bezeichnet –, die einerseits fast das gesamte Spektrum mittelalterlicher Reiseformen repräsentieren, andererseits in ihrer schriftlichen Fassung nach Form und Inhalt schon über das Mittelalter hinaus in

56 Siehe insbes. Volker Honemann, »Bericht Hans Rots über seine Pilgerfahrt ins Heilige Land. Überlegungen zum Umgang mit mittelalterlichen Reiseberichten«, in: *Reisen und Welterfahrung* (s. Anm. 3) S. 306–326.

57 Siehe Detlev Kraack, *Monumentale Zeugnisse der spätmittelalterlichen Adelsreise. Inschriften und Graffiti des 14.–16. Jahrhunderts*, Göttingen 1997

58 Vgl. Norbert H. Ott, »Zur Ikonographie der Reise. Bildformeln und Strukturprinzipien mittelalterlicher Reise-Illustrationen«, in: *Reisen und Welterfahrung* (s. Anm. 3) S. 35–53. Siehe auch Andres Betschart, *Zwischen zwei Welten. Illustrationen in Berichten westeuropäischer Jerusalemreisender des 15. und 16. Jahrhunderts*, Würzburg 1996.

die Zukunft weisen: »Leben heißt hier Reisen und Reisen Leben«[59] bemerkt Friedrich Wolfzettel in einem Beitrag über mittelalterliche Fernreisen, der Lannoy überdies Neugierde, Genauigkeit des Sehens und ästhetische Sensibilität mit der Fähigkeit zu eigenem Urteil und persönlicher Wertung zuschreibt.[60]

Von den vielen Reisen Lannoys ist eine Schrift überliefert, die *Voyages et ambassades*, in welcher sein Kaplan über fast alle Reisen, die Lannoy unternommen hatte, nach dessen tagebuchartigen Aufzeichnungen berichtet.[61] Zusätzlich besitzen wir über seine zweite Reise in das Heilige Land, die er 1421 bis 1423 durchführte und die der Vorbereitung eines geplanten, aber nicht durchgeführten Kreuzzugs im Auftrag des englischen und des französischen Königs und seines Herrn, des Herzogs von Burgund, diente, den von ihm selbst verfaßten »Rapport« im Exemplar des englischen Königs.[62]

Lannoys zweite Heilig-Land-Fahrt begann am 4. Mai 1421 in Sluis (Eeklo, im westlichen Teil des heutigen Belgien). 1403–04 war er bereits einmal im Gefolge des Sene-

59 Friedrich Wolfzettel, »Die offene Pilgerfahrt. Zwei Thesen zur spätmittelalterlichen (Fern-)Reiseliteratur«, in: *Fernreisen im Mittelalter* (s. Anm. 6) S. 33–44, hier S. 43.

60 Ebd.

61 »Voyages et ambassades«, Brüssel, Bibliothèque Royale Albert Ier, ms. 21522, fol. 59–122v, hrsg. im 19. Jahrhundert von Charles Potvin: *Œuvres de Ghillebert de Lannoy. Voyageur, diplomate et moraliste*, recueillies et publiées par Charles Potvin, avec des notes géographiques et une carte par Jean-Charles Houzeau, Löwen 1878, mit einer umfassenden Einführung S. VII–XCI und den »éphémérides de Ghillebert de Lannoy« S. 181–221, einer chronologischen Darstellung seines Lebens entlang der *voyages* ..., sowie ergänzt durch reichhaltiges Material S. 225–288. Ausführliche Angaben in: *Europäische Reiseberichte des späten Mittelalters*, Tl. 3 (s. Anm. 7) Nr. 3.

62 »Chest le rapport que fait messire Guillebert de Lannoy cheualier sur les visitations de pluseurs villes pors et riuieres par lui faittes tant on Egipte comme en Surie. lan de grace nostre signeur mil. cccc. ving et deux Au commandement de [...] le Roy Henry dangleterre herittier et Regent de Franche«, Oxford, Bodleian Library, ms. Hatton 90.

schalls vom Hennegau dort gewesen[63] und sollte erneut 1445–46 in Verbindung mit einem offiziellen Besuch beim König von Aragon nach Jerusalem kommen.[64]

Die Reise führte auf dem Landweg zunächst nach Preußen. Diese Gegend war Lannoy nicht unbekannt, denn er war 1413/14 Mitglied der letzten europäischen Rittergruppe gewesen, die den Deutschen Orden zum Kreuzzug gegen die Heiden, zur *reyse*, aufgesucht hatte.

Damals, 1413/14, hatte Lannoy den Ostseeraum bereits sehr genau erkunden können und zahlreiche Kontakte geknüpft.[65] Als Ausgangspunkt verschiedener Unternehmungen hatte er Danzig gewählt. Von dort hatte er die Marienburg besucht und war Heinrich von Plauen, zu der Zeit noch Hochmeister des Deutschen Ordens, begegnet, von dort war er nach Dänemark gefahren und Pfingsten 1413 mit dem dänischen König Erich von Pommern in Vordingborg zusammengetroffen; dann hatte er Königsberg aufgesucht, und von dort war auch sein Aufbruch zu einer sechzehntägigen militärischen Expedition gegen »Poulane et Pomère« erfolgt. August 1413 war Lannoy während dieses Kriegszugs zum Ritter geschlagen worden. Von Danzig aus war er auch zu einer Exkursion nach Rußland aufgebrochen und kam bis Nowgorod. Durch seinen Kaplan erfahren wir nach seinen Aufzeichnungen von Lage und Bau-

63 1403 war Lannoy per Schiff bis Genua gefahren, gelangte nach Jerusalem und besuchte auch das Katharinenkloster auf dem Sinai. Er wandte sich von dort zunächst nach Konstantinopel, wo er vom Kaiser Reliquien wie ein Stück Eisen aus der Heiligen Lanze geschenkt bekam, bevor er erneut gen Süden reiste, auf Zypern vom dortigen König empfangen wurde, und in Babylon, einem Stadtteil von Kairo, auf den Patriarchen von Indien traf. Schließlich wurde er auf dem Rückweg auf Sizilien von König Martin von Aragon mit dem »ordre de la bannière« ausgezeichnet. Diese Reise nimmt in den Aufzeichnungen seines Kaplans aber trotz der geschilderten hochrangigen Begegnungen nur wenig Raum ein, ganz im Unterschied zu derjenigen von 1421/23, siehe *Œuvres de Ghillebert de Lannoy* (s. Anm. 61) S. 11 f.

64 Dazu *Œuvres de Ghillebert de Lannoy* (s. Anm. 61) S. 174–178.

65 Zu dieser Fahrt *Œuvres de Ghillebert de Lannoy* (s. Anm. 61) S. 20–49.

lichkeiten dieser Stadt, von ihren Einwohnern und ihrer Währung und von der Verwaltung durch einen Herzog und einen Burggrafen, die Lannoy ebenso wie den Bischof besucht hatte. Gekleidet nach Kaufmannsart, war Lannoy dann zurück über Pleskau auf einem Schlitten gefahren. Auf diesem hatte er auch den vereisten Peipussee überquert und war schließlich nach Wilna gelangt, einer Residenz des litauischen Herzogs Witold, von dort über Trakai nach Posur an der Memel. Im dortigen Schloß war Lannoy dann auch mit Witold selbst zusammengekommen. Bevor er sich – über Ragnit bei Tilsit, das zugefrorene Haff und Königsberg nach Danzig zurückgekehrt – bei einem nochmaligen Besuch der Marienburg dem neuen Hochmeister Michael von Sternberg vorstellen konnte, hatte er in Danzig einige Wochen Zwangsaufenthalt nehmen müssen wegen der großen Kälte und des Schneefalls. Auf der Heimreise hatte aber auch ein erneutes Treffen mit Heinrich von Plauen stattgefunden. Über Ostern 1414 war Lannoy zu einem achttägigen Aufenthalt bei dem polnischen König Jagiello gewesen, der ihm bei dieser Gelegenheit einen Pokal geschenkt und ein Schreiben für den französischen König zur Wiederaufnahme der französisch-polnischen Beziehungen mitgegeben hatte. Schließlich war Lannoy in Schweidnitz Herzog Ludwig II. von Liegnitz begegnet und während eines elftägigen Aufenthalts in Prag König Wenzel. Ob Lannoy wie beabsichtigt in Österreich Kontakt mit dem österreichischen Herzog hatte, ist dem Bericht nicht zu entnehmen, denn dieser endet mit der Erwähnung des Hussitenproblems[66] und der Silberminen von Kuttenberg.

Es gibt die interessante These, daß diese Reise ins Baltikum und nach Rußland eine Begebenheit gewesen sein könnte, die als durchaus planvoll angelegt gelten kann und

66 Einige Jahre später, im Januar 1428, befand sich Lannoy wegen des Hussitenproblems auf einer Gesandtschaftsreise ins Reich zu Kaiser Sigismund (Budapest), dem Herzog von Österreich (Wien) und einigen deutschen Kurfürsten (Mainz); *Œuvres de Ghillebert de Lannoy* (s. Anm. 61) S. 210f.

möglicherweise dazu diente, zu erkunden, inwieweit wirtschaftliche Aktivitäten Burgunds in dieser Region realistisch wären.[67] Mithin war dies eine bereits ebenso zweckbestimmte Fahrt gewesen wie die Auftragsreise, die Lannoy nun, wiederum über Preußen, zum zweiten Mal in den Vorderen Orient führen sollte.[68]

Seine Begleiter hatte Lannoy mitsamt seiner Ausstattung von Sluis aus per Schiff nach Danzig vorausgeschickt, von denen einer beim Deutschen Orden für zwei Jahre bleiben sollte, um deutsch zu lernen. Lannoy selbst reiste allein. Er durchquerte Brabant und Geldern, nahm seinen Weg über Münster, Bremen, Hamburg, Lübeck, Wismar, Rostock, Stralsund und Greifswald, passierte anschließend die Herzogtümer Mecklenburg, Barth bei Stralsund, Wolgast und Pommern sowie das Bistum Kammin, bis er schließlich in Danzig dem Hochmeister des Deutschen Ordens seine Empfehlungsschreiben übergeben und mit diesem und den Ordensrittern Geschenke austauschen konnte. Südöstlich von Lemberg fand wenig später ein Treffen mit dem polnischen König statt, den er ja schon von seiner ersten Reise in den Osten kannte. In Belz traf Lannoy Herzogin Alexandra von Massovien, in Kamienietz kam es zu einem Wiedersehen mit Herzog Witold und dessen Frau in Begleitung eines Herzogs der Tartaren und anderer Adliger. Erneut wurden Geschenke und diplomatische Botschaften ausgetauscht, und Lannoy erhielt eine Eskorte von zwei Tataren und sechzehn Russen und Walachen, um sicher in die Türkei zu gelangen. Hier erfuhr er vom Tod des osmanischen Herrschers, den er eigentlich hatte aufsuchen sollen. Nachdem sich Lannoy in Krzemienietz der Gastfreundschaft des

67 Vgl. Hain Rebas, »Die Reise des Ghillebert de Lannoy in den Ostseeraum 1413/14. Motive und Begleitumstände«, in: *Hansische Geschichtsblätter* 101 (1983) S. 29–42, siehe auch Oscar Halecki, »Gilbert de Lannoy and His Discovery of East Central Europe«, in: *Bulletin of the Polish Institute of Arts and Sciences in America* 2 (1943/44) S. 314–331.

68 Zu dieser Reise *Œuvres de Ghillebert de Lannoy* (s. Anm. 61) S. 51–161.

Kommandanten von Podolien hatte erfreuen können, reiste er in die Walachei, wo es zum Zusammentreffen mit Alexander, dem Woiwoden der Walachei und der Moldau, kam (vielleicht in Koslow am Dnjestr). Alexander gab Lannoy Führer und Dolmetscher mit auf den Weg, und dieser gelangte schließlich nach dem heutigen Belgorod Dnjestrowski am Schwarzen Meer, einer Hafenstadt im südlichen Bessarabien. Von dort sandte er wiederum Begleitung und Ausrüstung per Schiff voraus, diesmal nach dem heutigen Feodossija auf die Krim, er selbst reiste über Land zunächst zu Jambo, einem Khan der Tataren. Auch die dunkle Seite des Reisens blieb Lannoy nicht erspart: er wurde unterwegs überfallen.[69] In Feodossija ward ihm gastfreundliche Aufnahme durch Genueser Kaufleute zuteil, bis er von der Krim aus den Weg über das Schwarze Meer auf venezianischen Kauffahrtsschiffen nach Konstantinopel nahm, wo er Kaiser Manuel aufsuchte. Hier wurde, ein weiteres Mal begleitet von dem Austausch von Geschenken und diplomatischen Botschaften, in Gegenwart eines päpstlichen Gesandten das Problem der Vereinigung von römischer und griechischer Kirche besprochen. Der Kaiser übergab Lannoy ein goldenes Kreuz mit einer großen Perle, in welches fünf Reliquien eingearbeitet waren, das er später nach seiner Rückkehr der Kirche Saint-Pierre in Lille gestiftet hat. Auf Rhodos, der nächsten Station, hinterließ Lannoy Ausrüstung und Wertgegenstände, darunter eine goldene Uhr für den türkischen Herrscher, die er diesem im Auftrag des englischen Königs hatte überreichen sollen, und trennte sich bis auf den Herold des Artois und Jean de la Roe von seinen Begleitern. Nach einem sechswöchigen Aufenthalt auf Kreta erreichte Lannoy schließlich Alexandrien und über Rosetta Kairo, wo er vom dortigen Patriarchen empfangen wurde. Im Anschluß an einen Abstecher

69 Vgl. Adolf Armbruster, *Der Donau-Karpatenraum in den mittel- und westeuropäischen Quellen des 10.–16. Jahrhunderts. Eine historiographische Imagologie*, Köln [u. a.] 1990, S. 123 f.

auf den Sinai begann Lannoy mit einer sechzehntägigen Nilerkundung. Am 13. Juni 1422 schiffte er sich auf einem Nilarm ein und kam nach drei Tagen nach Damietta, von wo er seine Reise nach Jerusalem fortsetzte. Seine Rückreise führte ihn über Beirut, Damaskus, Gallipoli, Rhodos und Venedig in das Deutsche Reich, und von dort begab sich Lannoy sofort an den englischen Hof zur Berichterstattung.[70] Weitere diplomatische Missionen sahen Lannoy 1433 auf dem Basler Konzil und 1442 bei Kaiser Friedrich III. in Frankfurt.

Lannoy machte von frühester Jugend an nicht weniger als siebzehn kleinere und größere Reisen, dazu gerechnet auch seine Teilnahme an verschiedenen größeren Kriegszügen, und er kam nach Spanien, Frankreich, England und Irland, in das Deutsche Reich, nach Preußen zum Deutschen Orden, nach Livland, Rußland, Litauen und Polen, nach Griechenland und Ägypten sowie ins Heilige Land. Seine Reisen unternahm er als Soldat, Spion, burgundischer Gesandter und Pilger. Nicht zufällig, so scheint es, war seine letzte Reise eine Pilgerfahrt. Hatte er schon 1436 mit einer Fahrt nach Santiago de Compostela ein beim Tod seiner zweiten Frau Jeanne de Ghistelle abgelegtes Gelübde erfüllt,[71] so gelangte er im Heiligen Jahr 1450 nach Rom: »Das Leben als Reise und Pilgerschaft ist […] gleichsam an sein Ziel und Ende gelangt.«[72] Denn selbstverständlich war Lannoy seiner Zeit verpflichtet, Glaube und Religiosität waren auch ihm noch Legitimationsgrundlage seines Tuns.

Ein weiterer bedeutender mittelalterlicher Reisebericht ist der einer Reise des Joos van Ghistele (um 1446–1516), der von 1481 bis 1485 unterwegs war und das Heilige

70 *Œuvres de Ghillebert de Lannoy* (s. Anm. 61) S. 161 f., zusätzlich überliefert durch ein Fragment aus dem Jahr 1443, siehe Jules-Ludger-Dominique-Ghislain de Saint-Genois des Mottes, *Catalogue méthodique et raisonné des manuscrits de la bibliothèque de la ville et de l'université de Gand*, Gent 1849/52, S. 135 mit Anm. 2 und S. 149.

71 *Œuvres de Ghillebert de Lannoy* (s. Anm. 61) S. 173 f.

72 Wolfzettel (s. Anm. 59) S. 44.

Land, Ägypten, den Sinai, Arabien und Persien bereiste.[73] Die nachträglich verfaßte Aufzeichnung beruht auf Erinnerungen Ghisteles und eines seiner Reisegefährten, Jan van Quisthout, sowie anderen Quellen, die auch genannt werden und sich auf einer Liste am Ende des Berichts befinden. Das Werk enzyklopädischen Charakters ist aufgeteilt in acht Bücher und 210 Kapitel: Ratschläge für Reisende, Informationen über die Völker des Orients – Beschreibung der Reise von Gent nach Jerusalem – Ägypten – Besuch des Sinai, Reise über das Rote Meer, Ankunft in Arabien, Besuch von Mekka und Besuch des Königreiches Aden – Alexandrien und Zypern – Syrien – Reise nach Persien und Täbris – Rückkehr nach Flandern.

Ghistele, aus altem flandrischen Adel, stammte aus Gent, bekleidete wichtige Ämter seiner Heimatstadt und war durch den Burgundenherzog Karl den Kühnen in den 1460er Jahren zum Ritter geschlagen worden. Als Rats- und Kammerherr stand er in Diensten Kaiser Maximilians und Philipps des Schönen. Seine Reise geht weit über den Charakter einer reinen Pilgerfahrt hinaus. Joos van Ghistele durchsegelte als einer der wenigen Reisenden der damaligen Zeit das Rote Meer, und der Bericht seiner Reise weist eine der seltenen Beschreibungen der Strecke von Aleppo nach Täbris auf, wo Ghistele wegen einer Pestepidemie kehrtmachen mußte. Nicht zuletzt hatte Ghistele, schon unterwegs in Köln, den Entschluß gefaßt, seine Reise bis in das Reich des sagenhaften Priesters Johannes[74] und zum Grab des Apostels Thomas in Indien zu verlängern, so daß Quisthout dort hat umkehren müssen, um weitere Begleiter zu werben. Im alten Refektorium des Katharinen-Klo-

73 Aus der Feder des Ambrosius Zeebout, einem der Kapläne des Joos van Ghistele, bereits 1557 zu Gent gedruckt und in zahlreichen Exemplaren überliefert. Weitere ausführliche Angaben in: *Europäische Reiseberichte des späten Mittelalters*, Tl. 3 (s. Anm. 7) Nr. 18.

74 Siehe Ulrich Knefelkamp, *Die Suche nach dem Reich des Priesterkönigs Johannes. Dargestellt anhand von Reiseberichten und anderen ethnographischen Quellen des 12. bis 17. Jahrhunderts*, Gelsenkirchen 1986.

sters auf dem Sinai findet sich eine Inschrift mit seinem Namen. Auf dem Rückweg aus dem Heiligen Land reiste Ghistele von Alexandrien aus gemeinsam mit dem oben erwähnten Bernhard von Breydenbach – ein weiteres Beispiel für die »Internationalität« des Mittelalters[75]: Reisen im Mittelalter war ein europäisches Phänomen. In diesem Zusammenhang erfüllen Reiseberichte eine ihrer Funktionen als Kommunikationsmedien in doppelter Hinsicht. Die zeitgenössische Leserschaft mittelalterlicher Reisedarstellungen nahm Notiz von einer ihnen gegenwärtigen, die heutige erfährt von einer vergangenen Wirklichkeit, die beiden nur in mittelbarer Weise zugänglich war beziehungsweise ist, aber beide sind Teil ebendieser Wirklichkeit.

75 Nach Schubert (s. Anm. 15) S. 16–21.

Literaturhinweise

Benjamin von Tudela und Petachja von Regensburg. Aus dem Hebr. übers., mit Anm. und einem Nachw. von Stefan Schreiner. Leipzig 1991.

Der Reisebericht. Die Entwicklung einer Gattung in der deutschen Literatur. Hrsg. von Peter J. Brenner. Frankfurt a. M. 1989.

Wissensliteratur im Mittelalter und in der frühen Neuzeit. Bedingungen, Typen, Publikum, Sprache. Hrsg. von Horst Brunner und Norbert Richard Wolf. Wiesbaden 1993.

Davidson, Linda Key / Dunn-Wood, Maryjane: Pilgrimage in the Middle Ages. A Research Guide. New York [u. a.] 1993.

– / – The Pilgrimage to Santiago de Compostela. A Comprehensive, Annotated Bibliography. New York [u. a.] 1994.

Europäische Reiseberichte des späten Mittelalters. Hrsg. von Werner Paravicini. (Kieler Werkstücke. Reihe D. Beiträge zur europäischen Geschichte des späten Mittelalters. 5, 12, 14.) Tl. 1: Deutsche Reiseberichte. Bearb. von Christian Halm. Frankfurt a. M. [u. a.] 1994. – Tl. 2: Französische Reiseberichte. Bearb. von Jörg Wettlaufer in Zsarb. mit Jacques Paviot. Ebd. 1999. – Tl. 3: Niederländische Reiseberichte. Nach Vorarbeiten von Detlev Kraack bearb. von Jan Hirschbiegel. Ebd. 2000.

Farinelli, Arturo: Viajes por España y Portugal desde la Edad media hasta el siglo XX. Nuevas y Antiguas. Divagaciones bibliográficas. 2 Bde. Rom 1942.

Ganz-Blättler, Ursula: Andacht und Abenteuer. Berichte europäischer Jerusalem- und Santiago-Pilger, Tübingen 1990.

The Medieval Pilgrimage to St Patrick's Purgatory Lough Derg and the European Tradition. Hrsg. von Michael Haren und Yolande de Pontfarcy. Enniskillen 1988.

Deutsche Jakobspilger und ihre Berichte. Hrsg. von Klaus Herbers. Tübingen 1988.

Hippler, Christiane: Die Reise nach Jerusalem. Untersuchungen zu den Quellen, zum Inhalt und zur literarischen Struktur der Pilgerberichte des Spätmittelalters. Frankfurt a. M. [u. a.] 1987.

Migration in der Feudalgesellschaft. Hrsg. von Gerhard Jaritz und Albert Müller. Frankfurt a. M. [u. a.] 1988.

Knefelkamp, Ulrich: Die Suche nach dem Reich des Priesterkönigs

Johannes. Dargestellt anhand von Reiseberichten und anderen ethnographischen Quellen des 12. bis 17. Jahrhunderts. Gelsenkirchen 1986.

Kraack, Detlev: Monumentale Zeugnisse der spätmittelalterlichen Adelsreise. Inschriften und Graffiti des 14.–16. Jahrhunderts. Göttingen 1997.

Labarge, Margaret Wade: Medieval Travellers. The Rich and the Restless. London 1982.

Labib, Mahfouz: Pèlerins et voyageurs au mont Sinaï. Kairo 1961.

Mayer, Hans-Eberhard: Geschichte der Kreuzzüge. 7., verb. Aufl. Stuttgart [u. a.] 1989.

Mercadal, José García: Viajes de extranjeros por España y Portugal desde los tiempos mas remotos, hasta fines del siglo XVI. Madrid 1952.

Mieck, Ilja: Les témoignages oculaires du pèlerinage à Saint-Jacques de Compostelle. Étude bibliographique (du XIIe auc XVIIIe siècle). In: Compostellaneum 22 (1977) S. 201–232.

Müller, Heribert: Kreuzzugspläne und Kreuzzugspolitik des Herzogs Philipp des Guten von Burgund. Göttingen 1993.

Ohler, Norbert: Reisen im Mittelalter. 4. Aufl. München 1995.

Paravicini, Werner: Die Preußenreisen des europäischen Adels. Bd. 1, Sigmaringen 1989. Bd. 2. Ebd. 1995.

Parga, Luis Vázquez de / Lacarra, José Maria / Ríu, Juan Uría: Las peregrinaciones a Santiago de Compostela, 3 Bde. Madrid 1948–49.

Peyer, Hans Conrad: Von der Gastfreundschaft zum Gasthaus. Studien zur Gastlichkeit im Mittelalter. Hannover 1987.

Reichert, Folker: Reisen und Kulturbegegnung als Gegenstand der modernen Mediävistik. In: Die Aktualität des Mittelalters. Hrsg. von Hans-Werner Goetz. Bochum 2000. S. 231–254.

Reisen in reale und mythische Ferne: Reiseliteratur in Mittelalter und Renaissance. Hrsg. von Peter Wunderli. Düsseldorf 1993.

Reisen und Reiseliteratur im Mittelalter und in der frühen Neuzeit. Vorträge eines interdisziplinären Symposiums vom 3.–8. Juni 1991 an der Justus-Liebig-Universität Gießen. Hrsg. von Xenia von Ertzdorff und Dieter Neukirch unter red. Mitarb. von Rudolf Schulz. Amsterdam 1992.

Reisen und Welterfahrung in der deutschen Literatur des Mittelalters. Vorträge des XI. anglo-deutschen Colloquiums, 11.–15. September 1989, Universität Liverpool. Hrsg. von Dietrich Huschenbett und John Margetts. Würzburg 1991.

Richard, Jean: Les récits de voyage et de pèlerinage. Turnhout 1981.

Röhricht, Reinhold: Bibliotheca geographica Palaestinae. Chronologisches Verzeichnis der von 333 bis 1878 verfassten Literatur über das Heilige Land. Mit dem Versuch einer Kartographie. Verb. und verm. Neuausg. mit einem Vorw. von Prof. David H. K. Amiran. Jerusalem 1963. (Reprogr. Nachdr. der Ausgabe Berlin 1890.)

Saint-Genois des Mottes, Jules-Ludger-Dominique-Ghislain de: Histoire des voyageurs belges. 2 Bde. Brüssel 1846–47.

Schaïk, Remigius Wenceslaus Maria van: ›Wer weite Reisen macht …‹. Niederländische Palästinareisen und Palästinareiseberichte aus dem fünfzehnten Jahrhundert. In: Non Nova, Sed Nove. Mélanges de civilisation médiévale dédiés à Willem Noomen. Hrsg. von Martin Gosman und Joop van Os. Groningen 1984. S. 211–224.

Schubert, Ernst: Fahrendes Volk im Mittelalter. Bielefeld 1995.

Schur, Nathan: Jerusalem in Pilgrims' and Travellers' Accounts. A Thematic Bibliography of Western Christian Itineraries 1300–1917. Jerusalem 1980.

Fremdheit und Reisen im Mittelalter. Hrsg. von Karl-Heinz Spiess und Irene Erfen. Stuttgart 1997.

Tobler, Titus: Bibliographia geographica Palaestinae. Zunächst kritische Übersicht gedruckter und ungedruckter Beschreibungen der Reisen ins Heilige Land. Leipzig 1867. Reprogr. Nachdr. Amsterdam 1965.

Tourismus. Hrsg. von Hans-Werner Prahl und Albrecht Steinecke. Stuttgart 1981.

Unterwegssein im Mittelalter. Hrsg. von Peter Moraw. Berlin 1985.

Vin, Josephus Paulus Antonius: Travellers to Greece and Constantinople. Ancient Monuments and Old Traditions in Medieval Travellers' Tales. Istanbul 1980.

Wasser, Ben: Nederlandse pelgrims naar het heilige land. Zutphen 1983.

Zrenner, Claudia: Die Berichte der europäischen Jerusalempilger (1475–1500). Ein literarischer Vergleich im historischen Kontext. Frankfurt a. M. 1981.

Neuzeit

Gesetze, Verfassungen und Verträge

Von Christoph Kampmann

I

Die Verrechtlichung als fundamentaler Entwicklungsprozeß der Neuzeit

Im Jahre 1578 wurde in Köln unter dem Titel *De Pace Publica* ein recht umfangreicher lateinischer Rechtstraktat veröffentlicht,[1] der sich als echter juristischer ›Evergreen‹ erweisen sollte: In den kommenden zwei Jahrhunderten erschienen insgesamt weitere 31 Auflagen dieses Werkes; die letzte bekannte Auflage stammte aus dem Jahre 1771.[2] Damit gehört das Werk zweifellos zu den dauerhaft erfolgreichsten juristischen Werken, die es im frühneuzeitlichen Heiligen Römischen Reich überhaupt gegeben hat. Der Verfasser, der Kölner Jurist Andreas Gaill (1526–87), war ursprünglich gar kein Rechtsgelehrter gewesen, sondern stammte aus der juristischen Praxis.[3] Dieser praktischen Tätigkeit als Jurist blieb er auch treu, nachdem er durch seine Werke[4] zu einer

1 Der gesamte Titel des Werkes lautet: *De pace publica et eius violatoribus atque proscriptis et bannitis Imperii libri duo*, Köln 1578.

2 Karl von Kempis, *Andreas Gaill (1526–1587). Zum Leben und Werk eines Juristen der frühen Neuzeit*, Frankfurt a. M. [u. a.] 1988.

3 Gaill war zunächst als Rechtsanwalt in seiner Heimatstadt Köln und dann als Beisitzer des Reichskammergerichts in Speyer tätig gewesen.

4 Neben *De Pace Publica* sind hier vor allem noch die *Practicae Observationes* zu nennen, ein systematischer Kommentar zur Spruchtätigkeit des Reichskammergerichts.

Berühmtheit in seinem Fach geworden war. Der großartige und beständige Erfolg des 1578 erschienenen Werkes hing zweifellos mit der unangefochtenen Autorität zusammen, die Gaill bis zum Ende des Alten Reichs unter den Reichsjuristen genoß, aber auch mit seinem Gegenstand: Es handelte sich dabei um den ersten systematischen Rechtskommentar, der zum Thema des Reichslandfriedens und der Reichslandfriedenswahrung geschrieben worden ist. Damit hatte Andreas Gaill ein Thema gewählt, das stets das besondere Interesse der Reichsjuristen fand und bis zum Ende des Alten Reichs zum »Standardrepertoire« der reichsrechtlichen Literatur zählte, wie der Rechtshistoriker Michael Stolleis formuliert hat.[5]

Als *De Pace Publica* veröffentlicht wurde, war im Heiligen Römischen Reich ein allgemeiner, unbeschränkter »Ewiger Landfrieden« schon seit über acht Jahrzehnten in Geltung. Seit dem Wormser Reichstag von 1495 war es keinem Reichsangehörigen mehr gestattet, gegen andere Reichsangehörige mit Gewalt vorzugehen, und zwar unabhängig von seinem Stand und von den Gründen, die ihn zu einem solchen gewaltsamen Vorgehen bewegen mochten. Wer dennoch sein Recht mit Gewalt durchzusetzen suchte, sollte – so der feierliche Beschluß des Wormser Reichstags von 1495 – als Landfriedensbrecher mit der Reichsacht, also der Friedloserklärung und dem Ausschluß aus der Rechtsgemeinschaft, bestraft werden.

Daß der »Ewige Landfrieden« aus Sicht der Reichsjuristen über solch einen langen Zeitraum nichts von seiner Aktualität einbüßte, lag zu einem wesentlichen Teil an der grundlegenden Bedeutung, die diese Thematik für die Stellung der Jurisprudenz im Heiligen Römischen Reich selbst besaß. Denn seit dem Wormser Reichstag von 1495 war ausnahmslos jeder Reichsangehörige auf die Rechtspre-

5 Michael Stolleis, *Geschichte des öffentlichen Rechts in Deutschland*, 3 Bde., Bd. 1: *Reichspublizistik und Policeywissenschaft 1600–1800*, München 1988, S. 128 f.

chung durch die Gerichte und die ihr zugrunde liegenden Reichsgesetze verwiesen, wenn es galt, eventuelle Ansprüche gegenüber anderen Reichsangehörigen durchzusetzen. Für die Ebene der höchsten Reichsgerichtsbarkeit bedeutete dies konkret, daß er sich im Streitfall an das Reichskammergericht zu wenden hatte, das 1495 als ständisch kontrollierter Gerichtshof wiedererrichtet worden war und dem später der Reichshofrat als konkurrierender, vom Kaiser bestimmter Gerichtshof zur Seite trat. Durch das strikte Verbot jeglicher Form gewaltsamer Lösung von Auseinandersetzungen zwischen Reichsangehörigen, etwa der Fehde, war ein weiterer und entscheidender Schritt hin zur Verrechtlichung aller Konflikte, auch derjenigen privater Natur, getan worden.[6] Daß diese Entwicklung für viele Zeitgenossen durchaus keine Selbstverständlichkeit war, zeigen das Unverständnis und die Ablehnung, mit der breite Teile des niederen Reichsadels, vor allem der Reichsritterschaft, dem Reichslandfrieden gegenüberstanden. In weiten Kreisen der Reichsritterschaft war man lange nicht bereit, auf die gewaltsame Selbsthilfe, also auf das angestammte Fehderecht, zu verzichten. Noch in den sechziger Jahren des 16. Jahrhunderts kam es deshalb zu einem weitausgreifenden Aufstand innerhalb der Reichsritterschaft, den der Kaiser und die Landesherren nur mit großer Kraftanstrengung niederwerfen konnten.[7]

Wenn also der Reichslandfrieden auch keineswegs von Anfang an allgemein akzeptiert war, sondern seine Anerkennung erst mühsam durchgesetzt werden mußte,[8] so trug er doch auf lange Sicht zu einer ausgeprägten Aufwer-

6 Vgl. Heinz Angermeier (*Die Reichsreform 1410–1555*, München 1984), der davon spricht, daß der Wormser Reichstag von 1495 den Durchbruch des »Justizstaatsgedankens« in Deutschland bedeutete.

7 Vgl. Volker Press, »Wilhelm von Grumbach und die deutsche Adelskrise der 1560er Jahre«, in: *Blätter für deutsche Landesgeschichte* 113 (1977) S. 396–431.

8 Vgl. Winfried Schulze, *Deutsche Geschichte im 16. Jahrhundert*, Frankfurt a. M. 1984, S. 111ff.

tung rechtlicher Verfahren, der Gesetzgebung und der Gerichtsbarkeit im Reich bei. Besonders deutlich wurde dies seit der zweiten Hälfte des 16. Jahrhunderts, nachdem im Augsburger Religionsfrieden von 1555 die Geltung des Landfriedens auf die Religionsauseinandersetzungen, die im Heiligen Römischen Reich mit Luthers Reformation begonnen hatten, ausgedehnt und der Versuch gemacht worden war, auch die Religionskonflikte rechtlich einzudämmen.[9] Zwei Vorgänge machen die Beschleunigung und Intensivierung dieses Verrechtlichungsprozesses nach dem Augsburger Religionsfrieden augenfällig: Zum einen wuchs die Zahl der Juristen in den fürstlichen Verwaltungen im Reich rasch weiter an. Zum anderen war seit der zweiten Hälfte des 16. Jahrhunderts eine enorm steigende Nachfrage nach gedruckten Rechtstexten, vor allem nach Gesetzen, zu registrieren. Beide Vorgänge, der weitere Aufstieg des Berufsstandes der Juristen und die verstärkte Bereitstellung von Gesetzessammlungen bzw. gelehrten Kommentaren, die durch den Buchdruck möglich wurde, waren ihrerseits wiederum natürlich geeignet, die Verrechtlichungstendenzen im Heiligen Römischen Reich voranzutreiben.[10]

Diese Entwicklung, die hier im konkreten Fall des Heiligen Römischen Reichs deutscher Nation seit 1495 bzw. 1555 greifbar wird, war keine Besonderheit der neuzeitlichen Geschichte Deutschlands. Vielmehr ist die Verrechtlichung mit guten Gründen als Schlüsselbegriff der neueren Geschichte überhaupt bezeichnet worden,[11] kann es doch geradezu als ein Charakteristikum der Geschichte der Neuzeit gelten, daß in den europäischen Gemeinwesen die Be-

9 Zum Prozeß der Verrechtlichung des politischen Lebens in Deutschland nach dem Augsburger Religionsfrieden vgl. Martin Heckel, *Deutschland im konfessionellen Zeitalter*, Göttingen 1983.

10 Vgl. Stolleis (s. Anm. 5) S. 126–132.

11 Winfried Schulze, *Einführung in die neuere Geschichte*, Stuttgart 1987, S. 61 f.

deutung des Rechts und rechtlicher Verfahren beständig zunahm. Bei aller Vielgestaltigkeit dieses Prozesses in den verschiedenen europäischen Gemeinwesen lag ihm doch überall das Bestreben (von seiten der Regierenden und der Regierten)[12] zugrunde, die Lebensverhältnisse mit Hilfe von Gesetzen in immer stärkerem Maße rechtlich zu regeln und rechtliche Freiräume, etwa in Form gewaltsamer Austragung privater Konflikte in der Fehde, in immer geringerem Maße zu dulden. Die Verrechtlichung als ein fundamentaler Entwicklungsprozeß der Neuzeit hängt wiederum untrennbar mit einem anderen, nicht weniger bedeutsamen Prozeß zusammen, der die Neuzeit prägte: das langsame und gleichwohl stetige Wachstum staatlicher Gewalt. Ergebnis dieser Entwicklung war das seit dem späten 18. Jahrhundert ausgebildete Nebeneinander einer relativ kleinen Zahl territorial und institutionell voneinander abgegrenzter souveräner Staaten, die im Innern ein Gewaltmonopol besaßen und die alleinige Rechtshoheit ausübten. Schon für die zeitgenössischen Theoretiker des frühmodernen Fürstenstaates war die enge Verbindung der Verrechtlichung und des Ausbaus der staatlichen Gewalt offensichtlich. An einer berühmten Stelle stellt der französische Staatstheoretiker Jean Bodin die Gesetzgebungsgewalt sogar als eigentlichen Kernbereich der Souveränität heraus: »Daraus folgt, daß das Hauptmerkmal des souveränen Fürsten darin besteht, der Gesamtheit und den einzelnen das Gesetz vorschreiben zu können und zwar, so ist hinzuzufügen, ohne auf die Zustimmung eines Höheren, oder

12 In der jüngsten Forschung wird viel deutlicher herausgestellt als in der älteren Literatur, daß die frühmodernen Gesetze nicht nur die ordnungspolitischen Wünsche der Regierenden, sondern auch des »Gemeinen Mannes« widerspiegelten; vgl. jetzt zusammenfassend und in klarer Abgrenzung zur einseitigen Betonung einer »Sozialdisziplinierung« von oben Karl Härter, »Soziale Disziplinierung durch Strafe? Intentionen frühneuzeitlicher Policeyordnungen und staatliche Sanktionspraxis«, in: *Zeitschrift für historische Forschung* 29 (1999) S. 366 f.

Gleichberechtigten oder gar Niedrigeren angewiesen zu sein.«[13]

Vergegenwärtigt man sich die fundamentale Bedeutung, die der Verrechtlichungsprozeß für die europäische Geschichte der Neuzeit hatte, so ist der Quellenwert der Gesetze, auch der Fundamentalgesetze der Gemeinwesen, der Verfassungen[14], als neuzeitliche Geschichtsquelle offensichtlich. Aber auch die Bedeutung der Verträge ergibt sich aus dem spezifischen Verlauf, den die Staatsbildung und Verrechtlichung in der Neuzeit genommen hatte. Denn der Ausbau der staatlichen Gewalt und der Verrechtlichung im Innern der europäischen Gemeinwesen war seit der Schwelle zur Neuzeit mit einer langsamen Ablösung traditioneller universalistischer Vorstellungen verbunden, die noch von einer hierarchisch und unter einem gemeinsamen politisch-rechtlichen Dach geordneten christlichen Staatenwelt ausgegangen waren. Zwar spielten Vorstellungen einer über den Einzelstaaten der Christenheit stehenden Gerichtsbarkeit oder Schiedsgerichtsbarkeit noch in der Frühen Neuzeit eine beträchtliche Rolle, sie verloren jedoch bis zum 18. Jahrhundert erheblich an Bedeutung. So waren die sich herausbildenden frühmodernen und modernen Staaten letztlich darauf angewiesen, ihre Verhältnisse auf der Basis freiwilliger Verträge zu regeln.[15]

Die fundamentale Bedeutung der Gesetze, Verfassungen und Verträge als neuzeitliche Geschichtsquellen ist innerhalb der modernen Geschichtswissenschaft heute gänzlich

13 Jean Bodin, *Sechs Bücher über den Staat*, übers. von Bernd Wimmer, Bd. 1, München 1981, S. 292 (»Et par ainsi nous conclurons, que la premiere marque du prince souverain, c'est la puissance de donner loy à tous en general, & à chacun en particulier«).

14 Zum Verhältnis der Begriffe »Fundamentalgesetz« und »Verfassung« vgl. Heinz Mohnhaupt, »Verfassung I«, in: *Geschichtliche Grundbegriffe*, Bd. 6, hrsg. von Otto Brunner [u. a.], Stuttgart 1990, S. 852 ff.

15 Zusammenfassend zu diesen neuen Forschungsansätzen vgl. Johannes Burkhardt, »Die Friedlosigkeit der Frühen Neuzeit. Grundlegung zu einer Theorie der Bellizität Europas«, in: *Zeitschrift für historische Forschung* 24 (1997) S. 509–574.

unbestritten. Vorbehalte gegen eine (zu) intensive Beschäftigung mit Gesetzen, Verfassungen und Verträgen als neuzeitlichen Geschichtsquellen, die im Zuge der unter dem Einfluß der Sozialwissenschaften geführten geschichtswissenschaftlichen Methodendiskussionen in den sechziger und siebziger Jahren geäußert wurden, bestehen heute, soweit man sehen kann, nicht mehr.[16] Im Gegenteil: Die Aktualität dieser Quellen wird durch zahlreiche neue Forschungs- und Editionsprojekte[17], aber auch durch augenblicklich innerhalb der Neuzeithistorie intensiv geführte Forschungskontroversen, etwa zur Frage der Normdurchsetzung im frühmodernen und modernen Staat, zusätzlich unterstrichen.[18]

II

Der Reiz von Gesetzen, Verfassungen und Verträgen als Quellen der Neuzeit

Aber ergibt sich aus der unbestreitbaren Bedeutung von Gesetzen, Verfassungen und Verträgen als neuzeitliche Geschichtsquellen schon ihr Reiz, um den es hier im Sinn ei-

16 Zusammenfassend zur Fortentwicklung der Rechts- und Verfassungsgeschichte vgl. Heinz Duchhardt, *Deutsche Verfassungsgeschichte 1495–1806*, Stuttgart [u. a.] 1991, S. 7 ff.

17 Zu nennen ist hier beispielsweise die große neue Edition der frühneuzeitlichen Polizeiordnungen, die durch das Max-Planck-Institut für Europäische Rechtsgeschichte durchgeführt wird. Diese Editionen treten zu den traditionellen Editionsprojekten, die seit vielen Jahrzehnten laufen, etwa die Edition der Reichstagsakten oder der Akten des Westfälischen Friedens, hinzu.

18 Jüngst wurde es geradezu zum Kennzeichen des frühmodernen Staates erklärt, daß er Gesetze erließ, die nicht eingehalten wurden; vgl. Jürgen Schlumbohm, »Gesetze, die nicht durchgesetzt werden – ein Strukturmerkmal des frühneuzeitlichen Staates«, in: *Geschichte und Gesellschaft* 23 (1997) S. 647–663. Vgl. dagegen jetzt Härter (s. Anm. 12), passim.

ner Attraktivität der historischen Forschung auch gehen soll? Diese Frage scheint auf den ersten Blick nicht unberechtigt. Gesetze, Verfassungen und Verträge sind Rechtstexte, und als solche stellen sie nach landläufigem Verständnis eine doch wohl eher theoretische und trockene Materie dar, die vom »eigentlichen« Geschichtsverlauf, dem menschlichen Handeln in der Vergangenheit, recht weit entfernt zu sein scheint.

Die Antwort auf die Frage nach dem Reiz dieser Quellen ist selbstverständlich nicht mit derselben Allgemeingültigkeit zu beantworten wie die Frage nach ihrer Bedeutung und fällt zudem sehr subjektiv aus. Im folgenden möchte ich mich auf einen ebenso charakteristischen wie reizvollen Aspekt dieser Quellen konzentrieren. Denn ganz im Gegensatz zu dem Vorurteil von der Lebensferne solcher Rechtstexte sind es gerade Gesetze, Verfassungen und Verträge, die die Möglichkeiten der unmittelbaren Wirkung des geschriebenen Wortes auf die politischen, sozialen und wirtschaftlichen Verhältnisse deutlich machen können. Anhand dieser Quellen kann eindrucksvoll demonstriert werden, wie einzelne Texte, ja sogar einzelne Wendungen und Begriffe, erhebliche Bedeutung für die politischen, sozialen und wirtschaftlichen Gegebenheiten erlangen konnten. Anders formuliert: Die Tatsache, daß in einem Gesetz, einer Verfassung oder einem Vertrag eine bestimmte Festlegung getroffen, eine besondere Formulierung oder ein spezieller Begriff gewählt wurde, kann erhebliche (beabsichtigte und unbeabsichtigte, kurz-, aber auch langfristige) Folgen haben. Es übt eine besondere Faszination auf den rückschauenden Betrachter aus, solche Entwicklungen zu beobachten und nachzuzeichnen.

Ich möchte dies im folgenden an drei prägnanten Beispielen näher erläutern. Dabei handelt es sich (1) um ein *Gesetz*, die Landfriedensordnung von 1559, (2) um einen *Vertrag*, den Westfälischen Frieden von 1648 bzw. die dort getroffene Regelung zum Elsaß und schließlich (3) um eine

Verfassung, die Weimarer Reichsverfassung von 1919 bzw. die darin enthaltenen Bestimmungen zur Stellung des Reichspräsidenten. In allen Fällen waren es einzelne, in die entsprechenden Rechtstexte aufgenommene Begriffe und Wendungen, die geschichtsmächtig wurden und die so den besonderen Reiz dieser historischen Quellen der Neuzeit m. E. veranschaulichen können.

Das »ipso facto« in der Landfriedensordnung von 1559: Ein kleiner Zusatz mit weitreichenden Folgen

Der Augsburger Reichstag von 1559 gehört nicht zu den bekannten Reichtstagen des frühneuzeitlichen Heiligen Römischen Reiches – im Gegensatz etwa zum vorhergehenden, ebenfalls in Augsburg tagenden Reichstag von 1555, auf dem der Augsburger Religionsfrieden verkündet worden war.[19] Und in der Tat waren der Verlauf und die Ergebnisse wenig spektakulär. Der entscheidende Grund dafür war, daß beim wichtigsten Gegenstand der Beratungen des Reichstags, den Religionsverhandlungen zwischen Kaiser Ferdinand I. (1556–64) und den katholischen Reichsständen auf der einen und den lutherischen Reichsständen auf der anderen Seite, kaum Fortschritte erzielt wurden.[20] Zu Resultaten kam man lediglich in einigen Punkten, die von den Zeitgenossen als weniger bedeutend eingestuft wurden und die zwischen den Religionsparteien unstrittig waren. Dazu zählten die Ergänzung und Verschärfung der Landfriedensordnung. Hintergrund war der bei Zusammentritt des Reichstags bereits sieben Jahre währende, an verschiedenen europäischen Schauplätzen ausgetragene Krieg zwi-

19 Entsprechend gibt es zum Verlauf des Reichstags von 1559 auch noch keine Monographie; dafür liegt seit 1999 eine umfassende Edition der Akten dieses Reichstags vor: *Der Kurfürstentag zu Frankfurt 1558 und der Reichstag zu Augsburg 1559*, Teilbd. 1–3, bearb. von Josef Leeb, Göttingen 1999.

20 Vgl. Josef Leeb in der Einleitung der in Anm. 19 genannten Edition, S. 86ff.

schen Spanien und Frankreich. In diesem erbitterten und verlustreichen Ringen waren beide Kriegsparteien dazu übergegangen, auch Truppen im Heiligen Römischen Reich anzuwerben – ein Vorgehen, das unter den Reichsständen über alle politischen und konfessionellen Grenzen hinweg auf heftiges Mißfallen stieß. Denn Kaiser und Reichsstände fürchteten (zweifellos nicht zu Unrecht), daß dadurch die kriegerischen Konflikte in West- und Südeuropa auch auf das Reich übergreifen könnten. Schon im Reichsabschied von 1555 war die Anwerbung und der Eintritt in fremde Kriegsdienste – wie überhaupt jeder Kriegsdienst gegen Kaiser und Reich – als Bruch des Landfriedens gewertet worden; alle, die sich dieses Vergehens schuldig machten, sollten daher in die Reichsacht erklärt werden. Doch weil die Erfahrungen der Jahre nach 1555 gezeigt hatten, daß diese drastische Strafandrohung allein nicht ausreichte und sowohl Frankreich als auch Spanien weiterhin im Reich Truppen anwerben konnten, kamen Kaiser, Kurfürsten und Reichsstände nun, auf dem Augsburger Reichstag von 1559, überein, diese Strafandrohung zu verschärfen und die Bestrafung der Landfriedensbrecher zu beschleunigen. In einem kurzen, knapp fünfzeiligen Passus, den man unter dem § 38 der Landfriedensordnung einfügte, wurde festgelegt, daß alle, die künftig fremden Truppendienst leisteten oder sich sonst eines bewaffneten Vorgehens gegen Kaiser und Reich schuldig machten, mit der Tat selbst (*ipso facto*), ohne jede weitere Erklärung der Reichsacht verfallen sollten.[21] Auf diese Weise sollte es möglich sein, gegen Reichsangehörige, die trotz Verbots in fremden Solddiensten standen, sofort vorzugehen, ohne auf einen Prozeß und die

21 Vgl. § 38 des Reichtstagsabschieds von 1559 (s. Anm. 19), S. 2017: »Damit dan hienfuro ihm Hayligen Reich deutscher nation ruhe, friede unnd einigkeit desto bestendiglicher erhalten unnd gehandthabt werden moge, so haben wir auf churfursten, fursten und stende, auch der abwesenden rethe unnd gesandten ermessen und bewilligung obgemelte peen erweittert; dergestalt, das die uberfharer solchs unnsers kayserlichen gebots und gmeiner

förmliche Achterklärung warten zu müssen. Dieser Passus war unter den Reichsständen offensichtlich unstrittig, jedenfalls sind keine größeren Diskussionen überliefert. Nach Beratung der Reichsstände wurde er in die Landfriedensordnung aufgenommen, die im Reichsabschied bekanntgegeben und damit zum Reichsgesetz erhoben wurde. Die Wirksamkeit dieser Strafandrohungsklausel wurde nicht mehr erprobt. Noch im selben Jahr 1559 schlossen Frankreich und Spanien Frieden, so daß die eigentliche Ursache für die Ergänzung der Landfriedensordnung entfiel.

Welche Sprengkraft in diesem kurzen, wenige Worte umfassenden Passus steckte, der 1559 in die Landfriedensordnung aufgenommen wurde, wurde erst mehr als sechs Jahrzehnte später, zu Beginn des Dreißigjährigen Krieges, deutlich. Die Modifikation der Landfriedensordnung trug nun ganz wesentlich zu einer Entwicklung bei, durch die – wie kürzlich formuliert wurde – »ein weiterer kapitaler Streitpunkt der Reichsverfassung zwischen den Konfessionen« gesetzt wurde.[22] Wie kam es dazu?

Seit Ausbruch des Dreißigjährigen Krieges im Jahre 1618 stand der Kaiserhof vor einer politisch-militärisch, aber auch rechtlich ungewohnten Situation, die es, jedenfalls in diesen Dimensionen, seit den Tagen Karls V. nicht mehr gegeben hatte. Denn seit dem Prager Fenstersturz und dem Ausbruch des Krieges in Böhmen geriet eine wachsende Zahl von Reichsangehörigen, die sich den aufständischen Böhmen anschloß, in bewaffneten Gegensatz zum Kaiser. Unter den kaiserlichen Hofjuristen setzten daraufhin intensive Beratungen ein, wie auf diese Lage zu

des Hayligen Reichs satzung [des Landfriedens] neben und uber die benante peenfell in unsere unnd des Hayligen Reichs acht ipso facto gefallen sein sollen, als wir dann dieselbigen disfals auch one einniche fernnere erclerung itzo alsdan unnd dan als itzo inn die acht thun unnd sy als unnsere unnd des Reichs achter erkennen.«

22 Heckel (s. Anm. 9) S. 131.

reagieren sei, die rasch zu einem eindeutigen Ergebnis führten: All jene Reichsangehörigen, die die Waffen gegen den Kaiser erhoben, seien ohne weiteres als Geächtete zu betrachten und entsprechend an Leib, Leben und Besitz zu bestrafen. In diesen Fällen sei kein Prozeß, ja nicht einmal ein förmliches Urteil vonnöten. Die Ächtung von Reichsangehörigen ohne Prozeß widersprach eigentlich der Wahlkapitulation, die der Kaiser wie alle seine Vorgänger seit Karl V. beschworen hatte – eine Tatsache, über die sich die Räte des Kaisers sehr wohl im klaren waren. Aber im Falle des offenen bewaffneten Angriffs auf Kaiser und Reich sei der Kaiser reichsgesetzlich nicht verpflichtet, einen Prozeß zu führen.[23] Eine wesentliche Bedeutung bei der Begründung dieser Rechtsposition nahm eben jener gerade erwähnte Passus der Landfriedensordnung von 1559 ein. Denn dort sei man übereingekommen, bewaffneten Landfriedensbruch und feindlichen Truppendienst gegen Kaiser und Reich als ein Verbrechen anzusehen, durch das man *ipso facto*, mit der Tat und ohne weiteren Prozeß und weitere Erklärung, in die Acht falle. Die Kaiser, zunächst Kaiser Matthias (1612–19), dann Kaiser Ferdinand II. (1619–37), machten sich diesen Rechtsstandpunkt ihrer Hofjuristen zu eigen. Seit 1619 wurden Reichsangehörige, die sich des offenen bewaffneten Widerstands gegen den Kaiser schuldig gemacht hatten und so zu »notorischen« Landfriedensbrechern geworden waren, ohne Prozeß und ohne Urteil zu Geächteten (*Ächtern*) erklärt. Die politische Öffentlichkeit im Reich nahm davon zunächst nur wenig Notiz. Dies lag daran, daß die, gegen die der Kaiserhof entsprechend vorging, nicht zu den wirklich prominenten Führern der antikaiserlichen Opposition im Reich zählten. Doch seit 1621 rückte das Vorgehen des Kaisers gegen

23 Zum Folgenden ausführlich und mit vielen Belegen Christoph Kampmann, *Reichsrebellion und kaiserliche Acht. Politische Strafjustiz im Dreißigjährigen Krieg und das Verfahren gegen Wallenstein 1634*, Münster 1993, S. 19–70.

»notorische« Landfriedensbrecher schlagartig ins Zentrum der öffentlichen Aufmerksamkeit, als nämlich der Kaiser im Jahre 1621 bei der Anwendung der Reichsacht noch einen wichtigen Schritt weiterging und sogar einen der ranghöchsten Fürsten des Reiches, den pfälzischen Kurfürsten Friedrich V., ohne Prozeß in die Acht erklärte. Zur Begründung verwies der Kaiser darauf, daß der Pfalzgraf sich an die Spitze der »rebellischen«, gegen den Kaiser kämpfenden Böhmen gestellt habe. Damit habe er sich des schweren Landfriedensbruchs und der bewaffneten Rebellion schuldig gemacht. Aufgrund der Bestimmungen der Landfriedensordnung von 1559 sei er somit »mit der Tat« der Acht verfallen, ein Prozeß sei nicht nötig. Die Achterklärung des Pfälzers, der traditionell Führer der antikaiserlichen Opposition im Reich war, verschob die politisch-konfessionellen Gewichte im Heiligen Römischen Reich beträchtlich, zumal sie Voraussetzung dafür war, die pfälzische Kurwürde an den wichtigsten Verbündeten des Kaisers im Reich, Herzog Maximilian von Bayern, zu übertragen.

Entsprechend entbrannte im Reich ein heftiger politischer und publizistischer Streit um die Rechtmäßigkeit der Ächtung des pfälzischen Kurfürsten, die von den Protestanten vehement bestritten, vom Kaiser und seinen Bundesgenossen ebenso entschlossen verteidigt wurde. Es war in dieser politisch-propagandistischen Schlacht eine wichtige Trumpfkarte für den Kaiser, daß er sich auf die Landfriedensordnung von 1559 berufen konnte. Denn er konnte darauf verweisen, daß die Gültigkeit dieser Bestimmung zu keinem Zeitpunkt angezweifelt worden war und auch unbestrittene juristische Autoritäten, wie etwa der eingangs erwähnte große Kommentar des Andreas Gaill *De Pace Publica*, sie im kaiserlichen Sinne gedeutet hätten. Die Auseinandersetzung um die pfälzische Acht, bei dem der kurze Passus der Landfriedensordnung von 1559 eine so wichtige

Rolle spielte, sollte nicht nur eine der wichtigsten Streitfragen im Dreißigjährigen Krieg bleiben, sondern auch dauerhaft die politischen Strukturen des Alten Reiches verändern. Denn im Westfälischen Frieden von 1648, der dem Dreißigjährigen Krieg ein Ende setzte, kam man überein, die pfälzische Kurwürde beim Kurfürsten von Bayern zu belassen und für den Sohn des geächteten Pfalzgrafen eine achte Kurwürde zu schaffen.

Insgesamt kann diese Auseinandersetzung als ein markantes Beispiel dafür gelten, wie ein kleiner, zunächst nur wenig beachteter Passus eines Gesetzes, in diesem Falle der Landfriedensordnung von 1559, viele Jahrzehnte später unter veränderten Umständen enorme Bedeutung gewann.

»Ius Supremi Dominii«: Die Souveränität Frankreichs über das Elsaß

War es im Falle des ersten Beispiels nicht absehbar, welch weitreichende Folgen die Modifikation der Landfriedensordnung von 1559 haben würde, so gilt dies im zweiten Fallbeispiel, der kaiserlich-französischen Vertragsabmachungen über das Elsaß im Westfälischen Frieden, nicht. Schon im Verlauf der sehr hart geführten Verhandlungen über die Elsaßabmachungen auf dem Westfälischen Friedenskongreß (1643–48) war den beteiligten Diplomaten klar, daß es hier um Festlegungen ging, die für die Zukunft dieser Region, aber auch die grundsätzlichen europäischen Mächtebeziehungen zentrale Bedeutung haben würden.

Es ist allgemein bekannt, daß im Westfälischen Frieden von 1648 die Grundlagen für den Übergang des Elsaß an Frankreich gelegt wurden, der sich dann vor allem im Zeitalter Ludwigs XIV. (1661–1715) vollzog. Im 19. und 20. Jahrhundert war dies ein wichtiger Grund für die Geringschätzung und Ablehnung, mit dem die deutsche Historikerschaft dem Westfälischen Frieden gegenüberstand – eine Sicht, die dann seit der zweiten Hälfte des 20. Jahrhunderts glücklicherweise einer etwas nüchterneren, weniger von nationalen Emotionen geprägten Betrachtung gewichen ist.[24] Es ist nicht in gleichem Maße bekannt, daß eine wichtige Voraussetzung für den Übergang des Elsaß an Frankreich durch einen einzelnen, überdies widersprüchlich formulierten Paragraphen des Vertrags zwischen dem Kaiser und Frankreich[25] geschaffen wurde, oder, noch präziser formuliert: durch einen Begriff innerhalb dieses Paragraphen, nämlich den Begriff des *Ius supremi dominii*.

Die entscheidenden Verhandlungen zwischen den Diplomaten des Kaisers und Frankreichs auf dem Westfälischen Friedenskongreß fanden zwischen Frühjahr und Herbst 1646 statt.[26] In einer ersten Verhandlungsrunde hatten sich beide Seiten geeinigt, daß der Kaiser bzw. das Haus Habsburg die Landgrafschaften Ober- und Unterelsaß an das siegreiche Frankreich abtreten sollte. Zugleich wurde festgelegt, daß die abgetretenen Gebiete nicht im Heiligen Römischen Reich verbleiben, sondern definitiv unter die Souveränität des französischen Königs und seiner Nachfolger fallen würden. Im Verlauf dieser ersten Verhandlungsrunde waren sich beide Seiten darüber im klaren, daß es im Elsaß

24 Vgl. Fritz Dickmann, *Der Westfälische Frieden*, Münster [7]1998, S. 7 ff.

25 Der Westfälische Friedensvertrag besteht aus zwei separaten Vertragsinstrumenten, dem kaiserlichen-französischen von Münster (Instrumentum Pacis Monasteriense, IPM) und dem kaiserlich-schwedischen von Osnabrück (Instrumentum Pacis Osnabrugense, IPO). Die Elsaßabmachungen waren Teil des IPM.

26 Vgl. zu den Elsaßverhandlungen Dickmann (s. Anm. 24) S. 265 ff.; Konrad Repgen, »Über den Zusammenhang von Verhandlungstechnik und Vertragsbegriffen. Die kaiserlichen Elsaßangebote vom 28. März und 14. April 1646 an Frankreich«, in: K. R., *Historische Klopfsignale für die Gegenwart*, Münster 1974; Karsten Ruppert, *Die kaiserliche Politik auf dem Westfälischen Friedenskongreß (1643–1648)*, Münster 1979, S. 169 ff. Auf diesen Ausführungen basiert das Folgende.

neben den habsburgischen Territorien, die der Kaiser abtreten konnte, noch andere reichsunmittelbare Fürstentümer und Herrschaften gab, die nicht zum habsburgischen Hausbesitz gehörten und über die der Kaiser folglich nicht verfügen, sie also nicht an Frankreich übertragen konnte. So wurde zwischen beiden Seiten eine Schutzklausel vereinbart, die besagte, daß die Eigentumsrechte und Freiheiten dieser anderen, nicht-habsburgischen Reichsstände durch die kaiserlich-habsburgischen Abtretungen nicht eingeschränkt werden sollten.

In einer zweiten, entscheidenden Verhandlungsrunde einigte man sich auf eine Vertragsformulierung, die diese Abmachung *scheinbar* bestätigte, ja, noch darüber hinausging: Nun wurden die reichsunmittelbaren Stände des Elsaß, die nicht an Frankreich abgetreten wurden und deren Rechte und Freiheiten ungeschmälert bleiben sollten, namentlich aufgezählt. Aber dann gelang es den französischen Unterhändlern, im selben Paragraphen die Hinzufügung eines Halbsatzes durchzusetzen, in dem diese Garantie der Rechte und Freiheiten erheblich eingeschränkt, in letzter Konsequenz sogar aufgehoben wurde. Es wurde nämlich festgelegt, daß diese traditionellen Freiheiten der nicht-habsburgischen Reichsstände im Elsaß nur Bestand haben sollten, soweit dies nicht das *Ius supremi dominii* des französischen Königs über das Elsaß einschränke.[27] Damit war der französischen Seite ein entscheidender Er-

27 Vgl. IPM, § 87, nach der Bearb. von Antje Oschmann (Münster 1998, S. 26): [Nach der feierlichen Bestätigung der Rechte der reichsunmittelbaren Stände des Elsaß] »[...], ita tamen, ut praesenti hac declaratione nihil detractum intelligatur de eo omni supremi dominii iure, quod supra concessum est.« Übersetzt bei Arno Buschmann, *Kaiser und Reich. Klassische Texte und Dokumente zur Verfassungsgeschichte des Hl. Römischen Reiches Deutscher Nation*, München 1984, S. 394: »Dies [die Garantie der Rechte der elsässischen Reichsstände] soll jedoch in der Weise geschehen, daß dem Recht auf Oberherrschaft [der Krone Frankreichs], das zuvor gewährt worden ist, durch die gegenwärtige Erklärung kein Eintrag geschieht oder es [auf andere Weise] geschmälert wird.«

folg gelungen. Denn *Ius supremi dominii* war der Versuch einer lateinischen Umschreibung des Begriffs der *Souveraineté* – ein Begriff, der der französischen Staatsrechtslehre entlehnt und im deutschen Reichsstaatsrecht eher ungebräuchlich war. *Supremum Dominium* bzw. *Souveraineté* bezeichnete die unbeschränkte rechtliche Obergewalt des französischen Monarchen in seinem Staatswesen. Indem die Garantie der angestammten elsässischen Freiheiten und Privilegien an den Vorbehalt geknüpft wurden, daß dadurch nichts von der Souveränität des Königs über die elsässischen Landgrafschaften abgezogen werden dürfe, war es letztlich zu einer Ermessensfrage des französischen Königtums geworden, inwieweit es die traditionellen Rechte der elsässischen Reichsunmittelbaren in Zukunft beachten wollte. Es konnte dies tun, mußte es aber nicht. Niemand konnte ihn dazu verpflichten: Denn nicht der Kaiser, nicht der Reichstag und auch nicht die Reichsstände im Elsaß, sondern die französische Krone entschied, inwieweit die traditionellen Freiheiten der elsässischen Reichsstände eventuell als Einschränkung ihrer Souveränität dort anzusehen sein würden. Alle Proteste der Betroffenen halfen nicht. Diese entscheidende Klausel, auf die sich die kaiserlichen und die französischen Bevollmächtigten verständigt hatten, blieb und wurde in den endgültigen Vertragstext übernommen. Natürlich war damit der weitere historische Verlauf, nämlich die sukzessive Einverleibung auch des nicht-habsburgischen Besitzes im Unter- und Oberelsaß in die bourbonische Monarchie, die sich unter Ludwig XIV. vollzog, nicht zwingend vorherbestimmt. Daß es so kam, war Ergebnis der Außenpolitik des Sonnenkönigs. Aber die Aufnahme eines wenige Zeilen umfassenden Halbsatzes, in dem das ungeschmälerte *Ius supremi dominii* der französischen Monarchie über das Elsaß festgelegt wurde, war doch eine wichtige Voraussetzung dafür, daß Ludwig XIV. seine Arrondierungs- und Expansionspolitik im Elsaß recht ungehindert durchführen konnte. Diese knappe, 17 Worte umfassende Klausel bestimmte so die weitere territoriale Entwicklung einer europäischen Kernregion wesentlich mit.

Von der präsidialen »Reserveverfassung« zur Entmachtung des Parlaments: Der Artikel 48 der Weimarer Reichsverfassung

Auch das dritte Quellenbeispiel, das zur Erläuterung der Ausgangsthese dienen soll, handelt von einem Schlüsseldokument der neuzeitlichen Geschichte, der Weimarer Reichsverfassung vom 13. August 1919, die gerade wegen des Scheiterns der Weimarer Republik und der folgenden »deutschen Katastrophe« (Friedrich Meinecke) des Nationalsozialismus stets das Interesse der Historie und Rechtshistorie gefunden hat. Unter den Bestimmungen dieser Verfassung gehört sicher der Artikel 48, der im Mittelpunkt der folgenden Überlegungen steht, zu den meistbeachteten.

Der Artikel 48 der Weimarer Reichsverfassung war eigentlich der Notstandsparagraph der Verfassung, der regeln sollte, was in Fällen gravierender Störung der öffentlichen Ordnung im Reich geschehen sollte. Beim Staatsnotstand sprach er dem Reichspräsidenten eine Schlüsselstellung zu: Ihm oblag es, »die zur Wiederherstellung der öffentlichen Sicherheit und Ordnung nötigen Maßnahmen zu treffen«. Überdies bevollmächtigte Artikel 48 den Reichspräsidenten, sich dazu erforderlichenfalls der »bewaffneten Macht« zu bedienen und aus eigener Machtvollkommenheit wichtige Freiheitsrechte außer Kraft zu setzen. Damit wurde der Reichspräsident im (nicht näher definierten) Fall der Störung der öffentlichen Ordnung bevollmächtigt, Verordnungen mit Gesetzeskraft zu erlassen, also selbst als Gesetzgeber tätig zu werden. Dem eigentlichen Reichsgesetzgeber, dem Reichstag, wurde zugestanden, mit Mehrheit die Aufhebung der Verordnungen des Reichspräsidenten verlangen zu dürfen. Näheres sollte ein Reichsgesetz bestimmen, das bezeichnenderweise nie verabschiedet worden ist.[28]

Dieser Notstandsparagraph war keine zufällig entstandene Hinzufügung zur Verfassung, sondern es entsprach durchaus den Grundintentionen der Weimarer Reichsverfassung von 1919, dem Reichspräsidenten im Notstandsfall eine solche legislative Position zuzugestehen. Dem vom Volk direkt gewählten Reichspräsidenten kam nach den Vorstellungen der Weimarer Verfassung die Rolle eines gesetzgeberischen »Ersatzorgans« zum Reichstag zu.[29] In diesem Sinne formulierte der Autor der Weimarer Reichsverfassung, der Staatsrechtslehrer Hugo Preuß, daß die eigentliche Stärke des Reichspräsidenten darin bestehe, in der »Reserve« zu stehen.[30] Wenn es massive Funktionsstörungen des parlamentarischen Regierungssystems gab, sollte der Reichspräsident die Stabilität des Staatswesens in exekutiver und legislativer Hinsicht sichern. Hinter dieser Auffassung stand natürlich ein gewisses Mißtrauen ge-

28 Artikel 48, Absatz 2 und Absatz 3 der Weimarer Reichsverfassung, zit. nach: Horst Hildebrandt, *Die deutschen Verfassungen des 19. und 20. Jahrhunderts*, Paderborn [u. a.] 1983, S. 81): »Der Reichspräsident kann, wenn im Deutschen Reiche die öffentliche Sicherheit und Ordnung erheblich gestört oder gefährdet wird, die zur Wiederherstellung der öffentlichen Sicherheit und Ordnung nötigen Maßnahmen treffen, erforderlichenfalls mit Hilfe der bewaffneten Macht einschreiten. Zu diesem Zwecke darf er vorübergehend die in den Artikeln 114, 115, 117, 118, 123, 124 und 153 festgesetzten Grundrechte ganz oder zum Teil außer Kraft setzen. Von allen gemäß Abs. 1 und Abs. 2 dieses Artikels getroffenen Maßnahmen hat der Reichspräsident unverzüglich dem Reichstag Kenntnis zu geben. Die Maßnahmen sind auf Verlangen des Reichstages außer Kraft zu setzen.«

29 Vgl. zusammenfassend Hans Boldt, »Die Weimarer Reichsverfassung«, in: Karl Dietrich Bracher [u. a.] (Hrsg.), *Die Weimarer Republik 1918–1933*, Bonn 1987, S. 52–54; Ernst Rudolf Huber, *Deutsche Verfassungsgeschichte seit 1789*, Bd. 6: *Die Weimarer Reichsverfassung*, Stuttgart [u. a.] 1981, S. 320–322.

30 So formulierte Hugo Preuß in den Verhandlungen des Verfassungsausschusses der Weimarer Nationalversammlung (*Stenographische Berichte*, Bd. 336, Berlin 1920, S. 252).

gen die Funktionsfähigkeit des Reichstags und der dort vertretenen politischen Parteien – ein Mißtrauen, das auch andere Verfassungsbestimmungen erkennen lassen: So gab der Artikel 25 dem Reichspräsidenten das Recht, den Reichstag ohne dessen Zustimmung, ja sogar ohne dessen Anhörung aufzulösen. Die Weimarer Verfassungsgeber sahen offensichtlich die Notwendigkeit, dem Reichspräsidenten die Macht zu geben, über die Arbeitsweise des Parlaments zu wachen und bei Problemen schlichtend, richtend, aber eben auch ersatzweise handelnd eingreifen zu dürfen.[31]

Für unseren Zusammenhang ist entscheidend, daß gerade der Artikel 48, der von einem gewissen Mißtrauen der Weimarer Verfassungsgeber in die Funktionstüchtigkeit des Parlamentarismus zeugt, dann selbst nicht unwesentlich zur Funktionsstörung des Weimarer Parlamentarismus beigetragen hat. Denn gerade weil die im Reichstag vertretenen republiktragenden Parteien darum wußten, daß der Reichspräsident dank Artikel 48 beim Versagen des Parlamentarismus als gesetzgeberisches »Ersatzorgan« bereitstehe, war ihre Bereitschaft zu Kompromiß und Verantwortung häufig eher gering ausgeprägt.[32] Warum sollte man denn auch eventuell unpopuläre Entscheidungen, die Einbußen in der Wählergunst mit sich bringen konnten, mittragen, wenn doch im Notfall durch die Machtbefugnisse des Präsidenten regiert werden konnte? Die Verantwortungsscheu der staatstragenden Parteien ist geradezu zum Signum der Weimarer Zeit geworden. Sie war eine der Gründe für die verbreitete antiparlamentarische Grundstimmung in weiten Teilen der deutschen Bevölke-

31 Vgl. Ernst Friesenhahn, »Zur Legitimation und zum Scheitern der Weimarer Reichsverfassung«, in: Karl Dietrich Erdmann / Hagen Schulze (Hrsg.), *Weimar. Selbstpreisgabe einer Demokratie*, Düsseldorf 1984, S. 85 f. Vgl. auch Boldt (s. Anm. 29) S. 61 f.

32 Vgl. Karl Dietrich Bracher, »Demokratie und Machtvakuum. Zum Problem des Parteienstaats in der Auflösung der Weimarer Republik«, in: Erdmann/Schulze (s. Anm. 31) S. 122 ff.

rung, die von den Feinden der Demokratie von rechts und links natürlich dann weiter kräftig geschürt wurde.[33] Diese mangelnde Verantwortungs- und Verständigungsbereitschaft wurde auch der letzten parlamentarischen Reichsregierung Weimars, der Großen Koalition unter Reichskanzler Müller, zum Verhängnis, als sie im März 1930 am fehlenden Einigungswillen der Regierungsparteien in einer vergleichsweise unwichtigen Frage scheiterte. Daß gerade in dieser Krise der Artikel 48 und die Stellung des Reichspräsidenten als gesetzgeberischem »Ersatzorgan« eine wichtige Rolle spielte, steht außer Frage: Aus Sicht der Koalitionäre bestand kein Zwang zur Einigung, weil es eben eine Alternative zur parlamentarischen Regierungsweise gab.[34] Nach dem Ende dieser letzten parlamentarischen Regierung übernahm dann der Reichspräsident tatsächlich in der Zeit der Reichskanzler Brüning, von Papen und von Schleicher die gesetzgeberische Macht im Staat: Aus einer parlamentarischen Republik war ein präsidial regierter Staat geworden, in dem der Reichstag nur noch sehr bescheidene Einflußmöglichkeiten hatte. In den folgenden Jahren wurde so aus der präsidialen »Reserveverfassung« endgültig die politische Normalität des Weimarer Staates: Während der Reichspräsident bzw. die Reichsregierung durch Notverordnungen nach Artikel 48 regierte (im Jahr 1931 wurden 43 solcher präsidialen Verordnungen erlassen), verabschiedete der Reichstag entweder nur noch unbedeutende oder – wie im Zeitraum zwischen

33 Vgl. zusammenfassend Hagen Schulze, *Weimar. Deutschland 1917–1933*, Berlin 1993, S. 422, der in dieser Verantwortungsscheu und mangelnden Kompromißbereitschaft der staatstragenden Parteien den wichtigsten Grund für das Scheitern der Weimarer Republik sieht. Schon früh in diesem Sinne Karl Dietrich Bracher, *Die Auflösung der Weimarer Republik*, Düsseldorf 1984 [[1]1954], S. 58–86.

34 Vgl. Bracher (s. Anm. 32) S. 120f., der zu Recht darauf hinweist, daß die Regierungskrise von 1930 in gewisser Weise nur Fortsetzung der »nichtparlamentarischen Normalität war, die schon zuvor herrschte«. Vgl. auch Schulze (s. Anm. 33) S. 304–317.

März 1931 und Mai 1932 – überhaupt keine Gesetze mehr.[35]

Der Artikel 48 der Weimarer Reichsverfassung kann so aufschlußreichen Einblick in die etwas zwiespältige Haltung der Weimarer Verfassungsgeber zur parlamentarischen Demokratie geben. Zugleich zeigt er eindrücklich, daß nicht nur die republikfeindliche Haltung weiter Bevölkerungskreise, sondern auch konkrete Verfassungsbestimmungen mit zu der Krise der ersten deutschen Republik beigetragen haben.

*

Ohne Historie bleibe der Jurist – so formulierte der berühmte, an der Universität Halle lehrende Rechtsprofessor Christian Thomasius vor knapp dreihundert Jahren – »blind und stumm«[36]. Thomasius sprach damit nur aus, was unter den Juristen der Frühen Neuzeit »common sense« war: Die solide Kenntnis der Geschichte galt als ein integraler Bestandteil der Jurisprudenz. Aus Sicht mancher Juristen war es sogar der wichtigste Teil der juristischen Ausbildung, historische Kenntnisse zu erwerben.[37]

In gewisser Weise kann man diese These heute wohl umkehren: Für alle, die sich eingehend und umfassend mit neuzeitlicher Geschichte beschäftigen, gehört der Umgang mit Gesetzen, Verfassungen und Verträgen als historischen Quellen unabdingbar zu ihrer Arbeit. Es ist dabei oft nicht einfach, sich auf die besondere juristische Terminologie

35 Vgl. Helmut Heiber, *Die Republik von Weimar*, München 1979, S. 229f. Vgl. in diesem Zusammenhang auch die instruktiven Hinweise von Bracher (s. Anm. 32) S. 129, der darauf hinweist, daß im Jahre 1932 insgesamt nur noch fünf Gesetze vom Reichstag verabschiedet wurden und der Reichstag nur noch 13 Sitzungstage gehalten hat.

36 Vgl. Christian Thomasius, *Höchstnöthige Cautelen welche ein Studiosus Juris [...] zu beobachten hat*, Halle (Saale) 1710, S. 94.

37 Vgl. zusammenfassend Notker Hammerstein, *Jus und Historie*, Göttingen 1972, S. 375–380.

und vor allem auf den Umgang der Juristen vergangener Epochen mit Sprache und mit Begriffen einzulassen. Doch die Mühe lohnt sich, wie die genannten Beispiele aus verschiedenen Epochen der neuzeitlichen Geschichte vielleicht veranschaulichen konnten: Die saubere und begriffsscharfe Interpretation historischer Rechtstexte und die Betrachtung der Entstehung und der Folgen von Recht gehören zu den spannendsten und reizvollsten Aufgaben der Neuzeithistorie.

Literaturhinweise

Acta Pacis Westphalicae. Hrsg. von Max Braubach und Konrad Repgen. Münster 1962 ff.

Angermeier, Heinz: Die Reichsreform 1410–1555. München 1984.

Bader, Karl S.: Die Einheit der Rechtsgeschichte. In: Historisches Jahrbuch 74 (1954) S. 620–630.

Baumgart, Winfried: Die großen Friedensschlüsse in der Neuzeit. In: Geschichte in Wissenschaft und Unterricht 29 (1978) S. 778–806.

Böckenförde, Ernst-Wolfgang: Die deutsche verfassungsgeschichtliche Forschung im 19. Jahrhundert. Zeitgebundene Fragestellungen und Leitbilder. Berlin 1995.

– / Wahl, Rainer (Hrsg.): Moderne deutsche Verfassungsgeschichte (1815–1918). Köln 1980.

Bodin, Jean: Les Six Livres de la République. Livre Premier. Neuedition der Ausgabe Lyon (Gabriel Cartier) 1593 durch Christiane Frémont, Marie-Dominique Couzinet und Henri Rochais. Paris 1986.

Bodin, Jean: Sechs Bücher über den Staat. 2 Bde. Übers. und mit Anm. vers. von Bernd Wimmer. Eingel. und hrsg. von Peter C. Mayer-Tasch. München 1981.

Boldt, Hans: Die Weimarer Reichsverfassung. In: Karl Dietrich Bracher / Manfred Funke / Hans-Adolf Jacobsen (Hrsg.): Die Weimarer Republik 1918–1933. Bonn 1987. S. 44–62.

Bracher, Karl Dietrich: Die Auflösung der Weimarer Republik. Düsseldorf 1984. [Zuerst 1955.]

– Demokratie und Machtvakuum. Zum Problem des Parteienstaats in der Auflösung der Weimarer Republik. In: Karl Dietrich Erdmann / Hagen Schulze (Hrsg.): Weimar. Selbstpreisgabe einer Demokratie. Düsseldorf 1984. S. 109–143.

Burkhardt, Johannes: Die Friedlosigkeit der Frühen Neuzeit. Grundlegung zu einer Theorie der Bellizität Europas. In: Zeitschrift für historische Forschung 24 (1997) S. 509–574.

Buschmann, Arno (Hrsg.): Kaiser und Reich. Klassische Texte und Dokumente zur Verfassungsgeschichte des Hl. Römischen Reiches Deutscher Nation. München 1984.

Cartaldo, André / Timbal, Pierre-Clement: Histoire des institutions publiques et des faits sociaux. Paris 1990.
Coing, Helmut: Epochen der Rechtsgeschichte in Deutschland. München 1981.
Conrad, Hermann: Deutsche Rechtsgeschichte. Bd. 1: Frühzeit und Mittelalter. Karlsruhe 1962.
Deutsche Reichstagsakten. Jüngere Reihe. Deutsche Reichstagsakten unter Kaiser Karl V. Hrsg. durch die Historische Kommission bei der Bayerischen Akademie der Wissenschaften. Göttingen 1962 ff.
Dickmann, Fritz: Der Westfälische Frieden. Münster [7]1998.
Dictionnaire diplomatique. Publié par l'Académie diplomatique internationale. 6 Bde. Paris 1933–57.
Duchhardt, Heinz: Deutsche Verfassungsgeschichte 1495–1806. Stuttgart [u. a.] 1991.
– / Knipping, Franz (Hrsg.): Handbuch der Geschichte der Internationalen Beziehungen. Paderborn/München 1997 ff.
– (Hrsg.): Quellen zur Verfassungsentwicklung des Heiligen Römischen Reiches Deutscher Nation (1495–1806). Darmstadt 1983.
Dumont, Jean (Hrsg.): Corps universel diplomatique du droit des gens […] depuis le règne de l'empereur Charlemagne jusque à présent (800–1731). 8 Bde. Amsterdam / Den Haag 1726–31.
Engisch, Karl: Einführung in das juristische Denken. Stuttgart [u. a.] 1983.
Erler, Adalbert / Kaufmann, Ekkehard: Handwörterbuch zur deutschen Rechtsgeschichte. Berlin 1971 ff.
Friesenhahn, Ernst: Zur Legitimation und zum Scheitern der Weimarer Reichsverfassung. In: Karl Erdmann, Dietrich / Schulze, Hagen (Hrsg.): Weimar. Selbstpreisgabe einer Demokratie. Düsseldorf 1984. S. 81–108.
Grawert, Rolf: Gesetz, in: Geschichtliche Grundbegriffe, Bd. 2. Hrsg. von Otto Brunner, Werner Conze und Reinhart Koselleck. Stuttgart 1975. S. 863–922.
Grimm, Dieter: Deutsche Verfassungsgeschichte. 1776–1866. Vom Beginn des modernen Verfassungsstaates bis zur Auflösung des Deutschen Bundes. Frankfurt a. M. 1995.
Härter, Karl: Soziale Disziplinierung durch Strafe? Intentionen frühneuzeitlicher Policeyordnungen und staatliche Sanktionspraxis. In: Zeitschrift für historische Forschung 29 (1999) S. 365–379.
– / Stolleis, Michael (Hrsg.): Repertorium der Policeyordnungen der frühen Neuzeit. Frankfurt a. M. 1996 ff.

Hammerstein, Notker: Jus und Historie. Ein Beitrag zur Geschichte des historischen Denkens an deutschen Universitäten im späten 17. und im 18. Jahrhundert. Göttingen 1972.

Heckel, Martin: Deutschland im konfessionellen Zeitalter. Göttingen 1983.

Heiber, Helmut: Die Republik von Weimar. München 1979.

Hildebrandt, Horst: Die deutschen Verfassungen des 19. und 20. Jahrhunderts. Paderborn [u. a.] 1983.

Huber, Ernst Rudolf: Deutsche Verfassungsgeschichte seit 1789. Bd. 6: Die Weimarer Reichsverfassung. Stuttgart [u. a.] 1981.

– (Hrsg.): Dokumente zur deutschen Verfassungsgeschichte. 3 Bde. Stuttgart [u. a.] 1966–86.

Jeserich, Kurt G. / Pohl, Hans / Unruh, Georg-Christoph (Hrsg.): Deutsche Verwaltungsgeschichte. 5 Bde. Stuttgart 1983–87.

Kampmann, Christoph: Reichsrebellion und kaiserliche Acht. Politische Strafjustiz im Dreißigjährigen Krieg und das Verfahren gegen Wallenstein 1634. Münster 1993.

Kempis, Karl von: Andreas Gaill (1526–1587). Zum Leben und Werk eines Juristen der frühen Neuzeit. Frankfurt a. M. [u. a.] 1988.

Köbler, Gerhard: Bibliographie der deutschen Hochschulschriften zur Rechtsgeschichte 1945–1964. Göttingen 1972.

Kroeschell, Karl: Deutsche Rechtsgeschichte. 2 Bde. Opladen 1992–93.

Leeb, Josef (Bearb.): Der Kurfürstentag zu Frankfurt 1558 und der Reichstag zu Augsburg 1559. Teilband 1–3. Göttingen 1999. (Deutsche Reichstagsakten. Reichsversammlungen 1556–1662.)

Maihofer, Werner (Hrsg.): Begriff und Wesen des Rechts. Darmstadt 1973. (Wege der Forschung. 79.)

Marion, Marcel: Dictionnaire des institutions de la France aux XVIIe et XVIIIe siècles. Paris 1984.

Mitteis, Heinrich / Lieberich, Heinz: Deutsche Rechtsgeschichte. München 1992.

Mohnhaupt, Heinz: Verfassung I. In: Geschichtliche Grundbegriffe. Bd. 6. Hrsg. von Otto Brunner, Werner Conze und Reinhart Koselleck. Stuttgart 1990. S. 831–862.

Neuhaus, Helmut: Das Reich in der frühen Neuzeit. München 1997. (Enzyklopädie deutscher Geschichte. 42.)

Oschmann, Antje (Bearb.): Die Friedensverträge mit Frankreich und Schweden 1: Urkunden. Münster 1998. (Acta Pacis Westphalicae III. Abt. B. Bd. 1,1.)

Planitz, Hans / Eckhardt, Karl August: Deutsche Rechtsgeschichte. Köln [u. a.] 1981.

Press, Volker: Wilhelm von Grumbach und die deutsche Adelskrise der 1560er Jahre. In: Blätter für deutsche Landesgeschichte 113 (1977) S. 396–431.

Repgen, Konrad: Über den Zusammenhang von Verhandlungstechnik und Vertragsbegriffen. Die kaiserlichen Elsaßangebote vom 28. März und 14. April 1646 an Frankreich. In: K. R.: Historische Klopfsignale für die Gegenwart. Münster 1974. S. 64–96.

Roennefarth, Helmut / Euler, Heinrich (Hrsg.): Konferenzen und Verträge: ein Handbuch geschichtlich bedeutsamer Zusammenkünfte und Vereinbarungen. Tl. 2. Bde. 3 und 4 (1492–1959). Würzburg 1963.

Ruppert, Karsten: Die kaiserliche Politik auf dem Westfälischen Friedenskongreß (1643–1648). Münster 1979.

Schlumbohm, Jürgen: Gesetze, die nicht durchgesetzt werden – ein Strukturmerkmal des frühneuzeitlichen Staates. In: Geschichte und Gesellschaft 23 (1997) S. 647–663.

Schmauss, Johann J. / Senckenberg, Heinrich C. / Koch, Ernst A.: Neue und vollständigere Sammlung der Reichsabschiede. Frankfurt a. M. 1713–22.

Schulze, Hagen: Weimar. Deutschland 1917–1933. (Die Deutschen und ihre Nation. Tl. 4. Siedler Deutsche Geschichte. Bd. 10.) Berlin 1993.

Schulze, Winfried: Deutsche Geschichte im 16. Jahrhundert. Frankfurt a. M. 1987.

– Einführung in die neuere Geschichte. Stuttgart 1987.

Staatslexikon. Recht Wirtschaft Gesellschaft. Hrsg. von der Görres-Gesellschaft. 5 Bde. Freiburg i. Br. 1985.

Stolleis, Michael: Geschichte des öffentlichen Rechts in Deutschland. 3 Bde. Bd. 1: Reichspublizistik und Policeywissenschaft 1600–1800. München 1988.

Thomasius, Christian: Höchstnöthige Cautelen welche ein Studiosus Juris, der sich zur Erlernung der Rechts-Gelahrtheit auff eine kluge und geschickte Weise vorbereiten will, zu beobachten hat. Halle (Saale) 1710.

Verhandlungen der Verfassunggebenden Deutschen Nationalversammlung. Stenographische Berichte. Bde. 335–343. Berlin 1920.

Zeitschrift der Savigny-Stiftung für Rechtsgeschichte (ZRG). [Drei Serien für die großen deutschen Rechtssysteme und -entwicklungen: Germanistische Abteilung (GA) und Romanistische Abteilung (RA) seit 1880 für germanische Rechtsüberlieferung bzw. römisches Recht; Kanonistische Abteilung (KA) seit 1911 für Kirchenrecht.]

Zeumer, Karl: Quellensammlung zur Geschichte der Deutschen Reichsverfassung in Mittelalter und Neuzeit. Tübingen 1913.

Gerichtsakten und andere Quellen zur Kriminalitätsgeschichte

Von Gerd Schwerhoff

Kriminalität ist, ob wir es wollen oder nicht, Teil unseres Alltags.[1] Oft beschäftigt sie unsere Phantasie lediglich in fiktionaler Form: In den Urlaub begleitet uns der unvermeidliche Kriminalroman, während wir jeden Tag in zahlreichen Fernsehserien Kriminalkommissaren oder Privatdetektiven bei ihren Ermittlungen zusehen, uns an den Parteikämpfen in amerikanischen Gerichtsfilmen ergötzen oder in Gefängnisfilmen mit den Anstaltsinsassen leiden. Von Kriminalität sind wir aber auch sehr häufig sehr real in eigener Person betroffen. In erster Linie denken wir uns dabei natürlich als Opfer von Einbrüchen, Autodiebstählen oder Raubüberfällen oder aber als Zeugen von kriminellen Handlungen. Wenn wir ehrlich sind, kommen die meisten von uns aber auch als potentielle Gesetzesbrecher in Betracht, gerade, wenn wir unseren Betrachtungshorizont von der »großen« Kriminalität als Bruch des Strafrechts auf kleinere Formen von Delinquenz (Straffälligkeit) ausweiten: als Verkehrssünder, als Ladendiebe, als Versicherungsbetrüger oder als Steuerhinterzieher. Als Brücke zwischen Fiktion und der unmittelbar erlebten Realität fungieren die Massenmedien, wo die Kriminalität einen zentralen Platz einnimmt. Berichte und Sendungen mit dokumentarischem Anspruch – unübertroffenes Beispiel ist immer noch *Aktenzeichen XY ungelöst* – sind mindestens ebenso spannend wie eine fiktive Kriminalgeschichte. Berichte über besonders grausame Verbrechen, über außergewöhnliche krimi-

1 Die Anmerkungen sind im folgenden bewußt knapp gehalten. Ausführlicher informiert sowohl über Quellen als auch Auswertungsmöglichkeiten Gerd Schwerhoff, *Aktenkundig und gerichtsnotorisch. Einführung in die historische Kriminalitätsforschung*, Tübingen 1999.

nelle ›Karrieren‹ oder über die Macht der organisierten Kriminalität bringen die unterschiedlichsten Saiten bei den Rezipienten zum Klingen: Sie können Unterhaltungsbedürfnisse befriedigen, Bedrohungs- und Ohnmachtsgefühle wachrufen, aber auch – auf dem Umweg über vermeintliche ›Ausnahmefälle‹ – tiefe Einblicke in politische und ökonomische Strukturen der heutigen Gesellschaft vermitteln.

Gegenwartsinteressen beeinflussen maßgeblich auch die Fragen, die wir an die Vergangenheit richten. So ist es kein Wunder, daß sich die historische Forschung zunehmend dem Faszinosum ›Kriminalität‹ und damit den aus der Vergangenheit überlieferten Kriminalakten zuwendet. Das ist nun prinzipiell nichts Neues. Bereits ältere Arbeiten, ob sie nun die ›kulturellen‹ Zustände des deutschen Volkes darstellen oder lediglich ein Stück Lokal- oder Heimatgeschichte schreiben wollten, nutzen diese Quellen zur Illustration der ›Sittengeschichte‹.[2] Allmählich kam es aber zu einer Verengung des Blickwinkels, und lange Zeit war die Beschäftigung mit Recht und Kriminalität eine Domäne der (Straf-)Rechtsgeschichte; diese wiederum konzentrierte sich vor allem auf die Normen, auf die zeitgenössischen Gesetze und deren Auslegung durch die Rechtswissenschaft.[3] Eine erneute Wende bahnte sich in Deutschland mit dem Durchbruch der Sozialgeschichte bzw. in jüngster Zeit mit einer Erneuerung der Kulturgeschichte an. Impulse aus dem angelsächsischen, französischen oder dem Benelux-Raum wurden zunächst in der Hexenforschung aufgegriffen, wo

2 Um nur zwei regionalgeschichtliche Beispiele aus Städten, von denen in der Folge noch häufiger die Rede sein wird, anzufügen: Justus Hashagen, »Aus Kölner Prozeßakten. Beiträge zur Geschichte der Sittenzustände in Köln im 15. und 16. Jahrhundert«, in: *Archiv für Kulturgeschichte* 3 (1905) S. 301–320; Karl Meier-Lemgo, *Geschichte der Stadt Lemgo*, Lemgo ²1962, S. 132 ff.

3 Ein extremes Beispiel wiederum aus Köln ist Hans Peter Korsch, *Das materielle Strafrecht der Stadt Köln vom Ausgang des Mittelalters bis in die Neuzeit*, Köln 1958; moderner Wolfgang Schild, »Alte Lemgoer Kriminalgerichtsbarkeit«, in: Peter Johanek (Hrsg.), *800 Jahre Lemgo: Aspekte der Stadtgeschichte*, Lemgo 1990, S. 141–170.

das Studium der Prozeßakten zunehmend die Beschäftigung mit den theoretischen Schriften der Hexenverfolger und -gegner verdrängte; auch Studien zum sozialen Protest sind in diesem Kontext zu nennen.[4] Inzwischen darf die historische Kriminalitätsforschung als eine etablierte und prosperierende Subdisziplin der Sozialgeschichte gelten.[5] Im Zuge dieser Entwicklung wurde das breite Spektrum der Gerichts- und Kriminalakten als ergiebiger Quellenfundus für die unterschiedlichsten Forschungsinteressen entdeckt.

Werfen wir einen Blick in eine dieser typischen Quellen, gleichsam in eine Art von ›Polizeibericht‹ aus einer Großstadt an der Wende vom Mittelalter zur Neuzeit. Es handelt sich dabei um das sog. ›Buch der Übeltäter‹ (*Liber Malefactorum*) aus der niederrheinischen Metropole Köln, der mit rund 40 000 Einwohnern damals größten Stadt des Reiches.[6] Im Jahr 1510 mit einzelnen Einträgen begonnen, scheinen darin für den Zeitraum von 1515 bis 1522 einigermaßen systematisch die Namen aller derjenigen verzeichnet zu sein, die »hinter unseren Herren gefänglich gesessen haben«, d. h., die aufgrund einer vermuteten oder tatsächlichen Straftat vom Stadtrat in Haft genommen wurden. Über 250 Namen sind hier in alphabetischer Reihenfolge erfaßt. Um einen Eindruck von der Quelle zu vermitteln, sollen im folgenden einige ausgewählte und nach Delikten gruppierte

4 Vgl. zur Hexenforschung Gerd Schwerhoff, »Vom Alltagsverdacht zur Massenverfolgung. Neuere deutsche Forschungen zum frühneuzeitlichen Hexenwesen«, in: *Geschichte in Wissenschaft und Unterricht* 46 (1995) S. 359–380; zum Zusammenhang von Kriminalität und sozialem Protest jetzt die Beiträge in Mark Häberlein (Hrsg.), *Devianz, Widerstand und Herrschaftspraxis in der Vormoderne. Studien zu Konflikten im südwestdeutschen Raum (15.–18. Jahrhundert)*, Konstanz 1999.

5 Vgl. zur näheren Verortung der Kriminalitätsgeschichte die im Anhang genannten Forschungsberichte.

6 Historisches Archiv der Stadt Köln (HAStK) Verf. u. Verw. G 204. Vgl. zum Kontext Gerd Schwerhoff, Köln im Kreuzverhör. *Kriminalität, Herrschaft und Gesellschaft in einer frühneuzeitlichen Stadt*, Bonn/Berlin 1991, hier vor allem S. 463 f. und 472.

Einträge in hochdeutscher Übertragung abgedruckt werden. Auch diese modernisierte Version kann nicht alle Verständnisschwierigkeiten aus dem Weg räumen. Einige Begriffe werden direkt in eckigen Klammern erläutert. Die anschließenden Interpretationen und Analysen werden einige der übrigen ›dunklen‹ Passagen aufklären helfen.

Aus einem Kölner Polizeibericht

Gewalt

(57^{v}) Godart van Wulfrade, Steinmetzer, hat hinter unseren Herren gefänglich gesessen, weil er jemanden mit bloßem Messer bedroht hat und die Buße nach dem Wortlaut der Morgensprache [öffentlich verkündete Ratsentscheidung] nicht geben wollen. So ist doch heute, am 20. Februar, den Turmmeistern [Deputierte des Rates für die Aufsicht über die Stadttürme, die u. a. als Gefängnisse dienten] befohlen worden, daß sie von Godart die Buße, nämlich 100 Mark, nehmen und ihn alsbald freilassen sollen, jedoch mit dem Vorbehalt, daß sie ihn, sollte die Buße nicht gezahlt werden, wieder zu Turm gehen lassen sollen. Actum Anno 1521, den 20 Februar.

(70^{v}) Henrich Kampmann hat hinter unseren Herren gesessen, weil er in Dietrich des Boten Haus auf dem Eigelstein Gewalt getrieben haben soll; auf sein und seiner Freunde Bitten ist ihm das Gefängnis erlassen worden. Montag, 23. September 1515.

(73^{r}) [Am Rand: Federzeichnung eines Richtschwertes] Heinrich van [Auslassung], Metzmecher, ist hinter unsere Herren ins Gefängnis gebracht, weil er des Totschlags eines Studenten bei Nacht auf der Breiderstraße bezichtigt wurde, weswegen er dem Greven [Vorsitzenden des Schöffengerichts] wie in Köln gebräuchlich geliefert und nach Verhandlung der Sache durch Schöffenurteil mit dem Schwert in der Kesselkuhle gerichtet worden ist am Mittwoch, den 23. November Anno domini 1519.

Diebstahl

(56ᵛ) Gerart van Collen, ungefähr 12 Jahre alt, hat hinter unseren Herren gefänglich gesessen, weil er mit einem jungen Mädchen von 15 Jahren gehandelt und Geld, das sie gestohlen hatte, verzehren geholfen hatte; nach einiger Zeit in Haft ist ihm seiner Jugend halber verziehen worden und er ist aus dem Gefängnis entlassen worden, am Mittwoch 24. März 1518.

(71ᵛ) Hans von Wesel, Harnischmacherknecht, und sein Bruder Mais haben hinter unseren Herren gefänglich gesessen, weil sie dabei gewesen sein sollten, als einer Frauensperson ihr Geldbeutel abgeschnitten wurde, weil aber dieselben Brüder durch die Frau entschuldigt wurden, daß sie nicht dabei gewesen und mit dem Handel nichts zutun gehabt hätten, sind sie des Gefängnisses gnädig entlassen worden im Dezember Anno 1516.

(90ʳ) Jacob von Gleuel hat wegen Diebstahls hinter unseren Herren gefänglich gesessen, und ist deshalb dem Greven geliefert worden, der ihm ein Ohr hat abschneiden und mit Ruten aus der Stadt treiben lassen. 31. Januar 1516.

Unzucht

(31ᵛ) Elsgin van Bokem hat hinter unseren Herren gefänglich gesessen, weil sie mit einem genannt Michel van Remagen, Steinmetzer, der seine Ehefrau hat, ertappt wurde; deshalb hat sie am Palmsonntag, den 4. [eigentlich 5.!] April Anno 1517 die Steine und Kerzen getragen.

Die vorgenannte Elsgin van Bokem hat abermals hinter unseren Herren im Gefängnis gesessen, weil sie am Palmtag zur Nacht, als sie am Morgen die Kerzen und Steine getragen hatte, mit demselben Michel wiederum im Ehebruch begriffen wurde; deshalb wurde sie mit besagtem Michel an den Kax [Pranger] gestellt und ein Eid von ihr genommen, nie wieder nach Köln zu kommen. Actum am Mittwoch nach Ostern, 15. April 1517.

Blasphemie

(70v) Anno domini 1516. Heinrich Abt sollte am ersten Fastensonntag [10. Februar] die hölzerne Heuke [Schandmantel in der Form eines Holzfasses] tragen, weil er Gott im Himmelreich mit seinen ungewöhnlichen Schwüren und Flüchen verhöhnt hatte; weil er das aber nicht tun wollte, ist er im September danach dem Greven geliefert worden.
(2v) Der Abt, wie Heinrich genannt wird, hat hinter unseren Herren gefänglich gesessen, weil er Gott im Himmelreich mit groben schweren Flüchen und Schwüren verhöhnt hat; deshalb hat er anderthalb Jahre gesessen und, nachdem er sich lange geweigert hatte, endlich die hölzerne Heuke getragen am Dienstag den 22. September Anno domini 1517.

Beleidigung der Obrigkeit

(43r) Frank van Elner war bei seinem Eide befohlen worden, bei der Sonne zu Turm zu gehen, was er doch vergaß und zu St. Marien in die Freiheit entwich; nach einiger Zeit bedachte er sich jedoch und ging willentlich auf den Turm. Das geschah, weil er sich mit seiner ehlichen Frau ungebürlich gehalten hatte, auch weil er sich sonst mit Worten vergangen hatte; das ist ihm jedoch durch seine Freunde gütlicher Bitten verziehen worden, jedoch mit dem Vorbehalt, daß, wenn er sich dergleichen Sachen ferner schuldig machte, die aktuellen Vergehen unverziehen sein sollten. Actum 20. September Anno 1516.

(93[r]) Als unsere Herren vom Rat am Montag, den 15. September 1516, die ehrsamen Heinrich von Syntzich, Cornelis Eschwiler und Hans Rysholtz zu Sankt Maria in Capitolio schickten, um von Frank van Elner, der sich jetzt dort in der Freiheit aufhält, Erkundigungen über einige (Schmäh-)Worte einzuziehen, von denen er Wissen haben sollte, hat Frank Elner folgendes ausgesagt:

Ein Schmied, genannt Johann van Kruft, wohnhaft auf dem Berlich, sei am vergangenen Samstagnachmittag zu ihm gekommen und habe gesagt, er sei wohl zufrieden, seine Sache solle bald gut werden; unsere liebe Frau habe einst dort gewirkt, er hoffe, es sei bald soweit, daß unsere liebe Frau sie wieder schänden solle. Da sei eine Rute, die wollten sie stutzen und an vier Orte der Stadt setzen; und diese Rute habe 18 Schwäger, die wollten sie besehen, wie sie damit verfahren. Sie müssten diese noch ungefähr 13 Wochen erdulden, weil es nicht eher geschehen könne, doch sie hofften, es sollte noch eher geradewegs auf den Heumarkt zugehen [...]

Auch sollten gestern, Sonntag, eine Gesellschaft beieinander gewesen sein im Dom und zu St. Marien, was aber (wie Frank sagte) in St. Maria im Capitol nicht geschehen sei. Ferner sagte Frank, daß besagter Schmied gestern morgen wieder zu ihm gekommen sei und gesagt habe, ich will gehen und essen Suppe mit Schurenfeldtz, wer weiß, wie lange noch.

Johan Offermann zu Sankt Marien, auf der Bäckergaffel [jeder Kölner Bürger mußte einer der 22 politischen Korporationen (»Gaffeln«) angehören, die nur zum Teil mit den Handwerkszünften deckungsgleich waren] geschworen, hat bei seinem Eide gesagt, er habe gehört, daß am vergangenen Samstag zwischen sechs und sie-

ben Uhr am Nachmittag einer, den er nicht gekannt, zu Sankt Marien in die Halle gekommen sei und zu Frank van Elner etliche Worte mit zornigem und hastigem Gemüt gesagt habe, unter anderem, daß Herr Conradt von Schurenfeltz 16 oder 18 Schwager hätte, die unter sich einen Rat hätten, diesen Rat würden sie unter sich brechen, und an vier Orte der Stadt setzen; (93v) man wollte denjenigen wissen, der diese Neuigkeiten auf der Gaffel aufgebracht hätte, und denjenigen stutzen. Sie wollten nicht leiden, daß Schurenfeltz mit den Seinen diese Stadt so regieren sollte. Es sollte dabei nicht bleiben, es wäre noch nicht Kirchmesse, noch 18 Wochen, dann wollten sie Rechenschaft haben […].
Lysbeth, des obgenannten Offermans Hausfrau und Eheweib, Andreas Overbachs Witwe, hat in allen Punkten so ausgesagt wie ihr Ehemann.
[…]
Johann Krufft, Schmied, der sich nennt von Odenthal, ist hinter unsere Herren ins Gefängnis gekommen, weil er etliche frevelhafte und verächtliche Worte über den Ratsherren Conradt von Schuerenfeltz gesagt haben soll […], und weil der besagte Schmied auf dem Turm mit Krankheit der Pestilenzien befangen war, ist er aus dem Gefängnis entlassen worden; wenn er wieder gesund ist, sollen unsere Gewaltrichter Befehl haben, ihn wieder hinter unsere Herren zu bringen.

Zauberei

(95r) Jenne, des dicken Hofmanns Hausfrau, ist hinter unsere Herren gefänglich gekommen, weil sie mit böser ›unköstlicher‹ Zauberei berüchtigt war, darauf sind Zeugenaussagen und Kundschaften sowohl hier in Köln als auch von der Stadt Düren eingeholt worden, weswegen beschlossen wurde, besagte Jenne ans Recht zu stellen und an den Greven zu liefern. Actum 22 Juli 1521.

Soweit die Quelle. Zwei Fragen sollen im Mittelpunkt der folgenden Erörterungen stehen. Zum einen diejenige nach der historischen Entwicklung der Quellengattung ›Gerichtsakten‹ vom Ende des 13. bis zum 20. Jahrhundert. Die Kölner Quelle kann dabei den Entwicklungsschub an der Wende vom Mittelalter zur Neuzeit besonders plastisch machen. Zum anderen die Frage nach den Möglichkeiten der Auswertung der Quellen und deren Erkenntnisgewinn; hier sollen die Einträge aus dem *Liber Malefactorum* als Beispielmaterial dienen, um verschiedene Dimensionen der Auswertung zu verdeutlichen.

Zur Entwicklungsgeschichte der Kriminalquellen

Das klassische mittelalterliche Gerichtsverfahren war ein vor dem Forum von Richter, Schöffen und Öffentlichkeit mündlich geführter Kampf der streitenden Parteien, der unter Einhaltung strenger Formen mit den Mitteln von Eiden oder Gottesurteilen ausgefochten wurde. Die überlieferten Quellen geben zwar Aufschluß über zahlreiche Gesetzesnormen, deren Bruch zu Anklage und gegebenenfalls Bestrafung führte, auch über die Form des Strafverfahrens, kaum aber über einzelne Gerichtsverfahren, über die Delinquenten oder ihre Vergehen. Erst die Ansätze zu einem öffentlichen Strafrecht im Spätmittelalter[7] und zur Verschriftlichung des Strafverfahrens führten zur Geburt der ›Kriminalität‹ im engeren Sinn und damit auch zur Entstehung von Gerichtsakten. Dabei kam den Städten mit ihrer vergleichsweise modernen Verwaltung eine Schrittmacherfunktion zu. Seit dem Ausgang des 13. Jahrhunderts gingen

7 Vgl. Dietmar Willoweit, *Die Entstehung des öffentlichen Strafrechts. Bestandsaufnahme eines europäischen Forschungsproblems*, Köln 1999.

Städte wie Stralsund im Norden oder Nürnberg im Süden dazu über, Verdächtige, die einer mehrmaligen Ladung vor Gericht nicht Folge leisteten, in Achtbücher und Proskriptionslisten einzutragen. Ein ebenso lakonischer wie typischer Eintrag ins Nürnberger Achtbuch lautete etwa: »Mercklein Odenberger ist in der acht darumb, daß er hat Conrad den Kalckreuter bracht von dem leben zu dem tod. Anno 1319«. Richtete sich diese Maßnahme somit gegen flüchtige Straftäter, so wurden andere – sei es nach einem Gerichtsurteil, sei es um einem härteren Urteil zuvorzukommen, oder lediglich als ›obrigkeitliche‹ Präventivmaßnahme des Stadtrates – aus dem Gemeinwesen verbannt, wobei der Stadtverweis zeitlich befristet oder auf ›ewig‹ ausgesprochen werden konnte. So wurde am 8. Mai 1335 eine Frau namens Elsbeth für ewige Zeit aus einer Fünfmeilenzone um die Stadt Nürnberg verbannt, weil sie wissentlich Diebesgut – Polster, Laken und andere Textilien – gekauft hatte. Fast gleichzeitig begegnet in den Achtbüchern dieser Zeit ein dritter Typus von Eintrag, die Hafturfehde. Männer wie der Nürnberger Patrizier Hanse Steiner mußten damit beschwören, auf Rache wegen erlittener Haft zu verzichten (das der Haft zugrunde liegende Delikt konnte, mußte aber nicht angegeben sein) und sich, in diesem Fall, darüber hinaus zur Einhaltung eines sehr differenzierten Verhaltenskodex verpflichten, etwa zum Verzicht auf Waffen oder auf den Besuch von Wirtshäusern.[8] Die ersten ›Kriminalquellen‹ erwachsen somit nicht aus dem Bedürfnis nach umfassender Dokumentation der angefallenen Verbrechen und Sanktionen, sondern aus ganz spezifischen Erfordernissen heraus: Die Namen der Geächteten oder der Verbannten sollten festgehalten werden, um bei einer Verhaftung des Geflohenen oder einer Rückkehr des Ausgestoßenen ein gerichtliches Beweismittel in der

8 Werner Schultheiss (Hrsg.), *Die Achts-, Verbots- und Fehdebücher Nürnbergs von 1285 bis 1400*, Nürnberg 1960, Nr. 604, S. 67; Nr. 471, S. 48; Nr. 335, S. 32.

Hand zu haben. Umgekehrt wurde der entsprechende Eintrag bei einer Aufhebung der Acht oder einer Rücknahme der Verweisung gestrichen oder gelöscht. Ihr Informationsgehalt ist meist begrenzt; neben dem Namen enthalten die älteren Einträge lediglich das Vergehen und gegebenenfalls nähere Erläuterungen zur Sanktion. Mit der Zeit werden die Angaben detaillierter; das Nürnberger Achtbuch listet schon im Fall der Hehlerin Elsbeth die gestohlenen Waren und deren Wert im einzelnen auf. Und während Proskriptionslisten und Achtbücher gegen Ende des 15. Jahrhunderts langsam verschwinden, bleiben Urfehdebriefe (d. h. Einzelurkunden) und Urfehdebücher bis zum Ende des Ancien régime wichtige kriminalhistorische Quellen, wenn sich deren Funktion im Strafrechtssystem auch langsam wandelt.[9]

Schon im Spätmittelalter erweitert sich jedoch das Spektrum einschlägiger Kriminalquellen. Rechnungsbücher geben Aufschluß über einkommende Bußen und die Ausgaben, z. B. für den Scharfrichter und die Instrumente der ›peinlichen‹, d. h. an Leib und Leben gehenden Strafjustiz.[10] In manchen Städten wie z. B. in Regensburg verzeichnen eigene Register die Bußzahlungen von Totschlägern, Gewalttätern und Hausfriedensbrechern und geben so einen Einblick in die spätmittelalterliche Alltagsgewalt.[11] Andere

9 Sorgsame Auswertung eines Achtbuches bei Karin Schneider-Ferber, »Das Achtbuch als Spiegel für städtische Konfliktsituationen? Kriminalität in Augsburg ca. 1348–1378«, in: *Zeitschrift des Historischen Vereins für Schwaben* 86 (1993) S. 45–114; leicht zugängliche Urfehdenedition bei Alois Niederstätter (Bearb.), *Vorarlberger Urfehdebriefe bis zum Ende des 16. Jahrhunderts*, Dornbirn 1985; neueste Monographie Andreas Blauert, *Das Urfehdewesen im deutschen Südwesten im Spätmittelalter und in der Frühen Neuzeit*, Tübingen 1999.

10 Herta Mandl-Neumann, »Alltagskriminalität im spätmittelalterlichen Krems. Die Richterrechnungen der Jahre 1462–1478«, in: *Mitteilungen des Kremser Stadtarchivs* 23–25 (1985) S. 1–144.

11 Lothar Kolmer, »Gewalttätige Öffentlichkeit und öffentliche Gewalt. Zur städtischen Kriminalität im späten Mittelalter« in: *Zeitschrift der Savigny-Stiftung für Rechtsgeschichte. Germanistische Abteilung* 114 (1997) S. 261–295.

Städte beginnen, in ›Urgicht‹- und Malefizbüchern die Vergehen der mit peinlichen Strafen belegten Personen aufzulisten. Das Bamberger ›Echtbuch‹ des 15. Jahrhunderts enthält bereits nicht nur Proskriptionen und Verbannungen, sondern auch Nachrichten über Ehren- und Leibesstrafen sowie Aussagen von Gerichteten über ihre Komplizen und deren Beschreibungen (Steckbriefe).[12]

Schauen wir noch einmal nach Köln. Achtbücher sind aus dieser Stadt nicht überliefert, vielleicht auch, weil die eigentliche Hochgerichtsbarkeit noch in der Hand des auf den Erzbischof vereideten Schöffengerichts unter Vorsitz des ›Greven‹ lag und der Stadtrat lediglich das Recht zu Verhaftung, Voruntersuchung und gerichtlichen Entscheidungen über kleinere Delikte beanspruchen konnte. Aus der Zeit vor dem *Liber Malefactorum* sind etliche Urfehdeurkunden überliefert, ebenso mehrere schriftliche Aufstellungen städtischer Amtsträger über Friedegebote und Gewaltbußen. Mit der systematischen Aufzeichnung der Gefangenen samt Vergehen und abschließender Strafe beginnt jedoch ein neues Kapitel in der Kölner Überlieferung. Wahrscheinlich hat die Konkurrenz zur Gerichtsbarkeit des Erzbischofs und der Wunsch, das Verhaftungsrecht des Rates zu dokumentieren, hier Pate gestanden. Schon aus den letzten Jahrzehnten des 15. Jahrhunderts besitzen wir vereinzelte ›Kriminalakten‹, Mitschriften von Verhören und Zeugenaussagen. Aber erst das ›Buch der Übeltäter‹ vermittelt für einige Jahre den Eindruck, zumindest die Gefangenen vollständig erfaßt zu haben; somit ist es einer quantitativen Analyse zugänglich. Interessant sind aber auch Ansätze, die über die lakonische Faktenerfassung hinausgehen. Das Verhör des Frank van Elner fällt, wahrscheinlich wegen seiner politischen Bedeutsamkeit, aus dem Schema der sonstigen Einträge klar heraus. Es bietet, wenn auch in sehr rudimentärer Form, das Verlaufsproto-

12 Schwerhoff (s. Anm. 1) S. 33.

koll einer Zeugenbefragung. Diese Form des Eintrages ist zukunftsweisend. In den folgenden Jahrzehnten entwickelten sich in Köln die ›Turmbücher‹ zu einer der umfassendsten Kriminalquellen im deutschen Sprachraum; sie dokumentierten die Verhöre, Zeugenaussagen und Entscheidungen des Kölner Rates zu jedem Untersuchungshäftling auf den Stadttürmen. Natürlich bleiben auch hier offene Fragen: Die Tätigkeit des erzbischöflichen Hochgerichts, dem gerade die schwersten Kriminalfälle zur endgültigen Aburteilung übergeben werden mußten, ist nur unzureichend überliefert. Andererseits bieten die Protokolle des Stadtrates eine wertvolle Ergänzung.[13] Köln ist kein Einzelfall. Auch in anderen Städten des Spätmittelalters und der beginnenden Frühneuzeit sind Gerichtsakten überliefert, die den heutigen Beobachter näher an das Geschehen heranführen und tiefe Einblicke in den Alltag von Normalität und Abweichung erlauben.[14]

Mit dem Beginn der Frühen Neuzeit entfalten sich die Gerichtsakten und Kriminalquellen weiter. Haben die entstehenden Territorien und Landesherrschaften im Mittelalter nur in Ausnahmefällen Zeugnisse aus der Gerichtspraxis hinterlassen, so ändert sich nun das Bild. Ein moderner frühneuzeitlicher Territorialstaat wie Bayern besaß schon sehr früh eine zentralisierte Kriminaljustiz. Die zu vier sog. ›Viztums‹-Bezirken zusammengefaßten Landgerichte waren bei ihrer strafrechtlichen Tätigkeit den vier »Regierungen« in Burghausen, Landshut, Straubing und München

13 *Beschlüsse des Rates der Stadt Köln 1320–1550*, Bd. 1: *Die Ratsmemoriale und ergänzende Überlieferung 1320–1543*, bearb. von Manfred Huiskens, Düsseldorf 1990; Bde. 2–5: *1513–1540*, bearb. von Manfred Groten, Düsseldorf 1988–90.

14 Vgl. nur Susanna Burghartz, *Leib, Ehre und Gut. Delinquenz in Zürich Ende des 14. Jahrhunderts*, Zürich 1990; Dorothea Rippmann [u. a.], *Arbeit, Liebe, Streit. Texte zur Geschichte des Geschlechterverhältnisses und des Alltags, 15. bis 18. Jahrhundert*, Liestal 1996; Carl A. Hoffmann, »Strukturen und Quellen des Augsburger reichsstädtischen Strafgerichtswesens in der ersten Hälfte des 16. Jahrhunderts«, in: *Zeitschrift des Historischen Vereins für Schwaben* 88 (1995) S. 57–108.

weisungsgebunden, wobei die Regierung in München mit dem Hofrat des Herzogs identisch war. Seit 1557 sind Hofratsprotokolle überliefert, die die wesentlichen Stationen aller Malefizprozesse für die historische Forschung nachvollziehbar machen. Sie eignen sich nicht nur zur statistischen Auswertung, sondern geben auch über die internen Diskussionen der Hofräte Auskunft, die etwa im Fall des Hexereideliktes sehr kontrovers ausfielen.[15] 1532 hatte das zentrale Gesetzeswerk zur frühneuzeitlichen Strafrechtspflege, die Peinliche Gerichtsordnung Kaiser Karls V. (*Carolina*), festgelegt, daß die lokalen Gerichte in Zweifelsfällen bei ihren traditionellen Appellationsinstanzen oder aber bei nahegelegenen Juristenfakultäten Rechtsgutachten (Konsilien) in Auftrag geben sollten. Daraus entwickelte sich vielerorts eine regelmäßige Anfragepraxis; die Empfehlungen der Konsulenten wurden ebenso regelmäßig vom Gericht übernommen, so daß die Juristenkollegien so mancher Universität zu den eigentlichen Urteilern wurden. Neben Informationen über die ›Fälle‹ an sich geben derartige Gutachten wertvolle Hinweise auf die zeitgenössischen Bewertungen durch die Juristen, z. B. in Hexenprozessen.[16] Ähnliches gilt für jene Masse an Kriminalrelationen, wie sie für Kurmainz im 18. Jahrhundert erhalten sind.[17] In einer solchen Relation stellte ein Mitglied aus dem Kreis der Hofräte den Fall seinen Kollegen nach Aktenlage vor, wobei sich an die Sachverhaltsschilderung und die Argumente der Parteien das Votum des Konsulenten anschloß. Neuerdings sind schließlich auch die gerichtsmedizinischen

15 Vgl. Wolfgang Behringer, *Hexenverfolgung in Bayern*, München 1987, S. 33 f. und passim.

16 Z. B. Sönke Lorenz, *Aktenversendung und Hexenprozeß, dargestellt am Beispiel der Juristenfakultäten. Rostock und Greifswald (1570/82 – 1630)*, Frankfurt a. M. 1982.

17 Z. B. Karl Härter, »Regionale Strukturen und Entwicklungslinien frühneuzeitlicher Strafjustiz in einem geistlichen Territorium: Die Kurmainzer Cent Starkenburg«, in: *Archiv für hessische Geschichte und Altertumskunde* 54 (1996) S. 111–163.

›Fallsammlungen‹ des 18. Jahrhunderts intensiver erforscht worden.[18]

Daß die Kriminalakten des 17. und 18. Jahrhunderts häufig sehr viel umfänglicher sind als diejenigen aus früherer Zeit, verdankt sich zum Teil den detaillierteren Sachverhaltsschilderungen, zum Teil aber auch der Einhaltung juristischer Formen. Am Beispiel des reichhaltigen Bestandes von Kriminalakten in der lippischen Landstadt Lemgo, die gegenüber dem Landesherren ihre hochgerichtliche Autonomie bis zum Ende des Ancien régime behaupten konnte, läßt sich diese Ausweitung gut beobachten; sind die ersten Akten vom Ende des 16. Jahrhunderts lückenhaft und umfassen nur wenige Seiten, so füllen die Verfahren des 18. Jahrhunderts manchmal mehrere Ordner.[19] Idealtypisch enthielt eine vollständige Kriminalakte der Stadt Lemgo zunächst die formlose Anzeige (Denunziation) beim Stadtrat als zuständigem Kriminalgericht; sodann die Bestellung eines städtischen Anklägers (Fiskals) ebenso wie eines Defensors; beide Parteien beschäftigten sich in der Folge mit der Erstellung von Fragekatalogen, sog. Interrogatorien, auf die Beklagte und Zeugen verhört wurden.[20] Immer regelmäßiger wurde die Rintelner Juristenfakultät um Rat gefragt, sei es bei der Frage, ob genügend Indizien für eine Folterung des Beklagten vorlägen, oder beim abschließenden Urteilsspruch, der formal dann vom Lemgoer Rat verkündet wurde. Zu noch bedrohlicherer Höhe konnten die Aktenberge anwachsen, wenn das Reichskammergericht eingeschaltet wurde, was – entgegen seiner ursprünglichen Aufgabe als Appellations-

18 Maren Lorenz, *Kriminelle Körper – gestörte Gemüter. Die Normierung des Individuums in Gerichtsmedizin und Psychiatrie der Aufklärung*, Hamburg 1999.

19 Vgl. z. B. Stadtarchiv (StA) Lemgo A 4871 (Prozeß gegen Anneken Weling wegen Diebstahls 1601) mit A 4508 (Prozeß gegen den Juden Ephraim Hirschel wegen Notzucht; die Akten enthalten u. a. ›kabbalistische‹ Zettel aus dem Besitz des Angeklagten).

20 Z. B. StA Lemgo A 4517 mit seinen ausführlichen Befragungen über einen Totschlag im Krug zwischen Lemgo und Hörstmar.

instanz lediglich für den Adel oder für die Stände – durchaus auch einfacheren Bürgern und Bauern möglich war.[21]

Die Bedingungen für die historische Forschung verbessern sich in der Frühen Neuzeit nicht nur deshalb, weil die einzelnen Aktenbestände ausführlicher werden, sondern weil die Chance wächst, mehrere, sich ergänzende Quellenbestände nebeneinander vorzufinden. So sind in der Stadt Lemgo neben einigen hundert Kriminal- und Hexenprozessen auch einige »Brüchtenregister« der Niedergerichtsbarkeit erhalten, die über alltägliche, unspektakuläre Konflikte und Gewaltszenarien Auskunft geben und so eine willkommene Ergänzung zu den peinlich gestraften Delikten liefern.[22] Daneben sind aber auch für das städtische Umland Quellenbestände überliefert. So konnte Michael Frank für das späte 17. und 18. Jahrhundert auf eine fast geschlossene Serie der Akten des Niedergerichts (Gogerichts) des lippischen Dorfes Heiden zurückgreifen.[23] Flankierendes sozialgeschichtliches Quellenmaterial zu Bevölkerungsentwicklung, ökonomischer Situation und gesellschaftlichen Strukturen ließen ein plastisches Sozialprofil der vor Gericht agierenden Personen entstehen.

Daß Kriminalakten gerade im 18. und beginnenden 19. Jahrhundert auch gedruckt werden, verdankt sich meist

21 Die Registrierung der Reichskammergerichtsakten ist mittlerweile weit fortgeschritten, vgl. Matthias Kordes (Bearb.), *Reichskammergericht Köln*, Bd. 1: *Nr. 1–600 (A–F)*, Köln 1998, mit einem Verzeichnis der anderen Inventare S. 35–39; als thematisch zentrierte Fallstudien z. B. Peter Oestmann, *Hexenprozesse am Reichskammergericht*, Köln 1997; Ralf-Peter Fuchs, *Um die Ehre. Westfälische Beleidigungsprozesse vor dem Reichskammergericht 1525–1805*, Paderborn 1999.

22 Z. B. StA Lemgo A 397 ff.

23 Michael Frank, *Dörfliche Gesellschaft und Kriminalität. Das Fallbeispiel Lippe 1650–1800*, Paderborn 1995, S. 176 ff. Auch zur Hexenverfolgung in Lippe lassen sich aufgrund des reichhaltigen Materials vergleichende Untersuchungen anstellen, vgl. Gisela Wilbertz [u. a.] (Hrsg.), *Hexenverfolgung und Regionalgerichte. Die Grafschaft Lippe im Vergleich*, Bielefeld 1994; die Arbeit von Rainer Walz, *Hexenglaube und magische Kommunikation im Dorf der frühen Neuzeit*, Paderborn 1993; sowie unten bei Anm. 42.

dem Eifer von besonderen Ermittlern, die ihre Erfolge im Kampf gegen die Räuberbanden und ihre berüchtigten, mythisch überhöhten Hauptleute vom Schlage eines Schinderhannes publik machen wollten; so veröffentlichte 1812 der Heidelberger Stadtdirektor Ludwig Pfister seine ›actenmäßige Geschichte‹ der Odenwaldbande.[24] Auch eine andere gedruckte Quelle erlebte in dieser Zeit eine Hochkonjunktur: Gauner- und Diebslisten stellen eine Art Steckbriefsammlung dar, die gewissermaßen als Extrakt aus den Aussagen gefangener und gerichteter Delinquenten über Personen und Vergehen in ihrem Umfeld zusammengestellt wurden. »Der schöne Franz, welcher aber als ein von Angesicht wüster Mensch dieses Beywort nicht verdienen solle, seye ohngefehr 29. Jahre alt, langer besetzter Postur, weißen langen Angesichts, und grauer Augen; habe einen dicken Bauch, braune = wie eine Nudel um den Kopf herumgehende krause Haare, schaue mit beden Augen auf eine seltsame Art über seine gebogene Nase hinaus, und rede mehr bayrisch, als pfälzisch«, so heißt es in einer zwanzigseitigen Liste von »Jaunern« aus dem Jahr 1781, die insgesamt 55 Männer und 58 Frauen beschreibt.[25] Derartige Listen dienten wohl weniger der aktiven Fahndung als der Identifizierung verdächtiger Verhafteter. Gleichwohl können sie für die historische Forschung als obrigkeitliche Einblicke in das Gaunermilieu oder als Quelle zur Körpergeschichte wertvoll sein.[26]

Im 19. Jahrhundert dann vollzieht sich der Aufstieg der zeitgenössischen Kriminalstatistik. Französischen Vorbil-

24 Vgl. Heiner Boehncke / Hans Sarkowicz (Hrsg.), *Die deutschen Räuberbanden in Originaldokumenten*, 3 Bde., Frankfurt a. M. 1991, hier Bd. 3, S. 127 ff. vgl. zur Auswertung Harald Siebenmorgen (Hrsg.), *Schurke oder Held? Historische Räuber und Räuberbanden*, Sigmaringen 1995.

25 Eva Wiebel / Andreas Blauert, »Gauner- und Diebslisten. Unterschichten- und Randgruppenkriminalität in den Augen des absolutistischen Staates«, in: Häberlein (s. Anm. 4) S. 67–96, hier S. 69.

26 Wolfgang Seidenspinner, *Mythos Gegengesellschaft. Erkundungen in der Subkultur der Jauner*, Münster 1998.

dern folgend, wurde zuerst im Großherzogtum Baden ab 1829 eine regelmäßige Erhebung über die Zahl der gerichtlich abgeurteilten Verbrechen bzw. Verbrecher veröffentlicht.[27] Andere Länder folgten, und bald begannen Wissenschaftler mit der systematischen ›kriminologischen‹ Auswertung der vorgelegten Zahlen. Sowohl die amtlichen Statistiken als auch die zeitgenössischen Untersuchungen bilden bis heute wertvolles Quellenmaterial für die historische Forschung.[28] Demgegenüber traten die Gerichtsakten an Bedeutung zurück – nicht zuletzt deshalb, weil spätestens in der Mitte des Jahrhunderts der schriftlich geführte Inquisitionsprozeß durch eine Verhandlungsführung ersetzt wurde, die von den Prinzipien der ›Öffentlichkeit‹ und der ›Mündlichkeit‹ bestimmt war. Die dennoch weiterhin existierenden Prozeßunterlagen, vor allem die Verhöre und Zeugenbefragungen, die im Rahmen der polizeilichen oder richterlichen Voruntersuchung durchgeführt wurden, harren weitgehend noch der historischen Aufarbeitung.[29]

Nur im Vorbeigehen kann darauf hingewiesen werden, daß eine historische Erforschung der Gerichtsakten sinnvollerweise flankierende oder ergänzende Quellenbestände miteinzubeziehen hätte. Rechtsgutachten, einschlägige

27 Herbert Reinke, »Die ›Liaison‹ des Strafrechts mit der Statistik. Zu den Anfängen kriminalstatistischer Zählungen im 18. und 19. Jahrhundert«, in *Zeitschrift für neuere Rechtsgeschichte* 12 (1990) S. 169–179; Peter Wettmann-Jungblut, »Unordnung im Bürgerstaat. Kriminalität und strafrechtliche Repression im Großherzogtum Baden während der ersten Hälfte des 19. Jahrhunderts«, in: Edwin Dillmann (Hrsg.), *Regionales Prisma der Vergangenheit. Perspektiven der modernen Regionalgeschichte (19./20. Jahrhundert)*, St. Ingbert 1996, S. 133–155.

28 Eric A. Johnson, *Urbanization and Crime: Germany 1871–1914*, New York / Melbourne 1995.

29 Vgl. aber Bernd-A. Rusinek, »Vernehmungsprotokolle«, in: B.-A. R. [u. a.] (Hrsg.), *Einführung in die Interpretation historischer Quellen. Schwerpunkt: Neuzeit*, Paderborn 1992, S. 111–131; als Fallstudien Martin Leuenberger, *Mitgegangen – mitgehangen: »Jugendkriminalität« in Basel 1873–1893*, Zürich 1989; Regina Schulte, *Das Dorf im Verhör. Brandstifter, Kindsmörderinnen und Wilderer vor den Schranken des bürgerlichen Gerichts. Oberbayern 1848–1910*, Reinbek 1989.

Briefe oder Bittgesuche der Untertanen (Suppliken) können Teil der untersuchten Kriminalakten sein, ebensogut aber auch in anderen Beständen zu finden sein. Auf die Bedeutung von Rechnungsbüchern wurde ebenso hingewiesen wie auf diejenige der Protokolle der Stadt- bzw. Hofräte, die Entscheidungsprozesse nachvollziehbar machen. Daß die normativen Quellen – ob städtische Statuten oder landesherrliche Gesetze und Polizeiverordnungen – unabdingbar sind, um die Rechtspraxis angemessen zu analysieren, bedarf wohl keiner weiteren Begründung. Schließlich muß auch das weite Feld derjenigen Quellen in Betracht gezogen werden, die nicht aus dem engeren rechtlichen Kontext entstammen, gleichwohl aber die zeitgenössische Wahrnehmung von Verbrechen und Strafen reflektieren: Chroniken, Flugschriften und fiktive Kriminalgeschichten, auch Bilder und materielle Überreste der Strafjustiz.

Zu den Möglichkeiten der Auswertung von Kriminalquellen

›Verbrechen‹ und ›Strafen‹, oder neutraler formuliert, ›Delikte‹ und ›Sanktionen‹ stehen traditionell im Mittelpunkt einer Beschäftigung mit Kriminalität in der Vergangenheit. Gerade bei einer seriellen Quelle wie dem Kölner ›Buch der Übeltäter‹ bietet es sich dabei an, die Einträge auszuzählen und so ein quantitatives Profil zu erstellen, um einen Eindruck von der Relation sowohl der Vergehen als auch der obrigkeitlichen Strafen zueinander zu erhalten.

Falls Informationen über die Kriminalität in anderen Zeiträumen in derselben Untersuchungsregion vorliegen, lassen sich auf dieser Grundlage diachrone Vergleiche an-

Delikte und Sanktionen im Kölner ›Liber Malefactorum‹ 1515–1522

(Zahl der Personen)

	Gewalt	Tötung	Eigentum	Sitte
Haft	34	6	24	14
Buße	7	1	–	–
Ehrenstrafe	–	–	1	16
Verweisung	1	–	2	–
Verweisung/ Ehrenstrafe/ Körperstrafe	–	–	6	5
Lieferung an Hochgericht*	11	10	17	1
andere	6	3	4	1
insges.	59 23,3 %	20 7,9 %	54 21,4 %	37 14,6 %
* davon Todesstrafe	4	3	5	–

Verbaldelikte	Fälschung	Magie	andere	insgesamt
25	4	2	27	136 (53,8 %)
1			2	11 (4,3 %)
3	–	–		20 (7,9 %)
–	–	–	3	6 (2,4 %)
–	1	–	–	12 (4,7 %)
5	1	1	5	51 (20,2 %)
3	–	–		17 (6,7 %)
37 14,6 %	6 2,4 %	3 1,2 %	37 14,6 %	253 100 %
–	1	–	–	13 (5,1 %)

stellen. Auch wird es möglich, eine Verbindung mit den Ergebnissen von Fallstudien über andere Städte oder Regionen herzustellen. Bei einer Interpretation dieser Zahlen gilt es aber immer die Selektivität der jeweiligen Quelle zu berücksichtigen und sich zu fragen, ob die zugrundeliegenden Quellen Vergleiche zulassen; so wäre es sicher problematisch, umstandslos Zahlen über geächtete, also flüchtige Täter mit solchen über verhaftete Delinquenten zu vergleichen. Überhaupt gilt es die Illusion zu vermeiden, es könne ›die‹ Gesamtkriminalität erfaßt werden. Mit der ›Dunkelziffer‹ nicht erfaßter oder geahndeter Delinquenz hat ja noch die heutige Kriminologie zu kämpfen. Immerhin erlaubt ein Blick auf die Tabelle bereits die Revision so mancher liebgewonnenen Vorstellung über die Härte vormoderner Strafjustiz. Über 50% aller Häftlinge werden ohne weitere Sanktionen freigelassen, lediglich rund 5% enden schließlich auf dem Schafott unter dem Schwert des Henkers oder am Galgen.

Soweit eben möglich, muß eine sorgfältige qualitative Analyse das quantifizierende Vorgehen ergänzen; die abgedruckten Kölner Beispiele sind dabei aufgrund ihrer lakonischen Kürze eher weniger aussagekräftig als die zahlreichen ausführlicheren Kriminalakten, deren Präsentation den zur Verfügung stehenden Raum sprengen würde. Mehr oder weniger deutlich scheint bei einer solch näheren Beschäftigung mit den Quellen ›hinter‹ der Oberfläche von ›Verbrechen‹ und ›Strafen‹ jeweils eine komplexere gesellschaftliche Wirklichkeit auf. Im Medium der verschiedenen Formen ›abweichenden Verhaltens‹ erkennt die historische Forschung vielfach Varianten einer sozialen ›Normalität‹; und gleichsam im Vorbeigehen werden in den Gerichtsakten viele Informationen vermittelt, die über das alltägliche Zusammenleben der Menschen wichtige Aufschlüsse geben. Auch die Sanktionen können bei sorgfältiger Analyse als Teil eines viel umfassenderen Systems sozialer Kontrolle gelesen werden. Das Zusammenwirken einer Vielzahl von unterschiedlichen Akteuren – Ankläger, Zeugen, Nachbarn, Richtern etc. – entscheidet nicht nur darüber, welche ›Fälle‹ vor Gericht kommen und welche informell gelöst werden, sondern es beeinflußt auch entscheidend die jeweilige Sanktion. Die von Gerichten und Obrigkeiten verhängten Strafen sind folglich nicht lediglich Ausfluß der Anwendung bestimmter Rechtsnormen, sondern entscheidend auch von sozialen Interaktionsprozessen determiniert.

Machen wir es konkret und werfen einen näheren Blick auf die präsentierten Fälle. Drei Einträge betreffen *Gewalt.* Sie gehört ausweislich der obigen Tabelle zum zahlenmäßig häufigsten Delikt im Untersuchungszeitraum. Dabei stehen Schlägereien und Körperverletzungen in enger Verbindung einerseits zu den Totschlägen, die gewissermaßen das – nicht unbedingt intendierte – Ergebnis von Gewalttaten sind, andererseits zu manchen Varianten der Verbaldelikte, insbesondere Beleidigungen, die häufig als ›Vorspiel‹ zur physischen Gewalt fungieren. Insgesamt ein gutes Drittel der Delikte verweisen damit auf den Bereich der affektgeleiteten Alltagsgewalt, wobei die vorsätzlichen Raubdelikte noch nicht einmal mitgezählt sind. Quellenauswertungen für Köln im späteren 16. Jahrhundert bestätigen diese Dominanz der Gewaltdelikte ebenso wie Untersuchungen zu anderen Regionen. Dabei ist zu berücksichtigen, daß nur die Spitze eines Eisbergs von Gewaltsamkeit überhaupt in der Quelle auftaucht: Godart van Wulfrade wurde lediglich verhaftet, weil er die Zahlung einer Gewaltrichterbuße verweigerte; die ursprünglich geforderte Buße lag sicher unterhalb jener hohen Summe von einhundert Mark, die Godart anschließend wegen seines Ungehorsams abverlangt wird. Normalerweise wird das von den städtischen Statuten mit einer Geldbuße belegte ›Messerzücken‹ gar nicht in den Turmbüchern erfasst. Die Dunkelziffer der ›tatsächlichen Gewaltsamkeit‹ ist also sehr hoch. Stärker kriminalisiert – und damit für den Historiker sichtbar – werden nur bestimmte Formen der Gewaltausübung. Dazu gehört z. B. der Bruch des Hausfriedens, dessen sich Henrich Kampmann schuldig gemacht hatte. Und dazu gehörte der Totschlag. Zwar versuchten die Täter immer wieder, sich mit gütlichen Vergleichen mit der Familie des Getöteten aus der Affäre zu ziehen, aber rechtlich war der Totschläger – wie das Beispiel des Metzmachers Heinrich zeigt – mit der Todesstrafe bedroht. Jedoch konnte ein Mann, der im Verlauf eines Raufhandels sein Gegenüber ›ehrlich‹ getötet bzw. tödlich verwundet hatte, häufig mit der Unterstützung von Freunden und Verwandten aus der Stadt fliehen. Indirekter Beleg dafür ist die hohe Zahl derjenigen Verhafteten, die wegen erwiesener Unschuld wieder freigelassen wurden.[30] Die – für heutige Maßstäbe – geringe Sanktionierung von Raufhändeln und Verwundungen auch durch Obrigkeit und Gerichte ist ebenso wie die gesellschaftliche Nicht-Stigmatisierung von Totschlägern ein Beleg für eine gewisse Akzeptanz des gewaltsamen Konfliktaustrages in der damaligen Zeit, für eine ›Kultur der Gewalt‹. Diese kannte durchaus ihre eigenen gewalthemmenden Mechanismen; die Bedrohung mit dem Messer, das sog. ›Messerzücken‹, führte keineswegs automatisch zum Messerkampf. Ein weiterer Beleg für eine gewisse soziale Akzeptanz von Gewalttätern ist die Fürbitte seiner Freunde (wahrscheinlich Verwandten) für den Friedensbrecher Henrich Kampmann. Das Gnadenbitten für inhaftierte oder sogar bereits verurteilte Täter war damals ein häufiges Phänomen. Die Obrigkeiten gingen sehr wohl darauf ein, verwiesen die Fürbitten doch darauf, daß ein Täter sozial integriert war und damit eine gute Prognose besaß, nicht unbedingt rückfällig zu werden.

Daß im Medium der Gewaltdelinquenz auch ganz andere historische Fragen beantwortet werden können, kann hier nur am Rande erwähnt werden. So beschäftigt sich die medizingeschichtliche Forschung seit einiger Zeit intensiv mit

30 Z. B. HAStK Verf. u. Verw. G 204, fol. 25r.

den Kriminalakten und Totenbeschauregistern der Gewaltrichter in Köln, um Krankheitsverläufen auf die Spur zu kommen, den Wundärzten über die Schulter zu schauen oder die zeitgenössischen Autopsiebefunde zu analysieren.[31]

Das nächstgrößere ›klassische‹ Deliktfeld betrifft die *Eigentumsvergehen*, d. h. vor allem Diebstahl, Raub und Hehlerei. Sie umfassen statistisch gesehen ein rundes Viertel aller Einträge, wobei ihr Anteil in den Turmbüchern des späten 16. Jahrhunderts eher unter 20% liegen wird. Das Sanktionsprofil erweist die Eigentumsdelikte jedoch als den harten Kern schwer gestrafter Vergehen. Die ›Chance‹ der hinreichend Verdächtigen – das Beispiel der Brüder Mais und Hans von Wesel zeigt, daß etliche auch hier aus Mangel an Beweisen oder wegen erwiesener Unschuld freikamen –, vom Stadtrat oder vom Hohen Gericht mit einer schweren Strafe belegt zu werden, war vergleichsweise groß. Allein fünf Personen wurden hingerichtet; einige andere wurden wie Jacob van Gleuel körperlich verstümmelt und aus der Stadt getrieben. Bei der Verhängung von Sanktionen wurden aber durchaus persönliche Umstände berücksichtigt wie die »Jugend« des zwölfjährigen Gerart van Collen, der nach den Maßstäben der damaligen Zeit aber offenbar dennoch kein Kind mehr war. Die kargen Einträge der Quelle lassen kaum erahnen, welch reichhaltige Beobachtungen ausführlichere Verhörakten über die Aktivitäten von Räuber- und Diebesbanden ermöglichen: Sie geben Einblicke in die Arbeitsweise, die Struktur und die soziale Vernetzung der Banden ebenso wie in die Wertschätzung verschiedener gestohlener Güter und ihrer Absetzbarkeit. Immerhin verweist die Nachricht über die Gebrüder aus Wesel auf ein klassisches Großstadtdelikt, die Beutelschnei-

31 Robert Jütte, *Ärzte, Heiler und Patienten. Medizinischer Alltag in der Frühen Neuzeit*, München 1991; Maria Rössner-Richarz (Bearb.), *Quellen zur Geschichte der Medizin in der Reichsstadt Köln. Ein sachthematisches Inventar für vier Jahrhunderte (1388–1798)*, Köln 1998, hier S. 50ff.

derei, der viele Passanten auf den Kölner Straßen und Märkten, aber auch während der Messe in den Kirchen zum Opfer fielen.[32]

Sittendelikte – vorwiegend Ehebruch, Kuppelei oder voreheliche Unzucht – machen ein drittes großes Segment in der Kölner ›Kriminalstatistik‹ zu Beginn des 16. Jahrhunderts aus. Dabei konkurrierten in diesem Bereich nicht nur die städtische und das erzbischöfliche Schöffengericht, sondern auch die geistliche Gerichtsbarkeit, für die keine einschlägigen Quellen vorliegen, kam als Sanktionsinstanz in Betracht. Die Dunkelziffer mag also hier besonders hoch sein. Daß die städtische Obrigkeit entschlossen war, moralische Verfehlungen ihrer Bürger und Untertanen zu ahnden, macht die Tabelle jedoch ebenso deutlich wie das Beispiel der Ehebrecherin Elsgin von Bokem. Nach ihrem erstmaligen Ehebruch mit dem verheirateten Michel van Remagen wurde sie zum ›Kerzen-und-Steine-Tragen‹ verurteilt, einer Ehrenstrafe, die die Last der begangenen Sünde (Steine) ebenso sinnfällig machen sollte wie die Bereitschaft zu Buße und Umkehr (Kerzen). Derartige Ehrenstrafen waren als soziale Sanktionen angelegt, insofern sie die soziale Reputation der Betroffenen in der städtischen Gemeinschaft schmälern sollten – inwiefern sie es tatsächlich taten, war sicher vom Einzelfall abhängig.[33] Die prompte Wiederholung des Vergehens in der auf die Strafe folgenden Nacht führte zu einer Strafverschärfung. Das Stehen am Kax (Pranger) dürfte schon per se eine stärkere soziale Stigmatisierung zur Folge gehabt haben; die Kom-

32 Vgl. als Fallstudie aus einer anderen Region Andreas Blauert, *Sackgreifer und Beutelschneider. Die Diebesbande der Alten Lisel, ihre Streifzüge um den Bodensee und ihr Prozeß 1732*, Konstanz 1993.

33 Gerd Schwerhoff »Verordnete Schande? Spätmittelalterliche und frühneuzeitliche Ehrenstrafen zwischen Rechtsakt und sozialer Sanktion, in: Andreas Blauert / Gerd Schwerhoff (Hrsg.), *Mit den Waffen der Justiz. Zur Kriminalitätsgeschichte des späten Mittelalters und der frühen Neuzeit*, Frankfurt a. M. 1993, S.158–188, 236–240.

bination mit dem Stadtverweis fügte der gesellschaftlichen Exklusion die räumliche Ausschließung hinzu. Im übrigen wurde Michel van Remagen denselben Strafen unterworfen.[34] Dasselbe Delikt scheint deswegen in unserer kleinen Statistik gleich zwei- bzw. viermal auf, was bei einem Vergleich mit anderen Aufstellungen, die vielleicht eher ›Fälle‹ zugrunde legen, berücksichtigt werden muß.

Auch *Gotteslästerung* als eine interessante Variante der *Verbaldelikte* wurde von der Kölner Obrigkeit mit einer besonderen Ehrenstrafe belegt. Die sog. ›Hölzerne Heuke‹, ein an eine Tonne gemahnender hölzerner Schandmantel, aus dem nur Kopf und Füße des Delinquenten herausschauen, ist wahrscheinlich eigens zur Sanktionierung von Blasphemikern erfunden worden.[35] Jedenfalls handelte es sich im Jahr 1516, als Heinrich mit dem Spitznamen ›der Abt‹ mit dieser Strafe belegt wurde, um eine neue Errungenschaft. Heinrich scheint das Tragen des Schandmantels als dermaßen entehrend empfunden zu haben, daß er sich lange standhaft verweigerte. Gleichwohl hat der Rat seinen ursprünglichen, konsequenten Entschluß, ihn dem Hohen Gericht zu liefern, nicht in die Tat umgesetzt. Erst nach anderthalbjähriger Haft hatte er den Delinquenten soweit ›weichgekocht‹, daß er die Strafe akzeptierte. Die Ratsbeschlüsse geben im übrigen Aufschluß über weitere Gesinnungswandlungen der Ratsherren in der Zwischenzeit: Während es im April 1517 hieß, Heinrich sollte freigelassen werden und eine Bußwallfahrt nach Einsiedeln antreten, so wurde im September beschlossen, er müsse den Schandmantel tragen oder anderenfalls aus der Stadt verbannt werden.[36] Das Delikt

34 HAStK Verf. u. Verw. G 204, fol. 133r.

35 Vgl zum Folgenden Gerd Schwerhoff, »Blasphemie vor den Schranken der städtischen Justiz. Basel, Köln und Nürnberg im Vergleich (14.–17. Jh.)«, in: *Ius Commune. Zeitschrift für Europäische Rechtsgeschichte* 25 (1998) S. 39–120, hier vor allem S. 72 f.

36 Beschlüsse (s. Anm. 13), Bd. 2, 1517 / 200, 433.

selbst, die ungewöhnlichen Schwüre und Flüche, wird im Eintrag nicht näher erläutert. Aus einer Fülle von Kriminalquellen läßt sich aber erschließen, wie sehr das Schwören und Verfluchen – etwa bei Gottes Kopf und Bauch, bei seinen Marterwunden oder seinen Sakramenten – zum alltäglichen Sprachhabitus gehörte. Was Kirche und Obrigkeit als Blasphemie brandmarkten, gehörte für die damaligen Menschen zum normalen Drohrepertoire in Konfliktsituationen. Nur wenn es sich um sehr grobe und provokante Äußerungen handelte, wurden sie strafrechtlich sanktioniert – im Untersuchungszeitraum betraf das nur drei Personen. Für eine Geschichtswissenschaft, die an der Erforschung des Zusammenhangs von Religion und Alltag interessiert ist, eröffnet der Blick durch das Schlüsselloch der Gerichtsakten aber wichtige Perspektiven.

Unter die Verbaldelikte wurden weiterhin jene Fälle von *Beleidigung der Obrigkeit* eingereiht, die am Beispiel des Frank van Elner erläutert werden können. Ins Fadenkreuz der Justiz war Frank ursprünglich wegen ungebührlichen Verhaltens gegenüber seiner Ehefrau und weiterer, nicht näher erläuterter Schmähworte gekommen; man darf davon ausgehen, daß diese sich gegen Vertreter des Rates gerichtet hatten – vielleicht eine Reaktion auf den Versuch, den Konflikt im Hause Elner gütlich zu regeln. Als Kölner Bürger hatte der Delinquent das Privileg, zunächst bei seinem Bürgereid zum Turmgang aufgefordert und nicht etwa von den Polizeidienern verhaftet zu werden. Er hatte es aber vorgezogen, auf die geistliche Freiheit des Damenstiftes Maria im Kapitol zu entweichen, wo der Kölner Rat keine Exekutivgewalt beanspruchen durfte. Dort besuchte ihn Johannes von Kruft und stieß kräftige Drohworte gegen Mitglieder der Kölner Führungsschicht aus, und dort suchte ihn auch jene Verhörkommission auf, die von Frank und anderen Zeugen Kundschaft über die Schmähung einholte. Aussagebereitschaft und Kooperationswilligkeit des Frank van Elner machten sich bezahlt. Zwar mußte er den Turmgang nachholen, doch war wohl durch die vorausgegangenen Verhandlungen sichergestellt, daß ihm sein Vergehen – wiederum durch Fürbitten seiner Freunde – fürs erste verziehen sein sollte. Sollte er sich eines erneuten Vergehens schuldig machen, so hieß es in diesem Zusammenhang, würde er sich jedoch auch für die alten Schmähworte verantworten müssen. Wirklich muß sich Frank, offenbar ein notorischer Querulant, schon im November desselben Jahres vor dem Kölner Rat wegen angeblicher Steuerhinterziehung verantworten.[37] Und zum Jahr 1520 finden wir den Namen Frank van Elner erneut im Buch der Übeltäter. Diesmal wird er ausdrücklich beleidigender Äußerungen gegenüber dem Rentmeister (städtischen Finanzminister) Conrad von Schurenfeltz bezichtigt. Der Rat machte jedoch seine alten Drohungen nicht wahr: Zwar soll Frank auf dem Gereonsturm in Dunkelhaft bei Wasser und Brot seine Vergehen büßen, darf dann aber schließlich doch vor dem Rat um Verzeihung bitten und seine Worte zurücknehmen; die Fürbitte seiner Parteigänger hatte erneut Erfolg.[38] Das Beispiel zeigt durchaus typisch die Inkonsequenz bzw. positiv gewendet: die Geduld des Rates im Umgang gerade mit politischer Delinquenz. Gerade in den 1510er Jahren hatten Schmähreden gegen die herrschende Klasse in Köln Konjunktur. 1512/13 hatte eine innerstädtische Unruhe das Gemeinwesen erschüttert, die mit der Hinrichtung führender Politiker und der Ausweitung der gemeindlichen Partizipationsrechte endete.[39] An den oligarchischen Machtstrukturen änderte sich dadurch kaum etwas: Der reiche Conrad von Schurenfeltz war schon eng

37 Ebd., 1516 / 637.

38 HAStK Verf. u. Verw. G. 204, fol. 43v; Beschlüsse (s. Anm. 13), Bd. 2, 1520 / 36, 62.

39 Vgl. Clemens von Looz-Corswarem, »Unruhen und Stadtverfassung in Köln an der Wende vom 15. zum 16. Jh.«, in: Wilfried Ehbrecht (Hrsg.), *Städtische Führungsgruppen und Gemeinde in der werdenden Neuzeit*, Köln/Wien 1980, S. 53–97.

mit den gestürzten Politikern verbunden gewesen und hatte seinen Kopf gerade rechtzeitig aus der Schlinge gezogen. Daß gerade er jetzt zur Zielscheibe der Kritik wurde, verwundert nicht. Die Erinnerung an die gerade einige Jahre zurückliegende Unruhe ließ den Rat vorsichtig reagieren. Es kam nicht zu einer konsequenten Kriminalisierung der doch recht vehement vorgetragenen Kritik.

Ohne eine Kenntnis dieses hier nur kurz skizzierten historischen Hintergrundes wäre eine Dechiffrierung der Äußerungen der Zeugen im vorliegenden Text nur schwer möglich. In der Version Frank van Elners erschöpfte sich die Schmährede Johann Kruffts in äußerst metaphorischen Anspielungen und vermied jegliche konkrete Namensnennung. Daß ›unsere liebe Frau‹, also die Gottesmutter Maria, einstmals geholfen habe und nun erneut die Gegner schänden werde, bezieht sich wohl auf den Beginn der Unruhen im Jahr 1512, die durch die widerrechtliche Verhaftung einiger Steinmetzen durch den Rat in der Immunität des Marienstiftes ausgelöst wurden – Frank van Elner hatte sich also ein symbolisch äußerst aussagekräftiges Asyl für seine Flucht gewählt! Daß es sich bei der Rute, die Johann Krufft »gestutzt« haben will, um einen Menschen handelt, erschließt sich durch die anschließende Drohung, sie an die vier Orte der Stadt zu setzen, d. h. den Betreffenden als Hochverräter zu vierteilen und seine Körperteile auf der Stadtmauer ausstellen zu lassen. Daß ein einflußreiches Mitglied der Kölner Führungselite gemeint sein muß, geht erst aus der Erwähnung seiner einflußreichen Verwandten hervor, über deren Behandlung Johann und seine Gesinnungsgenossen noch unschlüssig sind. Erst der Zeuge Johann Offermann, der Küster von St. Maria im Kapitol, nennt dann Conradt von Schurenfeltz als Geschmähten beim Namen. Es spricht einiges dafür, daß es nicht Johann van Kruft war, der vorsichtig jede Namensnennung vermied, sondern daß Frank van Elner nachträglich dessen Rede unkenntlich zu machen suchte – ein Indiz, daß Johann van Kruft nicht zufällig zu ihm gekommen war und daß der Zeuge selbst zu jenem Kreis von unzufriedenen Männern gehörte, die über eine erneute Revolte gegen den Rat nachdachten.[40] So kann der Vergleich zwischen den Aussagen verschiedener Zeugen und der Nachweis von Unterschieden oder sogar Widersprüchen auch für den Historiker aufschlußreich sein. Nimmt man die Reden der Delinquenten und die Reaktion der Obrigkeiten zusammen, so ergeben sich zahlreiche Hinweise auf die politische Kultur der vormodernen Stadt.[41]

Schließlich der unscheinbare Eintrag über die der Zauberei bezichtigte Jenne. Damit haben wir einen kleinen Zipfel jener Geschichte der Hexenverfolgung und Magiebekämpfung vor uns, die in den letzten Jahren aufgrund des intensiven Studiums der Gerichtsakten neu geschrieben worden ist. Weder zahlenmäßig noch von der Sache her spielt der Deliktbereich ›*Magie*‹ in Köln am Beginn des 16. Jahrhunderts eine herausragende Rolle. Die Meldung im *Liber Malefactorum* macht mindestens dreierlei klar. Erstens ist von Zauberei und nicht von Hexerei die Rede; es geht also konkret um den Vorwurf der magischen Schädigung, nicht um einen vermuteten Bund mit dem Teufel oder um den Besuch des Hexensabbat wie zur Hochzeit der Verfolgungen im Reich seit etwa 1560. Zweitens handelt es sich bei Jenne um eine Bäuerin, wenngleich Bezichtigungen in Düren sowie in Köln vorliegen; noch ist der Zaubereivorwurf offenbar ein Import vom Land. Und drittens wird die Frau zwar an das Hochgericht überstellt, jedoch liegen Informationen über Sanktionen nicht vor; wahrscheinlich wurde sie aus

40 Auch die Verhaftung von Thomas Koeseler, der schließlich vor dem Rat mit einem Fußfall Abbitte leisten mußte, gehörte in diesen Zusammenhang hinein, vgl. HAStK Verf. u. Verw. G. 204, fol. 201r und Beschlüsse (wie Anm. 13) Bd. 2, 1516 / 504, 547, 623.

41 Ähnliches gilt natürlich in anderem Kontext für die ländliche Gesellschaft, vgl. z. B. Silke Göttsch, *»Alle für einen Mann ...«: Leibeigene und Widerständigkeit in Schleswig-Holstein im 18. Jahrhundert*, Neumünster 1991.

Mangel an Beweisen freigesprochen. Das Hochgericht folgte dabei offenbar einer ›konservativen‹ rechtlichen Bewertung, nach der es sich bei magischen Delikten um eine schwer zu beweisende Materie handelte; der Rechtsgrundsatz »Im Zweifel für die Angeklagte«, hier noch beherzigt, trat später hinter die Maxime einer unbarmherzigen Verfolgung und Ausrottung der teuflischen Hexensekte zurück. Die in späterer Zeit produzierten Gerichtsakten sind ungleich reichhaltiger als die Kölner Notiz. So werden die dicken Prozeßakten, wie sie etwa die Lemgoer Verfolgungsmaschinerie hinterlassen hat, von der Forschung genutzt, um die sozialen Beziehungen zwischen den beteiligten Akteuren auszuleuchten, um die informellen Mechanismen der sozialen Kontrolle zu rekonstruieren oder um Selbstbild und Weltdeutung von Richtern und Angeklagten zu erforschen.[42] Wenn auch durch ein kleines und zudem verzerrendes Schlüsselloch, so eröffnen Gerichtsakten der historischen Forschung tiefe Einblicke in Kultur und Gesellschaft der Vergangenheit.

42 Z. B. Ursula Bender-Wittmann, »Hexenprozesse in Lemgo 1628–1637. Eine sozialgeschichtliche Analyse«, in: *Der Weserraum zwischen 1500 und 1650. Gesellschaft, Wirtschaft und Kultur in der Frühen Neuzeit*, Marburg 1993, S. 235–266; U. Bender-Wittmann, »Hexenglaube als Lebensphilosophie. Informeller Hexereidiskurs und nachbarschaftliche Hexereikontrolle in Lemgo 1628–1637«, in: Wilbertz [u. a.] (s. Anm. 23) S. 107–135.

Literaturhinweise

Forschungsberichte

Blasius, Dirk: Kriminologie und Geschichtswissenschaft. Bilanz und Perspektiven interdisziplinärer Forschung. In: Geschichte und Gesellschaft 14 (1988) S. 136–149.

Eibach, Joachim: Kriminalitätsgeschichte zwischen Sozialgeschichte und Historischer Kulturforschung. In: Historische Zeitschrift 263 (1996) S. 681–715.

Schwerhoff, Gerd: Aktenkundig und gerichtsnotorisch. Einführung in die historische Kriminalitätsforschung. Tübingen 1999.

Zentrale Sammelbände

Blauert, Andreas / Schwerhoff, Gerd (Hrsg.): Mit den Waffen der Justiz. Zur Kriminalitätsgeschichte des späten Mittelalters und der frühen Neuzeit. Frankfurt a. M. 1993.

– / – (Hrsg.): Kriminalitätsgeschichte. Beiträge zur Sozial- und Kulturgeschichte der Vormoderne. Konstanz 2000.

Dülmen, Richard van (Hrsg.): Verbrechen, Strafen und soziale Kontrolle. Frankfurt a. M. 1990.

Reif, Heinz (Hrsg.): Räuber, Volk und Obrigkeit. Studien zur Geschichte der Kriminalität in Deutschland seit dem 18. Jahrhundert. Frankfurt a. M. 1984.

Rippmann, Dorothea / Simon-Muscheid, Katharina / Simon, Christian: Arbeit, Liebe, Streit. Texte zur Geschichte des Geschlechterverhältnisses und des Alltags, 15. bis 18. Jahrhundert. Liestal 1996.

Schlosser, Hans / Willoweit, Dietmar (Hrsg.): Neue Wege strafrechtsgeschichtlicher Forschung. Köln 1999.

Schulze, Winfried (Hrsg.): Ego-Dokumente. Annäherungen an den Menschen in der Geschichte. Berlin 1996.

Ulbricht, Otto (Hrsg.): Von Huren und Rabenmüttern. Weibliche Kriminalität in der Frühen Neuzeit. Köln 1995.

Willoweit, Dietmar (Hrsg.): Die Entstehung des öffentlichen Strafrechts. Bestandsaufnahme eines europäischen Forschungsproblems. Köln 1999.

Weiterführende Monographien

Spätmittelalter und Frühe Neuzeit

Behringer, Wolfgang: Hexenverfolgung in Bayern. Volksmagie, Glaubenseifer und Staatsräson in der Frühen Neuzeit. München 1987.

Blauert, Andreas: Sackgreifer und Beutelschneider. Die Diebesbande der Alten Lisel, ihre Streifzüge um den Bodensee und ihr Prozeß 1732. Konstanz 1993.

Burghartz, Susanna: Leib, Ehre und Gut. Delinquenz in Zürich Ende des 14. Jahrhunderts. Zürich 1990.

Danker, Uwe: Räuberbanden im Alten Reich um 1700. Ein Beitrag zur Geschichte von Herrschaft und Kriminalität in der Frühen Neuzeit. Frankfurt a. M. 1988.

Frank, Michael: Dörfliche Gesellschaft und Kriminalität. Das Fallbeispiel Lippe 1650–1800. Paderborn 1995.

Gleixner, Ulrike: »Das Mensch« und »der Kerl«. Die Konstruktion von Geschlecht in Unzuchtsverfahren der Frühen Neuzeit (1700–1760). Frankfurt a. M. 1994.

Labouvie, Eva: Zauberei und Hexenwerk. Ländlicher Hexenglaube in der frühen Neuzeit. Frankfurt a. M. 1993.

Nowosadtko, Jutta: Scharfrichter und Abdecker. Der Alltag zweier »unehrlicher Berufe« in der Frühen Neuzeit. Paderborn 1994.

Rublack, Ulinka: Magd, Metz' oder Mörderin. Frauen vor frühneuzeitlichen Gerichten. Frankfurt a. M. 1998.

Rummel, Walter: Bauern, Herren und Hexen. Studien zur Sozialgeschichte sponheimischer und kurtrierischer Hexenprozesse 1574–1664. Göttingen 1991.

Schmidt, Heinrich R.: Dorf und Religion. Reformierte Sittenzucht in Berner Landgemeinden der Frühen Neuzeit. Stuttgart 1995.

Schnabel-Schüle, Helga: Überwachen und Strafen im Territorialstaat. Bedingungen und Auswirkungen strafrechtlicher Sanktionen im frühneuzeitlichen Württemberg. Köln 1997.

Schuster, Peter: Eine Stadt vor Gericht. Recht und Alltag im spätmittelalterlichen Konstanz. Paderborn 1999.

Schwerhoff, Gerd: Köln im Kreuzverhör. Kriminalität, Herrschaft und Gesellschaft in einer frühneuzeitlichen Stadt. Bonn/Berlin 1991.

Spicker-Beck, Monika: Räuber, Mordbrenner, umschweifendes Gesind. Zur Kriminalität im 16. Jahrhundert. Freiburg i. Br. 1995.

Ulbricht, Otto: Kindsmord und Aufklärung in Deutschland. München 1990.
Walz, Rainer: Hexenglaube und magische Kommunikation im Dorf der frühen Neuzeit: die Verfolgungen in der Grafschaft Lippe. Paderborn 1993.

19. und 20. Jahrhundert

Blasius, Dirk: Kriminalität und Alltag. Zur Konfliktgeschichte des Alltagslebens im 19. Jahrhundert. Göttingen 1978.
Evans, Richard J.: Szenen aus der deutschen Unterwelt. Verbrechen und Strafe 1800–1914. Reinbek 1997.
Johnson, Eric A.: Urbanisation and Crime: Germany 1871–1914. New York / Melbourne 1995.
Kienitz, Sabine: Sexualität, Macht und Moral. Prostitution und Geschlechterbeziehungen Anfang des 19. Jahrhunderts in Württemberg. Berlin 1995.
Leuenberger, Martin: Mitgegangen – mitgehangen: »Jugendkriminalität« in Basel 1873–1893. Zürich 1989.
Roth, Andreas: Kriminalitätsbekämpfung in deutschen Großstädten 1850–1914. Ein Beitrag zur Geschichte des strafrechtlichen Ermittlungsverfahrens. Berlin 1997.
Schulte, Regina: Das Dorf im Verhör. Brandstifter, Kindsmörderinnen und Wilderer vor den Schranken des bürgerlichen Gerichts. Oberbayern 1848–1910. Reinbek bei Hamburg 1989.

Visitationsprotokolle und andere Quellen zur Frömmigkeitsgeschichte

Von Peter Thaddäus Lang

Visitation, von lateinisch *visitare* ›besuchen‹, meint den Kontrollbesuch einer übergeordneten Kirchenbehörde in einer Pfarrgemeinde.[1] Schon für die Mitte des 4. Jahrhunderts sind die frühesten Visitationen bezeugt: Die Position der Bischöfe hatte sich um diese Zeit so weit gefestigt und entwickelt, daß sie Aufsichtsfunktionen wahrnehmen konnten – und wohl auch mußten, nachdem sich das Christentum in der antiken Welt flächendeckend ausgebreitet hatte. So haben Bischöfe und Metropoliten der lateinischen und griechischen Kirche wie zum Beispiel Athanasius, Gregor von Nyssa oder Augustinus von Hippo im ausgehenden Altertum ihre Gemeinden visitiert; die Synode von Laodikea (380) machte den regelmäßigen Besuch der Landgemeinden zur Pflicht; die Synode von Tarragona (516) nannte die bischöfliche Visitation bereits eine alte Übung. Im Frühmittelalter führte die enge Verbindung zwischen Kirche und Staat, zwischen den Päpsten und den fränkischen Königen dazu, daß die geistliche und die weltliche Gewalt eng zusammengingen und sich gegenseitig stützten, so auch auf dem Gebiet des Visitationswesens. Weltliche Gesetze – die Kapitularien der karolingischen Zeit – regulierten durchweg auch kirchliche Angelegenheiten. Aus der bischöflichen Visitation entwickelte sich das Synodal- oder Sendgericht, das in kaiserlichem Auftrag sowohl weltliche als auch kirchliche Angelegenheiten behandelte. Mit anderen Worten: Dieses Gericht urteilte über einfache Bauern in

1 Dieser historische Abriß folgt Ernst Walter Zeeden [u. a.] (Hrsg.), *Repertorium der Kirchenvisitationsakten aus dem 16. und 17. Jahrhundert in Archiven der Bundesrepublik Deutschland*, Bd. 1: *Hessen*, Stuttgart 1982, S. 9f.

gleicher Weise wie über die Pfarrer. Dadurch gerieten freilich die Vergehen der Priester allzu sehr an das Licht der Öffentlichkeit, was dem Ansehen des geistlichen Standes nicht sehr zuträglich war. Deswegen wurde in spätkarolingischer Zeit für die Kleriker wieder ein gesondertes Visitationsverfahren eingeführt. Aus dem 906 abgefaßten Visitationshandbuch des Regino von Prüm geht hervor, daß der Ausgliederungsvorgang wohl gegen Ende des 9. Jahrhunderts seinen Abschluß gefunden hatte.

Seit dem 12. Jahrhundert bis ins ausgehende Mittelalter ergingen in großer Zahl päpstliche Verordnungen wie auch Konzils- und Synodalbeschlüsse, die sich mit der Handhabung der Visitation beschäftigten. Sie blieben jedoch im Ganzen ohne Wirkung: Die Klerikervisitation verfiel und die Sendgerichtsbarkeit desgleichen. Die spätmittelalterliche Entwicklung der Kirche lief darauf hinaus, die Amtsgewalt der Bischöfe auszuhöhlen und streckenweise unwirksam zu machen. Ein stattliches Bündel von Exemtionen, Privilegien und konkordatähnlichen Verträgen entzog zahllose geistliche Korporationen und Institute der bischöflichen Amtsgewalt und konzedierte den Inhabern weltlicher Hoheitsrechte kirchliche Kontrollfunktionen. Ein solchergestalt in seiner Amtsausübung behinderter Bischof vermochte in seiner Diözese nicht wirkungsvoll zu visitieren – selbst wenn er es ernsthaft gewollt hätte. Aber auch am ernsten Willen fehlte es vielfach, vor allem deshalb, weil die Oberhirten als Territorialherren stark von weltlichen Aufgaben in Anspruch genommen waren. Sie delegierten deshalb ihre geistlichen Aufgaben oftmals an untergeordnete Amtsträger – an Äbte, Pröpste oder auch an Archidiakone. Die Visitation verlor darüber weitgehend ihren Charakter als Disziplinierungsinstrument. Sofern sie überhaupt noch stattfand, so geschah es nicht unter pastoralen, sondern vornehmlich unter fiskalischen Gesichtspunkten. Nicht die Amts- und Lebensführung des Pfarrklerus war also hier von Interesse, sondern deren Steuerkraft.

Erst die durch Martin Luthers Thesen-Veröffentlichung in Gang gekommene reformatorische Bewegung erweckte das Visitationswesen zu neuem Leben. Nach dem Vorbild der ersten großen kursächsischen Visitation von 1528, für die der große evangelische Theologe Philipp Melanchthon den Leitfaden und Martin Luther selbst die Vorrede geschrieben hatten, bedienten sich viele evangelische Reichsstädte und Territorialfürsten der Kirchenvisitation als eines Instruments, um das Kirchenwesen unter ihrer eigenen Herrschaft neu einzurichten. In der alten Kirche setzte das Konzil von Trient neue Maßstäbe und schrieb den Bischöfen regelmäßiges Visitieren vor. Die Konzilsväter ebneten ihnen den Weg hierfür, indem sie deren Rechtsstellung mit Nachdruck stärkten, so daß die Oberhirten ihr Visitationsrecht gegenüber behindernden Gewalten besser durchsetzen konnten.

Freilich können Visitationen nur dann von nachhaltiger Wirkung sein, wenn sie auf der Grundlage einer gut funktionierenden Bürokratie abgewickelt werden.[2] Darüber hinaus sind erstere selbst in hohem Maße Manifestation und Ausfluß eines administrativen Apparats. Bekanntlich bauten die Landesherren seit dem späteren Mittelalter die Verwaltung ihrer Territorien aus; sie ließen immer häufiger vordem nur mündlich tradierte Rechtstitel aufschreiben – etwa in Form von Grundbüchern und Weistümern; sie erließen für ihre Untertanen eine zunehmende Flut von Gesetzen und Verordnungen, die immer weitere Lebensbereiche umfaßten; sie suchten ihre Ländereien in klar abgegrenzte und überschaubare Verwaltungsbezirke zu gliedern.

Um die Arbeit nachgeordneter Behörden zu überwachen, wurden eigene Kontrollinstanzen geschaffen. In protestantischen Territorien entsprach die Überwachung in ihrem formalen Ablauf häufig den Kontrollen im kirchlichen

2 Im folgenden beziehe ich mich auf Peter Thaddäus Lang, »Die Bedeutung der Kirchenvisitationsakten für die Geschichte der Frühen Neuzeit«, in: *Rottenburger Jahrbuch für Kirchengeschichte* 1 (1982) S. 207–212.

Bereich; die Kompetenzen waren ohnehin nicht deutlich voneinander gesondert, und bisweilen wurden beide Sphären zusammen in einem einzigen Durchgang inspiziert. Die Bischöfe der alten Kirche hatten ebenfalls Anteil an diesem Bürokratisierungsprozeß. Ihren weltlichen Verwaltungsapparat konnten sie allerdings nur dort zur Durchsetzung kirchlicher Belange verwenden, wo sich weltlicher und geistlicher Herrschaftsbereich deckten. Andererseits wurde die Papstkirche auch sonst ganz allgemein von einer zunehmenden Bürokratisierung erfaßt. Das kanonische Recht bildete dazu die Grundlage und das Trienter Konzil beschleunigte diesen Vorgang.

Für die Visitation stand nun ein pflichteifrigeres, weitgehend unparteiisches, kaum noch bestechliches und vor allem besser geschultes Personal bereit. Die gründliche Durchsicht der beim Visitieren angefertigten Akten durch übergeordnete Behörden führte nun zu einer angemessenen Auswertung; Rechtsprechung und Finanzwesen der Bistümer und der werdenden Staaten waren auf eine reibungslose Behebung der festgestellten Mängel bedacht.

Das durch die Bürokratisierung erst richtig wirksam gewordene Kontrollinstrument der Visitation festigte nicht nur das Kirchenwesen, sondern vergrößerte dadurch gleichzeitig Macht und Autorität dessen, der an der Spitze dieses Kirchenwesens stand. Durch die Visitation manifestiert sich außerdem der Territorialstaat: Hoheitsrechte hat man dort, wo man visitiert. Oder zugespitzt ausgedrückt: Wer visitiert, regiert. Das gilt natürlich zuvörderst für protestantische Territorialherren. Sie visitierten vor allem jene Gebiete fleißig, in denen ihre Herrschaft nicht sehr gefestigt war oder wo sie von anderer Seite angefochten wurde, so etwa im Bereich der nassauischen oder hohenlohischen Grafschaften. Dort ließen Erbteilungen die Herrschaftsverhältnisse gelegentlich unklar werden.

Aber auch im katholischen Raum kommt dieser Gesichtspunkt zum Tragen; nicht umsonst wehrten sich zahllose Äbte, Pröpste und Ordensritter gegen die bischöfliche Visitation ihres Gebiets. Die kleineren weltlichen Potentaten katholischen Glaubens respektierten das bischöfliche Visitationsrecht zuallermeist; die größeren unter ihnen – namentlich Bayern und Österreich – konnten dagegen den auf ihrem Gebiet amtierenden Bischöfen ihren Willen aufzwingen, wenn sie es für nötig hielten.

Die frühmodernen Staatsgebilde waren also zum einen bestrebt, die Objekte der Verwaltung zu vereinheitlichen, weil Gleichförmigkeit eine größere Übersichtlichkeit bewirkt und die Verwaltung einfacher und wirksamer werden läßt. Zum andern trachteten sie danach (wie schon erwähnt), immer weitere Lebensbereiche unter ihre Kontrolle zu bringen, um dadurch ihre Macht zu vergrößern. Beide Tendenzen führten in der Praxis dazu, daß Formen lokalen Brauchtums überall zurechtgestutzt, umgemodelt oder auch gänzlich verboten wurden.

Davon war die bäuerliche Volkskultur entscheidend betroffen. Sie steuerte Lebensbereiche, die fortan der werdende Staat zu kontrollieren sich anschickte, wie etwa das Gesundheitswesen oder die dörfliche Selbstverwaltung. Da diese Kultur ihrem Wesen nach einer magischen Vorstellungswelt verhaftet war (was vor allem die kultische Sphäre betraf), sahen auch die Konfessionskirchen darauf, solches abzustellen. Staat und Kirche erklärten nun manches Brauchtum zur Unsitte und manche Einstellung zum Aberglauben. Wo sich die Träger der Volkskultur dem entgegenstellten, wurden sie lächerlich gemacht oder zu Verbrechern abgestempelt. Die fast ausschließlich auf mündlicher Tradition beruhende Kultur des Volks hinterließ also die meisten Spuren dort, wo sie mit den auf Schriftlichkeit fußenden bürokratischen Apparaten von Kirche und Staat kollidierte. Da die Kirchenvisitation intensiv zum Aufspüren von inkriminierten Erscheinungen der Volkskultur eingesetzt wurde, gehören die Visitationsprotokolle zu den wichtigsten Quellen zu deren Erforschung.

Was nun die konkrete Abwicklung einer Visitation anbetrifft, so ist grundsätzlich zu unterscheiden zwischen der Mittelpunktvisitation und der Visitationsreise.[3] Bei der Mittelpunktvisitation werden alle Geistlichen eines bestimmten Gebiets an einem Ort zusammengerufen und dort von den Visitatoren befragt. Dieser Visitationstyp ist für die Visitatoren außerordentlich bequem, da sie sich nicht den Strapazen einer Reise unterziehen müssen. Ansonsten bringt eine solche Vorgehensweise nur Nachteile mit sich. Zum einen können die Aussagen der Pfarrer nicht durch den Augenschein überprüft werden; zum andern haben die Geistlichen nun ihrerseits lange Anmarschwege in Kauf zu nehmen (sofern es sich um ein größeres Territorium oder ein ganzes Bistum handelt) – Kleriker, die zur Visitation nicht erschienen, führten dies regelmäßig zu ihrer Entschuldigung an.

Trotzdem findet sich dieser Visitationstyp recht häufig. Das Problem der langen Anmarschwege wird gelöst, indem man den Klerus eines kleineren Bezirks zusammenruft (z. B. Landkapitel bzw. Ämter oder Superintendenzen). Außerdem werden bei dieser Visitation vornehmlich solche Fragen gestellt, die auch ohne die Anwesenheit des Visitators in der Pfarrei verhältnismäßig zuverlässige Informationen versprechen: Fragen etwa nach den theologischen Kenntnissen oder nach der dogmatischen Ausrichtung. Dieses Visitationstyps bediente man sich beispielsweise bei einigen der frühen Visitationen im Bistum Konstanz oder bei der Einführung der Reformation in der Grafschaft Hohenlohe. Auch die evangelischen Synoden und Klassenkonvente wie auch die jährlichen Zusammenkünfte eines Landkapitels können in funktionaler Hinsicht als Mittelpunktvisitation gelten, obwohl sie kirchenrechtlich meist einer anderen Nomenklatur unterworfen sind.

3 Peter Thaddäus Lang, »Die Kirchenvisitationsakten des 16. Jahrhunderts und ihr Quellenwert«, in: *Rottenburger Jahrbuch für Kirchengeschichte* 5 (1987) S. 133–153, hier S. 134 f.

Viele Bereiche des Niederkirchenwesens lassen sich jedoch bedeutend wirksamer überprüfen, wenn sich der kirchliche Kontrolleur auf einer Visitationsreise persönlich ein Bild vom Zustand der Pfarreien verschafft. Trotzdem wird er manches auch nur durch Hörensagen in Erfahrung bringen können. Wenn er beispielsweise wissen will, wie sich die Gemeinde an gottesdienstlichen Veranstaltungen beteiligt, so ist er auf die Auskunft des Pfarrers angewiesen. Sofern es sich um regelmäßige oder um angekündigte Visitationen handelt, können sich die Visitierten sorgfältig auf die anstehende Kontrolle vorbereiten. Dann aber erhält der Visitator ein überaus positives Bild, das jedoch nicht unbedingt mit der Alltagswirklichkeit übereinstimmt. Selbstverständlich kannten die Visitatoren diese Schwachstellen des Verfahrens schon immer. Sie suchten dem zum Beispiel dadurch entgegenzuwirken, indem sie verschiedene Personen unter vier Augen übereinander befragten.

Neben der Mittelpunktvisitation und der Visitationsreise findet sich noch eine Mischform aus diesen beiden. Die Visitatoren pflegten nämlich bisweilen an verschiedenen Orten kleinere Gruppen von Pfarrern zusammenzurufen. Aber auch bei einer Visitationsreise sensu proprio kann es vorkommen, daß der Visitator auf den Besuch der einen oder anderen Pfarrei oder Gemeinde verzichtete und die betreffenden Geistlichen in eine von ihm visitierte Nachbarpfarrei zitierte, um sich auf diese Weise beschwerliche Wegstrecken zu ersparen.

Als letzter Visitationstyp wäre die Einzelvisitation zu nennen. Sie richtet sich gezielt auf einzelne problembeladene Personen oder Orte. So fiel beispielsweise 1658 der Pfarrer der württembergischen Gemeinde Holzgerlingen während der Predigt in Ohnmacht. Als er von der Kanzel heruntergeholt worden war, erinnerte sich eine Dienstmagd daran, daß ein Ohnmächtiger wieder zu Sinnen kommen würde, wenn eine Jungfrau ihm in den Hosenlatz griffe, um ihn kräftig am Gemächt zu fassen. Als sie solchermaßen verfuhr, war dies natürlich Anlaß genug für eine Einzelvisitation.[4]

Von den Visitationstypen zu den Visitationsakten. Sie lassen sich ihrer Entstehung nach in drei Gruppen einteilen: Da sind erstens jene Akten, die bei der Vorbereitung einer Visitation zustande kamen, wie juristische und pastorale Traktate zum Thema Kirchenvisitation, Gesetze und Erlasse über die Durchführung, Instruktionen für die Visitatoren, Interrogatorien und Visitationsbefehle. Eine zweite Gruppe bilden alle Akten, die in unmittelbarem Zusammenhang mit einer Visitation entstanden, nämlich die Protokolle. Zu einer dritten Gruppe gehören schließlich die Akten, die im Anschluß an eine Visitation erwuchsen. Dazu gehören neben Visitationsrechnungen, Zusammenfassungen und statistischen Erhebungen vor allem Rügen, Urteile und Rezesse, durch welche die festgestellten Mängel beseitigt werden sollten.

Nicht unerwähnt bleiben dürfen die oft zahlreichen Beiakten: zumeist Kirchenrechnungen, Einkommens- und Abgabenverzeichnisse oder Inventarien der Kirchenausstattung. Gelegentlich finden sich auch Korrespondenzen zwischen dem Veranlasser der Visitation und anderen (geistlichen oder weltlichen) Herrschaftsträgern und Institutionen, die sich in ihren eigenen Rechten eingeschränkt sahen; nicht selten sind Eingaben und Beschwerdeschriften an den Visitator, sei es von Gemeindemitgliedern oder auch von Geistlichen. Seltener hingegen stößt man auf Namenslisten von Personen, die in der einen oder anderen Weise die kirchlichen Normen mißachteten: Leute, die den Sakramenten fernblieben, die gegen das Fastengebot verstießen, die ihre Ehe brachen oder einer anderen Konfession zugehörten.

4 Landeskirchliches Archiv Stuttgart, A I 1658, f. 188ff. Vgl. Peter Thaddäus Lang, »Skandal in Gerlingen. Die Genese eines Tabus«, in: Gerald Maier / Thomas Krazeisen (Hrsg.), *Leben mit der Vergangenheit. Jahrbuch des Heimatgeschichtsvereins für Schönbuch und Gäu e. V.*, Bd. 2, Sindelfingen 2001 [i. Vorb.].

Die vorbereitenden Akten sind stets in allgemeinem Ton gehalten und geben keine Auskunft über die Zustände in einzelnen Orten – bisweilen mit Ausnahme der Instruktionen, wenn sich diese auf vorangegangene Visitationen beziehen und den Visitator auf bestimmte Mängel in einzelnen Pfarreien aufmerksam machen wollen. Die Akten der dritten Gruppe wiederum geben nur Ausschnitte des Visitationsgeschehens wieder; die Mängelverzeichnisse etwa blenden den »Normalzustand« aus und vermitteln deshalb ein stark verzerrtes Bild; sie sind, für sich selbst genommen, »chroniques scandaleuses« im wahrsten Sinn des Worts. Und Schande über alle Historiker, die glauben, sie hätten ein Protokoll vor sich, wenn ihnen ein solches Mängelverzeichnis in die Hände gefallen ist!

Die inhaltlich ergiebigste und aussagekräftigste Aktengruppe bilden ohne Zweifel die Protokolle. Sie lassen sich zumeist leicht an ihrer äußeren Form erkennen. Die Schreiber nennen den visitierten Ort in der Art einer Überschrift (wobei sie im Idealfall auch das Datum angeben) und führen dann die einzelnen Punkte auf, die durch den Fragebogen vorgegeben sind – ganz gewissenhafte Schreiber halten sich dabei sogar an die Reihenfolge der einzelnen Punkte des Fragebogens. Daran anschließend folgt der nächste visitierte Ort mit den zugehörigen Informationen und so fort. Damit ist freilich nur ein Idealtyp beschrieben, denn gerade die frühen Visitationsberichte sind formal recht uneinheitlich. Die Visitatoren hatten es vielfach noch nicht gelernt, sich streng an ihre Fragebögen zu halten. Sie neigten dazu, all jene Dinge überaus genau zu beschreiben, die ihnen besonders auffielen oder die ihnen sehr wichtig erschienen; andere Punkte kamen darüber zu kurz oder wurden völlig vergessen. So kann es sein, daß ein Visitator beispielsweise vom Ort A nur über Glaubensabweichungen berichtet, während ihm der anstößige Lebenswandel des Pfarrers von B eine lange Klage entlockt, wohingegen er in C nichts anderes wahrnimmt als das wohlgebaute Gotteshaus mit seinem prächtigen Altar.

Welche Informationen liefern nun die Visitationsakten speziell für die Frömmigkeitsgeschichte?

Beginnen wir mit den Voraussetzungen, mit der pastoralen Versorgung ganz allgemein: Sofern die Protokolle für jede Pfarrei die Zahl der Gläubigen anführen, können wir statistisch erheben, wie viele Personen jeder Geistliche zu betreuen hat. Es läßt sich ferner eruieren, ob hierbei geographisch bedingte Schwankungen vorliegen. Weiterhin ist die räumliche Ausdehnung einer Pfarrei zu ermitteln, insbesondere im Hinblick auf die Zahl der Filialen. Ein Studium der topographischen Gegebenheiten wird zeigen, wie weit und wie beschwerlich der Weg zur Kirche sein kann. Schreiten wir nun vom Abstrakten zum Konkreten; zunächst zu den Orten der Frömmigkeit, die wir natürlich nur mit den Augen des Visitators sehen können. Wenn dieser auf das Gotteshaus zugeht, kommt er zuerst auf den Friedhof.[5] Und was er dort wahrnimmt, wird sogleich im Protokoll negativ vermerkt: Das Beinhaus schadhaft oder eingefallen, Schutt und Schmutz zwischen den Gräbern, die offenen Gruben nicht mit Brettern abgedeckt, die vorgeschriebene Ruhe gestört durch das Grunzen, Gackern und Meckern des Viehs, das sich hier herumtreibt. Eine Friedhofsmauer war zuallermeist entweder nicht vorhanden oder aber eingefallen; sollte sie einmal ganz ausnahmsweise tatsächlich in gutem Zustand gewesen sein, so war das Tor nicht verschließbar, und das Viehzeug fand trotzdem seinen Weg zu den Begräbnisstätten. All das bereitete den Gläubigen absolut keinen Kummer. Der Tod war in jener Zeit ohnehin allgegenwärtig: Alle paar Jahre grassierte eine Epidemie, von den Säuglingen und Kleinkindern erreichte kaum mehr als jedes zehnte das Erwachsenenalter. Das Sterben hatte damit geradezu den Rang des Alltäglichen und Selbstverständlichen.

5 Vgl. Peter Thaddäus Lang, »›Ein grobes, unbändiges Volk‹. Visitationsberichte und Volksfrömmigkeit«, in: Hansgeorg Molitor / Heribert Smolinsky (Hrsg.), *Volksfrömmigkeit in der Frühen Neuzeit*, Münster 1994, S. 49–64.

Die Kirchengebäude entsprachen in aller Regel genausowenig den Vorstellungen der Kirchenoberen: Der Turm windschief, die Fenster zu klein und in ihrer Zahl zu gering, das Dach schadhaft, weshalb sich Moder und Schimmel im Innenraum verbreitete. Gelegentlich berichten die Protokolle davon, daß einzelne Pfarrer ihre Schweine in der Kirche hielten und sie nur für die Zeit des Gottesdienstes in die Sakristei sperrten. Unter solchen Umständen dürfte der weihevolle Raum wohl wenig nach Weihrauch geduftet haben, und die Kirchenbesucher taten gut daran, beim Gehen auf den Fußboden zu achten. Nicht nur der Schweine wegen, sondern auch angesichts der Unebenheiten. Diese rührten daher, daß das Kircheninnere ein begehrter Begräbnisort war. In der Regel hatten sich nämlich der Adel und die Bessergestellten das Vorrecht gesichert, ihre Toten in der Kirche zu bestatten. Über den Gräbern senkte sich dann das Erdreich, und die Bodenplatten verschoben sich. Ganz zu schweigen von der Geruchsbildung, die mit Verwesungsvorgängen einherzugehen pflegt. Die Feuchtigkeit setzte den liturgischen Gewändern und Büchern gewaltig zu. Doch wo neue Textilien und Bücher angeschafft wurden, da verstummten die Klagen nur für kurze Zeit, denn der Schimmel begann seine Arbeit sofort wieder von neuem. Zudem ließ das Kirchengerät in katholischen Gotteshäusern auf vielfältige Weise zu wünschen übrig. Da war der Tabernakel zerbrochen, im Kelch wimmelte es von Würmern, das Taufbecken zeigte Risse, das Weihwasserbecken enthielt eine unappetitliche, schleimige Brühe, das Ewige Licht war erloschen.

Aber auch in protestantischen Kirchen hatten die Visitatoren in dieser Hinsicht wenig Grund zur Freude. Bilder, Skulpturen und was sonst noch alles auf die Verehrung der Heiligen hinwies, hätte nämlich im Zuge der Reformation alsbald entfernt werden sollen, doch störte sich offensichtlich keiner der neugebackenen Protestanten an deren Vorhandensein. Dieser Zustand sollte jedoch nicht sehr lange anhalten. Seit dem späten 16. Jahrhundert (bei den Protestanten) beziehungsweise seit dem frühen 17. Jahrhundert (bei den Katholiken) bewirkten die Visitationen und die ihnen nachfolgenden Sanktionen eine Angleichung der Zustände an die Vorstellungen der Kirchenleitungen: Größere Fenster wurden in die Mauern gebrochen, in katholischen Kirchen das Gerät pfleglicher behandelt und in eigens hierfür angeschafften Truhen aufbewahrt, in evangelischen Kirchen die Heiligenbilder und Statuen abgeschafft. Während die evangelischen Gotteshäuser also schlichter wurden, machte sich im katholischen Bereich eine neue Ästhetik bemerkbar, die größere Ehrfurcht vor den Heiligen forderte. Deshalb durfte beispielsweise das Pferd des heiligen Martin sein Hinterteil nicht mehr dem Hochaltar zuwenden; deshalb durfte auch der heilige Sebastian nicht zu nackt sein, und die Brüste der heiligen Agathe wurden nicht mehr so lebensnah abgebildet wie ehedem.

Auch sonst veränderte sich der Innenraum der Kirchen: Damit die evangelischen Gotteshäuser die nunmehr größeren Massen der Kirchenbesucher fassen konnten, mußten Emporen eingebaut werden. Auf katholischer Seite hatte man sehr bald schon bemerkt, welch enorme Bedeutung dem gesprochenen Wort bei der Verbreitung der lutherischen Lehre zugekommen war. Aus diesem Grund maß man nun auch in der alten Kirche der Predigt einen wesentlich größeren Wert bei als noch im Spätmittelalter. Allenthalben wurden nun Kanzeln mit Schalldeckeln eingebaut, und wo der Neubau einer Kirche anstand, da achtete man sorgfältig auf die Akustik.

Neben der Kanzel fand im frühen 17. Jahrhundert ein weiterer Ausstattungsgegenstand Eingang in die katholischen Kirchen – der Beichtstuhl. Dieses für die innerkatholische Reform charakteristische Möbelstück geht auf den Mailänder Erzbischof Carlo Borromeo zurück, der damit dem Bußsakrament im Sinne des Konzils von Trient zu neuer Bedeutung verhelfen wollte: Der Beichtende kniet nach der Vorstellung des Mailänder Reformbischofs im Dämmerlicht einer engen, dunklen Kammer und nimmt seinen Beichtvater lediglich durch ein kleines, vergittertes Fenster wahr; der Priester seinerseits ist kaum zu sehen, denn er sitzt selbst – etwas erhöht – im Dunkeln und hält außerdem eine Stola vor das Gesicht. Die hierdurch geschaffene Atmosphäre ist bestens dazu angetan, eine zerknirschte, reuevolle und bußbereite Stimmung zu erzeugen.

Verlassen wir an diesem Punkt die Orte der Frömmigkeit und wenden wir uns den Personen zu, beginnend mit der Geistlichkeit.

Da hatten die Visitatoren ebenfalls wenig Freude, sowohl bei den Predigern der neuen Lehre als auch bei den Klerikern der alten Kirche. Weder bei den einen noch bei den anderen hatte die Vorstellung Fuß gefaßt, der Pfarrer müsse für seine Gemeinde ein Vorbild sein. Dies wirkte sich bei der Lebensführung genau so aus wie bei der Amtsführung, und letztere ist in erster Linie von Belang, wenn es um die Frömmigkeit geht. In ihrem Hang zum Alkohol unterschieden sich die Seelenhirten der beiden Konfessionen in keiner Weise. So vernachlässigte denn mancher seine seelsorgerlichen Aufgaben, weil er lieber im Wirtshaus saß; ja, es ist sogar ein Fall aktenkundig geworden, wo der Pfarrer am Sonntagmorgen seinen Rausch im Straßengraben ausschlief, während die Gemeinde in der Kirche auf den Beginn des Gottesdienstes wartete. Während der Sonntagsgottesdienst aber zumeist doch mit einiger Regelmäßigkeit gehalten wurde, haperte es mit den anderen Aufgaben oftmals noch gewaltig, wie etwa mit dem Katechismusunterricht oder mit dem Führen der Kirchenbücher. Die Pfarrersfrauen sahen ihre Lebensaufgabe noch nicht darin, ihre Gatten im Amt zu unterstützen. Ein Visitationsprotokoll berichtet davon, daß eine von ihnen mitten unter der Sonntagspredigt in die Kirche kam und ihrem Gemahl laut zurief, er solle sich gefälligst kurz fassen, denn sonst werde das Mittagessen kalt.

Schlimm war es überdies um die Bildung der Geistlichen

bestellt. Die Visitatoren prüften die Lateinkenntnisse, indem sie kurzerhand ihre Fragen auf lateinisch stellten. Im katholischen Bereich war das Lateinische als die kultische Sprache schlechthin unabdingbar, aber auch die protestantischen Kirchenbehörden erwarteten dessen Kenntnis von ihren Pfarrern. Die Kontrolleure erkundigten sich außerdem danach, auf welche Weise die Sakramente gespendet wurden und wie die Predigtvorbereitung vonstatten ging. Gelegentlich wohnten sie sogar einem Gottesdienst bei; die Beurteilung der Predigt stand dann häufig im Vordergrund, und das nicht nur bei den Protestanten. Manchmal fragten die Visitatoren auch nach theologischen Lehrsätzen und ließen sich die Bibliothek des Pfarrers zeigen.

Was da so alles zum Vorschein kam, gereichte der Geistlichkeit nicht gerade zum Ruhm. Einige standen mit dem Latein auf dem Kriegsfuß, andere gebrauchten unübliche Riten beim Spenden etwa des Taufsakraments, indem sie die Täuflinge auf der Stirn salbten und nicht auf dem Scheitel. Wieder andere verhaspelten sich beim Sprechen der heiligen Texte dermaßen, daß es die Gläubigen zum Lachen reizte, oder sie sprachen so leise, daß kein Mensch sie verstehen konnte. Schwierigkeiten bereitete zudem immer wieder der Dialekt. Die schwäbischen Kirchgänger beschwerten sich wiederholt über die sächsischen Prediger aus Luthers Umgebung, die man nach Württemberg geholt hatte. Obwohl die Visitatoren an die Bibliothek im Pfarrhaus gewiß keine großen Ansprüche stellten, konnten die Resultate der Kontrollen mehrenteils nicht befriedigen. Wenn einer einmal schon zwölf Bücher vorzuweisen vermochte, dann erklärten die Visitatoren dieses Häuflein Lesestoff bereits zur Bibliothek. Aber ein solches Lob wurde nur wenigen zuteil. Und sofern die geforderte Mindestzahl an Büchern einmal ausnahmsweise gegeben war, dann handelte es sich immer wieder um die falschen Titel, um ketzerische Schriften etwa, um Katechismen aus anderen Territorien oder um Ritualien aus fremden Bistümern.

Zur Ehrenrettung der Geistlichkeit soll indes nicht verschwiegen werden, daß derartige Zustände im protestantischen Bereich schon gegen Ende des Reformationsjahrhunderts zur Seltenheit wurden und bei den Katholiken nach dem Dreißigjährigen Krieg allenthalben zurückgingen.

Wenn nun die Seelenhirten den Normen ihrer kirchlichen Obrigkeit in vieler Hinsicht nicht entsprachen, so gab es an den Gläubigen noch wesentlich mehr auszusetzen. So war den Landleuten der Gottesdienst allemal weniger wichtig als das Einbringen der Feldfrucht, und demnach herrschte zur Erntezeit im Gotteshaus oftmals gähnende Leere. Viele blieben außerdem daheim, wenn ihnen das Wetter zu schlecht erschien und wenn der Weg zur Kirche sich durch Regengüsse in tiefen Morast verwandelt hatte.

Neben schlechter Witterung und den Erfordernissen der Landwirtschaft lauerte im Dorf noch ein weiterer und äußerst populärer Grund, der die Christen vom Kirchgang abhielt: die Kneipe. Innerhalb der ländlichen Gesellschaft bildete sie den weltlichen Gegenpol zur Kirche. Bis weit ins Zeitalter der Reformation hinein verfügte das Wirtshaus eindeutig über die größere Anziehungskraft bei der Bevölkerung, und erst durch die gemeinsamen Anstrengungen von kirchlicher und staatlicher Obrigkeit begann sich das Blatt zugunsten der Kirche zu wenden – zumindest in lutherischen und in reformierten Gegenden. Wo die Kneipe neben dem Gotteshaus lag, konnte der fröhliche Lärm der Zecher das liturgische Geschehen gewaltig beeinträchtigen. Solange aber Bürgermeister, Amtleute, Ratsmitglieder und andere Vertreter der staatlichen Autorität dem Wirtshaus den Vorzug gaben, konnten derartige Bemühungen wenig fruchten.

Wer trotz all dieser Hindernisse zur Kirche kam, der betrat nicht unbedingt sofort das Gotteshaus, sondern blieb zunächst einmal auf dem Kirchhof stehen, um Freunde und Bekannte zu begrüßen und mit ihnen die neuesten Klatschgeschichten auszutauschen. Viele der Kirchgänger waren dann dermaßen in das Tratschen und Ratschen vertieft, daß sie den Gottesdienst darüber vollkommen vergaßen und erst wieder daran erinnert wurden, wenn sich die Frömmeren unter ihnen nach Beendigung des Gottesdienstes wieder zu ihnen gesellten. Wem es indessen noch rechtzeitig gelang, sich von dem angeregten Geplausche loszureißen und doch noch den Weg in das Haus des Herrn zu finden, der ließ es dann des öfteren an der geforderten Andacht fehlen und schwatzte und scherzte dort ungeniert und munter weiter.

Zudem wußten die damaligen Kirchenbesucher noch nichts von der Tugend der Pünktlichkeit: Das Zuspätkommen galt keineswegs als Schande. So herrschte während des Gottesdienstes ein ständiges Kommen und Gehen, denn manche Gläubige zogen es vor, nach Beginn der Predigt das Gotteshaus zu verlassen und erst wieder zurückzukommen, wenn der Pfarrer seinen mitunter recht langweiligen Sermon zu Ende gebracht hatte.

Wie man sieht, zählte die Landbevölkerung den sonntäglichen Kirchgang nicht gerade zu den bedeutsamen Frömmigkeitsübungen. Mit einigen der Sakramente stand es da nicht viel besser, in katholischen Landstrichen jedenfalls. Zum Tisch des Herrn begaben sich die Gläubigen höchstens an Ostern; an den übrigen Sonntagen und Kirchenfesten im Jahreslauf zeigte sich kaum jemand am Abendmahl interessiert. Um das Sakrament der Krankensalbung war es aber noch wesentlich schlechter bestellt, denn es wurde durchweg überhaupt nicht mehr empfangen. In der Bevölkerung herrschte nämlich die Ansicht, wer einmal die Letzte Ölung empfangen habe, der würde nicht mehr lange am Leben bleiben. Deswegen sprachen die Leute auch scherzhafterweise vom »letzten Elend« und vermieden es tunlichst, einen Priester herbeizurufen, wenn jemand im Sterben lag.

Bei der Taufe und bei der Trauung sah es hinwiederum konfessionsübergreifend ganz anders aus: Die Taufe gehörte zu den bedeutenderen gesellschaftlichen Ereignissen im Dorf. Gefeiert wurde mehrere Tage lang, zu Gast war der halbe Ort, und es wurde alles geboten, was Küche und Keller hergaben. Am tollsten aber trieben es die Leute auf dem Land bei den Hochzeiten. Da wurde mindestens eine ganze Woche lang gefeiert, geschlemmt, gezecht, getanzt und gesungen. Bei Leichenschmaus und Kirchweih übten die Landleute kaum weniger Zurückhaltung, und nicht minder hoch ging es an Weihnachten, Ostern und Pfingsten her. Wie die Landpfarrer den Visitatoren berichteten, befand sich bei solchen Gelegenheiten nahezu die gesamte erwachsene Bevölkerung tagelang im Vollrausch, anstatt, wie es den kirchlichen Amtsträgern vorschwebte, der Geburt des Herrn oder seiner Auferstehung zu gedenken oder die Aussendung des heiligen Geistes gebührend zu feiern.

Wallfahrten und Prozessionen waren von den Reformatoren abgeschafft worden. Den Altgläubigen gaben sie jedoch allerhand Gelegenheit, von den kirchlich gesetzten Normen abzuweichen. Wie es scheint, berichten darüber fast ausschließlich die rheinischen Visitationsprotokolle. Nicht selten nämlich endeten die Bittgänge im Wirtshaus, und manchmal führten die Gläubigen das berauschende Naß kurzerhand gleich mit, um sich schon unterwegs eine Stärkung zu verschaffen. Verschiedene Umgänge zogen sich über mehrere Tage und Nächte hin, wobei die Teilnehmer sommers gelegentlich alle zusammen im Freien schliefen. Das Keuschheitsgebot fand unter solchen Umständen eine eher geringe Beachtung, wie die Ortsgeistlichen immer wieder den Visitatoren klagten. Wiederholt wuchsen sich die Prozessionen zu üppig ausgestalteten Festumzügen aus und wurden dadurch den heutigen Faschingsumzügen immer ähnlicher. Bisweilen führte sogar ein Spaßmacher die Prozession an; hie und da schritten auch Fahnenschwenker mit.

Natürlich suchten die Kirchenleitungen, die genannten Auswüchse abzustellen. Sie sahen darauf, daß bei den Prozessionen stets ein Geistlicher zugegen war. Dieser hatte dann jede Art unfrommer Belustigung zu unterbinden. Um weltliche Ausschweifungen bei den Wallfahrten zu verhindern, sollte der begleitende Seelsorger die Wallenden stets vor Sonnenuntergang wieder nach Hause schicken. Wie die Visitationsakten kundtun, gab es seit dem späten 17. Jahrhundert in diesen Punkten keinen Anlaß mehr zur Klage.

Die hier aufgeführten Beispiele zeigen deutlich, daß die Visitationsprotokolle nur Handlungen, nur Verhaltensweisen festhalten können. Sie sagen nichts aus über Einstellungen, sie sagen nichts aus über das, was die Menschen dachten und fühlten. Sucht man nun nach Quellen, um Letzteres herauszufinden, so bieten sich zuallernächst jene Texte an, in denen Zeitgenossen ihre Gedanken und Gefühle festgehalten haben, also Memoiren und Tagebücher (sofern sich diese nicht ausschließlich in Äußerlichkeiten erschöpfen). Solche Quellen sind sicherlich vorhanden; freilich nicht in großer Anzahl und in dünner Streuung, so daß sich die berechtigte Frage stellt, ob ihre Aussagen überhaupt verallgemeinert werden dürfen.[6]

Aber es gibt noch andere Quellen, die Aufschluß geben können über allgemein verbreitete Frömmigkeitsvorstellungen. Gemeint sind Katechismen[7] und Kirchenlieder[8].

6 Eine breit angelegte Auswertung veröffentlichter Selbstzeugnisse für die frühneuzeitliche Kulturgeschichte erfolgte bereits 1968 durch Ernst Walter Zeeden, *Deutsche Kultur in der Frühen Neuzeit*, Frankfurt a. M. 1968. Neuerdings: Emmanuel Le Roy Ladurie, *Le siècle des Platter, 1499–1624*, Tl. 1: *Le mendiant et le professeur*, Paris 1995; Christoph Lumme, *Höllenfleisch und Heiligtum. Der menschliche Körper im Spiegel autobiographischer Texte des 16. Jahrhunderts*, Frankfurt a. M. 1996 (darin S. 132–166 Kurzbiographien und knappe Charakterisierung bekannter und edierter Autobiographien).

7 Historischer Überblick mit weiterführender Literatur: Hans-Jürgen Fraas, »Katechismus I/1«, in: *Theologische Realenzyklopädie*, Bd. 17, Berlin 1988, S. 710–722, sowie Gerhard J. Bellinger, »Katechismus II«, in: ebd., S. 729–736; vgl. weiterhin G. J. Bellinger, *Der Catechismus Romanus und die Reformation. Die katechetische Antwort des Trienter Konzils auf die Haupt-Katechismen der Reformatoren*, Paderborn 1970, Neudr. Hildesheim 1987; sowie Johann Michael Reu, *Martin Luthers Kleiner Katechismus. Die Geschichte seiner Entstehung, seiner Verbreitung und seines Gebrauchs*, München 1929.

8 Wilhelm Bäumker, *Das katholische deutsche Kirchenlied in seinen Singweisen von den frühesten Zeiten bis gegen Ende des 17. Jahrhunderts*, Freiburg i. Br.

Jede der frischgebackenen Konfessionskirchen hat größte Mühe darauf verwendet, der Jugend die wesentlichen Grundsätze der eigenen Glaubenslehre einzubläuen. Daß diesem Unterfangen am Ende des 16. Jahrhunderts noch kein Erfolg beschieden war, konnte für das Luthertum Gerald Strauss überzeugend nachweisen.[9] Eine vergleichbare Studie aus dem katholischen Bereich steht noch aus, aber die oben dargelegten Verhaltensweisen legen die Vermutung nahe, daß die Katechese der Papstkirche genausowenig gefruchtet hat wie die der Lutheraner. Freilich dürfte sich dies nach dem Dreißigjährigen Krieg geändert haben, sobald einerseits die Katecheten besser ausgebildet waren und andererseits die Bevölkerung ihren Widerstand gegen die kirchliche Disziplinierung reduziert hatte.

Die Geschichte des Katechismus beginnt mit Luther, der aus seinen Katechismuspredigten heraus 1529 den *Kleinen Katechismus* veröffentlichte, ein Werk, das die lutherischen Glaubenssätze übersichtlich gegliedert, in leicht verständlicher Sprache und in der Form von Frage und Antwort wiedergibt. Die alte Kirche hatte dem zunächst wenig Wirksa-

1883; F. A. Cunz, *Geschichte des deutschen Kirchenliedes vom 16. Jahrhundert bis auf unsere Zeit*, Leipzig 1885; Paul Dorsch, *Das deutsche evangelische Kirchenlied in Geschichtsbildern*, Stuttgart [2]1932; Markus Jenny, *Geschichte des deutschschweizerischen evangelischen Gesangbuches im 16. Jahrhundert*, Basel 1962; Georg Kempff, *Der Kirchengesang im lutherischen Gottesdienst und seine Erneuerung*, Leipzig 1937, Eduard Emil Koch, *Geschichte des Kirchenlieds und Kirchengesangs der christlichen, insbesondere der deutschen evangelischen Kirche*, 4 Bde., Stuttgart 1852–53, 3. Aufl. vollend. von Richard Lauxmann, 8 Bde., ebd. 1866–76; Wilhelm Nelle, *Geschichte des deutschen evangelischen Kirchenliedes*, Hamburg [2]1909; Ingeborg Röbbelen, *Theologie und Frömmigkeit im deutschen evangelisch-lutherischen Gesangbuch des 17. und 18. Jahrhunderts*, Göttingen 1957; Patrice Veit, *Das Kirchenlied in der Reformation Martin Luthers*, Wiesbaden 1986; Karl Eduard Philipp Wackernagel, *Das deutsche Kirchenlied von Martin Luther bis auf Herman und Ambrosius Blarer*, Stuttgart 1841; Johannes Westphal, *Das evangelische Kirchenlied nach seiner historischen Entwicklung*, Leipzig 1901.

9 *Luther's House of Learning. Indoctrination of the Young in the German Reformation*, Baltimore 1978.

mes entgegenzusetzen; dies gelang erst den Katechismen des Jesuiten Petrus Canisius, die in den Jahren 1559 und 1560 veröffentlicht wurden.

Der Katechismusunterricht fand bei allen Konfessionskirchen zuallermeist am Sonntagnachmittag statt; die Teilnahme war für Kinder, Jugendliche, Mägde und Knechte Pflicht. Der Unterricht selbst bestand weitgehend aus stumpfsinnigem Drill: Die einzelnen Katechismus-Antworten wurden so lange gemeinsam aufgesagt, bis auch der Schwächste sie auswendig hersagen konnte. Ob die Glaubensinhalte auf diesem Wege verinnerlicht worden sind, das mag zu Recht bezweifelt werden.

Ein höherer Grad der Verinnerlichung ist zu erwarten bei den Kirchenliedern. Auch hier kommt Luther eine Vorreiterrolle zu; sein erstes Gesangbuch erschien 1524. Seine Bemühungen inspirierten andere Liederkomponisten und fanden im Volk erheblichen Anklang. Das populäre evangelische Kirchenlied dürfte sicherlich seinen Teil zur raschen Verbreitung reformatorischen Gedankenguts beigetragen haben. Außerdem kam es dem weit verbreiteten Wunsch nach einer größeren Beteiligung der Laien am gottesdienstlichen Geschehen entgegen. Auch diesem hatte die alte Kirche zunächst wenig entgegenzusetzen. Größeren Widerhall fand erst das Gesangbuch des Johann Leisentrit von 1567, der freilich viel evangelisches Liedgut klammheimlich übernommen hatte. Gesungen wurden die Kirchenlieder nicht nur im Gottesdienst; viele von ihnen wurden nachgerade zu Volksliedern.

Es ist keine Frage, daß die Texte über die leicht eingängigen Melodien ihren Weg ins Bewußtsein der Sängerinnen und Sänger fanden. Es steht somit zu vermuten, daß die theologischen Inhalte der Liedtexte in einem mehr oder minder hohen Grad resorbiert wurden – auf jeden Fall geschah dies bei den Liedern wesentlich nachhaltiger als beim Katechismusunterricht, ganz zu schweigen von den Predigten,[10] die gerade im protestantischen Bereich oft stundenlang dauerten und deshalb kaum mit voller Aufmerksamkeit angehört worden sein dürften.

Für das 18. Jahrhundert ist die Quellenlage hinsichtlich der Frömmigkeit eine vollkommen andere. Bei den Protestanten wird nun in großem Stil Erbauungsliteratur produziert und auch fleißig rezipiert – vor allem von den Pietisten.[11] Diese Entwicklung macht sich bei den Katholiken ebenfalls bemerkbar – man denke nur an die überall im katholischen Europa noch bis ins 20. Jahrhundert verbreitete Hauspostille des rheinischen Prämonstratensers Leonhard Goffiné (1648–1719). Dazu kommt noch, daß während dieser Epoche im protestantischen Bereich immer häufiger Tagebücher geschrieben werden[12] – eine tägliche Bilanz über das eigene Tun und Lassen und damit eine schriftliche Gewissenserforschung, gewissermaßen ein Gegenstück zur katholischen Beichte.

Die Visitationsakten dieser Zeit verlieren an Lebendigkeit und werden zunehmend formalistischer. Als Quelle zur Erforschung der Frömmigkeit treten sie nun etwas in den Hintergrund.

10 Daß Predigten durchaus ihren Quellenwert haben können, demonstriert beispielsweise die Arbeit von Monika Hagenmaier, *Predigt und Policey. Der gesellschaftspolitische Diskurs zwischen Kirche und Obrigkeit in Ulm 1614–1639*, Baden-Baden 1989, und neuerdings auch Norbert Haag, *Predigt und Gesellschaft. Die lutherische Orthodoxie in Ulm 1640–1740*, Mainz 1992. – Dort auch weiterführende Literatur. – Inwieweit die Zuhörer das Dargebotene tatsächlich angenommen und auch umgesetzt haben, das muß dahingestellt bleiben.

11 Vgl. Rudolf Mohr, »Erbauungsliteratur«, in: *Theologische Realenzyklopädie*, Bd. 10, Berlin 1982. Dort eine knappe Hinführung zum Thema nebst wichtigster Literatur.

12 Inge Bernheiden, »Die Religion im autobiographischen Schrifttum des 17. Jahrhunderts«, in: Dieter Breuer (Hrsg.), *Religion und Religiosität im Zeitalter des Barock*, Wiesbaden 1995, S. 734–744; Ingo Bertolini, *Studien zur Autobiographie des deutschen Pietismus*, Diss. phil. Wien 1968.

Literaturhinweise

Becker, Thomas Paul: Konfessionalisierung in Kurköln. Untersuchungen zur Durchsetzung der katholischen Reform in den Dekanaten Ahrgau und Bonn anhand von Visitationsprotokollen 1583–1761. Bonn 1989.

Betz-Wischnath, Irmtraud: Die Auswirkungen des Tridentinums im Bistum Konstanz unter besonderer Berücksichtigung des vorderösterreichischen Breisgaus. [i. Vorb.]

Coulet, Noël: Les visites pastorales. Turnhout 1977.

Froeschlé-Chopard, Marie-Hélène: Une définition de la religion populaire à travers les visites pastorales d'Ancien régime. In: DuBosq, Guy / Plongeron, Bernard / Robert, Daniel (Hrsg.): La Religion populaire. Paris 1979. S. 185–192.

Julia, Dominique: La réforme posttridentine en France d'après les procès-verbaux de visites pastorales: ordres et résistances. In: La società religiosa nell' età moderna, Cappacio-Paestum 18–21 maggio 1972. Neapel 1972.

Lang, Peter Thaddäus: Die Bedeutung der Kirchenvisitation für die Geschichte der Frühen Neuzeit. Ein Forschungsbericht. In: Rottenburger Jahrbuch für Kirchengeschichte 3 (1984) S. 207–212.

– »Ein grobes, unbändiges Volk.« Visitationsberichte und Volksfrömmigkeit. In: Molitor, Hansgeorg / Smolinsky, Heribert (Hrsg.), Volksfrömmigkeit in der Frühen Neuzeit. Münster 1994. S. 49–64.

– Die Erforschung der frühneuzeitlichen Kirchenvisitationen. Neuere Veröffentlichungen in Deutschland. In: Rottenburger Jahrbuch für Kirchengeschichte 16 (1997) S. 185–194.
[Die dort aufgeführte Literatur ist zu ergänzen um drei Titel: E. Höltker: Die Bistumsvisitation im Oberstift Münster unter Johann von Hoya in den Jahren 1571–1573. In: Westfälische Zeitschrift 145 (1995) S. 65–108. – Norbert Kandler: Pfarreien und Klerus im Landkapitel Ebern anhand der frühesten Protokolle und Berichte 1528–1578 im Diözesanarchiv Würzburg. In: Würzburger Diözesangeschichtsblätter 55 (1993) S. 179–247. – E. Koch: Dorfpfarrer als Leser. Beobachtungen an Visitationsakten des 18. Jahrhunderts im Herzogtum Sachsen-Gotha-Altenburg. In: Pietismus und Neuzeit 21 (1995) S. 274–298.]

Lang, Peter Thaddäus: Die katholischen Kirchenvisitationen des 18. Jahrhunderts. Der Wandel vom Disziplinierungs- zum Datensammlungsinstrument. In: Römische Quartalschrift 83 (1988) S. 265–295.

– Reform im Wandel. Die katholischen Visitationsinterrogatorien des 16. und 17. Jahrhunderts. In: Ernst Walter Zeeden / Peter Thaddäus Lang (Hrsg.): Kirche und Visitation. Beiträge zur Erforschung des frühneuzeitlichen Visitationswesens in Europa. Stuttgart 1984. S. 131–189.

– Die tridentinische Reform im Landkapitel Ebingen. In: Rottenburger Jahrbuch für Kirchengeschichte 14 (1995) S. 213–238.

– Die tridentinische Reform im Landkapitel Gerolzhofen. Kirchliches Leben im Spiegel der Visitationsberichte 1574–1619. In: Würzburger Diözesan-Geschichtsblätter 52 (1990) S. 243–270.

– Die tridentinische Reform im Landkapitel Mergentheim bis zum Einfall der Schweden 1631. In: Rottenburger Jahrbuch für Kirchengeschichte 1 (1982) S. 143–170.

– Würfel, Wein und Wettersegen. Klerus und Gläubige im Bistum Eichstätt am Vorabend der Reformation. In: Volker Press / Dieter Stievermann (Hrsg.): Martin Luther – Probleme seiner Zeit. Stuttgart 1986. S. 219–243.

Mazzone, Umberto / Turchini, Angelo (Hrsg.): Le visite pastorali. Analisi di una fonte. Bologna 1985.

Meier, Johannes: Die katholische Erneuerung des Würzburger Landkapitels Karlstadt im Spiegel der Landkapitelversammlungen und Pfarreivisitationen 1579–1624. In: Würzburger Diözesan-Geschichtsblätter 33 (1977) S. 51–125.

Nubola, Cecilia / Turchini, Angelo (Hrsg.): Le visite pastorali fra storia sociale e storia religiosa d'Europa: un antico istituto in nuove prospettive, Bologna 1999. [Überblick über den gegenwärtigen Stand der Forschung in Europa.]

Schmidt, Heinrich Richard: Konfessionalisierung im 16. Jahrhundert. 1992.

Tolley, Bruce: Pastors and Parishioners in Württemberg during the Late Reformation 1581–1621. Stanford (Cal.) 1995.

Zeeden, Ernst Walter / Lang, Peter Thaddäus (Hrsg.): Kirche und Visitation. Beiträge zur Erforschung des frühneuzeitlichen Visitationswesens in Europa. Stuttgart 1984.

Zeeden, Ernst Walter / Molitor, Hansgeorg (Hrsg.): Die Visitation im Dienst der kirchlichen Reform. Münster i. W. [2]1977.

Reiseberichte

Von Michael Maurer

Was ein Reisebericht ist, scheint völlig auf der Hand zu liegen und keiner weiteren Reflexion zu bedürfen: Jemand hat sich an einen anderen Ort begeben und schreibt über das, was er gesehen hat. Außer der Ortsveränderung und der Berichtsfunktion ist zunächst kein notwendiges Definitionsmerkmal zu erkennen.

Bei Reiseberichten kann es sich um bloß private Aufzeichnungen handeln, die dem Reisenden als Gedächtnisstütze dienen oder die nach seiner Rückkehr einen Bericht ermöglichen sollen, vielleicht auch in Lebenserinnerungen eingehen, damit in die Autobiographie hinüberspielen. Zweitens gibt es den Fall, daß jemand Reiseberichte sogleich im Blick auf eine Öffentlichkeit schreibt, etwa als Zeitungskorrespondent oder mit der Absicht, ein Buch daraus zu machen. Drittens haben Reiseberichte in vielen Fällen die Nachwelt in unpublizierter Form erreicht und sind dann durch nachträgliche Publikation aus den Archiven bekannt geworden. Im ersten Fall bleiben sie dem Kreislauf des kulturellen Wissens entzogen, im zweiten werden sie direkt eingespeist, im dritten bereichern sie das Wissen der Nachwelt über vergangene Zustände.

Schon diese Anfangsunterscheidung prägt den Text: So wird man z. B. bei eigenen Aufzeichnungen, die man nur für sich privat anstellt, möglicherweise Dinge aufschreiben, die man anderen gar nicht vor Augen bringen wollte. Oder umgekehrt: Bei Berichten, die nur der Stütze des eigenen Gedächtnisses dienen, wird man solche Erläuterungen gleich fortlassen, die man einem Leser geben müßte. Etwa Personen, die dem Schreiber schon bekannt sind, werden hier in ihrer Relation zum Schreiber nicht erläutert. Beim dritten Typ haben wir dann konsequenterweise die Chance, sogar dasjenige schwarz auf weiß zu bekommen, was ein Schreiber von sich aus lieber verschwiegen hätte, andererseits haben wir das Problem, daß geschilderte Zusammenhänge manchmal unverständlich bleiben, weil nötige Informationen fehlen.

Auf die Mischtypen der Überlieferung will ich hier nicht eingehen, sondern nur erwähnen, daß sich nicht alle Reiseberichte klar nach diesen Idealtypen einteilen lassen. Beispielsweise schrieb Lady Mary Wortley Montagu im 18. Jahrhundert Briefe aus Konstantinopel, die zunächst nicht als Buch veröffentlicht werden sollten, aber dadurch, daß sie an berühmte Korrespondenzpartner gerichtet waren, gewissermaßen eine aristokratische Halböffentlichkeit voraussetzen konnten; die Autorin konnte davon ausgehen, daß man ihre Briefe in den Salons vorlesen und weitergeben würde, hatte also doch eine Art von Publikum im Blick, auch wenn es sich um Privatbriefe zu handeln schien.[1] Oder: Es ist der Fall denkbar, daß jemand Reiseberichte mit der Absicht der Publikation verfaßte, dann aber dieses Ziel nicht erreichte, so daß die in einem Archiv aufgefundenen unveröffentlichten Briefe von ihrer Schreibhaltung her zum zweiten Typ gehören, wenn es auch zunächst anders scheint. Oder: Rein private Reiseberichte werden von einem Nachkommen oder späteren Reisenden ediert, so daß letztlich eine zweischichtige Erfahrung (mit Elementen der Erfahrung zweier verschiedener Persönlichkeiten) ans Licht kommt. Oder: Der Reisende hat den Bericht nicht selbst geschrieben, sondern sich eines Schreibers bedient. In diesem Fall wäre zu bedenken, was eventuell auf den Schreiber zurückgehen könnte (Marco Polo!).[2] – In jedem Fall, das können wir festhalten, ist es eine fruchtbare

1 Robert Halsband (Hrsg.), *The Complete Letters of Lady Mary Wortley Montagu*, Bd. 1, Oxford ^{2}1967.

2 *Marco Polo: Il Milione. Die Wunder der Welt*, hrsg. von Elise Guignard, Zürich 1983. Vgl. auch Norbert Ohler, *Reisen im Mittelalter*, München 1986, S. 335–343.

Fragestellung, sich bei der Interpretation zu überlegen, ob rein private Notizen vorliegen oder welches Publikum intendiert war.

Bei allen Arten von Reiseberichten ist zu bedenken, daß nur ein Teil der Gesamtmenge überhaupt erhalten und publiziert wurde – und zwar höchstwahrscheinlich ein kleiner Teil. Hier lassen sich zwar keine Quoten angeben; es läßt sich aber doch eine Epochenspezifik voraussetzen: Zu Beginn der Neuzeit, als das Drucken noch eine neue und seltene Kunst war, wurden noch relativ wenige Reiseberichte gedruckt, denen in der Überlieferung dann eine ganz besondere Stellung zukam. Viele der Reiseberichte aus der Frühen Neuzeit, denen wir heute wesentliche Kenntnisse über fremde Länder und Völker verdanken, wurden erst im 19. und 20. Jahrhundert von Historikern in den Archiven entdeckt und herausgegeben (z. B. die Reiseberichte von Felix Platter und Thomas Platter aus Frankreich, Spanien, England und den Niederlanden).[3]

Andererseits lag im späten 18. Jahrhundert der Weg zur Druckerpresse grundsätzlich sehr nah; in nicht wenigen Fällen wurden Reisen sogar mit der Absicht unternommen, darüber zu schreiben, und das erwartete Honorar wurde vielleicht sogar für die Reisekosten vom Verleger vorgeschossen. So war es beispielsweise bei Karl Philipp Moritz, als er – Gymnasialprofessor in Berlin – eine Sommerreise nach England unternahm: Daß die Briefe, die er von dort schrieb, den Grundstock einer gedruckten Reisebeschreibung durch England bilden würden, stand schon von vornherein fest.[4] Auch Pückler-Muskaus *Briefe eines Verstorbenen* über eine Reise durch England und Irland im frühen

3 Thomas Platter d. J., *Beschreibung der Reisen durch Frankreich, Spanien, England und die Niederlande 1595–1600*, 2 Bde., hrsg. von Rut Keiser, Basel/Stuttgart 1968; Felix Platter, *Tagebuch 1536–1567*, hrsg. von Valentin Loetscher, Basel/Stuttgart 1976.

4 Karl Philipp Moritz, *Reisen eines Deutschen in England im Jahr 1782. In Briefen an Herrn Oberkonsistorialrath Gedike*, Berlin ^{2}1785. (Zum Entstehungskontext: Albert Meier, *Karl Philipp Moritz*, Stuttgart 2000, S. 119–135.)

19. Jahrhundert wurden gleich mit Blick auf den literarischen Markt verfaßt: Der Fürst brauchte Geld, und da er interessant zu schreiben wußte, waren die Einkünfte aus der Publikation der Reiseberichte als willkommene Geldquelle gleich eingeplant.[5]

Man kann sich sogar fragen, ob Reiseberichte nicht immer schon eine Art Literatur waren, geradeso wie Biographien oder Romane. Nun, das änderte sich im Laufe der Epochen mehrfach. Aber wir müssen diese Komponente beim Umgang mit Reiseberichten immer im Blick behalten – nämlich daß wir hier Texte vor uns haben, somit Literatur. Reiseberichte sind keine Aufzeichnungen mit dem Fahrtenschreiber und keine Filme, sondern geformte Sprache, Artefakte, deren Verhältnis zur Wirklichkeit des Reisens jeweils eigener Prüfung bedarf. Ihre mögliche Determiniertheit durch poetologische Muster muß immerhin in Erwägung gezogen werden.[6] Denn so, wie jeder Schreibende schon als Schüler lernt, einen Brief nach Mustern zu schreiben, lernt er ja auch, Berichte zu schreiben.

Reiseberichte beziehen sich deshalb inhaltlich und formal außerordentlich häufig auf andere, schon vorliegende Reiseberichte. Nicht selten wurden Aufzeichnungen auf Reisen gemacht, die sich explizit an den vorhandenen Reiseberichten über die bereiste Route abarbeiten und fortwährend wiedergeben, was an den gedruckten Reiseführern und Reiseberichten zu korrigieren ist, ob nun überhaupt irrtümlich oder seit der Abfassungszeit anders geworden (besonders charakteristisch beim Reisebericht des Zacharias Conrad von Uffenbach durch Norddeutschland, Holland und Eng-

5 Hermann Fürst von Pückler-Muskau, *Briefe eines Verstorbenen*, vollst. Ausg., hrsg. von Heinz Ohff, Berlin 1986.

6 Vgl. Wolfgang Neuber, »Zur Gattungspoetik des Reiseberichts. Skizze einer historischen Grundlegung im Horizont von Rhetorik und Topik«, in: Peter J. Brenner (Hrsg.), *Der Reisebericht. Die Entwicklung einer Gattung in der deutschen Literatur*, Frankfurt a. M. 1989, S. 50–67.

land).[7] Aber nicht nur im Faktischen beziehen sich Reiseberichte auf die vorliegenden Muster, sondern auch in der Form.

Daraus ergibt sich, daß auch die literarische Form in ihrem Wandel mit bedacht werden muß. Welches war die Standardform des Reiseberichtes in einer bestimmten Epoche, und wo zeigen sich individuelle Abweichungen?

Eine andere Frage ist die nach der Literaturgeschichte des Reiseberichts und der Beziehung von Reiseberichten zu fiktionalen Gattungen. Die Übergänge sind hier fließend: Reisebriefe waren eine im 18. Jahrhundert geläufige Form für nichtfiktionale Reiseberichte; aber natürlich konnte man von diesen auch leicht zu fiktionalen Formen übergehen. Dann sind wir gleich beim Reiseroman.

Vielleicht aber konnte der Käufer eines Buches über Reisen gar nicht in jedem Fall klar erkennen, ob er eine faktische Reisebeschreibung oder eine fiktive vor sich hatte. *Robinson Crusoe* beispielsweise wurde nicht wie ein gewöhnlicher Roman rezipiert, obwohl es sich natürlich um einen Roman handelt, sondern eher wie ein Bericht aus wirklichem Reiseerleben. Es ist aber auch noch nicht damit getan, dieses Werk als Roman beiseite zu schieben, denn als Quelle diente Daniel Defoe ein wirklicher Reisebericht des Schotten Alexander Selkirk, der von einem Robinson-Schicksal zu berichten hatte.[8] – Als Text und Literatur steht der Reisebericht in einem komplexen Feld, das nicht mehr erfaßt werden kann, wenn wir uns einfach vorstellen, Reiseberichte seien in Texten gespiegelte Reisewirklichkeit.

Die neuralgische Stelle in diesem Gefüge ist offenbar der Übergang von der erlebten Reise zur beschriebenen, vom

7 Zacharias Conrad von Uffenbach, *Merckwürdige Reisen durch Niedersachsen, Holland und Engelland*, 2 Bde., Ulm/Memmingen 1753–54.

8 Zu Robinson Crusoe vgl. Urs Bitterli, *Die »Wilden« und die »Zivilisierten«. Grundzüge einer Geistes- und Kulturgeschichte der europäisch-überseeischen Begegnung*, München 1976, S. 401–410.

Leben zum Text. Wie kommt es eigentlich zur Schriftform von Fremderfahrung? Wie muß man sich das vorstellen, daß aus Reisen Reiseberichte hervorgehen?

Hier könnte man schon bei der mentalen Disposition ansetzen: Wie kommt es, daß jemand etwas bemerkt, daß er bestimmte Merkmale seiner Umwelt als herausgehoben und »merk-würdig« wahrnimmt? Diese psychologische Fragestellung will ich hier nicht weiterverfolgen. Nur soviel: Reisen bedeutet im allgemeinen ein Heraustreten aus dem Alltag, insofern also etwas Besonderes, Festliches. Was man in einer solchen Situation erfährt, erscheint einem als bemerkenswert; es prägt sich dem Gedächtnis ein oder wird, wenn man seinem Gedächtnis nicht traut, aufgeschrieben. Das Heraustreten aus dem gewohnten Alltag bringt Kontrasterfahrung, die bewältigt werden muß: Fortwährend steht in Reiseberichten genau das, was irgendwo für irgend jemanden anders erschien als zu Hause.[9] Die Grenzen des Reiseberichts als historische Quelle liegen deshalb auch oft darin, daß die Dinge, die wir heute gerne wissen wollten, überhaupt nicht zur Sprache kommen, weil sie im Zeithorizont des Reisenden keinen Kontrast ergaben. Was gleich war wie bei ihm zu Hause, schrieb er nicht auf – er bemerkte es vielleicht gar nicht. Indem nun aber ein Reisender per definitionem seinen Ort wechselt, liefert er uns, wenn er etwas schriftlich festhält, fortwährend Protokolle von Kontrasterfahrungen.

Daher rührt es, daß man Reiseberichte auch im Hinblick auf den Schreiber lesen kann, also nicht nur als Berichte über Außenwelt (Objekt-Pol), sondern auch als Berichte über seine (kontrastiv erschließbare) Herkunftswelt (Subjekt-Pol).[10]

9 Vgl. Michael Maurer (Hrsg.): *»O Britannien, von deiner Freiheit einen Hut voll«. Deutsche Reiseberichte des 18. Jahrhunderts*, Leipzig [u. a.] 1992, Einleitung (S. 7–39).

10 Vgl. Michael Harbsmeier, »Reisebeschreibungen als mentalitätsgeschichtliche Quellen: Überlegungen zu einer historisch-anthropologischen Untersuchung frühneuzeitlicher deutscher Reisebeschreibungen«, in: Antoni Ma-

Wenn wir die psychologische Frage damit auf sich beruhen lassen und uns der reisepraktischen zuwenden – wie hat man früher Reiseberichte hergestellt, als es noch keine *Notebooks* gab? Eigentlich nicht viel anders: Man reiste im 18. Jahrhundert gewöhnlich mit Wachstäfelchen, auf die man sich unterwegs – auch in der Postkutsche – Eintragungen machte. Das Festhalten von Informationen war damit einigermaßen mühsam und die Informationsmenge begrenzt. Deshalb übertrug man abends nach Ankunft in der Herberge die Aufschriebe des Tages mit Tinte auf Papier, um die Täfelchen wieder löschen und für den nächsten Tag gebrauchsfertig machen zu können. Die dritte Stufe war dann, daß man die Tag-für-Tag-Notate nach der Rückkehr von der Reise in einen zusammenhängenden Reisebericht umformte. Den Reiseberichten des 18. Jahrhunderts sehen wir diese tagebuchartige Entstehungsform noch an: Die meisten Reisenden folgten einer nachvollziehbaren Route und lieferten einen itinerar und chronologisch strukturierten Bericht.

Eine andere mögliche Form: Aus den Reiseberichten wurden (besonders von Wissenschaftlern) zusammenfassende Berichte nach inhaltlichen Gesichtspunkten geformt. Die itinerare und chronologische Struktur wird damit aufgelöst; die Notizen werden unter Rubriken verteilt und zu inhaltlich zusammenhängenden Ausführungen kapitelweise verarbeitet. Unter den Englandreisenden gilt das etwa für den Mathematiker Johann Georg Büsch und für den Journalisten Johann Wilhelm von Archenholtz.[11] Wenn man

czak / Hans Jürgen Teuteberg (Hrsg.), *Reiseberichte als Quellen europäischer Kulturgeschichte. Aufgaben und Möglichkeiten der historischen Reiseforschung*, Wolfenbüttel 1982, S. 1–31.

11 J[ohann] G[eorg] Büsch, *Bemerkungen auf einer Reise durch einen Theil der vereinigten Niederlande und Englands*, in: *Neue Sammlung von Reisebeschreibungen. Achter Theil*, Hamburg 1786, S. 1–224; Johann Wilhelm von Archenholtz, *England und Italien*, Nachdr. der dreiteiligen Erstausg. Leipzig 1785, mit Varianten der fünfteiligen Ausgabe Leipzig 1787, Materialien und Untersuchungen zur Text- und Wirkungsgeschichte, Bibliographie und Nachwort, hrsg. von Michael Maurer, 3 Bde., Heidelberg 1993.

dann aber solche zusammenfassenden Kapitel über Politik, Wirtschaft, Geographie usw. eines Landes liest, kann es leicht geschehen, daß die eigene Erfahrung des Reisenden zurücktritt, weil er möglicherweise bei der nachträglichen Abfassung bereits vorhandene Bücher herangezogen hat, um seine Kenntnisse zu festigen und mit dem allgemeinen Kenntnisstand zu vergleichen. Man kann überhaupt diejenigen Reiseberichte, die wesentlich eine bestimmte Reise erzählen wollen, unterscheiden von denjenigen, welche zwar auf eigener Reiseerfahrung beruhen, sich aber vor allem als allgemeiner Beitrag zur Länder- und Völkerkunde verstehen. Im ersten Fall bietet sich die itinerare, chronologische Erzählung als Form an, im zweiten die nach sachlichen Gesichtspunkten in thematisch einheitlichen Kapiteln.

Bei den Reisenden der Neuzeit müssen wir im Regelfall davon ausgehen, daß sie immer schon in Textzusammenhängen stehen. Die Vorstellung, daß jemand reist und dann das einfach aufschreibt, was er gesehen und erlebt hat, ist so einfach wie unrealistisch. Fast immer haben die Reisenden, die in eine bestimmte Weltgegend aufbrechen, vorher schon etwas darüber gelesen: Entweder bedienen sie sich der gedruckten Reiseführer, oder sie haben die Reiseberichte früherer Reisender zur Kenntnis genommen – meistens beides.

Zwischen Reiseführern und Reiseberichten besteht überhaupt ein komplexes und in vielen Fällen undurchschaubares Verhältnis: Selbstverständlich erwartete man vom Verfasser eines Reiseführers, daß er das gedruckt vorliegende Wissen über sein Land verarbeitete, man verlangte aber nicht in jedem Fall von ihm, daß er selber die beschriebenen Gegenden bereist hatte. So wurden Reiseführer faktisch oft in Bibliotheken, Studierstuben und Redaktionsbüros hergestellt – nicht unbedingt von Reisenden, sondern oft von Kompilatoren. (Was z. B. Martin Zeiller über England und Irland schrieb, beruhte offensichtlich nicht auf seiner eigenen Erfahrung, obwohl er sonst in Europa weit und breit gereist war.[12]) Andererseits kommt es durchaus auch vor, daß die großen Reisenden auch die großen Verfasser von Reisehandbüchern waren. In vielen Fällen läßt sich gar keine klare Trennlinie ziehen. Es ist aber erkennbar, daß sich im Laufe des 18. Jahrhunderts das Autopsie-Ideal mit der Aufklärung immer weiter durchsetzte: Man verlangte nun von jemandem, der etwas über Reisen drucken ließ, daß er das, was er berichtete, auch mit eigenen Augen gesehen habe. Sonst könne er ja gar nicht für die Richtigkeit einstehen und verbreite nur ungeprüfte Traditionen, samt Legenden und Unwahrheiten.[13]

Was sich weiterhin feststellen läßt, ist, daß in älteren Zeiten die Aktualitätsvorstellungen noch einem anderen Zeitgefühl folgten. Reiseführer enthielten oft Informationen, die schon jahrzehntelang veraltet waren. Unsere schnellebige Zeit ist hier weniger tolerant.

Bekanntlich waren es die Europäer, die am Beginn der Neuzeit eine besondere Neugier entwickelten und alle Erdteile Zug um Zug erschlossen. Jacob Burckhardt sprach mit einer berühmten Formel von der »Entdeckung der Welt und des Menschen«:[14] Dieselbe forscherliche Grundhaltung richtete sich zugleich nach außen und nach innen, auf die Welt der Objekte und auf das Subjekt. Nachweisen läßt sich das an vielen Einzelbeispielen.

Aber die Motivation ist letztlich rätselhaft: Warum interessierten sich Chinesen und Azteken nicht für ferne Länder? Dies läßt sich wohl nicht einfach mit dem technologischen Stand der jeweiligen Gesellschaften erklären, mit ihren Fahrzeugen und Werkzeugen, Waffen und Informationsverarbeitungssystemen. Es ist wahrscheinlicher, daß

12 Vgl. Wolfgang Brunner, *Martin Zeiller (1589–1661). Ein Gelehrtenleben*, Graz 1990.

13 Zum Autopsie-Ideal vgl. William E. Stewart, *Die Reisebeschreibung und ihre Theorie im Deutschland des 18. Jahrhunderts*, Bonn 1978.

14 Jacob Burckhardt, *Die Kultur der Renaissance in Italien. Ein Versuch*, Stuttgart [10]1976, S. 261 ff.

man hier auch an geistige, ideelle Faktoren denken muß. Aber wie diese zu fassen sind, muß nach wie vor als ungeklärt gelten. Natürlich, es kommt auf den Stand und die Methoden der Wissenschaft zu jener Zeit an. Und es ist auch plausibel, daß die religiöse Haltung bei dieser Frage eine Rolle spielt. Auch der Grad der staatlichen Organisation, die Verfügbarmachung von Ressourcen für Entdeckungs- und Handelsreisen, spielte offensichtlich mit. Doch eine schlüssige Erklärung für den eigentümlichen Expansions- und Erkenntnisdrang der Europäer läßt sich daraus noch nicht zusammensetzen.[15]

Welches Bewußtsein von Natur im Hintergrund stand und mit welchen Methoden man damals arbeitete, läßt sich weitgehend rekonstruieren. Der Soziologe Justin Stagl hat genauer untersucht, welche Bedeutung die taxonomische Methode des Ramismus für die Erfassung und Kategorisierung von Außenwelt hatte und wie dies in eine Reiselehre (*ars apodemica*) umgeformt wurde.[16] Mit solchen Kategorienstammbäumen im Kopf hatten die akademisch gebildeten Reisenden ein gutes Werkzeug zur Erfassung ihrer Umwelt, ja jeder beliebigen Wirklichkeit der Fremde.

Psychologisch bedeutete das, daß sie die mögliche Angst- und Unsicherheitserfahrung in fremden Welten verarbeiten konnten: Alles war reduzierbar, wissenschaftlich beschreibbar, erklärbar. Um es überspitzt zu sagen: Wohin man auch reiste – überall fand man nur das Bekannte vor,

15 Urs Bitterli, *Alte Welt – neue Welt. Formen des europäisch-überseeischen Kulturkontakts vom 15. bis zum 18. Jahrhundert*, München 1986. Jürgen Osterhammel, »Von Columbus bis Cook: Aspekte einer Literatur- und Erfahrungsgeschichte des überseeischen Reisens«, in: Michael Maurer (Hrsg.), *Neue Impulse der Reiseforschung*, Berlin 1999, S. 97–131.

16 Justin Stagl, »Das Reisen als Kunst und Wissenschaft (16.–18. Jahrhundert)«, in: *Mitteilungen der Anthropologischen Gesellschaft in Wien* 111 (1981) S. 78–92. J. Stagl, »Die Methodisierung des Reisens im 16. Jahrhundert«, in: Brenner (s. Anm. 6) S. 140–177. J. Stagl [u. a.], *Apodemiken. Eine räsonnierte Bibliographie der reisetheoretischen Literatur des 16., 17. und 18. Jahrhunderts*, Paderborn [u. a.] 1983.

nämlich eine Wirklichkeit, die sich mit den vorhandenen Kategorien einfangen ließ.

Diese Macht der Erkenntnis korrespondierte mit der Durchsetzungsfähigkeit infolge überlegener Waffen- und Herrschaftstechnik. Die Ausbreitung der Europäer über die ganze Erde ist sicher wesentlich darauf zurückzuführen.

Diese Expansion ist aber auch die Voraussetzung dafür, daß Europa zur Sammelstelle für das Wissen der ganzen Welt wurde. Daß dies wesentlich ein mit europäischen Augen gesehenes Fremdes war, war unvermeidlich. Trotzdem dokumentierten die Europäer auch vielerlei aus fremden Kulturen, was sie zunächst als bloß fremdartig, unverständlich, undurchdringbar festhalten und gewissermaßen in Klammern setzen mußten, weil es in ihren Horizont, ihr Wissen noch gar nicht integrierbar war (Inklusion).[17] Ethnologie wurde, ebenso wie Geographie, eine wesentlich europäische Wissenschaft, auch wo sie sich auf die außereuropäische Welt richtete.

Um die Fülle der seit dem 15. Jahrhundert ermittelten Erkenntnisse über die alte und neue Welt kommensurabel zu machen, begann man schon bald, die Reiseberichte nach den verschiedenen Weltgegenden zusammenzustellen und für vergleichende Lektüre aufzubereiten. Die erste dieser vielbändigen, großen Reisesammlungen erschien 1550–99 in Venedig: Ramusios *Navigationi*; etwas später wurde vor allem das Reisesammelwerk des Engländers Richard Hakluyt wichtig. Auch andere Nationen hatten teilweise in ihren Nationalsprachen geschriebene oder übersetzte Reisesammlungen. Im zweiten Zeitalter der Entdeckungsreisen, im 18. Jahrhundert, wurden solche Reisesammelwerke erneut in großer Zahl verlegt und begierig gelesen.[18]

17 Vgl. Rémy Brague, *Europa. Eine exzentrische Identität*, Frankfurt a. M. / New York 1995.

18 Vgl. Marica Milanesi, »Giovanni Battista Ramusios Sammlung von Reiseberichten des Entdeckungszeitalters ›Delle Navigazioni e Viaggi‹ (1550–1599) neu betrachtet«, in: Maczak/Teuteberg (s. Anm. 10) S. 33–44.

An Hakluyts *Travels* lassen sich interessante Beobachtungen bezüglich des Wirklichkeitsverständnisses der Engländer (und Europäer) in der Neuzeit machen: In die erste Ausgabe wurde das bekannte mittelalterliche Reisewerk des John Mandeville noch aufgenommen; in der zweiten Ausgabe wurde es ausgeschieden. Das bedeutet: Im späten 16. Jahrhundert begann man klarer zu trennen zwischen Realität und Fiktion. Man erkannte, daß Mandeville eben nicht in gleicher Weise als Spiegel des Orients dienen konnte wie die Reisen der eigenen Zeit; in der Tat war dieser Autor (falls es einen Autor dieses Namens überhaupt gab, denn auch das ist umstritten!) nie im Orient gewesen. Für den neuzeitlichen Begriff von Wirklichkeit mußte dieses teils aus realistischen Quellen kompilierte, teils frei fabulierte Werk nun ausgeschieden werden.[19]

Die Übersee- und Fernreisen hatten ihre eigenen Probleme; auch die Reiseberichte lassen sich als Gruppe klar von den Berichten über innereuropäische Reisen abheben. Von Überseereisen berichteten Missionare und Konquistadoren, Abenteurer und Kaufleute. Innereuropäisch waren es meist Diplomaten und Gelehrte, Pilger und Scholaren, Fürsten und Künstler, die ihre Reisen beschrieben oder beschreiben ließen.

Das hängt mit den eigentümlichen Kulturformen des Reisens zusammen, die sich in Europa seit dem 16. Jahrhundert herausgebildet hatten. Denn neben die Zweckreisen (Badereisen, Pilgerreisen, Kaufmannsreisen, Studienaufenthalte) traten nun zunehmend kulturell geprägte Reisen, auf denen junge Leute im Rahmen ihrer Bildung und Ausbildung einen festen Kanon von Ländern besuchten. Wir sprechen zunächst von den Kavalierstouren der Adligen, dann von den Bildungsreisen der Bürger, die mit diesen in klarem Zusammenhang stehen.

Die sogenannte »Kavalierstour« der Adligen brachte eine

19 Vgl. die Einleitung zu Gerhard E. Sollbach (Hrsg.), *Das Reisebuch des Ritters John Mandeville*, Frankfurt a. M. 1989, S. 17–50.

eigentümliche Untergattung der Reiseberichte hervor.[20] Die Adligen reisten seit etwa 1580 verstärkt innerhalb Europas von Hof zu Hof, von Ritterakademie zu Ritterakademie. Es bestand ein gemeineuropäisches Bewußtsein der Zusammengehörigkeit unter dem Adel – selbstverständlich in den großen Dynastien, die ja auch durch Heiratsbündnisse verflochten waren, aber auch noch einige Sprossen tiefer auf der sozialen Leiter. Man kann geradezu sagen, daß es sich die Adligen, in einem Zeitalter des aufsteigenden Fürstenstaates und der Tendenz zu Monarchie und Absolutismus, herausnahmen, nicht nur Gefolgsleute und Untertanen eines bestimmten Fürsten zu sein, sondern durch ihr freies Reisen im Prinzip Gleichrangigkeit mit den Fürsten beanspruchten.

Adlige lernten sich untereinander auf europäischer Ebene kennen; es bestand durchaus ein Austausch der Eliten. Ein adliger Offizier oder Verwaltungsbeamter konnte in fremde Dienste treten, auch über diejenigen Grenzen hinaus, die sich später im Zeitalter der Nationalstaaten als undurchdringlich erwiesen. Man reiste von Hof zu Hof, ließ sich den Fürsten vorstellen und nahm an ihren Festen teil. Man zeigte, was man an Kenntnissen und Fertigkeiten vorzuweisen hatte, erwarb auf der Reise selbst noch Neues hinzu und bemühte sich um den letzten Schliff.

Dabei spielten Kenntnisse der französischen Sprache eine besondere Rolle: Durch sie hob man sich von niederen Schichten ab, französisch kommunizierte man miteinander. Hinzu kam das Italienische, das beispielsweise am Wiener Hof eine wichtige Rolle spielte, und im Bereich der Gelehr-

20 Eva-Marie Csáky-Loebenstein, »Studien zur Kavalierstour österreichischer Adliger im 17. Jahrhundert«, in: *Mitteilungen des Österreichischen Instituts für Geschichte* 79 (1971) S. 408–434. Hilde de Ridder-Symoens, »Die Kavalierstour im 16. und 17. Jahrhundert«, in: Brenner (s. Anm. 6) S. 197–223. Thomas Grosser, *Reiseziel Frankreich. Deutsche Reiseliteratur vom Barock bis zur Französischen Revolution*, Opladen 1989. Markus Bötefür, *Reiseziel ständische Integration. Biographische und autobiographische Kavalierstourberichte des 17. Jahrhunderts*, Diss. Essen 1999.

samkeit und der katholischen Kirche das Latein. Von einem wohlgebildeten Adligen erwartete man Fertigkeiten auf Musikinstrumenten und, wenn möglich, eine ausgebildete Gesangsstimme; ferner Grundkenntnisse im Zeichnen. Aber insgesamt spielten die körperlichen Fertigkeiten eine größere Rolle als in anderen Schichten. Man übte sich fortwährend im Reiten und Fechten; man mußte gewandt sein, um auch auf der Jagd seinen Mann zu stehen, und man mußte im Essen und Trinken einiges vertragen. Wer erzählen konnte und zu reden verstand, wer witzig war und das Interesse zu fesseln vermochte, wer eine gute Figur abgab und gut gekleidet war, wer feine Manieren und ein angenehmes Äußeres aufzuweisen hatte: der hatte alle Hoffnungen, in der Welt der Höfe sein Glück zu machen.

Zu diesem Zweck reiste man von einem zum anderen, baute ein Netzwerk von Bekanntschaften und Beziehungen auf. Auch der Besuch von Ritterakademien im Ausland (hauptsächlich in Frankreich, an der Loire) und gelegentlich von Universitäten (bevorzugt zur Erweiterung juristischer Kenntnisse) wurde mit dem Reisen verbunden. Adlige Kavalierstouren dauerten zwei, drei oder fünf Jahre; ein festes Maß gab es dafür nicht, und nicht selten verschuldeten sich die Reisenden auch in dieser Phase des Lebens. Charakteristisch ist, daß junge Adlige stets in der Begleitung von Hofmeistern unterwegs waren, die ihnen organisatorisch Hilfestellung leisten mußten und die Kasse verwalteten; sie dienten unterwegs als Lehrer und Studien- und Reiseleiter, durften sich aber auch für niedere Dienste nicht zu schade sein. Sie mußten auch, wenn nötig, dolmetschen, und sie waren den Eltern der jungen Kavaliere berichts- und rechenschaftspflichtig. Kavalierstouren erstreckten sich fast über ganz Europa: von Schottland bis Malta, von Lissabon bis St. Petersburg. Der Schwerpunkt lag auf Frankreich und Italien, im 18. Jahrhundert kam England hinzu. Holland, Deutschland und die Schweiz waren wichtige Durchgangsländer – sofern sie nicht gerade in Kriege verwickelt waren.

Welche Auswirkungen hatten solche Kavalierstouren auf die Reiseberichte? Daß Fürsten selber ihre Reisen beschrieben, war eher selten (beispielsweise Ferdinand Albrecht von Braunschweig-Lüneburg-Bevern, der aber auch sonst ein Sonderling war).[21] Häufiger waren die Hofmeister für die Reisebeschreibung zuständig. Ihre Aufgabe war es dann, die Reise ihres Herrn zum Zweck der Repräsentation zu dokumentieren und zu verherrlichen. Dementsprechend lag das Schwergewicht nicht auf der Darstellung anderer Länder und fremder Sitten, sondern auf der Schilderung der ständischen Akzeptanz des reisenden Herrn. Deshalb wurde beispielsweise stets ausführlich beschrieben, an welchen Höfen er von welchen Fürsten in welchen Formen empfangen wurde, was man ihm dabei für Komplimente machte, welche Diners und Jagden, Feuerwerke und Opernaufführungen zu seinen Ehren veranstaltet wurden. Manche Herren liebten es, als Gelehrte zu posieren: dann wurde über ihre Universitätsbesuche und Bücherkäufe berichtet; andere wollten ihre Religionstreue, ihre körperliche Stärke, ihre Sprachgewandtheit, ihre Reitkunst, ihre Freigebigkeit oder Pracht hervorgekehrt wissen. Bei solchen Kavalierstourberichten ist manchmal zweifelhaft, wo wir die Stimme des Auftraggebers hören und wo die seines Hofmeisters. Es versteht sich, daß für diese Repräsentationsform Originalität kein Kriterium ist; man muß durchaus damit rechnen, daß sich der Schreiber in den vorliegenden Reiseführern und in der Literatur großzügig bediente. Worauf es ankam, war, daß sich der jeweilige Adlige in die etablierte Förmlichkeit einfügte und man ihm gewissermaßen eine Bühne bereitete. Glaubwürdigkeit freilich mußte angestrebt werden, weil damals viele reisten und weil ein Lügner und Aufschneider leicht entlarvt werden konnte. Solche Werke erschienen zuweilen großformatig und

21 [Ferdinand Albrecht I., Herzog von Braunschweig-Lüneburg-Bevern,] *Wunderliche Begebnüssen und wunderlicher Zustand In dieser wunderlichen verkehrten Welt [...]*, Bevern 1678.

aufwendig ausgestattet, oft mit Kupferstichen geziert, mit Wappen und Bildnissen, Städteveduten und Schmuckblättern.

Die bürgerliche Bildungsreise, welche sich der adligen Kavalierstour typologisch entgegensetzen läßt, bedeutete zunächst Aneignung sozialen Prestiges durch Untergeordnete: Wer auch reisen konnte und dieselben Fähigkeiten hatte wie der Adel, konnte auch den Anspruch auf gleiche Geltung und gleichwertige Anstellung im Fürstendienst erheben.[22] Andererseits hat die bürgerliche Bildungsreise noch andere Wurzeln, insbesondere in der *peregrinatio academica* des Mittelalters, im Reisen von Universität zu Universität. Der Erwerb von Kenntnissen und der Besuch von Universitäten im Ausland war für Bürgerliche grundsätzlich wichtiger als für Adlige. Wer reich war, versuchte es vielleicht dem Adel gleichzutun und reiste ebenfalls mit Hofmeister und Dienern. Der Zugang bei Hofe war jedoch Bürgern nur eingeschränkt möglich. Selbstverständlich lag das bei Musikern und Künstlern etwas anders, die man bei Hofe ja brauchen konnte.

Berichte von solchen Reisen verfaßten Bürgerliche meistens selber. Dabei gibt es zwar einen Typ, welcher der adligen Repräsentationsform entspricht. Der Tendenz nach waren bürgerliche Reiseberichte aber schlichter, sachlicher, mehr auf die Außenwelt gerichtet als auf die Individualität des Schreibers. Jedoch ist die Spannweite hier erstaunlich groß. Ein Bericht wie der italienisch abgefaßte *Viaggio in Italia* von Goethes Vater Johann Caspar entspricht in großen Teilen den Kavalierstourberichten.[23] Sein Sohn gab dann durch seine autobiographische Darstellung in der *Ita-*

22 Vgl. Thomas Grosser, »Reisen und soziale Eliten. Kavalierstour – Patrizierreise – bürgerliche Bildungsreise«, in: Maurer (s. Anm. 15) S. 135–176, sowie Winfried Siebers, »Bildung auf Reisen. Bemerkung zur Peregrinatio academica, Gelehrten- und Gebildetenreise«, in: ebd., S. 177–188.

23 Johann Caspar Goethe, *Reise durch Italien im Jahre 1740 (Viaggio per l'Italia)*, hrsg. von Albert Meier, München 1986.

lienischen Reise dem 19. Jahrhundert den entscheidenden Impuls der bürgerlichen Bildungsreise.[24]

Ein zentrales Element der Ideologie bürgerlicher Reisender war der Impuls zur Selbstbildung der Persönlichkeit. Man kultivierte die Vorstellung, es trage zur Vervollkommnung der Bildung eines Menschen bei, wenn er große Reisen unternehme. Ein Element dieser Hochwertung liegt sicher darin, daß man körperliche Ausdauer mitbringen mußte, um bei den damaligen Straßen und beim damaligen Verkehrswesen eine weite Reise zu bestehen. Ein weiteres Element liegt darin, daß man sich durch solche Reisen auch schon über seinen materiellen Hintergrund auswies: Um Monate oder Jahre standesgemäß in der Fremde reisen zu können, brauchte man Geld und Muße. Hatte man diese, konnte man sich dem Adel gleich fühlen. Vor allem aber hatte sich im Laufe der Jahrhunderte die Vorstellung erhärtet, daß zur freien Bildung der Umgang mit Künsten und Wissenschaften unabdingbar war. Relikte des Altertums und zugleich Kunstwerke der Zeit seit der Renaissance konnte man in unerschöpflicher Fülle in Italien finden. Italien wurde zum zentralen Reiseziel auch dort, wo man weitere europäische Reiseländer hinzunahm. Wichtiger als Höfe und Ritterakademien waren nun Städte und Universitäten. Mit der Zunahme des Gefühls für Landschaft und Natur rückten die Alpen und andere landschaftlich ausgezeichnete Gegenden in den Blickpunkt des Interesses. In Städten und Kantonen studierte man die politische Verfassung und die gesellschaftlichen Gegebenheiten, die Armenfürsorge und die industriellen Bestrebungen.

Was bedeutete das für die Veränderung des Reiseberichts? Einerseits wurden Reiseberichte, wo man sie nicht mehr primär unter der Maxime der Repräsentation sah, sachhaltiger und objektiver. Die Fülle dessen, was wir über

24 Italo Michele Battafarano (Hrsg.), *Italienische Reise – Reisen nach Italien*, Gardolo di Trento 1988.

andere Länder und Völker wissen, entstammt der Feder bürgerlicher Autoren. Sie unternahmen auch oft Fachreisen, über die sie entsprechende Reiseberichte schrieben: Mediziner berichteten über ihre Besuche in Krankenhäusern und Irrenanstalten; Pfarrer untersuchten in England das Sektenwesen und in Holland die Toleranz; Schauspieler beurteilten Theaterinszenierungen und Opernaufführungen sachkundig. Architekten machten Zeichnungen von Bauwerken in anderen Ländern; Industrielle suchten hinter die Fabrikationsgeheimnisse im Ausland zu kommen. Vor allem im 18. Jahrhundert entwickelten sich Reiseberichte zur welthaltigen Sachliteratur par excellence; der Bürger bezog einen großen Teil seiner Kenntnisse und seiner Weltanschauung aus der Lektüre von Reiseberichten, die von jedermann gierig verschlungen wurden. Dem Welthunger der Aufklärer und ihrer empirischen Ausrichtung entsprach nichts so perfekt wie der Reisebericht – und vielleicht die Biographie, wo es um Kenntnis des Menschen ging.

Auf der anderen Seite enthielt der bürgerliche Reisebericht immer schon eine subjektive Komponente, und mit zunehmender Empfindsamkeit rückte das Subjekt immer mehr ins Zentrum. Dies war jedoch kein grundsätzlicher Unterschied, sondern nur ein gradueller: Landschaften konnte man (objektiv) unter geographischem Interesse beschreiben; subjektiv interessant wurden sie, wo man die Empfindungen schilderte, die bei ihrer Betrachtung entstanden. Da man aber immer schon herausgehobene Landschaftserscheinungen und Naturschönheiten im Reiseprogramm hatte, war dies nur ein gradueller Unterschied. Ähnlich bei der Beschreibung von Kunstwerken: Immer schon gehörte das Aufsuchen und Beschreiben von Kunstschätzen zum gebildeten Reisen; nun aber beschrieb man ausführlich die Empfindungen, die ein bestimmtes Gemälde in einem weckte. Mit solchen Reisedarstellungen verschob sich aber leicht die Tendenz vom Objekt-Pol zum Subjekt-Pol: Eine Konsequenz, die im Reiseroman als Reiseberichtparodie gezogen wurde. Dieser entscheidende Umschlag erfolgte 1768 mit der Publikation von Laurence Sternes *A Sentimental Journey through France and Italy*, einem Werk, das nicht nur in alle Kultursprachen übersetzt wurde, sondern auch eine Menge von Nachahmungen hervorrief.[25] Sterne gibt immerhin noch vor, von England nach Italien reisen zu wollen (wenn er auch kaum über Calais hinauskommt bei seiner Schilderung); die Überspitzung lieferte dann Xavier de Maistre, der gleich auf das Titelblatt seines Buches schrieb: *Die Reise um mein Zimmer.*[26]

Die subjektive Wendung war jedoch nur eine Möglichkeit unter mehreren. Eine weitere Konsequenz, die man im 18. Jahrhundert zog und auch bis zur Mitte des 19. kultivierte: Reiseberichte als Medium der Kritik. Dieser Übergang geschah ebenfalls gleitend. Zum bürgerlichen Reisebericht (und teilweise auch schon zum Kavalierstourbericht) gehörte es, daß man die politische und wirtschaftliche Verfassung der bereisten Länder beschrieb. Die Aufklärer leisteten diese Bestandsaufnahme nun immer öfter unter Hinweis auf die Leistungen und Versäumnisse der jeweiligen Landesherren. Es wurde geradezu üblich, daß man aus dem Erscheinungsbild eines Landes Rückschlüsse zog auf die Qualität seiner Regierung. Wenn die Felder schön angebaut waren und reichen Ertrag brachten, stellte man der Regierung ein gutes Zeugnis aus; wenn die Landstriche öde lagen, schloß man, daß die Regierung durch zu starken Steuerdruck und Ausbeutung die Bauern zur Emigration getrieben habe. Wenn die Landstraßen chaussiert und bequem mit Kutschen befahrbar waren, schloß man auf »gute Policey«; wenn die Kutsche im Morast stecken blieb, schimpfte man auf den Landesherrn, der nicht investiere und so das Reisen und den Warentransport behindere. Besichtigte man

25 Vgl. Peter Michelsen, *Laurence Sterne und der deutsche Roman des 18. Jahrhunderts*, Göttingen 1962.

26 Xavier de Maistre, *Die Reise um mein Zimmer. Die nächtliche Reise um mein Zimmer*, München 1968.

reichhaltige Märkte oder neue Industrieanlagen, schloß man auf fürstliche Aufmunterung des Gewerbefleißes und pries zugleich die bürgerlichen Tugenden. Bei solcher Art von Weltwahrnehmung wird alles Äußere zum Zeichen; von der bloßen Bestandsaufnahme bis zur rabiaten Kritik der politischen und sozialen Zustände ist es dann nur ein kleiner Schritt.[27]

Bei dieser Disposition der Schreibenden und der Leser im späten 18. Jahrhundert überrascht es nicht, daß den Reiseberichten aus dem Paris der Revolution eine besondere Bedeutung zukam. Sie erschienen in großer Zahl und befriedigten das Neuigkeitsbedürfnis einer fieberhaft reagierenden Leserschaft. Aber der Reisebericht war politisch offen: Aus dem Bericht über die Terreur konnte der Leser auch Ablehnung der Revolution entwickeln. Reiseberichte konnten zur Revolution aufstacheln oder konterrevolutionäre Gesinnungen verbreiten.[28]

Der politische Reisebericht gelangte zu besonderer Blüte zur Zeit Heinrich Heines und Ludwig Börnes, im Vormärz.[29] Eine strukturelle Voraussetzung dafür war die 20-Bogen-Regel, welche die deutsche Zensur der Restaurationszeit erfunden hatte: Um aktuelle politische Publizistik zu behindern, wurde vorgeschrieben, kleine Schriften müßten vor der Publikation der Vorzensur vorgelegt werden. Das war ärgerlich, zog Verzögerung, Kosten und Ände-

27 Vgl. Wolfgang Griep, »Reiseliteratur im späten 18. Jahrhundert«, in: Rolf Grimminger (Hrsg.), *Deutsche Aufklärung bis zur Französischen Revolution 1680–1789*, München 1980, S. 739–764. W. Griep / Hans-Wolf Jäger (Hrsg.), *Reise und soziale Realität am Ende des 18. Jahrhunderts*, Heidelberg 1983.

28 Grosser (s. Anm. 20) S. 183–329. Alain Ruiz, »Deutsche Reisebeschreibungen über Frankreich im Zeitalter der Revolution (1789–1799). Ein Überblick«, in: Maczak/Teuteberg (s. Anm. 10) S. 229–251.

29 Wulf Wülfing, »Reiseliteratur«, in: Bernd Witte (Hrsg.), *Vormärz: Biedermeier, Junges Deutschland, Demokraten 1815–1848*, Reinbek 1980, S. 180–194. W. Wülfing, »Reiseliteratur und Realitäten im Vormärz. Vorüberlegungen zu Schemata und Wirklichkeitsfindung im frühen 19. Jahrhundert«, in: Griep/Jäger (s. Anm. 27) S. 371–394.

rungsbegehren nach sich. Bei umfangreicheren Schriften (über 20 Bogen) galt Freiheit von der Vorzensur (freilich konnte die Zensur nach der Publikation immer noch eingreifen). Diese Buchhandelsregulierung rief einen neuen Boom der Reiseliteratur hervor. Denn mit Reiseberichten konnte man unschwer eine umfangreichere Schrift zustande bringen; in den Reiseschilderungen, das war ja seit dem Zeitalter der Aufklärung schon oft genug demonstriert worden, ließ sich die politische Botschaft bestens verpacken. So arbeiteten kritische Autoren wie Heine, Börne, Georg Weerth, Theodor Mundt und zahlreiche andere.[30]

Fassen wir zum Schluß zusammen, worin die Bedeutung von Reiseberichten als historischen Quellen liegt und was wir bei der Arbeit mit solchen Quellen zu beachten haben.

Jeder Reisebericht ist zunächst ein einzelner, aber als Element einer Gattungsgeschichte doch oft nur die Spitze eines Eisberges. Zwar gibt es auch einige klassische Reiseberichte, die jeder gelesen haben sollte; aber charakteristisch für Reiseberichte ist ihr massenhaftes Auftreten, mithin auch ihre nivellierte Qualität. Deshalb empfiehlt es sich auch nicht, Reiseberichte einzeln zu bearbeiten; man muß zumindest Vergleichspunkte suchen, damit man erkennen kann, was für eine bestimmte Epoche gattungstypisch ist und was individuell. Noch besser aber ist es, mit chronologischen Serien zu arbeiten: Bei solchen Vergleichsreihen tritt das Verallgemeinerbare viel deutlicher hervor, als wenn man nur ein zufälliges Beispiel nimmt und dies durch ein paar Vergleichspunkte abstützt. Man muß sich über die textliche Gestaltung eines Reiseberichts klar werden und über sein Verhältnis zu den Reisehandbüchern der jeweiligen Zeit. Man muß die Intention des Verfassers zu bestimmen suchen: Was wollte er mit diesem Reisebericht errei-

30 Vgl. Michael Maurer, »Skizzen aus dem politischen und sozialen Leben der Briten. Deutsche Englandreiseberichte des 19. Jahrhunderts«, in: Brenner (s. Anm. 6) S. 406–433.

chen? Wohin zielte er? Notierte er nur für sich zur Gedächtnisstütze, oder hatte er ein bestimmtes Publikum im Auge, eine erkennbare Wirkungsintention?

Vor allem aber muß man an die Quellengattung diejenigen Fragen stellen, für die sie sinnvollerweise herangezogen werden kann. Zunächst sind das (unter der Voraussetzung der Betonung des Objekt-Pols, der Darstellungsfunktion) faktische Informationen über Länder und Völker, über Geographie und Landschaft, über Verkehrswege und Verkehrsmittel, über Städte und Bauwerke, Institutionen und Ereignisse. Sekundär lassen sich Reiseberichte auswerten hinsichtlich des Subjekt-Pols: Was erfahren wir über Reisende? Wie verarbeiteten sie ihre Eindrücke? Wie spiegelt sich in ihrer Außenwahrnehmung ihre Herkunftsgesellschaft, ihre konfessionelle und ständische Zugehörigkeit, ihr Bildungshorizont? Wie verarbeiteten Reisende zu verschiedenen Zeiten die Erfahrung von Naturerscheinungen, etwa des Hochgebirges? Wie nahmen sie Stellung zu den Kunststilen, die ihnen auf ihrer Reise in Museen und Galerien entgegentraten? Wie verhielten sie sich überhaupt im Umgang mit Ausländern, Fremden, Minderheiten, Unterschichten, Dienstboten?

Die literarische Gattung Reisebericht ist ausgesprochen reichhaltig; als historische Quellengattung läßt sie sich fruchtbar machen, wenn man die richtigen Fragen stellt – und wenn man mitbedenkt, daß es für die Erhebung mancher Sachverhalte in vielen Fällen ursprünglichere, nicht abgeleitete Quellen gibt, die in Reiseberichten teilweise schon verwertet wurden, teilweise aber auch erst dem heutigen Historiker zur Verfügung stehen.

Literaturhinweise

Bausinger, Hermann / Beyrer, Klaus / Korff, Gottfried (Hrsg.): Reisekultur. Von der Pilgerfahrt zum modernen Tourismus. München 1991.

Bitterli, Urs: Alte Welt – neue Welt. Formen des europäisch-überseeischen Kulturkontakts vom 15. bis zum 18. Jahrhundert. München 1986.

– Der Reisebericht als Kulturdokument. In: Geschichte in Wissenschaft und Unterricht 24 (1973) S. 555–564.

– (Hrsg.): Die Entdeckung und Eroberung der Welt. Dokumente und Berichte. 2 Bde. München 1980–81.

– Die »Wilden« und die »Zivilisierten«. Grundzüge einer Geistes- und Kulturgeschichte der europäisch-überseeischen Begegnung. München 1976.

Blanke, Horst Walter: Politische Herrschaft und soziale Ungleichheit im Spiegel des Anderen. Untersuchungen zu den deutschsprachigen Reisebeschreibungen vornehmlich im Zeitalter der Aufklärung. 2 Bde. Walltrop 1997.

Brenner, Peter J. (Hrsg.): Der Reisebericht. Die Entwicklung einer Gattung in der deutschen Literatur. Frankfurt a. M. 1989.

Brenner, Peter J.: Der Reisebericht in der deutschen Literatur. Ein Forschungsüberblick als Vorstudie zu einer Gattungsgeschichte. Tübingen 1990.

Der curieuse Passagier. Deutsche Englandreisende des 18. Jahrhunderts als Vermittler kultureller und technologischer Anregungen. Heidelberg 1983.

Griep, Wolfgang (Hrsg.): Sehen und Beschreiben. Europäische Reisen im 18. und frühen 19. Jahrhundert. Heide (Holstein) 1991.

Griep, Wolfgang / Jäger, Hans-Wolf (Hrsg.): Reise und soziale Realität am Ende des 18. Jahrhunderts. Heidelberg 1983.

– / – (Hrsg.): Reisen im 18. Jahrhundert. Neue Untersuchungen. Heidelberg 1986.

Grosser, Thomas: Reiseziel Frankreich. Deutsche Reiseliteratur vom Barock bis zur Französischen Revolution. Opladen 1989.

Harbsmeier, Michael: Wilde Völkerkunde. Andere Welten in deutschen Reiseberichten der Frühen Neuzeit. Frankfurt a. M. / New York 1994.

Huck, Gerhard: Der Reisebericht als historische Quelle. In: G. H. / Reulecke, Jürgen (Hrsg.): »... und reges Leben ist überall sichtbar!« Reisen im Bergischen Land um 1800. Neustadt (Aisch) 1978. S. 27–44.

Jäger, Hans-Wolf (Hrsg.): Europäisches Reisen im Zeitalter der Aufklärung. Heidelberg 1992.

Kessler, Wolfgang: Kulturbeziehungen und Reisen im 18. und 19. Jahrhundert. In: W. K. [u. a.] (Hrsg.): Kulturbeziehungen in Mittel- und Osteuropa im 18. und 19. Jahrhundert. Berlin 1982. S. 263–290.

Kutter, Uli: Reisen – Reisehandbücher – Wissenschaft. Materialien zur Reisekultur im 18. Jahrhundert. Neuried 1996.

Maczak, Antoni / Teuteberg, Hans Jürgen (Hrsg.): Reiseberichte als Quellen europäischer Kulturgeschichte. Aufgaben und Möglichkeiten der historischen Reiseforschung. Wolfenbüttel 1982.

Maurer, Michael (Hrsg.): Neue Impulse der Reiseforschung. Berlin 1999.

Neutsch, Cornelius: Reisen um 1800. Reiseliteratur über Rheinland und Westfalen als Quelle einer sozial- und wirtschaftsgeschichtlichen Reiseforschung. St. Katharinen 1990.

Osterhammel, Jürgen: Die Entzauberung Asiens. Europa und die asiatischen Reiche im 18. Jahrhundert. München 1998.

Oswald, Stefan: Italienbilder. Beiträge zur Wandlung der deutschen Italienauffassung 1770–1840. Heidelberg 1985.

Schudt, Ludwig: Italienreisen im 17. und 18. Jahrhundert. Wien/ München 1959.

Stagl, Justin: Das Reisen als Kunst und Wissenschaft (16.–18. Jahrhundert). In: Mitteilungen der Anthropologischen Gesellschaft in Wien 111 (1981) S. 78–92.

– Die Methodisierung des Reisens im 16. Jahrhundert, in: Peter J. Brenner (Hrsg.): Der Reisebericht. Die Entwicklung einer Gattung in der deutschen Literatur. Frankfurt a. M. 1989. S. 140–177.

Wenzel, Horst: Reisebeschreibung und Selbsterfahrung. Mit besonderer Berücksichtigung deutscher Entdeckerberichte aus der Neuen Welt. In: Deutsche Literatur des Spätmittelalters. Ergebnisse, Probleme und Perspektiven der Forschung. Greifswald 1986. S. 248–260.

Briefe

Von Michael Maurer

Der Brief erscheint zunächst wesentlich als private Quelle: Während staatliche Aktivitäten in Urkunden und Gesetzen, Akten und Protokollen Ausdruck finden, gehört der Brief primär zum Privatleben.

Diese Bestimmung drängt die anderen Möglichkeiten zunächst in den Hintergrund: Selbstverständlich gibt es Briefe von Herrschern, die Politisches enthalten, ebenso wie Gesandtenberichte, welche die Form von Briefen haben können. Es gibt Briefe im Rahmen anderer Institutionen, beispielsweise der Kirche (päpstliche Sendschreiben, bischöfliche Hirtenbriefe, Missionsbriefe usw.), die ebenfalls nicht primär über die Bestimmung »privat« erfaßt werden können. Es gibt Briefe, die als Korrespondentenberichte wesentlich öffentliche Angelegenheiten zum Gegenstand haben und an die Öffentlichkeit gerichtet sind.

Trotzdem ist der Brief in erster Linie Privatbrief; nicht nur, weil er das Privatleben zum Gegenstand hat, sondern auch deshalb, weil er im Regelfall einen individuellen Autor hat, dessen Perspektive und Stil sich im Brief spiegeln. Mehr noch: Durch die spezifische Eigenheit des Briefes, eine dialogische Form zu sein, nehmen im Brief (im Regelfall) die Beziehungen zwischen zwei Personen Gestalt an. Häufig ist ein Brief gewissermaßen die Frage, welche eine Antwort nach sich zieht; Briefwechsel stellen oft ein Hin und Her von Fragen und Antworten dar, die sich auch in komplizierter Weise verschränken können. Der Brief, so die klassische Definition des alexandrinischen Bibliographen Artemo, die sich in Variationen seitdem immer wieder findet, ist ein »Gespräch unter Abwesenden«, also Kommunikation unter räumlich voneinander getrennten Personen.[1]

1 Reinhard M. G. Nickisch, *Brief*, Stuttgart 1991.

In erster Linie ist ein Brief demnach als Quelle über den Autor zu lesen, in zweiter über den Adressaten, in dritter aber öffnet er sich zur Welt: Er kann geradezu jeden beliebigen Inhalt annehmen. Der Brief ist ein Proteus: Obwohl es einige feste Formmerkmale gibt, durch die sich ein Brief von anderen Texten unterscheiden läßt (Datierung und Anrede, Gruß- und Schlußformel), gehört es zu seiner Spezifik, daß er jedweden Inhalt aufnehmen kann. Alles, was einen menschlichen Geist beschäftigt, kann auch Inhalt von Briefen werden. So haben wir philosophische Briefe und naturwissenschaftliche, religiöse Bekenntnis- und autobiographische Beichtbriefe, Reise- und Werbebriefe. Die Spannweite der Gattung, von der man zunächst einmal annehmen würde, daß sie sich durch ihre relative Kürze und Überschaubarkeit auszeichnet, ist in Wirklichkeit außerordentlich weit.

Gedruckt finden wir Briefe gewöhnlich in drei Haupttypen: Entweder als Sammlung von Briefen einer bedeutenden Persönlichkeit (Beispiel: Briefe Goethes), als Sammlung von Briefen an eine bedeutende Persönlichkeit (Beispiel: Briefe an Goethe) oder als Korrespondenz. Der Korrespondenztyp läßt sich wiederum unterteilen in Korrespondenz zweier Partner (Beispiel: Briefwechsel zwischen Schiller und Goethe) und in gemischte Korrespondenzen, die Briefe von und an verschiedene Partner enthalten (Beispiel: »Frauenbriefe der Romantik«). Darüber hinaus gibt es thematische Briefsammlungen (Beispiel: »Briefe aus dem Exil«) und Anthologien, die nach verschiedenen Prinzipien organisiert sein können (z. B. zur Dokumentation einer nationalliterarischen Entwicklung – »Das Buch deutscher Briefe«; oder zur Aufhellung einer Epoche – »Briefe eines Jahrhunderts«).

Wenn man auf einer ersten Ebene festhalten kann, daß Briefe gewöhnlich dann aufbewahrt und ediert werden, wenn sie etwas über die Persönlichkeiten von Autor und Angesprochenem aussagen, gilt es nun, die zweite Ebene stärker in den Blick zu nehmen: der Brief als historisches Zeugnis. Auf dieser Ebene ist es weniger wichtig, wer der Autor ist, und wichtiger, was er zu berichten hat. Weltgeschichte im Spiegel von Briefen: Das gibt es durchaus.[2] Man denke nur an die reichhaltigen Zeugnisse über die Französische Revolution, von denen nicht wenige als Briefe bekannt gemacht wurden (etwa Joachim Heinrich Campes »Briefe aus Paris«). Oder Friedrich der Große, nach der verlorenen Schlacht von Kunersdorf: Was er selbst dazu zu sagen hat, kann auf Interesse rechnen. Immer sind es im Brief nicht die Ereignisse selbst, die sprechen, sondern nur subjektive Wahrnehmungen von Ereignissen. Trotzdem wüßten wir vieles nicht, wenn es nicht gerade in dieser Form der brieflichen Mitteilung eines Individuums an ein anderes erhalten wäre; und oft genug ist die subjektive Wahrnehmung eines Ereignisses noch wichtiger als das Berichtete selbst.

Aber recht eigentlich auf dem Gebiet des Briefes sind wir dort, wo es um das Erleben und Erleiden der Geschichte geht. Gewiß gibt es Briefe, von denen man sagen kann, daß sie Weltgeschichte gemacht haben, etwa jenen Brief Wilhelms I., dessen verschärfende Redaktion durch Bismarck (»Emser Depesche«) dazu diente, den Krieg von 1870 auszulösen. Aber wichtiger ist der Brief dort, wo er uns zeigt, was (jenseits von Ideologie und Propaganda) den Menschen widerfahren ist, die Geschichte am eigenen Leibe erleben mußten. Vor allem Krisen und Kriege, Vertreibung und Exil, Haft und Vernichtung haben zahlreiche erschütternde Zeugnisse der gequälten Menschheit in Form von Briefen hervorgetrieben. Das 20. Jahrhundert, das »Zeitalter der Extreme« (Eric Hobsbawm) ist deshalb in besonderer Weise ein Zeitalter des Briefes geworden. Erschütternd sind immer wieder die letzten Briefe: Alfred Delp oder Dietrich Bonhoeffer aus der Todeszelle oder der anonyme Soldat aus

2 Vgl. die Sammlung von Karl Heinrich Peter (Hrsg.), *Briefe zur Weltgeschichte*, Essen [o. J.].

dem Kessel von Stalingrad, der weiß, daß er nur noch einen Brief zu schreiben hat, und sich mit diesem an seine Ehefrau richtet – während er die Jahre zuvor hauptsächlich nicht an sie, sondern an eine Freundin geschrieben hatte. Oder die Briefe der während der Besetzung durch die Nationalsozialisten in Amsterdam versteckten Anne Frank an »Kitty«; sie konnte keine Briefe schicken – aber auch schon die Freundin »Kitty« als Adressatin mußte sie sich erfinden ...[3]

Auf dieser Ebene kommt es nicht mehr darauf an, daß es sich um Briefe bedeutender Persönlichkeiten handelt; als Spiegel des Erleidens historischen Geschehens dienen uns gerade ebensogut die Briefe der »kleinen Leute«. Ein solcher Briefwechsel ansonsten unbekannter »kleiner Leute« soll hier näher vorgestellt werden.

Der Braunschweiger Tischlergeselle Albert Böhme muß am 28. Juli 1870 in den Krieg ziehen. Er läßt eine schwangere Frau zurück; vier Tage vor seinem Abzug wird noch geheiratet; vier Monate später wird ein Sohn geboren. Zwischen diesen beiden Menschen an der Grenze zum Proletariat entspinnt sich ein Briefwechsel: Albert schreibt in den elf Monaten bis zu seiner Rückkehr 72 Briefe aus dem Feld an seine Frau; Friederike Böhme schreibt ihm (mindestens) 56 Briefe zurück. Diese Briefe sind erhalten (Herzog August Bibliothek, Wolfenbüttel) und wurden kürzlich von Isa Schikorsky ediert.[4]

Jochen Golz hat von der Dichotomisierung der Briefkunst im 20. Jahrhundert geschrieben: Einerseits blüht der literarische Brief von bürgerlichem Anspruch noch immer; andererseits gibt es den banalen Brief als bloßes Verständigungsmittel, der in neuerer Zeit zunehmend durch Telefon

3 Die hier angeführten Beispiele finden sich sämtlich in der von Barbara Gugisch und Peter Gugisch herausgegebenen Sammlung *»Meine liebe ...! Sehr verehrter ...!« 365 Briefe eines Jahrhunderts*, Arnstadt/Weimar 1999.

4 Isa Schikorsky (Hrsg.), *»Wenn doch dies Elend ein Ende hätte«. Ein Briefwechsel aus dem Deutsch-Französischen Krieg 1870/71*, Köln/Weimar/Wien 1999.

und andere Medien ersetzt wird.[5] Der hier zu besprechende Briefwechsel gehört ohne Zweifel zur banalen Sorte; trotzdem kann man hier sehen, unter welchen Umständen Briefe geschrieben werden, welche Bedeutung Briefe auch für nichtliterarische Schichten gewinnen können. So können auch banale Briefe in hohem Maße aufschlußreiche Quellen für Historiker werden: Man muß sie nur zu lesen wissen und die richtigen Fragen an sie herantragen.

Albert und Friederike Böhme gehören zu den Menschen, die normalerweise nicht schreiben: Höchstens einmal eine Postkarte von einem Ausflug. Dementsprechend stellt sie das Schreiben nun auch vor Anforderungen, die ihre Möglichkeiten beinahe übersteigen. Zwar haben sie (allgemeine Schulpflicht!) das Schreiben in einem elementaren Sinne gelernt, aber schon die Orthographie ist willkürlich und oft haarsträubend. Dabei fällt auf, daß Friederike Böhme mit weniger Fehlern und näher am Standard der Schriftsprache schreibt als ihr Mann. Die Briefsprache ist insgesamt von der gesprochenen Sprache geprägt; so ungrammatisch, wie man damals in Braunschweiger Unterschichten sprach, wurde auch geschrieben. Es gibt Grenzfälle in diesen Briefen, wo man nur noch mit Mühe den deutlich lesbaren Graphemen einen nachvollziehbaren Sinn zuerkennen kann.

Und trotzdem haben sich die beiden jungen Leute (er ist 24, sie 23) in der Situation des Krieges und der Trennung mit Eifer und Konsequenz des Mediums Brief bedient. Die briefliche Kommunikation – mag sie durch die Unzulänglichkeit der Post und durch die Fährnisse des Krieges auch noch so prekär und unberechenbar sein – wird zum entscheidenden Band, das dieses Paar zusammenhält. Wenn ihnen auch die literarischen Konventionen und Vorbilder zum Ausdruck von Gefühlen weitgehend fehlen, gibt ihnen der Brief doch das Mittel, sich die elementaren Sachverhalte mitzuteilen und ihre Beziehung zu definieren und zu stabi-

5 Vgl. Jochen Golz, »Brief«, in: Klaus Weimar (Hrsg.), *Reallexikon der deutschen Literaturwissenschaft*, Bd. 1, Berlin / New York 1997, S. 251–255.

lisieren. Es scheint denkbar, daß sie ohne dieses Medium bei einer elfmonatigen Trennung in dieser frühen Phase ihrer Beziehung sich aus den Augen verloren hätten. Die Briefe aber – zumal es zu einem relativ regelmäßigen Wechsel kommt, in dem man auch reagieren und antworten kann auf das, was man von der anderen Seite gehört hat – stiften dieses Band, stabilisieren die Beziehung, führen die beiden in gemeinsamer Hoffnung und Angst, Sorge und Liebe näher zueinander, als es möglicherweise in einer ungefährdeten Situation bloß nichtschriftlicher Kommunikation geschehen wäre. Aber beide haben von Anfang an den festen Willen, diese angeknüpfte Beziehung in eine dauerhafte zu überführen. Nach außen hin wurde dies dokumentiert durch die Eheschließung kurz vor der Trennung; nach innen wird diese Ehe nun stabilisiert durch die ständige Versicherung der Gemeinsamkeit und Treue.

Beide Seiten haben dieses prekäre Band des Briefes bitter nötig: Der Soldat im Felde lebt unter Strapazen und manchmal auch in Todesangst; die Frau zu Hause sieht ihrer Niederkunft entgegen und ängstigt sich natürlich um den abwesenden Mann. Dies alles vollzieht sich in großer Armut und Dürftigkeit. Die Frau zu Hause hat Mühe, sich selbst durch ihrer Hände Arbeit zu ernähren. Der Soldat im Felde lebt nicht nur gefährlich, sondern auch kümmerlich: Der Sold wird immer erst verspätet ausgezahlt; in vielen Fällen kann man nicht kaufen, was man eigentlich bräuchte. Zwar gibt es Situationen, in denen man plündern und requirieren kann; aber auch dann sind die Möglichkeiten für einen einfachen Soldaten sehr beschränkt, weil er nur mitnehmen kann, was er auch in seinem Tornister weiterzuschleppen vermag; Pakete aus dem Feld nach Deutschland zu schicken war nicht erlaubt. Umgekehrt fließt ein Strom von Gütern aus Deutschland zu den Soldaten, denen trotzdem oft das Nötigste fehlt: Man erwartet zwar von den Soldaten, daß sie ihre Waffen sauber halten und poliert präsentieren; aber das dazu benötigte Schmirgelpapier muß sich Albert Böhme von seiner Frau aus Braunschweig im Brief schicken lassen. Insbesondere aber braucht er fortwährend Nahrungs- und Genußmittel, die ihm nach Möglichkeit seine Frau schicken soll, obwohl sie es sich selber vom Munde absparen muß. Hauptsächlich werden Tabak, Kautabak, Kaffee und Schokolade, aber auch Wurst und sogar Butter geschickt, daneben wärmende Kleidungsstücke und anderer praktischer Bedarf. Angefordert und geschickt wird aber auch Geld: Obwohl Friederike Böhme selber nur Kleinstbeträge aufbringen kann, zuweilen die Miete nicht zu zahlen vermag und Gegenstände ins Leihhaus bringen muß, sendet sie ihrem Mann, wenn es geht, ins Feld einen Taler. Oft genug müssen dazu noch andere Verwandte beisteuern, um den Taler vollzumachen. In dieser Welt der Dürftigkeit stellen Albert Böhmes in Braunschweig zurückgelassene Stiefel einen beträchtlichen Wert dar: Eine ganze Serie von Briefen wird zwischen Frankreich und Deutschland gewechselt über die Frage, ob ein in Braunschweig zurückgebliebener Bruder Alberts die von ihm erbetenen Stiefel bekommen soll.

Der familiäre Zusammenhalt ist sehr eng: Albert Böhme trifft sich, so oft es geht, mit einem anderen Bruder, der im selben Frontabschnitt im Einsatz ist, sie helfen sich gegenseitig aus. Auch in Braunschweig bestehen enge Familienverhältnisse, die sich hier spiegeln: Die 23jährige Schwangere ist Haupt und Ernährerin einer Rumpffamilie, zu der ihre Mutter und zwei jüngere Geschwister gehören. Die Auseinandersetzungen mit den Schwiegereltern füllen einen guten Teil der Briefe, da sich Friederike anfangs von ihnen nicht genügend beachtet und geschätzt fühlt. Als sie sich ihrem Mann gegenüber beklagt, führen dessen Beschwerden bei seinen Eltern nur zu einer Verschärfung des schwelenden Konfliktes, der jedoch zurückgeht, als das Kind geboren ist und Albert Böhmes Eltern und Geschwister sich nun offensichtlich stärker zur zurückgelassenen jungen Mutter hinwenden.

Die Briefe spielen in diesem Kontext eine große Rolle. Denn offensichtlich hat Friederike Böhme durch die zugespitzte Schilderung ihrer Friktion mit Alberts Familie in erster Linie dessen Solidarisierung mit ihr, seine Trennung von seinen Eltern heraufbeschworen. Die Briefe schaffen ein Binnenklima der beiden Liebenden, in dem sie sich wechselseitig in ihrer jeweiligen Rolle bestätigen und sich versichern, daß sie ganz und ausschließlich füreinander da sind.

Sie sehen sich beide religiös geleitet; immer wieder wenden sie sich an Gott: selbstverständlich den Gott, der die Deutschen zum Sieg führen wird. Unter den Stichwörtern Glaube, Liebe und Hoffnung steht der ganze Briefwechsel. Albert malt hin und wieder sogar die drei Symbole Kreuz, Herz und Anker an den Kopf seiner Briefe. Darauf läßt sich die gesamte Gefühlswelt des jungen Paares beziehen.

Mögen sie auch unbeholfen sein im Ausdruck ihrer Gefühle: Es steht außer Zweifel, daß ihnen ihre Briefe genau das geboten haben, wessen sie bedurften. Vielleicht sind Briefe nie wichtiger als in solchen Extremsituationen. Vielleicht ist auch deshalb das Potential des Briefes reaktivierbar (wie man später in den Weltkriegen, im Exil, in der Verfolgung und Bedrängung in totalitären Regimen gesehen hat). Die Briefe sprechen viel von der Haltung der Spannung und Erwartung, die ihrem Eintreffen voranging, vom Glück, das man bei ihrem Erhalt empfand, vom Kult, den man mit ihnen trieb, indem man sie nicht nur immer wieder las, mit Angehörigen und Freunden zusammen erneut durchging, auswählend über die darin enthaltenen Informationen verfügte, mit anderen ähnliche Schicksale besprach und in Briefen verglich (etwa Friederike und ihre Schwägerin Antonie, deren Männer beide im selben Regiment dienten).[6] Die Briefe werden geradezu zum Fetisch, zu einem materiellen Zeichen für eine menschliche Beziehung, an die

6 Schikorsky (s. Anm. 4) S. 48.

man schwer nur glauben könnte, wenn es nicht zumindest diese mit den bekannten Schriftzügen versehenen Papiere gäbe.

Die Frau zu Hause muß handeln und organisieren; der Soldat sitzt hilflos bei seiner Truppe. Er wird gelegentlich um Rat gefragt – aber mehr, um ihn in seiner Rolle als Gatte zu bestärken, als aus praktischem Bedürfnis. Selbst die Frage, welchen Namen das in seiner Abwesenheit geborene Kind tragen soll und welche Paten in Frage kommen, behandelt er zwar in Briefen, aber mit dem resignativen Zusatz, daß man das auch ohne seine Zustimmung festlegen könne.[7]

Die Dramaturgie der Briefe ist konventionell, doch zeigt sich auch hier wieder, wie der Brief sich allen Bedürfnissen flexibel anpassen kann. Datierung und Anrede, am Schluß Grüße und Unterschrift. Die Anrede variiert mit wenigen Versatzstücken. Aber schon die kleine Abweichung, daß Albert Böhme seine Friederike gern als »Gretchen« anspricht, schafft eine Atmosphäre intimen Einverständnisses. Sie selbst nimmt wiederholt darauf Bezug, indem sie sich als »die von Dir nur Gretchen genannte Friederike« unterschreibt. Und die Grüße schaffen ein Beziehungsnetz, das die briefschreibenden Eheleute auf beiden Seiten in ein soziales Netz eingebunden zeigt (drei Braunschweiger Kameraden einerseits, Friederike Böhmes Familie und Hausgenossenschaft andererseits).

Der Stil der Briefe ist überwiegend berichtend: ein häufig verwirrtes Aufzählen von Tätigkeiten und Begebenheiten, wie sie sich an dem jeweiligen Tag unmittelbar zugetragen haben, zumeist ohne Reflexion und Perspektivierung. Freilich: Für die Gatten wären alle »objektiven« Informationen aus dem Kriegsgeschehen, alle möglichen Beobachtungen aus dem Feindesland usw. auch weit weniger wichtig als das, was wirklich beschrieben wird: die gewöhnliche alltäg-

7 Ebd., S. 116 f.

liche Not und Dürftigkeit, das Wetter und das Wohlbefinden, das Essen, die Umstände des Wohnens, die Kleidung. Im unermüdlichen Austausch über solche banal scheinenden Fakten entspinnt sich ihre Beziehung: Liebe, Sorge, Mitgefühl, Streben nach Anerkennung und Kompensation für Widrigkeiten und Elend.

Trotzdem ist damit noch nicht alles gesagt. Denn hinzu kommen die Erkundigung nach dem anderen und das Eingehen auf dessen frühere Mitteilungen, Dank für empfangene Briefe und Warensendungen, der immer Stoff zu allerlei Absprachen und Bewertungen bietet. Was sonst solche kleinen Leute zwischen Tisch und Bett besprechen würden, das wird hier Schrift.

Doch darüber hinaus gibt es durchaus Versuche, den Brief höher zu treiben. Gar nicht selten schreiben sie sich Zitate aus Kirchenliedern und Versen: Einfaches, das auf die jeweilige Situation paßt oder das herrschende Gefühl trifft. Albert Böhme schickt ihr sogar einmal ein Gedicht, das er (oder vielleicht auch ein Kamerad?) auf Vorposten gemacht hat. Man tröstet sich gegenseitig, ermahnt sich zur Geduld und träumt vom Wiedersehen nach Kriegsende, wenn man auch diese Hoffnung immer weiter hinausschieben muß.

Als Kriegsberichterstattung sind die Briefe aus dem Felde belanglos. Immerhin konnte festgestellt werden, daß die mitgeteilten Fakten mit denen der offiziellen Kriegsberichterstattung im wesentlichen in Einklang stehen.[8] Allerdings, und das ist entscheidend: Die Kriegsbriefe dieses gemeinen Soldaten sind vollkommen unideologisch und weitgehend frei von Pathos, wenn er auch gelegentlich in seiner Sprachnot einige Floskeln aufgreift, die er vielleicht vom Feldprediger oder von Vorgesetzten gehört hat. Er selber führt aber keinen Krieg gegen einen Erbfeind oder für Deutschlands Einheit. Dieser Soldat der 1. Kompanie des 1. Batail-

8 Schikorsky in der Einleitung, ebd., S. 10.

lons des Braunschweiger Infanterie-Regiments Nr. 92 ist zwangsweise eingezogen worden und fühlt sich wesentlich als Opfer. Er identifiziert sich nicht mit Deutschland oder Preußen, sondern allein mit den Braunschweigern. Er bezieht einen gewissen Stolz daraus, daß die Braunschweiger »Schwarzen« eine Regimentstradition haben und, wie er behauptet, von den Franzosen besonders gefürchtet werden. Diesen Korpsgeist hilft er pflegen; er versucht, sich so tüchtig und tapfer zu erweisen, daß er den Braunschweigern und seiner Familie keine Schande macht. Im übrigen versucht er, seine heile Haut zu retten und sich in Kälte und Nässe, in Schmutz und Gefahr einigermaßen zu konservieren. Es liegt nichts Heldisches darin, kein Renommieren, keine Kriegsbegeisterung. Natürlich sind für ihn die Franzosen Feinde; wenn er sich gerade über sie ärgert, kann er sie auch als »Lümmels« bezeichnen, als »verfuchste Rothhosen« oder sonst abschätzig. Die haßerfüllten Blicke, welche die aus der Festung Metz nach der Kapitulation abziehenden Franzosen auf die deutschen Belagerer richten, sind für ihn aber unerwartet. Und den Ausgemergelten, Halbverhungerten eine kleine Zehrung zu reichen, wenn auch nur in Form von etwas Kautabak, findet er durchaus angebracht.[9] Es sind Briefe aus dem Soldatenalltag, die diesem Alltag verhaftet bleiben und gerade deshalb in weit geringerem Maße ideologisch anfällig sind als die offiziellen Berichte und musterhaften zeitgenössisch publizierten Kriegerbriefe, die man zum Vergleich heranziehen kann.

Für den Krieg gibt es bessere Quellen; für sein Erleben aus der Perspektive des kleinen Mannes dagegen sind die Briefe des Tischlergesellen und Infanteristen Albert Böhme aus Braunschweig exemplarisch. Und sie zeigen vor allem, welche Bedeutung der Brief als Medium in Extremsituationen gewinnen kann – selbst für Leute, die sonst nicht schreiben.

9 Ebd., S. 98, 100, 101.

Der Brief bewahrt unmittelbar, geprägt von der Stimmung und vom Eindruck des Augenblicks, was Menschen gewollt, getan und erlitten haben. Dies gilt keineswegs nur für Schriftsteller und literarische Briefe.

Sie unterscheiden sich von Autobiographien und Memoiren gerade durch ihre Perspektivlosigkeit: Wer auf sein Leben zurückblickt, hat nicht nur vieles vergessen, sondern ordnet seine Erinnerungen auch nach Orten, Lebensphasen, Personenkonstellationen. Geschichten heben sich aus dem Erinnerungszusammenhang heraus durch emotionale Dichte und im Hinblick auf spätere Folgen für das Leben. Ein kohärentes Ich konstituiert sich aus der Erzählung seiner Geschichte in der Biographie. Briefe dagegen sind, wenn sie auch manchmal ausgeklügelt und stilisiert werden, doch immer Produkte des Augenblicks, des unmittelbaren Eindrucks. Vor allem sind sie aber auf einen Briefempfänger hin konzipiert, auf ein Du. Dessen Wahrnehmungshorizont und Vorwissen, dessen Interessen und eine umrissene Auffassung von dessen Rolle bestimmen grundsätzlich Inhalt und Sprache, Stilebene und Gefühlsamplitude von Briefen.

Briefe auch wenig berühmter Persönlichkeiten erlauben oft unerwartete Einblicke. Die wenig bekannte sozialdemokratische Journalistin Käthe Vordtriede (1890–1964) rückt nun durch eine Edition der Briefe an ihren Sohn Werner plötzlich in die Reihe herausragender Zeitzeugen wie Victor Klemperer.[10]

Die Briefe sind vor allem ein Dokument der Verfolgung und des Exils. Die alleinerziehende Mutter zweier Kinder stammte aus reichem Hause und konnte lange vom vorhandenen Kapital auskömmlich leben. Dann begann sie, vielleicht aus Langeweile, vielleicht aber auch, weil das Kapital infolge der wirtschaftlichen Krisen der Weimarer Zeit da-

10 Käthe Vordtriede, *»Mir ist es noch wie ein Traum, dass mir diese abenteuerliche Flucht gelang«. Briefe nach 1933 aus Freiburg im Breisgau, Frauenfeld und New York an ihren Sohn Werner*, hrsg. von Manfred Bosch, Lengwil 1998.

hinschmolz, zu arbeiten: zunächst als Universitätssekretärin in Freiburg, dann als Journalistin der Freiburger sozialdemokratischen Zeitung »Volkswacht«.

Ihr 18jähriger Sohn verließ 1933 sofort nach dem Abitur Deutschland und ging in die Schweiz; ihre Tochter blieb zunächst noch bei ihr zurück, emigrierte aber nach England, als das Leben in Deutschland immer schwieriger wurde. Der Briefwechsel mit dem Sohn setzt genau in dem Augenblick ein, als die Nazis »die Macht ergriffen« haben; die Trennung von ihrem geliebten einzigen Sohn setzt den Briefwechsel in Gang. Einen Briefwechsel, von dem hier nur die Briefe der Mutter dokumentiert sind, weil sich von den Gegenbriefen nur Weniges erhalten hat.

Während viele andere Deutsche 1933 noch schwankten, wußte Käthe Vordtriede vom ersten Augenblick an, auf welcher Seite sie stand und zu stehen hatte. Für die aktive Sozialdemokratin von marxistischem Denkhorizont waren die Nationalsozialisten politische Gegner. Zugleich wurde sie aber von den Nationalsozialisten auch rassisch ausgegrenzt: Sie galt nun (aufgrund ihrer Herkunft) als Jüdin, obwohl sie sich als Deutsche fühlte und zum Judentum als Religion keinerlei Beziehung hatte.

Warum sie so lange und gefährliche Jahre in Freiburg aushielt, ist schwer zu begreifen: Während andere sich oft Illusionen hingaben über die Gutartigkeit der neuen Regierung oder glaubten, der Spuk werde bald vorbei sein, war diese Sozialdemokratin bar jeder Illusion. Vielleicht wirkte Äußerliches: Noch immer verfügte sie über, wenn auch nun geringe, Zinseinnahmen; noch immer kamen gelegentliche Jobs hinzu, etwa als Kundenbefragerin für die Firma Sunlicht. Wahrscheinlich glaubte sie auch, ihre politische und soziale Tätigkeit für die Sozialdemokraten nicht aufgeben zu dürfen. In den ersten Jahren fühlte sie sich wohl auch für die Tochter verantwortlich, die in Freiburg studierte und sogar noch promoviert werden konnte. Daß sie als Journalistin keine Wirkungsmöglichkeiten mehr hatte, war ihr schnell deutlich geworden. Sie wurde auch gleich 1933 wegen regierungsfeindlicher Äußerungen für drei Wochen eingesperrt, später noch einmal. Aber sie war eine couragierte Frau und mochte wohl hoffen, daß sie bei Gefahr von Freiburg aus schnell über die Grenze entkommen könne.

Die Briefe sind an einen anfangs 18jährigen gerichtet, der ihr einziger Stolz ist und den sie weitgehend als Produkt ihrer Erziehung und Bildung betrachtet. Sie bemuttert ihn, bevormundet ihn und weist ihn zurecht. Sie schickt ihm drastische Augenzeugenberichte aus dem »Dritten Reich« auch deshalb, weil sie ihm den Ernst der Lage klarmachen muß. Denn anfangs spielt er immer noch mit dem Gedanken, nach Deutschland zurückzukehren, was er auch bei gelegentlichen Besuchen tatsächlich ausführt. Die Mutter aber möchte den Sohn möglichst vom Herd der Gefahr fernhalten. Ihre Briefe sind auch politisch erstaunlich offen, wobei man bedenken muß, daß sie an konspirative Tätigkeit gewohnt war; nicht alle Briefe gingen mit der Post, sondern manchmal auch mit persönlichen Kurieren. Wenn sie fürchtete, daß etwas gegen fremde Augen geschützt werden mußte, wich sie auch auf phantasievolle erfundene Namen aus oder setzte Tarnbezeichnungen, die der Sohn leicht erraten konnte. Diese Maßnahmen sind jedoch uneinheitlich; offenbar wechselten die Situationen oder ihre Einschätzung durch die Schreiberin immer wieder.

Die Briefe sind keineswegs Jammer- und Elendsbriefe; auch wenn sie sich schlecht fühlt oder über schlimme Dinge berichten muß, bleibt sie stets erstaunlich souverän. Humor ist ein Ingrediens, mit dem sie alles würzt; und auch die Waffe des Sarkasmus steht ihr jederzeit zu Gebote. Käthe Vordtriede ist, als Journalistin, eine geübte und stilsichere Schreiberin von Briefen. Ihre Briefe zeugen von einem aufgeweckten Intellekt auf gefestigter weltanschaulicher Grundlage. Trotzdem sind es keine Abhandlungen, sondern wesentlich Berichte über das, was sie sieht und erfährt, perspektiviert auf den geliebten Sohn.

Käthe Vordtriede war eine sehr bewußte Briefschreiberin; ihre Briefe sind mit der Absicht geschrieben, den Empfänger aufzuheitern, zu ermahnen oder zu trösten, vor allem aber aufzuklären. Alle Angaben sind so präzise und illusionslos wie möglich. Auch in Sorge und Gefahr schlägt immer wieder ihr Witz und ihr unerschütterlicher Humor durch, verstärkt durch Spottlust, auch Arroganz, und dominierend: Sarkasmus. Einige Beispiele: Sie freut sich, daß ihr Sohn nach Amerika entkommen ist, und bringt sein Schicksal auf den Begriff: besser »Kulturdünger« [für Amerika] als »Kanonenfutter« [für die Heimat].[11] Als ihr der Sohn Hoffnungen macht, seine Bemühungen um Visum und Einreisegenehmigung für die Mutter nach Amerika stünden kurz vor dem erfolgreichen Abschluß, schreibt sie ihm zurück: »Es klingt fast zu schön, aber Du wirst ja mit dem grauen Haupte Deiner greisen Mutter keinen Spott treiben. Dann könnte ich schon zu Ostern Koscherköchin bei reichen Juden sein oder Klosettfrau mit Lappen und Schlüsselbund!«[12] Als sie im Exil in der Schweiz einmal zwei Hyazinthenzwiebeln gekauft hat, um sich ihr Elend erträglicher zu machen, entschuldigt sie sich bei ihrem Sohn, der ihr zum Lebensunterhalt Geld geschickt hatte, in komischer Weise für die Verschwendung: »Das Stück kostete 50 Rappen – entschuldchense man bloss, edler Brotgeber! Ich schränke mich sonst natürlich riesig ein«.[13] Als im Zweiten Weltkrieg in der neutralen Schweiz das Benzin knapp wird, schildert sie die Lage so: »Auch die elegantesten Stromlinienautos führen jetzt ein Extrawägelchen hinter sich mit einem Holzvergaser. Wenn ich mal noch ein richtiges Benzinauto sehe, mache ich einen langen Hals wie anno 1900: ›Kuck mal, das Auto fährt von ganz alleine!‹«[14] Als sie im Schweizer Exil nur für Kost und Logis zeitweilig

11 Ebd., S. 221.
12 Ebd.
13 Ebd., S. 239.
14 Ebd., S. 247.

harte bäuerliche Arbeit verrichtet, kommentiert sie das mit den Worten: »Schollenverbunden, wie Du's nennst, war ich, besonders bei Regenwetter, bis an die Knie, denn von dem Lehm in den Weinbergen machst Du Dir gar keinen Begriff«.[15] Nach Amerika entkommen, schwärmt sie komisch-humoristisch davon, »sich ein bescheidenes Proletarierdasein zu gründen«: »Ich bin nun also in den Stand der Putzfrauen gegen klingenden Lohn erhoben, und die 1. Gage wurde mir bereits mit 10.– Dollar ausgezahlt.«[16] Als sie in Amerika eine ihr besonders unsympathische Familie trifft, notiert sie: »Ich habe nun genug Juden kennengelernt, die erfüllt sind von den ethischen Geboten der Bibel, aber diese haben nur eins aus der Bibel gelernt: den Tanz ums goldene Kalb.«[17] Ihre Überlebenstechnik besteht offenbar zum Teil darin, daß sie sich äußerlich in alle Verhältnisse zu finden vermag, aber innerlich distanziert und ein starkes, geradezu arrogantes Selbstbewußtsein kultiviert. Als sie in New York bei reichen Wiener Juden als Dienstmädchen in Stellung gehen muß, notiert sie: »Ich werde jeden Tag hochmütiger gegen die Leute, amüsiere mich innerlich köstlich und gebe ihnen ordentlich eins drauf, wenn sie mir was vorprotzen.«[18]

Sosehr man diese Frau bewundern wird, wenn man gelesen hat, unter wie vielen Schwierigkeiten sie sich durchs Leben schlagen mußte, so kann man sich doch auch vorstellen, daß sie eine schwierige Persönlichkeit war. Auch wenn der Herausgeber die Auseinandersetzungen mit ihrem Sohn teilweise herausgekürzt hat, liest man doch noch Stellen von brutaler Offenheit. Natürlich: Je älter er wurde, desto mehr entzog sich der Sohn der dominanten Liebe seiner Mutter. Diese jedoch reagierte oft unvorstellbar gereizt. So schrieb sie ihrem »Lieben Werner« am 14. Oktober 1951

15 Ebd., S. 269.
16 Ebd., S. 288 f.
17 Ebd., S. 293 f.
18 Ebd., S. 298.

in einem Brief: »Du schreibst: ›Schreib mir doch ein Wort, wie es Dir geht.‹ Falls Dich das *wirklich* interessiert (Du fragtest seit einigen Jahren in Deinen Briefen nicht mehr nach meinem Ergehen), beantworte Dir die Frage selber. Es geht mir, wie es einer nicht proletarisch erzogenen, fast 61 Jahre alten, herzkranken, zahnlosen Frau ergeht, die für geringen Lohn 6 Tage in der Woche von morgens 6 bis nachts um 10 schwere körperliche Arbeit tut.«[19] Der Sohn hatte immerhin einiges dafür geopfert, daß sie jahrelang in der teuren Schweiz leben und sich schließlich nach Amerika in Sicherheit bringen konnte. Daß er dort sein eigenes Leben zu leben suchte, quittierte sie mit bitteren Worten: »Ich habe Dir schon voriges Jahr geschrieben, dass ich wohl hier wegziehen möchte, ohne eine neue Adresse zu hinterlassen, um Dir die Pflichtbesuche alle Jahre zweimal zu ersparen. Ich bin nun noch nicht gegangen, weil Umzug Zeit und Geld kostet, was ich beides wiederum augenblicklich nicht habe [...].«[20] Im Alter von 74 Jahren schrieb sie ihrem Sohn wiederum brutal schonungslos: »Gewöhne Dir bitte an, mein Schicksal als ein äusserst normales anzusehen. Ich werde also Mitte 70 an meinem Herzleiden sterben. Das ist erfreulich, um so mehr, als ich nicht am Leben hänge. Das einzig Unerfreuliche ist, dass meine Pension, trotz Versprechungen, nicht erhöht wurde und dass ich meine eingezahlten 3500 Dollar nicht aufessen kann«.[21]

Geläufig wechselt sie die Sprachen; zwar sind die meisten Briefe deutsch, manche aber auch französisch oder englisch. Die Amplitude des sprachlichen Ausdrucks in der Muttersprache ist großartig: Sie hat geradezu eine Manie, Dialekte nachzuahmen oder in Sondersprachen zu verfallen, deren Verständnis und Gefühlswert sie bei ihrem Sohn voraussetzen kann. Wenn sie sich über die Badener oder über die Schweizer ärgert, ahmt sie deren Sprache nach;

19 Ebd., S. 306.
20 Ebd., S. 308.
21 Ebd., S. 328.

wenn sie gerade Lust dazu hat, verfällt sie in ein komisch-parodistisches Niederdeutsch. Die Briefe sind ausgesprochen originell; sie stellt sich sprachlich dar und schafft Einverständnis mit der Welt des Sohnes, der nicht zufällig Philologe wurde. Literarische Zitate und Anspielungen finden sich in fast jedem Brief. Als der Sohn in Frankreich interniert wird, spricht sie zum Beispiel von seiner »Festungstijd« (in Anspielung auf den Roman von Fritz Reuter). Sie macht sich lustig über Leute, die Zitate aus der *Zauberflöte* nicht erkennen. Über zahlreiche Persönlichkeiten des öffentlichen und literarischen Lebens, die sie auch persönlich kennenlernt, hat sie ein treffsicheres, häufig negatives Urteil. Das klingt dann etwa so: »Natürlich lernte ich mittlerweile auch *Kläuschen Mann* kennen. Mit dem ist der Alte wirklich furchtbar geschlagen! Ich las wieder *Unordnung und frühes Leid* [...], und da fand ich denn die trübe Ahnung Thomis, dass aus diesem Sohn ein Nichtschen werden würde.«[22] Über Hermann Hesse schreibt sie direkt, daß er »in meinen Augen des Nobelpreises so wenig würdig war wie Paul Heyse«. »Ich habe ihn immer im Verdacht gehabt, dass er die sehr gute Biographie (angeblich von Hugo Ball) selbst geschrieben hat. Es ist sein Stil. Und Hugo B. war doch viel zu dumm dazu und ganz in seinem frisch erworbenen Katholizismus befangen.«[23]

Von 1942 bis zu ihrem Tode 1964 lebte Käthe Vordtriede in den USA in Freiheit und Sicherheit, aber eingeschränkt durch den harten Zwang zum Arbeitenmüssen in untergeordneten Tätigkeiten, während sie ihrem Bewußtsein nach Bildungsbürgerin blieb und unter der Differenz zwischen Schein und Sein litt.

1939 bis 1941 lebte sie in der Schweiz zwar in relativer Sicherheit vor Hitler, aber doch immer in Angst und Unfreiheit. Als Hochdeutschsprecherin mußte sie damit rech-

22 Ebd., S. 303.
23 Ebd., S. 335.

nen, wenn sie einen Ausflug machte, an einem einzigen Tag zweimal verhaftet und verhört zu werden.[24] Sie schildert detailliert, wie es ihr gelang, persönliche und sozialdemokratische Verbindungen zu nutzen und sich bei Honoratioren in Frauenfeld einzuschmeicheln, um Schutz zu erlangen. Gerade für die komplexe Stimmungslage in der Schweiz jener Jahre stellen die Briefe der Käthe Vordtriede eine hervorragende Quelle dar. Einerseits muß sie den Schweizern für ihre Rettung dankbar sein; andererseits beurteilt sie die Gesinnungslosigkeit und Unterwürfigkeit Hitler gegenüber mit schonungsloser Kritik. Ihre Briefe sind aber vor allem deshalb so aufschlußreich, weil sie zu differenzieren vermag: So lernt sie die politischen Strömungen genauer unterscheiden, die Reaktion auf die jeweilige politische Lage und auch die Stellung der verschiedenen Kantone. Im Thurgau, wo sie sich aufhält, herrscht wegen der Nähe zur deutschen Grenze eine besonders fremdenfeindliche Politik; die Berner, meint sie, seien liberaler. Sie schildert eindringlich, wie sie einerseits als nur geduldete Ausländerin Arbeitsverbot hat, andererseits aber überall ausgenommen und übervorteilt wird, wo sie als zahlende Kundin oder Mieterin auftritt. Man läßt sie von früh bis spät auf einem Bauerngut arbeiten, wo sie für ihre Arbeit nichts als Kost und Logis erhält, und trotzdem muß sie dem Besitzer noch dankbar sein, weil sie dieser aus purem Eigeninteresse gegen die Ausweisungsbestrebungen der Fremdenpolizei schützt. Sie weiß von rührender Freundschaft und großzügiger Hilfe zu berichten, geißelt aber auch gleichzeitig die Feigheit und den Eigennutz vieler Schweizer. Gerade weil die Briefe so verschiedene, unzusammenhängende Erlebnisse und Situationen augenblicksnah mitteilen, stellen sie ein unverdächtiges und vielschichtiges Zeugnis dar.

24 Ebd., S. 185.

Am ergreifendsten und bedrückendsten sind jedoch die Briefe der Jahre 1933–39, in denen sie dem Sohn in der Schweiz berichtet, wie Freiburg im Breisgau allmählich vom Nationalsozialismus durchdrungen wurde. Was man aus der Folge der Gesetze und Verordnungen abstrakt wissen kann (und im übrigen natürlich auch aus der Presse und zahlreichen anderen Zeitzeugnissen rekonstruieren kann):[25] Hier ist es beschrieben, wie es einer wachen Persönlichkeit widerfuhr, die von Anfang an keine Illusionen hatte und überscharf und pointiert aufzeichnete, was um sie herum vorging. Schon am 3. Mai 1933 meldet sie ihrem Sohn in die Schweiz: »Täglich sehen wir mehr ein, was für ein unglaubliches Glück Dir beschieden war. Es ist hier nicht mehr auszuhalten. Zum 1. Ostertag und zum 1. Mai bekamen ihre Entlassungen Reisch, Vermessungsrat Kopp, Gallinger (am Finanzamt Inspektor) usw. Vor Hörsaal II wird ein Schandpfahl errichtet nach dem Muster von Berlin, Kiel usw. – ein abgehauener Baum, rechts und links liegen Zetelchen zur ehrenhaften Benutzung. Da kann jeder den Titel eines jüdischen Buches anheften. Am 12. Mai ist in allen Universitätsstädten die öffentliche Verbrennung von allen aus Bibliotheken ausgemerzten Büchern von Juden – wahrscheinlich die Phänomenologie *Husserls* obenauf. *Möllendorff* ist geschmissen, Heidegger ist Rektor.« »An Deiner Schule dürfen von jetzt ab nur noch drei Juden sein, nämlich 1%, also der Prozentsatz, den die Juden in Deutschland ausmachen [...]. In Freiburg können noch *40 jüdische Studenten* bleiben (4000 Studenten). In der Universität sieht man zahlreiche Hörer in Uniform, Studentinnen in braunen Leinenkleidern mit weissen Kragen, und alle Augenblicke schreien sie ›Sieg Heil!‹ Dreimal!«[26] Am 16. Mai 1933: »Gestern war ich im *Gewerkschaftsbüro*. Plötzlich

25 Vgl. Trude Maurer, »Jüdisches Bürgertum 1933–1939. Die Erfahrung der Verarmung«, in: Stefi Jersch-Wenzel [u. a.] (Hrsg.): Juden und Armut in Mittel- und Osteuropa, Köln/Weimar/Wien 2000, S. 383–403.

26 Vordtriede (s. Anm. 10) S. 12.

kommen, ohne Anklopfen, Stadtrat Sieder und zwei Kriminale und werfen *Kappes* raus und ›beschlagnahmen‹ alle Gelder. […] Herr Strauss, Inh. v. Math. Meier, wurde verhaftet, weil er beim Horst-Wessel-Lied, als Zuhörer im Bürgerausschuss, nicht aufstand. Wie ich Dir schon durch Zeitungsausschnitte mitteilte, ist das Gesamtvermögen der SPD ›beschlagnahmt‹. Das wird so gemacht: Gestern holten sie *Zumtobels* Privatschreibmaschine aus seiner Redaktion in die ›Alemannen‹-Redaktion. Sie war unsere beste, kostete 500.– Mark. Drei Tage vorher hatte noch im ›Alemannen‹ gestanden: ›Welcher Edeldenkende schenkt uns eine Schreibmaschine?‹ – Das sind nur kleine Dinge, aber symptomatisch für die grossen Diebereien. Alle Buchhändler müssen sich eine Visitation gefallen lassen, alle ›nicht gefallenden‹ Bücher werden gestohlen und verbrannt. Armer Loewy! Herr *Wenk* war in Berlin. Bürgerliche, rechts eingestellte Leute, erzählten ihm, wie sie in den ersten Tagen der glorreichen Revolution die Schmerzensschreie aus dem Polizeigebäude am Alexanderplatz von den Gefolterten Tag und Nacht hörten. Auch eine bekannte Genossin, Marie Jankowski, 46 Jahre alt, Stadtverordnete, wurde ausgezogen und halbtot geprügelt. Dann mußte sie ›Deutschland, Deutschland über alles‹ singen. – *Stefan Meier, Geiler* und *Martzloff* sind kahlgeschoren und ins Zwangsarbeitshaus verschleppt. Der geistige und kulturelle Terror ist unerträglich.«[27]

Um den 30. Juni 1933 schreibt Käthe Vordtriede ihrem »Lieben Werner«: »Absichtlich sandte ich Dir so viel Schreckensnachrichten aus dem dritten Reich, damit Du einsiehst, wie unglücklich wir uns alle in Deutschland fühlen. Ich muss Dir sagen, dass in letzter Zeit die Dinge noch viel entsetzlicher wurden, getreu der Rede von Göbbeles in Hamburg kürzlich, der sagte, die Revolution habe erst leise begonnen, jetzt käme erst noch das Schlimmste. So ist es

27 Ebd., S. 24–26.

auch. Kommunisten und Reichsbanner bekommen keine Unterstützung mehr bei Arbeitslosigkeit [...], die Gefangenen in den Konzentrationslagern werden haufenweise erschossen, in Dachau allein vier sozialdemokratische Münchner Universitätsprofessoren und drei Juden. Der Genosse Eckstein, 36 Jahre alt, hat sich Anfang Mai aufgehängt, weil er unter Peitschenhieben gezwungen wurde, am 1. Mai, dem neuen Nazifeiertag, eine Festrede zu halten, vier mir bekannte weibliche sozialdemokratische Reichstagsabgeordnete haben sich vergiftet, darunter die feine *Toni Pfülf*, die ich sehr liebte, Oberstentochter und sehr tätig im Justizausschuss im Reichstag.«[28]

Man hört eine wache Beobachterin, die als Journalistin alles mit Daten, Namen und Fakten belegt und als Sozialdemokratin mit reichsweiten Verbindungen über beste Informationen verfügt. Man kann sich vorstellen, wie es in späteren Jahren klingt, wenn es sich 1933 schon so anhörte. Schritt um Schritt erleben wir in dieser Brieffolge die Ausgrenzung der politischen Gegner und der Juden mit, die Anpassung und Feigheit der Leute in Freiburg, gelegentlich mutige Subversion und Widersetzlichkeit, zuweilen einfache menschliche Hilfeleistung über politische und ideologische Gräben hinweg, insgesamt aber viel Gemeinheit, Brutalität und Terror. Dies alles begegnet uns hier in persönlichen Briefen: untermischt mit Familiennachrichten, Alltagsbegebenheiten, Gedanken und Gefühlen einer Mutter, für die es zwar schwer ist, dies alles erleben zu müssen, die sich aber immerhin freuen kann, daß ihr Sohn und dann auch ihre Tochter, die beiden für sie wichtigsten Menschen auf der Welt, dem Nationalsozialismus entkommen sind. Freilich, wo war man damals in Sicherheit? Auch der Sohn wurde noch vorübergehend in Frankreich interniert, als er aus der Schweiz nach Amerika emigrieren wollte, und die Tochter in London war von Bomben bedroht, bis sie als

28 Ebd., S. 31.

unerwünschte Deutsche auf der Isle of Man interniert wurde, von wo sie ebenfalls nach Amerika entkam.

Briefe gehören zu den eindrucksvollsten, reichhaltigsten und wandlungsfähigsten historischen Quellen. Im »Zeitalter des Briefes« konnten sie zur Literatur werden. Als historische Dokumente freilich stehen Briefe in Konkurrenz zu anderen historischen Quellengattungen (Tagebuch, Autobiographie, Publizistik). Aber Briefe bewahren doch mit ihrer Sprache und Diktion, mit ihrem Stil und ihren Titulaturen, etwas vom Flair einer Epoche, was sich gerade in dieser kurz dimensionierten Gebrauchsform in besonderer Weise manifestiert, weil sie augenblicksgebunden und adressatenorientiert ist. In hervorragender Weise sind Briefe als (vornehmlich) private Quellen Spiegel der Denkformen und Lebensweisen, des Gefühlspotentials und der Subjektivität einer Epoche.

Literaturhinweise

Baasner, Rainer (Hrsg.): Briefkultur im 19. Jahrhundert. Tübingen 1999.

Bohrer, Karl-Heinz: Der romantische Brief. Die Entstehung ästhetischer Subjektivität. München/Wien 1987.

Bürgel, Peter: Der Privatbrief. In: Deutsche Vierteljahrsschrift für Literaturwissenschaft und Geistesgeschichte 50 (1976) S. 281–297.

Dücker, Burckhard: Brief. In: Walther Killy (Hrsg.): Literaturlexikon. Bd. 13. Gütersloh/München 1992. S. 124–129.

Dücker, Burckhard: Der offene Brief als Medium gesellschaftlicher Selbstverständigung. In: Sprache und Literatur in Wissenschaft und Unterricht (1992) H. 1.

Ermert, Karl: Briefsorten. Tübingen 1979.

Golz, Jochen: Brief. In: Klaus Weimar (Hrsg.): Reallexikon der deutschen Literaturwissenschaft. Bd. 1. Berlin / New York 1997. S. 251–255.

Hartwig, Helmut: Zwischen Briefsteller und Bildpostkarte. Briefverkehr und Strukturwandel bürgerlicher Öffentlichkeit. In: Ludwig Fischer (Hrsg.): Gebrauchsliteratur. Stuttgart 1976. S. 114–126.

Hillard, Gustav: Vom Wandel und Verfall des Briefes. In: Merkur 23 (1969) S. 343–351.

Nickisch, Reinhard M. G.: Brief. Stuttgart 1991.

Steinhausen, Georg: Geschichte des deutschen Briefes. Zur Kulturgeschichte des deutschen Volkes, 2 Bde. Berlin 1889–91. Reprogr. Nachdr. Zürich 1968.

Worstbrock, Franz Josef (Hrsg.): Der Brief im Zeitalter der Renaissance. Weinheim 1983.

Zeitungen, Zeitschriften, Flugblätter, Pamphlete

Von Hans-Christof Kraus

I
Vorbemerkungen

Neben vielem anderen ist »Geschichte« auch ein umfassendes Kommunikationsgeschehen. Historische Prozesse und Entwicklungen sind ganz wesentlich davon bestimmt worden, welche Arten von Kommunikation zu welcher Zeit möglich waren und welche nicht. Insofern ist die Kenntnis der Formen und der Inhalte menschlicher Kommunikation von zentraler Bedeutung für die Beschäftigung mit allen Epochen der Geschichte seit dem Altertum. Und kein Historiker, der sich mit wichtigen Umbrüchen und historischen Veränderungen beschäftigt, kommt darum herum, auch nach den Entwicklungen und Veränderungen innerhalb der Kommunikationssysteme derjenigen Epochen zu fragen, mit denen er sich beschäftigt.

Es lassen sich, grob gesagt, drei Arten von Kommunikation unterscheiden: Die erste könnte man als nahes und unmittelbares Kommunizieren bezeichnen; es handelt sich um den unmittelbaren Kontakt zweier (oder auch mehrerer) Menschen, die sich im Gespräch miteinander befinden, wobei ein solches Gespräch nicht unbedingt in der Nähe, sondern auch aus der Ferne (per Telefon oder Computer) stattfinden kann. Es vermag sich ebenfalls in schriftlicher Form niederzuschlagen, etwa als Briefwechsel. Immer jedoch bleibt es eine Form des unmittelbaren Dialoges zwischen bestimmten Menschen, die in der Form der Rede und der Gegenrede direkt miteinander kommunizieren.

Die zweite Art von Kommunikation umfaßt das nahe, aber nur mittelbare Kommunizieren: hier stehen nicht bestimmte Menschen mit anderen unmittelbar in Verbindung, sondern hier treffen sich im Medium des Wahrnehmens (in der Regel des Lesens, in neuester Zeit aber auch im Konsum der Programme elektronischer Medien) die Anbieter und die Konsumenten aktueller, unmittelbar auf die Gegenwart bezogener Informationen und auch breitgefächerter Unterhaltungsangebote. Historisch gesehen, fallen unter diese zweite Art der Kommunikation Zeitschriften, Zeitungen, Tagespublizistik und Flugblätter aller Art.

Und drittens schließlich läßt sich noch so etwas wie ein fernes und mittelbares Kommunizieren feststellen, für das der Begriff der Kommunikation nur noch in einem sehr weiten Sinne gebraucht werden kann: Gemeint ist das Kommunizieren mittels wissenschaftlicher oder literarischer Publikationen, das geistige Miteinander der »scientific community« im Medium der Fachzeitschrift und der gelehrten Monographie ebenso wie das Kommunizieren zwischen dem Künstler, hier insonderheit dem Schriftsteller, und dem Rezipienten von Kunst, also vor allem dem Leser. Auch diese Art des Kommunizierens weist eine große Bandbreite auf: Sie kann sich vom polemischen Gelehrtenstreit und von der Literaturkritik bis hin zum imaginären »Gespräch der großen Geister« über die Zeiten hinweg erstrecken, bis zur Idee einer »Flaschenpost im Meer der Geschichte«, als die ein gelehrter Autor sein in trüber Zeit verfaßtes Buch verstehen kann.

Hier soll im folgenden die zweite Art von Kommunikation – die nahe, aber mittelbare – im Zentrum der Betrachtung stehen, also alles, was mit Zeitungen und Zeitschriften, Pamphleten und Flugblättern zu tun hat. Diese Art des Kommunizierens zu erforschen dürfte einfacher sein als die – zumeist mündlich geführte und daher quellenmäßig kaum erschließbare – nahe und unmittelbare Art. Das hängt zuerst damit zusammen, daß die Quellen dieser zweiten Art einen besonderen Reiz besitzen, nämlich den Reiz des Unvermittelten, Direkten, des scheinbar unverfälschten Abdrucks historischer Wirklichkeit. Zeitungen, Flugblätter, Pamphlete – das sind zuerst einmal Momentaufnahmen vergangener Wirklichkeit, die auf den nachgeborenen Betrachter ganz anders wirken und wirken müssen als etwa gelehrte Monographien oder tiefgründige Werke der Kunst und Literatur.

II
Zur Geschichte

Die Quellen, mit denen es der Historiker zu tun hat, aus denen er gewissermaßen den ›Rohstoff‹ für seine wissenschaftlichen Darstellungen gewinnt, sind im 19. Jahrhundert von Johann Gustav Droysen in seiner mit Recht berühmten *Historik* in zwei Hauptgruppen aufgeteilt worden: Zum einen in die Traditionsquellen, also die »Denkmäler« vergangener Zeiten, von denen von Anfang an klar war, »daß sie zur Erinnerung bestimmt«[1] seien, – und zum anderen aber die »Überreste«, also die unbeabsichtigt, d. h. ohne Blick auf das Urteil der Nachwelt hinterlassenen Zeugnisse einstigen Lebens und einstiger Tätigkeit der Menschen. Hierzu gehören auch, wie Droysen sagt, »die Überreste aus dem schriftlichen Verlauf von allerlei Geschäften, öffentlichen wie privaten, wie sie den Akten der Archive, in Berichten, Gutachten, Korrespondenzen, Rechnungen usw. vorliegen«.[2] Und man wird hinzufügen

1 Johann Gustav Droysen, *Historik – Vorlesungen über Enzyklopädie und Methodologie der Geschichte*, hrsg. von Rudolf Hübner, München/Wien ^{8}1977, S. 61.

2 Ebd., S. 47.

können, daß zu dieser Art von Überresten auch alle auf Aktualität und unmittelbare Wirkung bedachten Druckschriften zu zählen sind.

Zeitungen und politische Pamphlete als Quellengattung hat Droysen zwar nur en passant zur Kenntnis genommen,[3] doch ein anderer Historiker aus dem frühen 19. Jahrhundert, Carl von Rotteck, hat deren Quellenwert bereits 1826 präzise auf den Begriff gebracht, indem er darauf hinwies, daß die »in fortschreitend vermehrter Zahl erschienenen [...] Zeitungen und Journale [...] einen unermeßlichen Stoff der Tagesgeschichte« darböten – nicht ohne gleich anschließend darauf hinzuweisen, daß »dieser Stoff [...] eine sorgfältige Sichtung und Kritik« erfordere, und zwar »nicht nur wegen der, bald aus Parteisucht, bald aus eigener Täuschung, Fahrlässigkeit oder Unkunde fließenden Unzuverlässigkeit der Journalisten; sondern weit mehr noch wegen der fortwährend zunehmenden Beschränkung ihrer Freiheit«[4].

Doch die Anfänge einer Geschichte der Zeitung liegen sehr viel weiter zurück. Das Wort *Zeitung* gibt die Richtung an: es bezeichnete ursprünglich: »was in einer Zeit geschieht, ein Ereignis der Gegenwart, sodann eine Nachricht über ein solches Ereignis, eine Botschaft, einen Bericht, eine Neuigkeit«[5]. Aus der Frühform der Nachrichtenübermittlung, aus mündlicher oder handschriftlicher Versendung und Zuleitung von Informationen und Neuigkeiten, dann aus gedruckten Briefen und Flugblättern ist dasjenige entstanden, was man im modernen Sinn als »Zeitung« – oder etwas allgemeiner als »Presse« – bezeichnet.

3 Vgl. ebd., S. 73 ff.

4 Zit. nach: Hans Amandus Münster (Hrsg.): *Probleme des Zeitungswesens*, Bd. 1: *Öffentliche Meinung und Preßfreiheit*, Berlin 1929, S. 14 (aus Rottecks *Allgemeiner Geschichte*, Bd. 9, 1826).

5 Karl Bücher, »Die Anfänge des Zeitungswesens« (1906), in K. B., *Die Entstehung der Volkswirtschaft. Vorträge und Aufsätze*, Bd. 1, Tübingen [14/15]1920, S. 237.

Deren Frühformen wurden bereits im 16. Jahrhundert ausgebildet.[6] Einblattdrucke, sogenannte »Newe Zeitungen« und »Relationen«, Flugschriften zu bestimmten Themen (etwa dem Kampf für oder gegen die Reformation) standen am Anfang. Regelmäßige Drucke lagen erstmals mit den »Meßrelationen« vor, die seit 1588 zu den großen Verkaufsmessen dieser Zeit gedruckt wurden. Die ersten Monatsschriften, von denen wir Kenntnis besitzen, erschienen bereits vor der Wende zum 17. Jahrhundert; die frühesten Wochenschriften datieren aus dem Jahre 1609: Es sind dies die in Straßburg herausgegebene »Relation« und der in Wolfenbüttel gedruckte »Aviso«.[7] Basel, Frankfurt am Main, Hamburg, Stuttgart und Köln waren die nächsten größeren Druckorte der neuen Periodika.[8] Das Privileg, die älteste Tageszeitung herausgegeben zu haben, gebührt indes Leipzig: Hier erschienen zwischen 1650 und 1652 wöchentlich sechsmal die »Einkommenden Zeitungen«; seit 1660 kam hier die sogar siebenmal pro Woche erscheinende »Neu-einlauffende Nachricht von den Kriegs- und Welt-Händeln« heraus.[9]

Ursprünglich waren die frühen »Zeitungen« nichts anderes als bloße Mitteilungsblätter für – zumeist auswärtige – Nachrichten und Neuigkeiten; diese »Relationspresse«

6 Statt vieler sei hier nur auf die beiden wichtigsten Werke zur Geschichte und Entwicklung des Zeitungswesens im deutschsprachigen Bereich verwiesen: Ludwig Salomon, *Geschichte des deutschen Zeitungswesens von den ersten Anfängen bis zur Wiederaufrichtung des Deutschen Reiches*, Bde. 1–3, Oldenburg/Leipzig 1900–06 (reprogr. Nachdr. Aalen 1973); *Geschichte der deutschen Presse*: Tl. 1: Margot Lindemann, *Deutsche Presse bis 1815*, Berlin 1969; Tl. 2: Kurt Koszyk, *Deutsche Presse im 19. Jahrhundert*, ebd. 1966; K. Koszyk, *Deutsche Presse 1914–1945*, ebd. 1972; K. Koszyk, *Pressepolitik für Deutsche 1945–1949*, ebd. 1986; Heinz-Joachim Fischer, *Handbuch der politischen Presse in Deutschland 1480–1980*, Düsseldorf 1981.

7 Vgl. Franz Schneider, »Presse, Pressefreiheit, Zensur«, in: Otto Brunner [u. a.] (Hrsg.): *Geschichtliche Grundbegriffe. Historisches Lexikon zur politisch-sozialen Sprache in Deutschland*, Bd. 4, Stuttgart 1978, S. 906.

8 Vgl. Lindemann (s. Anm. 6) S. 100.

9 Vgl. ebd., S. 95.

diente zuerst ausschließlich dem stetig ansteigenden Informationsbedürfnis der Zeit. Jene Zeitungen »sind ursprünglich bestenfalls Katalysatoren des Zeitgesprächs, aber sie übernehmen in diesem Gespräch keine Meinungsrolle, geschweige denn die Rolle der Meinungs*führung*«[10]. Immerhin entwickelten sie bald eine erstaunliche Bandbreite an formaler Gestaltung; genannt sei hier die »Gesprächspresse«, die sich der auf die Antike zurückgehenden Form des Gesprächs verstorbener oder fiktiver Personen bediente. Berühmt waren hier u. a. die »Gespräche aus dem Reiche derer Todten«, die der Leipziger Publizist David Faßmann um und nach 1700 als Periodikum herausbrachte.[11] Die (aus England kommenden) »Moralischen Wochenschriften« und die »Intelligenzblätter« des frühen 18. Jahrhunderts verfolgten bereits konkrete Ziele, nämlich die »Bildung« ihrer Leser im Sinne der Vermittlung vernünftigen Wissens und damit aufgeklärten Bewußtseins, – und von ihnen war es dann in der zweiten Hälfte jenes Jahrhunderts nur noch ein kleiner Schritt zur eigentlichen Meinungspresse, die mit explizit politischer Wirkungsabsicht auftrat.[12]

Hier gilt es allerdings zu berücksichtigen, daß die Sphäre der »Öffentlichkeit« – und damit auch der allgemeinen Meinungsfreiheit – zu jener Zeit sehr eng begrenzt war; nur in Großbritannien bestand keine eigentliche *Vor*zensur (dafür aber, was oft übersehen wird, eine um so effektivere und wirksamere *Nach*zensur). Aus diesem Grund unterlag das Wirken der Presse starken Beschränkungen; sie konnte sich nur unter dem Deckmantel streng gehandhabter staatlicher Aufsicht und Restriktion entfalten. Der Arkanbereich des Hofes als Zentrum der Politik durfte von den ersten Vertretern einer »öffentlichen Meinung« nicht angeta-

10 Schneider (s. Anm. 7) S. 909 f.

11 Vgl. Ludwig Lindenberg, *Leben und Schriften David Faßmanns (1683–1744) mit besonderer Berücksichtigung seiner Totengespräche*, phil. Diss. Berlin 1937.

12 Vgl. u. a. Schneider (s. Anm. 7) S. 910 f.

siert werden; in allen politischen Fragen galt – wenn es sich nicht gerade um publizistische Propaganda im Regierungsauftrag handelte – in der Regel das Gebot striktester Zurückhaltung. Das aufklärerische, um gesicherte Informationen als Grundlage einer vernünftigen Urteilsbildung bemühte »Räsonnement« wurde vom absolutistischen Hof zuerst mit zwei Mitteln bekämpft: »Durch Überdosierung des eigenen Schweigens und [...] durch das zensorische Verbot des Fragens«[13].

Gegen Ende des 18. Jahrhunderts aber, besonders unter dem Eindruck des Siegeszuges der Französischen Revolution, änderte sich dies schlagartig. Hatte vor 1789 das »räsonnierende« Bürgertum die immer deutlicher sich artikulierende Kritik an den bestehenden politischen Strukturen fast nur im Freiraum des »Privaten« äußern können,[14] so entstand jetzt eine »bürgerliche Öffentlichkeit«, die sich, wie Franz Schneider sehr treffend gesagt hat, »primär als der vom Bürgertum erzeugte und besonders von publizistischen Institutionen getragene Kommunikationsbereich [deutete], in dem politische Meinungen und Tatsachen evident, d. h. allgemeiner Kenntnisnahme offenbar werden«. Diese neue bürgerliche Öffentlichkeit führte gegen den Anspruch der absolutistischen Regierungen und deren Zensur »den Kampf um die politische kommunikative Freiheit überhaupt«[15].

Nun schwenkten diejenigen Regierungen, die eine offene und freie politische Meinungsbildung im Lande nicht zulassen wollten, in charakteristischer Weise um. Wenn man eine »öffentliche Meinung« schon nicht verbieten oder möglichst wirksam unterdrücken konnte, dann wollte man

13 Ebd., S. 909.

14 Hierzu siehe immer noch die brillante, im Kern unüberholte Studie von Reinhart Koselleck, *Kritik und Krise. Ein Beitrag zur Pathogenese der bürgerlichen Welt*, Freiburg i. Br. / München 1959 [u. ö.].

15 Franz Schneider, *Pressefreiheit und politische Öffentlichkeit. Studien zur politischen Geschichte Deutschlands bis 1848*, Neuwied/Berlin 1966, S. 12.

so viel Einfluß nehmen wie irgend möglich – und im Idealfall diese öffentliche Meinung gewissermaßen »selbst herstellen«.

Das erste Beispiel für diese Vorgehensweise bietet Frankreich, wo sich nach 1789 zuerst eine umfassende Pressefreiheit, die als elementares Menschenrecht angesehen wurde, durchgesetzt hatte. Doch acht Jahre später wurden während des Direktoriums bereits alle Zeitungen erneut unter polizeiliche Aufsicht gestellt, und unter dem Konsulat Napoleon Bonapartes gab es wieder die ersten Zeitungsverbote.[16] Seit 1800 standen die Presse und auch die Buchproduktion unter strenger Beobachtung; de facto gab es also unter Napoleon von Anfang an eine Pressezensur, bis sie auch 1810 de jure mit einem offiziellen Zensurgesetz und der Einrichtung entsprechender Institutionen erneut eingeführt wurde. Bereits 1799 wurde der *Moniteur* zur einzigen offiziösen Zeitung Frankreichs, während sich andere Blätter in zunehmendem Maße Behinderungen ausgesetzt sahen; durch Verbote und Dekrete wurde ihre Zahl in den Jahren nach 1800 drastisch reduziert. Und in den von ihm eroberten Gebieten verschaffte Napoleon seiner Regierungspresse das uneingeschränkte Monopol. Armeezeitungen, die auf transportablen Felddruckereien hergestellt wurden, vervollständigten das Bild einer staatlich gelenkten und politisch instrumentalisierten Presse.

Diese Art der ›offiziösen‹ Presselenkung mittels staatlich besoldeter Journalisten, mittels »literarischer Büros«, Förderung oder Behinderung bereits bestehender Organe, massiver Einflußnahme auf vorgeblich freie Publizisten, auch mittels Gründung neuer Publikationsorgane, fand ebenfalls Nachahmer in Deutschland, vor allem in Preußen. Hier war es der Staatskanzler Hardenberg, der bereits vor

16 Vgl. hierzu und zum Folgenden Jacques Godechot, »La presse française sous la Révolution et l'Empire«, in: Claude Bellanger [u. a.] (Hrsg.): *Histoire générale de la presse française*, Bd. 1: *Des origines à 1914*, Paris 1969, S. 405–568.

der Niederlage gegen Frankreich 1806 die Anfänge einer staatlichen Pressepolitik auf den Weg gebracht hatte.[17] Nach der Katastrophe und dem politischen Neuanfang betrieben er und die Berliner Regierung eine besonders intensive Öffentlichkeitsarbeit, die sich erst in der geschickten Förderung, aber auch überaus wirksamen Behinderung bestimmter Journalisten und ihrer Zeitungen ausdrückte: Heinrich von Kleists *Berliner Abendblätter* (1810–11) und Joseph Görres' *Rheinischer Merkur* (1814–16) sind nur die beiden berühmtesten Beispiele hierfür. Schließlich griff auch Hardenberg zu dem bis dahin gemiedenen Mittel der Begründung eines eigenen offiziösen Organs, der *Allgemeinen Preußischen Staats-Zeitung*, die seit 1819 erschien[18] und sowohl finanziell wie politisch ein Mißerfolg wurde. Denn die Staatsdiener, die sich hier als Zeitungsmacher betätigten, verfehlten das Publikumsinteresse dadurch, daß sie sich allzu sehr zum alleinigen Instrument der Regierung im Kampf der Restauration gegen die liberal-bürgerlichen und konstitutionellen Bestrebungen der Zeit machten.

Auch im weiteren 19. Jahrhundert hat es Versuche gegeben, eine offiziöse Presse zu etablieren oder doch wenigstens eine mehr oder weniger offen sichtbare staatliche Presselenkung oder -beeinflussung zu betreiben.[19] Dies geschah in Österreich unter Metternich ebenso wie später in Preußen und im Deutschen Kaiserreich unter Bismarck. Dabei ging man im allgemeinen von den – mehrfach gescheiterten – Versuchen, gewissermaßen regierungsoffizielle Blätter, also staatliche Zeitungen zu etablieren, wieder ab und versuchte sich erneut an der indirekten Einflußnahme.

17 Vgl. hierzu Andrea Hofmeister-Hunger, *Pressepolitik und Staatsreform. Die Institutionalisierung staatlicher Öffentlichkeitsarbeit bei Karl August von Hardenberg (1792–1822)*, Göttingen 1994.

18 Vgl. Johann Caspar Struckmann, *Staatsdiener als Zeitungsmacher. Die Geschichte der Allgemeinen Preußischen Staatszeitung*, Berlin 1981.

19 Vgl. u. a. Eberhard Naujoks, »Die offiziöse Presse und die Gesellschaft (1848/1900)«, in: *Presse und Geschichte. Beiträge zur historischen Kommunikationsforschung*, München 1977, S. 157–170.

So wurde beispielsweise seit 1862 die ein Jahr zuvor in Berlin gegründete und von dem überaus fähigen Chefredakteur August Braß geleitete *Norddeutsche Allgemeine Zeitung* von Bismarck massiv dafür subventioniert, daß sie den außenpolitischen Kurs der preußischen Regierung offensiv vertrat; bereits um 1866 war sie »längst als Blatt des Berliner Auswärtigen Amtes in den politischen Kreisen Europas bekannt und auch innerhalb Preußens verbreitet«[20]. Doch sie verlor charakteristischerweise sofort ihre Bedeutung, als der politisch eigenwillige alte Achtundvierziger Braß 1872 auf Druck Bismarcks ausschied und durch einen farblosen, dafür streng regierungstreuen Nachfolger ersetzt wurde.

Die Zukunft sollte – ebenso wie in fast allen anderen europäischen Ländern – der parteipolitisch und weltanschaulich gebundenen Presse gehören. In der »Zeitungsstadt Berlin«[21], die zwischen 1871 und 1933 das unbestrittene deutsche Pressezentrum sein sollte, entstanden nach dem Reichspressegesetz von 1874 (das den Wegfall von Kautionen und Zeitungssteuern enthielt) die Vorformen jener Massenpresse, die es auch heute noch gibt. Hatten vorher nur die größten deutschen Blätter wie die *Kölnische Zeitung* oder die *Berliner Volkszeitung* die magische Zahl einer Auflage von 30000 Exemplaren erreicht, so wurde nun bald die Marke von 100000 Stück überschritten.

Den Anfang machte Rudolf Mosse mit dem *Berliner Tageblatt*, das seit 1872 erschien und zu einem der Flaggschiffe des deutschen Linksliberalismus werden sollte; ihm folgte 1877 Leopold Ullstein mit der *Berliner Zeitung* und der *Berliner Morgenpost*. 1883 rief ein dritter großer Verleger, August Scherl, den *Berliner Lokalanzeiger* ins Leben, ihm folgte später die anspruchsvolle Tageszeitung *Der Tag*, – beides Blätter von gemäßigt konservativer Ausrichtung. Die Parteipresse der oppositionellen politischen Richtun-

20 Ebd., S. 160.
21 Vgl. Peter de Mendelssohn, *Zeitungsstadt Berlin. Menschen und Mächte in der Geschichte der deutschen Presse*, Frankfurt a. M. [2]1982.

gen fehlte natürlich ebenfalls nicht: Neben die *Germania* des katholischen Zentrums, die *Kreuzzeitung* der Konservativen und die *Freisinnige Zeitung* des linksliberalen Parteiführers Eugen Richter trat schon bald der von Wilhelm Liebknecht geleitete sozialdemokratische *Vorwärts*. Größten Erfolg hatten seit den 1890er Jahren schließlich die großformatigen Bilderblätter, die *Woche* und die *Berliner Illustrirte*. Dagegen verblaßte die gesamtdeutsche Resonanz der publizistischen Organe anderer Regionen, so etwa der Augsburger *Allgemeinen Zeitung* oder der *Münchner Neuesten Nachrichten*.

Im nationalsozialistischen Dritten Reich kam es zu einer in Deutschland bis dahin nicht gekannten staatlichen Presselenkung und -gängelung, darüber hinaus zu einer immer größeren, schließlich monopolartigen Kontrolle der deutschen Presse durch die Organe der Staatspartei NSDAP, die schließlich auch mittels ihres Verlagsimperiums zum größten deutschen Zeitungsinhaber aufstieg.[22] Sorgten der Propagandaminister Joseph Goebbels, der Reichspressechef Otto Dietrich und der Parteiverleger und Reichsleiter Max Amann für die Lenkung, Kontrolle und Konzentration des deutschen Zeitungs- und Zeitschriftenwesens, so stand mit dem *Völkischen Beobachter* wieder ein offiziöses Organ an der Spitze der Zeitungen des Landes. Dabei reichte die Bandbreite von antisemitischen Hetzblättern wie dem *Stürmer* bis hin zu kulturell anspruchsvollen, gleichwohl strikt den politischen Zielen des Regimes verpflichteten Wochenzeitungen wie *Das Reich*.

In der Bundesrepublik Deutschland entstand nach dem Krieg wieder ein freies Pressewesen, das freilich in seinen Anfängen durch die Besatzungsmächte noch streng lizenziert worden war.[23] Die in Artikel 5 des Grundgesetzes

22 Vgl. hierzu u. a. Jürgen Hagemann, *Presselenkung im Dritten Reich*, Bonn 1970; Koszyk, *Deutsche Presse 1914–1945* (s. Anm. 6) S. 347 ff.

23 Vgl. Harry Pross (Hrsg.), *Deutsche Presse seit 1945*, Bern/München/Wien 1965; Koszyk, *Pressepolitik für Deutsche 1945–1949* (s. Anm. 6).

festgelegte Meinungs-, Informations- und Pressefreiheit enthält ausdrücklich die Bestimmung: »Eine Zensur findet nicht statt.« Die alte Tradition der politischen Meinungspresse, die sich in Deutschland seit 1848 herausgebildet und bis 1933 bestanden hatte, vermochte sich wieder durchzusetzen und bestimmt bis heute das Bild der deutschen Publizistik.

III

»Öffentliche Meinung« und Politik

Politik und Öffentlichkeit stehen seit Beginn der Neuzeit miteinander in einem engen und eigentlich untrennbaren Zusammenhang. Schon lange vor dem Entstehen einer modernen »bürgerlichen Gesellschaft« mit einem eigenen Verständnis und Begriff von Öffentlichkeit[24] waren Flugblätter und Flugschriften aller Art ein Mittel, die eigenen politischen, religiösen, sozialen und kulturellen Anliegen vor denjenigen auszubreiten, die des Lesens schon kundig waren. Das erste Zeitalter massenhaft auftretender Produktion von Flugschriften war das der Reformation.

Kriege und Krisen aller Art erwiesen sich in den folgenden Jahrhunderten weiterhin als entscheidende Knotenpunkte der Presse- und Publizitätsgeschichte. Vom Dreißigjährigen Krieg über die dynastischen Erbfolgekriege des späten 17. und des 18. Jahrhunderts bis hin zu den napoleonischen Kriegen und den beiden Weltkriegen des 20. Jahrhunderts haben Flugschriften und Presseerzeugnisse aller Art eine wichtige, wenn auch nicht entscheidende Rolle ge-

24 Vgl. dazu Hölscher, Lucian: »Öffentlichkeit«, in: Otto Brunner [u. a.] (s. Anm. 7) S. 413–467, bes. S. 430 ff.

spielt. Dabei zeigt sich, daß die politische Propaganda, besonders die Kriegspropaganda, nicht erst eine Erfindung unserer Zeit gewesen ist, sondern bereits seit mehreren hundert Jahren in verschiedenen Formen ihre Wirksamkeit entfaltet hat.

Besonders nachhaltig haben Revolutionen auf das Verhältnis zwischen Öffentlichkeit und Publizistik eingewirkt; man wird sagen können, daß die meisten Revolutionen zugleich »Presserevolutionen«[25] gewesen sind, indem sie auf diesem Gebiet einen Innovationsschub auslösten, der noch lange nach dem Ende der Umsturzbewegungen weiterwirkte. Das betraf zuerst einmal die Zahl der Publikationen, die in solchen Zeiten steil anstieg. War die englische Revolution zwischen 1644 und 1660 vor allem eine Revolution der politischen Pamphlete und Flugschriften,[26] so wird man die Französische Revolution von 1789 in erster Linie als Zeitungs- und Zeitschriftenrevolution bezeichnen können.[27] Selbst für heutige Forscher ist es schwierig, die Fülle des damals produzierten Druckmaterials zu überblicken und zu erfassen. Trotzdem sind Publikationen dieser Art als historische Quelle von unschätzbarem Wert: Die enge Verquickung von Ideen- und von realen Machtkämpfen, die Selbstdefinition des Eigenen und das Verständnis des Anderen, schließlich die Herausbildung politisch-ideeller Formensprachen und Stile läßt sich nirgendwo genauer erforschen und analysieren als an Zeitungen und Flugschriften in Zeiten der Revolution und des Umbruchs.

Noch ein weiterer Aspekt ist hier von Interesse: die Wahrnehmung solcher Umbrüche seitens der Nachbarvölker. In Deutschland – das vor 1848 keine eigene politische

25 So Jürgen Wilke, »Zeitungen und ihre Berichterstattung im langfristigen internationalen Vergleich«, in: *Presse und Geschichte II. Neue Beiträge zur historischen Kommunikationsforschung*, München [u. a.] 1987, S. 289.

26 Vgl. hierzu u. a. die immer noch aufschlußreiche Fallstudie von Michael Freund, *Die Idee der Toleranz im England der großen Revolution*, Halle (Saale) 1927.

27 Vgl. Godechot (s. Anm. 16).

Revolution gesehen hat – wurden die englischen Revolutionen des 17. Jahrhunderts und die französische Revolution von 1789 mit intensivster Anteilnahme verfolgt und auch kommentiert, was sich ebenfalls in einer nur schwer zu überschauenden Fülle publizistischer Äußerungen niedergeschlagen hat.[28] Revolutionen sind also neben vielem anderen auch Kommunikationsereignisse, die in ihrer Dynamik weit über das jeweilige Land, in dem sie sich vollziehen, hinauswirken.

Aber nicht nur Revolutionen im engeren Sinne, sondern auch Zeiten großer innenpolitischer Umbrüche und Veränderungen einer Nation können anhand der in solchen Jahren entstandenen politischen Pamphletistik in wichtigen Aspekten rekonstruiert werden. Aufschlußreich sind hier etwa – um ein besonders charakteristisches Beispiel zu nennen – die großen kritischen Bibliographien der deutschen nationalpolitischen Publizistik der Einigungszeit zwischen 1859 und 1871, die Hans Rosenberg und Karl-Georg Faber vorgelegt haben und die einen nahezu erschöpfenden Einblick bieten in die Vielfalt der Standpunkte, Argumentationsformen, Richtungskämpfe und rhetorischen Strategien im Kampf um die deutsche öffentliche Meinung.[29] Von der nur wenige Seiten umfassenden Flugschrift bis hin zum Traktat von mehreren hundert Druckseiten ist hier alles erfaßt, was die großen deutschlandpolitischen »Parteien« dieser Jahre, von den an Preußen orientierten »Kleindeutschen« über die habsburgisch gesinnten »Großdeutschen«

28 Vgl. Karl Klaus Walther, *Britannischer Glückswechsel. Deutschsprachige Flugschriften des 17. Jahrhunderts über England*, Wiesbaden 1991; Holger Böning (Hrsg.), *Französische Revolution und deutsche Öffentlichkeit. Wandlungen in Presse und Alltagskultur am Ende des achtzehnten Jahrhunderts*, München [u. a.] 1992.

29 Hans Rosenberg, *Die nationalpolitische Publizistik Deutschlands vom Eintritt der Neuen Ära in Preußen bis zum Ausbruch des deutschen Krieges. Eine kritische Bibliographie*, Bde. 1–2, München/Berlin 1935; Karl-Georg Faber, *Die nationalpolitische Publizistik Deutschlands von 1866 bis 1871. Eine kritische Bibliographie*, Bde. 1–2, Düsseldorf 1963.

bis hin zu den Vertretern des »Dritten Deutschland« der Mittel- und Kleinstaaten, an Argumenten zu bieten hatten.

Solche politischen Pamphlete unterscheiden sich von der gewöhnlichen politischen Zeitungs- und Zeitschriftenpresse nicht nur nach ihrem Umfang, sondern auch nach der inhaltlichen Gestaltungsform. Hans Rosenberg weist zu Recht darauf hin, daß die Tagespublizistik der Periodika »in weit höherem Maße auf den aktuellen Einzelmoment gerichtet« ist und auf möglichst unmittelbare Wirkung abzielt, während bei der in selbständigen Publikationen sich artikulierenden politischen Publizistik »durchweg zusammenfassende Übersichten und grundsätzliche, wenn auch zum großen Teil zugleich taktisch mitbestimmte Darlegungen, das Entwickeln von politischen Ideen und Zusammenhängen und theoretische Programmerörterungen im Vordergrunde der [...] Betrachtung stehen«.[30] Hier zeigt sich, daß die anfangs ausgesprochene Zuordnung der meisten Arten von Publizistik zu den Überrestquellen im Sinne Droysens[31] auf Publikationen *dieser* Art nicht mehr ganz zutrifft, denn es ist keineswegs ausgeschlossen, daß so manche politische Broschüre – vor allem diejenigen, in denen sich die historisch Unterlegenen artikulieren – vielleicht mit dem Blick auf spätere Zeiten, wohl teilweise auch als Rechtfertigungsschriften »vor der Geschichte« konzipiert und geschrieben worden sind. Besonders hier bedarf es der Feinfühligkeit wie auch des quellenkritischen Scharfsinns der Historiker, eben diese verschiedenen Dimensionen und gedanklichen Ebenen solcher Quellentexte voneinander zu unterscheiden.

Schließlich dürfen auch die Flugblätter nicht vergessen werden, wenn es um die unterschiedlichen Formen der politischen Einflußnahme auf das öffentliche Bewußtsein geht. Sie sind zweifellos die älteste, am frühesten auftauchende Gattung der Massenpublikation, und sie haben seit

30 Rosenberg (s. Anm. 29), Bd. 1, S. XXII f.
31 Siehe Anm. 2.

der Reformation bis in die unmittelbare Gegenwart eine wichtige Rolle gespielt. Erinnert sei nur an ihre Bedeutung als (vom Flugzeug hinter der Front abgeworfenes) Propagandamittel in den beiden Weltkriegen, als geheimes Kampfmittel im Widerstand gegen totalitäre Regime, auch als bis heute geläufiges Wahlkampfmaterial der politischen Parteien bis hin zu ihrem Stellenwert als Agitationsmittel in revolutionären wie auch in pseudorevolutionären historischen Situationen, wie etwa in der Studentenbewegung der »Achtundsechziger«, für deren historische Verortung die Flugblätter jener Jahre eine noch nicht einmal ansatzweise erschlossene und aufgearbeitete Quellengrundlage zu bieten vermögen.

IV

Ökonomische und kulturelle Aspekte

Jede Art von Publizistik im engeren wie im weiteren Sinne ist eingebunden in ökonomische und soziale Gegebenheiten, von denen sie einerseits abhängig ist, auf die sie andererseits aber auch in vielfältigen Formen zurückwirken kann. In bezug auf die Zeitungspresse hat einer der Begründer der modernen Zeitungsforschung in Deutschland, der Nationalökonom Karl Bücher, bereits 1906 angemerkt:

> Jede Nummer eines großen Tagesblattes, die heute erscheint, ist ein Wunderwerk der kapitalistisch organisierten volkswirtschaftlichen Arbeitsteilung und der maschinellen Technik, ein Mittel des geistigen und wirtschaftlichen Verkehrs, in dem sich die Wirkungen aller anderen Verkehrsmittel [...] wie in einem Brennpunkte vereinigen. Aber wie auf keiner Stelle, wo der

Kapitalismus sich mit dem Geistesleben berührt, unser Auge mit Befriedigung verweilen vermag, so können wir uns auch dieser Errungenschaft der modernen Kultur nur mit halbem Herzen freuen. Der Unternehmer bezweckt nicht, wie naive Leute glauben, in ihr öffentliche Interessen zu vertreten und Kulturerrungenschaften zu verbreiten, sondern aus dem Verkaufe von Anzeigenraum Gewinn zu ziehen.[32]

Überhaupt sei der redaktionelle Inhalt einer Zeitung ausschließlich Mittel zu eben diesem Zweck, und es gehöre, so Bücher weiter, »zu den auffallendsten Erscheinungen der Kulturwelt, daß sie diesen Zustand noch immer erträgt«.[33]

Die idealistische Grundhaltung des deutschen Bildungsbürgertums, besonders der deutschen »politischen Professoren« des 19. Jahrhunderts, die noch in diesen charakteristischen Formulierungen zum Ausdruck kommt, hat Max Weber längst nicht mehr geteilt. In seinem 1909 verfaßten *Vorbericht für die Erhebung zur Soziologie des Zeitungswesens* hat er – als Hauptvertreter eines auf »Wertfreiheit« abzielenden Wissenschaftsverständnisses – die wirtschaftlichen Aspekte der modernen Presse knapp, aber präzise und umfassend herausgearbeitet.[34] In aller Klarheit hat er die ökonomischen Grundbedingungen des »Zeitungsgeschäfts« skizziert, ohne deren wenigstens rudimentäre Kenntnis eine dem Gegenstand angemessene, kritische Analyse publizistischer Quellen nicht möglich ist.

Zuerst einmal hat sich nach Weber das Interesse auf die Besitzer der Zeitungen, auch auf die unterschiedlichen Formen des Besitzes, zu richten, besonders auf die mögliche Einflußnahme dieser Seite auf die »Richtung« einzelner

32 Bücher (s. Anm. 5) S. 260.

33 Ebd.

34 Vgl. Wilhelm Hennis, »Max Webers ›Vorbericht für eine Erhebung zur Soziologie des Zeitungswesens‹. Einführung und Text«, in: *Politisches Denken. Jahrbuch 1995/96*, Stuttgart/Weimar 1996, S. 307–322; der Text Webers ist abgedruckt S. 314–322.

Blätter. Wichtig ist auch die Frage nach dem »Ankauf von Zeitungen zwecks Änderung ihrer ›Richtung‹ und Aufnahme solcher Vorgänge durch den Abnehmerkreis«. Sodann ist der Kapitalbedarf und der Kapitalumschlag vor allem der größeren Presseerzeugnisse in den Blick zu nehmen. Die laufenden Produktionskosten sind, soweit zugänglich, ebenfalls in die Betrachtung einzubeziehen wie die Arten und die Kosten der Stoffbeschaffung – sei es von außen her, durch Agenturen, Pressedienste, Korrespondenzen, sei es von innen her, also mittels eigener Reporter und redaktioneller Mitarbeiter. Auch dem Annoncendienst und der Annoncenakquisition wie der Art und dem Umfang der in den jeweiligen Blättern enthaltenen Reklame muß die besondere Aufmerksamkeit gelten. Konkurrenzen und Monopole sind ebenso zu bedenken wie die »qualitative[n] Ansprüche an den modernen Journalisten«, also: »Anpassung und Auslese durch die Bedingungen des Zeitungsgeschäftes«, darunter auch »soziale Provenienz, Vorbildung, Stellenvermittlung, Art der Anstellung und Bezahlung […], Eigenart und Entwicklung der ökonomischen und sozialen Position des Journalistenstandes«[35]. Schließlich ist auch die Einbeziehung der Biographien bedeutender Journalisten und Presseverleger[36] für die Arbeit mit publizistischen Quellen nicht selten unerläßlich.

Kulturelle Bedeutung in einem engeren Sinne hat in erster Linie das Zeitschriftenwesen gehabt, das mit der Entwicklung der neuzeitlichen Kultur und Wissenschaft untrennbar verbunden ist.[37] Die großen, seit dem 17. Jahrhun-

35 Die Zitate ebd., S. 315, 319; zum Ganzen vgl. die Ausführungen Webers S. 315 ff.

36 Siehe etwa die wichtige Sammlung von Heinz-Dietrich Fischer (Hrsg.), *Deutsche Presseverleger des 18. bis 20. Jahrhunderts*, Pullach b. München 1975, mit insgesamt 34 Einzelbiographien.

37 Hierzu vgl. u. a. die – hauptsächlich, aber nicht nur auf den deutschsprachigen Raum bezogene – Darstellung von Joachim Kirchner, *Das deutsche Zeitschriftenwesen. Seine Geschichte und seine Probleme*, Bde. 1–2, Wiesbaden ^{2}1958–62.

dert entstehenden wissenschaftlichen Publikationsorgane boten zum einen die Möglichkeit der schnellen Veröffentlichung gelehrter Abhandlungen aus allen Bereichen der Wissenschaften, zum anderen aber auch die Gelegenheit zur Kritik der wichtigsten Neuerscheinungen auf dem Buchmarkt, der hier gewissermaßen »vorsortiert« werden konnte. Gelehrte Kritik und Polemik gehören seit den Anfängen der modernen Wissenschaften zu deren öffentlichen Artikulationsformen. Noch heute bestehen einige der ältesten Zeitschriften dieser Art, wie etwa das seit 1665 in Paris erscheinende *Journal des Sçavans*[38] oder die seit 1739 publizierten *Göttingischen Gelehrten Anzeigen*[39].

Neben der Wissenschaft ist die Literatur zu nennen – nicht nur die Dichtung im engeren Sinne, sondern auch die anspruchsvolle Essayistik sowie die Literatur- und Kunstkritik –, die ohne die Entfaltung des modernen Zeitschriftenwesens nicht denkbar wäre. Im Gegensatz zu den wissenschaftlichen Zeitschriften haben die eigentlichen Kulturzeitschriften im anspruchsvollen Sinne sich erst seit dem 19. Jahrhundert entwickelt und den Höhepunkt ihrer Bedeutung in der ersten Hälfte des 20. Jahrhunderts erreicht. Zeitschriften wie Samuel Fischers *Neue Rundschau* in Deutschland, Gaston Gallimards *Nouvelle Revue Française*, Thomas Stearns Eliots *Criterion* in Großbritannien und Henry Louis Menckens *American Mercury* erlangten während einiger Jahrzehnte einen herausragenden, in dieser Weise weder vorher noch später denkbaren und möglichen Einfluß auf das geistige und kulturelle Leben in ihren Ländern.

Nicht vergessen werden darf auch die – früher zumeist in ihrer Bedeutung verkannte, heute zuweilen überschätzte –

38 Vgl. ebd., Bd. 1, S. 16f.

39 Vgl. Gustav Roethe, »Göttingische Zeitungen von gelehrten Sachen«, in: *Festschrift zur Feier des hundertfünfzigjährigen Bestehens der Königlichen Gesellschaft der Wissenschaften zu Göttingen. Beiträge zur Gelehrtengeschichte Göttingens*, Berlin 1901, S. 567–688.

populäre Alltagskultur, die ihre Ausformung neben anderem auch in den großen Publikumszeitschriften gefunden hat. Nicht in erster Linie Information, noch weniger die Vermittlung von Bildungsinhalten, standen und stehen hier im Mittelpunkt, sondern Unterhaltung und Ablenkung vom Arbeitsalltag. Auch diese Journale – von Jugend- und Frauen- über Sport-, Hobby-, Rundfunk- und Fernsehzeitschriften bis hin zu periodisch erscheinenden Serien von Trivialromanen oder Organen für Sammler aller Art – besitzen durchaus die Bedeutung und den Wert historischer Quellen, wenn sie auch bisher von der historischen Presseforschung noch kaum als solche wissenschaftlich erschlossen worden sind. Der ›Zeitgeist‹ einer Epoche, deren vorherrschende Stereotypen, zentrale Ideen und kollektive Emotionen, – sie alle manifestieren sich auch in dem, was man etwas unscharf mit »Alltagskultur« zu umschreiben gewohnt ist. Und die Publikumszeitschriften können bei geschickter Fragestellung zu deren Erkenntnis und näheren inhaltlichen Bestimmung einen erstrangigen Zugang bieten.

V

Probleme und Tendenzen historischer Kommunikationsforschung

Wenn man sich mit historischen Quellen wie Zeitungen, Zeitschriften, Flugblättern und Pamphleten wissenschaftlich befaßt, dann hat man zuerst das Problem zu lösen, auf welche Weise sie am besten befragt werden können – und vor allem: was man überhaupt von ihnen wissen will.

Eine denkbare Fragestellung könnte es sein, die publizistischen Quellen in sozialgeschichtlicher Perspektive zu beleuchten. Dazu bedarf es der »Hypothese, daß ein Zusammenhang bestehe zwischen der Struktur der Gesellschaft einerseits und der Struktur des Massenkommunikationssystems andererseits«.[40] Hiervon ausgehend, richtet die Frage sich dann auf die konkrete Ausprägung dieses Zusammenhangs, auf die Folgen bestimmter gesellschaftlicher, politisch-sozialer Ordnungen, Arbeits- und Lebensformen für die Entstehung und Entwicklung der Kommunikationsformen innerhalb einer bestimmten Epoche. Die Erkundung, unter welchen technischen, sozialen und politischen Bedingungen eine moderne Massenpresse entstehen kann und welche Formen sie im einzelnen annimmt, wäre ein Beispiel hierfür; andere Themen könnten die Veränderungen der Kommunikationsformen unter dem Eindruck historischer Krisen sein oder die Frage nach dem Zusammenhang zwischen technischem Fortschritt und Wandel der Massenkommunikationsformen.

Weiterhin könnte es aufschlußreich sein, anhand sorgfältiger Analyse publizistischer, aber auch sozial- und politikgeschichtlicher Quellen »den durch die Presse vermittelten Prozeß gesellschaftlicher Kommunikation darzustellen und zu interpretieren«[41] – einen Prozeß, der auf mehreren Zeit- und Bewußtseinsebenen zu lokalisieren ist und der ebenfalls in seinen verschiedenen Phasen erkannt und rekonstruiert werden kann. Winfried B. Lerg hat ein Vier-Phasen-Kommunikationsmodell entwickelt,[42] das sich als Grundlage für weitere Überlegungen gut verwenden und wohl auch noch verfeinern läßt: Der ersten Phase des *Kontakts* (also die Aufnahme einer Information durch den Re-

40 So Kurt Koszyk, »Probleme einer Sozialgeschichte der öffentlichen Kommunikation«, in: *Presse und Geschichte. Beiträge zur historischen Kommunikationsforschung*, München 1977, S. 29.

41 Hartwig Gebhardt, »Das Interesse an der Pressegeschichte. Zur Wirksamkeit selektiver Wahrnehmung in der Medienhistoriographie«, in: *Presse und Geschichte II* (s. Anm. 25) S. 15.

42 Winfried B. Lerg, »Pressegeschichte oder Kommunikationsgeschichte?«, in: *Presse und Geschichte* (s. Anm. 40) S. 19ff.

zipienten) folgt die zweite des *Austauschs* (Verarbeitung und Interpretation der Information), der sich wiederum die dritte des *Einflusses* (gemeint sind Auswirkungen und Folgen dieser Informationsvermittlung, also der »Eindruck, den Kommunikation in der historischen Spur hinterläßt«) sowie die vierte und letzte Phase anschließen: die *Regelung* (gemeint sind hiermit »die Effektivität von Kontakt-, Austausch- und Einflußprozessen«, also auch die Frage nach der »Leistungsfähigkeit [...] der Medien«).[43]

Wichtig bleibt sodann die Frage nach den Inhalten und Vermittlungsformen spezifischer »Gesinnungen« durch die Medien. Bereits Max Weber hat eine intensive Erforschung der von ihm so bezeichneten »Produktion der Zeitungsgesinnung«[44] angemahnt und nach den politischen, sozialen, kulturellen und ökonomischen Hintergründen der modernen Massenpresse gefragt. Darüber hinausgehend ist es notwendig, sich den in Zeitungen, Zeitschriften, Pamphleten und Flugblättern verbreiteten Vorstellungen zuzuwenden – Vorstellungen, die sich im Rahmen der gesellschaftlichen Kommunikation in den unterschiedlichsten Formen äußern können: »von Vorurteil und Stereotyp über Ideologeme bis zu irrationalen Heilsbotschaften«[45]. Es versteht sich fast von selbst, daß derartige Analysen nur im engen Miteinander sozial-, mentalitäts- und politikgeschichtlicher Ansätze und Fragestellungen vorgenommen werden können, die zum angemessenen Verständnis jeder Art von menschlicher ›Vorstellung‹ in bestimmten Epochen und historischen Situationen unerläßlich sind.

Auf einen weiteren wichtigen, hiermit in engem Zusammenhang stehenden Aspekt hat Bodo Rollka aufmerksam gemacht: Es sollte nicht nur nach den Strukturen, Prozes-

43 Die Zitate ebd., S. 20.

44 Hennis, Max Webers »Vorbericht« (s. Anm. 34), S. 320.

45 Bodo Rollka, »Perspektiven einer vergleichenden historischen Kommunikationsforschung und ihre Lokalisierung im Rahmen der Publizistikwissenschaft«, in: *Presse und Geschichte II* (s. Anm. 25) S. 417.

sen und Inhalten von Kommunikation, sondern auch nach Kommunikationsverfehlungen gefragt werden, so etwa – ein historisch besonders wichtiges Thema – nach den »Kommunikationsstörungen«[46] zwischen zwei Ländern. Es ist nicht zu bestreiten, daß die prekären deutsch-französischen Beziehungen vom frühen 19. bis zur Mitte des 20. Jahrhunderts immer wieder von Störungen dieser Art bestimmt und nachhaltig beeinträchtigt worden sind.[47] Feindbilder, Stereotypen, auch Wahrnehmungsverweigerungen oder partielle Wahrnehmungsblindheit gehören zu ihren Erscheinungsformen. Untersucht man die Presseerzeugnisse eines bestimmten Landes innerhalb eines eng abgegrenzten Zeitraums unter dieser Fragestellung, dann lassen sich entsprechende Kommunikationspathologien anhand geeigneter Quellen leicht anschaulich machen und analysieren.[48]

Aus all dem ergibt sich schließlich auch die Notwendigkeit einer intensiven Rezeptionsforschung. Es darf nicht nur nach der Entstehung, nach den (sozialen, ökonomischen, politischen) Hintergründen, nach den formalen Eigenarten der Presseerzeugnisse gefragt werden, sondern eine anspruchsvolle Kommunikationsgeschichte muß sich auch dem »prozessuale[n] Zusammenhang von Produktion, Rezeption und Wirkung«[49] von Zeitungen, Zeitschriften, Pamphleten und Flugblättern widmen. Bereits Max Weber hat auf die Bedeutung der »Produktion öffentlicher Meinung durch die Presse« als zentrales Forschungsproblem hingewiesen. Dabei kann es nicht nur um Inhalte gehen, auch formale Aspekte sind zu berücksichtigen, so etwa die Fragen: »Welche andere Lektüreobjekte *verdrängt* die Pres-

46 Ebd., S. 419.

47 Vgl. dazu ebd., S. 419 ff.

48 Als exemplarische Studie hierzu siehe Bodo Rollka, »Das Preußenbild in der ›kleinen‹ Presse Frankreichs 1870/71«, in: *Jahrbuch für die Geschichte Mittel- und Ostdeutschlands* 31 (1982) S. 129–154.

49 Gebhardt (s. Anm. 41) S. 18.

se?« oder: »Zu welcher Art von Lektüre und zu welchen formalen Aenderungen der Ausdrucks- und Denkweise erzieht die Presse?«, – sowie, nicht weniger wichtig: »Welche Art von Personen *macht* die Presse ›berühmt‹ oder einflussreich? [...] Von wem und was *schweigt* die Zeitung und aus was für, in ihrer Eigenart und den Bedürfnissen ihres Publikums liegenden, Gründen?«[50]

Gerade die letzte Frage nach demjenigen, was ungesagt bleibt, wenn etwas gesagt wird, nach dem, was im Prozeß der Kommunikation bewußt oder unbewußt ausgespart und deshalb verschwiegen wird,[51] zeigt, daß man bei der Analyse publizistischer Quellen sich niemals damit begnügen kann, quellenimmanent vorzugehen, sich also ausschließlich auf die Interpretation dieser primären Quellen zu beschränken, sondern daß der historische, politische, soziale und nicht zuletzt auch ökonomische Kontext ausführlich mit zu berücksichtigen ist.

VI

Kommunikationsgeschichte in historischer Perspektive

All dasjenige, was man mit den Sammelbegriffen Presse und Publizistik zusammenfaßt, gehört in den weiten Bereich des Kulturlebens der Moderne und hält, wie schon Max Weber gesehen hat, einen nicht geringen »Anteil an dem materiellen Inhalt der modernen Kulturgüter«.[52] Das

50 Die Zitate nach: Hennis, »Max Webers ›Vorbericht‹« (s. Anm. 34) S. 321.

51 Dazu siehe auch die inzwischen klassische Arbeit von Elisabeth Noelle-Neumann, *Die Schweigespirale. Öffentliche Meinung, unsere soziale Haut*, München 1980.

52 Hennis, »Max Webers ›Vorbericht‹« (s. Anm. 34) S. 322.

bedeutet aber zugleich, daß Publizistik, Zeitungen und Presseerzeugnisse aller Art als solche bald »historisch« werden, d. h. sich nicht nur als vergängliche, dem historischen Wandel unterworfene Phänomene erweisen, sondern darüber hinaus auch selbst zum Objekt der Geschichtsschreibung avancieren.

Zur modernen Presseforschung gehört daher ebenfalls die Pressegeschichte, deren Anfänge für den deutschsprachigen Bereich in der Mitte des 19. Jahrhunderts liegen; nach Robert Eduard Prutz, der schon 1845 als erster mit einer *Geschichte des deutschen Journalismus* hervortrat, und Karl Bücher[53] waren es zwei Fachhistoriker, die sich kurz nach der Wende vom 19. zum 20. Jahrhundert diesem Gegenstand zuwandten. Martin Spahn bemerkte 1908, daß die Presse

> allen Geschichtsschreibern der jüngsten Geschichte die wertvollste Quelle von allen werden wird. Sie hat Vorzüge, in denen keine andere Quellengattung mit ihr wetteifern kann. Ihr Nachrichtennetz ist unvergleichlich dicht und fast lückenlos. Unzählige wichtige Vorgänge bringt sie, fast sogleich nachdem sie sich vollzogen haben, unter der Wirkung verschiedenartiger Beleuchtung von allen Seiten her. Vor allem aber ist die Presse außerordentlich sensibel. Kaum daß sich im Volks- oder Staatsleben ein Neues regt, [...] reagiert die Presse darauf.[54]

Spahns Ausführungen gipfelten in der Forderung nach einem umfassenden »Reichszeitungsmuseum«, in dem alle wesentlichen deutschen Presseerzeugnisse gesammelt, konserviert und wissenschaftlich ausgewertet werden sollten.[55]

53 Vgl. Robert Eduard Prutz, *Geschichte des deutschen Journalismus*, Tl. 1, Hannover 1845; zu Bücher siehe Anm. 5.

54 Martin Spahn, »Die Presse als Quelle der neuesten Geschichte und ihre gegenwärtigen Benutzungsmöglichkeiten«, in: *Internationale Monatsschrift für Wissenschaft, Kunst und Technik* 2 (1908) Sp. 1203 f.

55 Vgl. ebd., Sp. 1207 ff.

Und auch Wilhelm Bauer, der 1928 die Zeitung – noch etwas unscharf – als »ein geistig-wissenschaftliches Gebilde« definierte, »das in die verschiedensten Bereiche unsres Gemeinschaftslebens hineinreicht, in ihnen sich in mannigfacher Weise und in keineswegs eindeutiger Art auswirkt«,[56] konstatierte zwar, »daß wir von einer idealen Form der Zeitungsgeschichte noch ziemlich weit entfernt« seien, daß aber am idealen Ziel der Pressehistoriker festzuhalten sei, das darin liege, »der Zeitung in der Geschichtswissenschaft jenen Platz zu erringen, den sie verdient«.[57] Seit den 1920er Jahren haben eine Reihe bedeutender, gerade auch historisch arbeitender »Zeitungswissenschaftler« (wie man sie damals noch nannte), darunter Otto Groth, Karl d'Ester und Emil Dovifat, sich dieser Aufgabe durchaus mit Erfolg gewidmet.[58]

Heute zählen Zeitungen, Zeitschriften, Pamphlete und Flugblätter zu den zentralen und in ihrer Bedeutung nicht mehr angefochtenen Quellenbeständen der neueren Geschichte, auch wenn ihre Erschließung und Auswertung immer noch aufwendig ist und daher manche Probleme bereitet. Der spezifische Reiz dieser Quellen liegt in dem scheinbar unvermittelten Abdruck vergangener Wirklichkeit, in der Nähe zur Zeit und zur Gesamtsituation ihrer Entstehung, zu den Denk- und Anschauungsformen der Menschen einer bestimmten Epoche. Das oftmals Unreflektierte, das Direkte, Unverstellte gerade dieser Quellengattung – hergestellt und verfaßt von Menschen, für welche die Zukunft noch offen war – vermag auf den nachgeborenen Betrachter eine besondere Anziehungskraft auszuüben.

56 Wilhelm Bauer, »Was haben wir von einer Geschichte der modernen Presse zu verlangen?«, in: *Archiv für Buchgewerbe und Gebrauchsgraphik* 65 (1928), Pressa-Sonderheft, S. 155.

57 Ebd., S. 160.

58 Vgl. dazu u. a. Otto Groth, *Die Geschichte der deutschen Zeitungswissenschaft. Probleme und Methoden*, München 1948.

Nicht zuletzt aber kann uns der Rückblick auf die Geschichte der modernen menschlichen Kommunikation und ihrer Formen über die Natur unserer heutigen Informationsgesellschaft aufklären. Gehörte der Zugang zu Informationen früher zu den Privilegien einer kleinen Schicht, mußte man sich noch im 19. Jahrhundert um diesen Zugang regelrecht bemühen, ja ihn sich erkämpfen, so hat sich die heutige Situation geradezu in ihr Gegenteil verkehrt. Es gehört schon einige Anstrengung dazu, sich dem Übermaß an Informationen aller Art, die auch auf den unbedarftesten Zeitgenossen einströmen, zu entziehen. So dürfte es denn zu den interessantesten Themen einer künftigen historischen Kommunikationswissenschaft gehören, einmal die Herausbildung und Entwicklung der Selektionsmechanismen zu erforschen, mit deren Hilfe die heutige Informationsflut allein halbwegs bewältigt werden kann. Doch auch bei der Bearbeitung einer derartigen Fragestellung wird man um die Kenntnisnahme der wichtigsten publizistischen Quellen, allen voran Zeitungen und Zeitschriften, immer noch nicht herumkommen. Sie werden auch künftig zum zentralen Bestand der Textquellen zur modernen Geschichte gehören.

Literaturhinweise

Bauer, Wilhelm: Was haben wir von einer Geschichte der modernen Presse zu verlangen? In: Archiv für Buchgewerbe und Gebrauchsgraphik 65 (1928), Pressa-Sonderheft. S. 153–161.

– Die öffentliche Meinung in der Weltgeschichte. Wildpark/Potsdam 1930.

Boyce, George / Curran, James / Wingate, Pauline (Hrsg.): Newspaper History from the 17th Century to the Present Day. London / Beverly Hills 1978.

Bücher, Karl: Die Anfänge des Zeitungswesens. (1906.) In: K. B.: Die Entstehung der Volkswirtschaft. Vorträge und Aufsätze. Bd. 1. Tübingen [14/15]1920. S. 229–260.

Emery, Edwin: The Press and America. An Interpretative History of the Mass Media. Boston [9]2000.

Fischer, Heinz-Dietrich (Hrsg.): Deutsche Zeitungen des 17. bis 20. Jahrhunderts. Pullach b. München 1972.

– (Hrsg.): Deutsche Presseverleger des 18. bis 20. Jahrhunderts. Pullach b. München 1975.

– Handbuch der politischen Presse in Deutschland 1480–1980. Düsseldorf 1981.

Groth, Otto: Die Geschichte der deutschen Zeitungswissenschaft. Probleme und Methoden. München 1948.

– Die unerkannte Kulturmacht. Bde. 1–7. Berlin 1960–72.

Histoire générale de la presse française. Bde. 1 ff. Paris 1969 ff.

Kirchner, Joachim: Das deutsche Zeitschriftenwesen. Seine Geschichte und seine Probleme. Bde. 1–2. Wiesbaden [2]1958–62.

Koszyk, Kurt: Deutsche Presse im 19. Jahrhundert. Berlin 1966. (Geschichte der deutschen Presse. Tl. 2.)

– Deutsche Presse 1914–1945. Berlin 1972. (Geschichte der deutschen Presse. Tl. 3.)

– Pressepolitik für Deutsche 1945–1949. Berlin 1986. (Geschichte der deutschen Presse. Tl. 4.)

Lindemann, Margot: Deutsche Presse bis 1815. Berlin 1969. (Geschichte der deutschen Presse. Tl. 1.)

Münster, Hans Amandus (Hrsg.): Probleme des Zeitungswesens. Bd. 1–2. Berlin 1929–30.

Presse und Geschichte. Beiträge zur historischen Kommunikationsforschung. München 1977.

Presse und Geschichte II. Neue Beiträge zur historischen Kommunikationsforschung. München [u. a.] 1987.

Salomon, Ludwig: Geschichte des deutschen Zeitungswesens von den ersten Anfängen bis zur Wiederaufrichtung des Deutschen Reiches. Bde. 1–3. Oldenburg/Leipzig 1900–06. Reprogr. Nachdr. Aalen 1973.

Schneider, Franz: Pressefreiheit und politische Öffentlichkeit. Studien zur politischen Geschichte Deutschlands bis 1848. Neuwied/Berlin 1966.

– »Presse, Pressefreiheit, Zensur«. In: Otto Brunner / Werner Conze / Reinhart Koselleck (Hrsg.): Geschichtliche Grundbegriffe. Historisches Lexikon zur politisch-sozialen Sprache in Deutschland. Bd. 4. Stuttgart 1978. S. 899–927.

Sösemann, Bernd: »bißweilen Errata vnd vngleichheiten«. Die Zeitung als historische Quelle. In: Relation. Medien, Gesellschaft, Geschichte 1 (1994), S. 6–70.

Spahn, Martin: Die Presse als Quelle der neuesten Geschichte und ihre gegenwärtigen Benutzungsmöglichkeiten. In: Internationale Monatsschrift für Wissenschaft, Kunst und Technik 2 (1908) Sp. 1163–70, 1201–12.

Wilke, Jürgen: Grundzüge der Medien- und Kommunikationsgeschichte. Von den Anfängen bis ins 20. Jahrhundert. Köln/Weimar/Wien 2000.

Wichtige Beiträge zur Geschichte der Publizistik im allgemeinen und der Presse im besonderen enthalten die Jahrgänge der Zeitschrift *Publizistik* 1 ff. (1956 ff.), das *Jahrbuch für Kommunikationsgeschichte* 1 ff. (1999 ff.), sowie die Reihe *Beiträge zur Kommunikationsgeschichte* 1 ff. (1994 ff.).

Bilder

Von Michael Maurer

Eine Irritation am Anfang. Als eine der opulentesten Inkunabeln erschien 1493 bei Koberger in Nürnberg die *Schedelsche Weltchronik*, in einer lateinischen und in einer deutschen Ausgabe, mit nicht weniger als 1809 Holzschnitten.[1] Betrachtet und vergleicht man diese jedoch genauer, kann man manche Überraschung erleben: Ein eindrucksvolles Landschaftspanorama zum dritten Weltalter, betitelt ANGLIE PROVINCIA, zeigt eine stark befestigte Stadt an einem Fluß, überragt von einem dramatisch abfallenden Felsen; auch das jenseitige Ufer ist stark befestigt. Man erkennt Wohnhäuser, Kirchen, Wachtürme und alles, was zu einer spätmittelalterlichen Stadt gehört – aber kann das Dover sein? Oder vielleicht eine Stadt in Wales, in Cornwall? Die Frage wird gegenstandslos, wenn man sich von Blatt XXXXVI^{r} zu Blatt CCLXXI^{v} vorgearbeitet hat und dort denselben Holzschnitt unter dem Titel »Die Walachey« findet! Eine Verwechslung? Vergleicht man weiter, kann man analoge Erfahrungen machen: Der Holzschnitt »Engelland« (Blatt CCLXXXIIII^{r}), wiederum eine phantastische, wild-romantische Stadtansicht, findet sich an anderer Stelle auch unter dem Titel »Mayland« (Blatt LXXII^{r}). Man wird allmählich gewahr, daß mit diesen Ansichten offensichtlich nicht Abbildungen im erwarteten Sinne gemeint sind; vielmehr hat ein Drucker sein Werk mit einer begrenzten Zahl von Druckstöcken, die er immer wieder einsetzte, prächtig ausstaffiert.

Doch damit noch nicht genug: Zieht man Städteansichten von Nürnberg, Augsburg, Venedig usw. zum Vergleich

1 Zugänglicher Reprint: *Die Schedelsche Weltchronik*, Nachw. von Rudolf Pörtner, Dortmund 1978.

heran, kann man unschwer Bestandteile der vertrauten Gebäude und Szenerie erkennen. Einem Teil der Holzschnitte (übrigens von künstlerischer Qualität: Michael Wohlgemut) kommt also offenbar die Bedeutung von Stadtansichten zu, einem anderen dagegen nicht. Die Irritation für ein modernes Bewußtsein besteht nun darin, daß beide Typen unterschiedslos nebeneinander stehen. Man ist versucht, das als Differenz der Wirklichkeitsauffassungen zu interpretieren: Die eigene und erreichbare Umwelt (von Nürnberg als Zentrum aus gesehen) steht unter dem Postulat des Realismus; jenseits dessen gibt es eine ferne, phantastische, die man sich ausmalen darf. Damit sehen wir uns aber auch in einer gleichgestaltigen Welt: Es gibt kein Verstummen vor dem Fremden, Nicht-Gesehenen; dem Anschein nach ist alles gleichartig, nah und fern. Vielleicht führt solche Interpretation aber auch schon zu weit: Möglicherweise werden, ganz banal, die vom Künstler aufgehäuften Druckstöcke eingesetzt; was er an bestimmbaren Lokalitäten geschaffen hatte und was vagen Mustern folgte, bleibt einfach ungeschieden. In jedem Falle aber: es herrscht ein anderer Bildbegriff als der gegenwärtig allgemeine, der ja wohl (bei Städteansichten) nach wie vor unter dem Realismuspostulat steht.

Als Betrachter stehen wir offenbar selber an einem bestimmten, historisch herleitbaren Punkt der Wahrnehmungsgeschichte, der uns an Bilder bestimmter Art fixe Erwartungen richten läßt. Wenn wir ein Dokumentarfoto in der Zeitung sehen, haben wir die Vorerwartung eines realistischen Abbilds (mögen wir auch oft genug getäuscht worden sein). Sehen wir ein Gemälde wie Picassos *Guernica*, käme niemand auf den Gedanken, dies sei als ein Abbild der baskischen Stadt zu nehmen. Die Farbigkeit, die Collagetechnik, die sofort erkennbaren Stilqualitäten aktivieren bei jedem in unserer Epoche in unserem Kulturkreis Gebildeten sofort den Filter »Vorsicht, Kunstwerk!«. Wir betrachten und interpretieren ein solches unter völlig anderen

Prämissen als ein Dokumentarfoto. Man wird nicht bezweifeln, daß sich auch Picassos *Guernica* als historische Quelle lesen läßt; aber die Voraussetzungen der Deutung sind grundlegend andere, wie jeder Betrachter schon intuitiv erkennt.

Freilich: Nicht immer ist die Distanz so deutlich, der Kontrast so kraß. Ein wenig vorgebildeter Bildbetrachter empfindet wohl bei einem Gemälde realistischer Stilrichtung (Beispiel: Anton von Werners *Kaiserkrönung in Versailles*) zunächst einmal die Versuchung, dies als realistisches Abbild in der Art einer Pressefotografie zu nehmen. Er wundert sich dann, wenn er erklärt bekommt, wie kunstvoll (und manipulativ) das alles zusammengestellt ist: die Figurenkonstellation, die erkennbaren und nicht erkennbaren Gesichter der beteiligten Fürsten, Bismarck in einer weißen Ulanenuniform (die er nicht trug), die Gestik, die Lichtführung.[2] Er wird lernen, daß auch Gemälde realistischer Stilrichtung nicht einfach Abbilder sind, sondern Darstellungen. Anders ausgedrückt: Die Wirklichkeit, die sich uns präsentiert, wird in jedem Fall durch die Perspektive und in der Interpretation eines bestimmten Künstlers gegeben; sie bildet sich nicht selbst ab. (Oder, um das Paradox auf die Spitze zu treiben: Wenn sich die Wirklichkeit selbst abbilden könnte, wäre das auch nur in Form einer Interpretation möglich.)

Nun könnte jemand einwenden: Wenn alle Bilder (Gemälde) solche Darstellungen (Manipulationen) sind – sollte man dann nicht besser auf die Heranziehung von Bildern als historischen Quellen überhaupt verzichten?

Diesem Einwand liegt offensichtlich die naive Vorstellung zugrunde, dem Historiker sei aus anderen Quellen (also wohl Schriftquellen) eine sicherere Wirklichkeit zugänglich. Faktisch eignet ihm aber nur größere Sicher-

2 Vgl. Thomas W. Gaehtgens, *Anton von Werner. Die Proklamierung des Deutschen Kaiserreichs. Ein Historienbild im Wandel preußischer Politik*, Frankfurt a. M. 1990.

heit im Umgang mit Schriftquellen, weil es der Tradition der Geschichtswissenschaft, wie sie sich vornehmlich im 19. Jahrhundert und vornehmlich in Deutschland ausgebildet hat, entspricht, daß man als Handwerkszeug des Historikers schon bei der ersten Einführung das Besteck der Quellenkritik überreicht bekommt. Wie uns jede schriftliche Quelle, jede historische Darstellung mit einer eigenen Problematik konfrontiert, die für den Erfahrenen schon durch die Klassifikation, durch die Einordnung in eine bestimmte Quellengattung, unmittelbar erläutert und aufgeschlüsselt werden kann, so steht es auch mit bildlichen Darstellungen, die erst seit dem späten 19. Jahrhundert in nennenswertem Umfang in die historische Arbeit einbezogen wurden und erst seit wenigen Jahrzehnten in ihrer Problematik und Quellenspezifik klarer umrissen sind.

Der besondere Gesichtspunkt, auf dem wir heute stehen (die oben angesprochene unterschiedliche Erwartungshaltung angesichts eines Pressefotos und des Gemäldes *Guernica*), muß als historisch gewachsen erkennbar werden; nur so können wir uns selber kontrollieren. Dazu trägt es bei, wenn wir uns über die Entwicklung der Präsenz des Visuellen Rechenschaft geben. Zu Rankes Zeiten waren historische Darstellungen noch reine Textwerke. Auch wenn entwickelte Medien grafischer Reproduktion zur Verfügung standen (Holzschnitt, Radierung, Lithografie) – man sprach der historischen Darstellung als sprachlichem Kunstwerk eine so hohe Würde zu, daß man die durch Bildbeigaben erhöhte Anschaulichkeit keineswegs für eine willkommene Zutat gehalten hätte.

Seit dem späten 19. Jahrhundert aber erschienen – vor allem im Bereich der Kulturgeschichte – mehr und mehr Prachtwerke, die mit Opulenz das neureiche, aber noch wenig gebildete Wirtschaftsbürgertum der wilhelminischen Epoche zu locken suchten. Nun entstanden aufwendig gestaltete Werke, bei denen der Text eher zurücktrat angesichts der reproduzierten Bilder und eingefügten faksimilierten Dokumente. (Bei wirklich prächtigen Ausgaben ging man so weit, auch das entsprechende Papier nachzubilden, nicht nur die Handschrift zu faksimilieren, also gewissermaßen kunsthandwerkliche Replikate historischer Dokumente anzufertigen).[3] Unter dem Gesichtspunkt der Authentizität suchte man nun Nähe zu allen Epochen. Die Fotografie entwickelte sich und die Reproduktionstechnik für Fotografien in Büchern. Eine neue Welt historischer Erkenntnis schien eröffnet durch Unmittelbarkeit: Die bildliche Darstellung drängte sich vor gegenüber der schriftlichen Darstellung; und ihr Reiz bestand (für die weniger gebildeten Zeitgenossen) wohl klar darin, daß man nun glaubte, sich mit vergangenen Zeiten umstandslos, ohne den Filter der (doch immer irgendwie mühsamen) Wissenschaft, in Verbindung setzen zu können. Durch Bild und Replikat eignete man sich ferne Epochen an, unterwarf sie sich gewissermaßen.

Sofort entstand ein Problem für die Produzenten solcher Werke: Die Gegenwart ließ sich, vor allem dank der Fotografie, aber auch der realistischen Malerei, in jeder Facette durchdringend darstellen. Aber die fernere Vergangenheit? Man fotografierte Bauwerke, Kunstgegenstände, Trachten – aber man zeichnete sie auch nach. Man begann mit Rekonstruktionszeichnungen beispielsweise für vor- und frühgeschichtliche Zeiten, aus denen wenig oder gar kein Bildmaterial vorhanden war; was die Archäologen ergraben hatten, wurde gewissermaßen sekundär visualisiert, ins Bild gesetzt. Aber ein vorgeschichtlicher Mensch, mochte man ihm auch als Kostüm ein Fell gegeben und seine Schädelform der des Menschenaffen angenähert haben, war doch immer, gezeichnet mit den Mitteln des 19. Jahrhunderts, ein Mensch im Lichte der Moderne, in der sentimentalen Anempfindung an ein Überwundenes.

3 Beispielsweise: Otto Henne am Rhyn, *Kulturgeschichte des deutschen Volkes*, 2 Bde., Berlin 1886.

Kurz: Es war im Zeitalter des Historismus, als man die gesamte Weltgeschichte zu bebildern begann. Ältere Epochen, deren künstlerischer Entwicklungsstand solche Medien noch nicht gekannt hatte, wurden nun gewissermaßen aufgefüllt mit Phantasie. Doch stand diese historistische Phantasie zugleich unter einem rigorosen Historismuspostulat: Künstler, die (wie Franz Pforr) den Einzug eines Kaisers in eine mittelalterliche Stadt malten, trieben akribische Architektur- und Kostümstudien. Der Maler, obwohl er sich im Prinzip als einen autonomen Künstler sah, unternahm trotzdem quasi wissenschaftliche Studien, um seinem Gemälde die Glaubwürdigkeit eines authentischen Abbildes zu verleihen. Die hohe Künstlichkeit dieses Versuches historischer Aneignung ging oft einher mit einem demonstrativen Realismus; sie konnte gleichzeitig den simplen Betrachter über den Kunstcharakter des Abbildes täuschen und beim Kenner Bewunderung einheimsen für die studierte historische »Treue«.

Als nächster Schritt mußte folgen, auch den Stil und die Malweise an den Gegenstand der Darstellung anzunähern. Die berühmten Darstellungen Adolph von Menzels zum Leben Friedrichs des Großen stehen auf dieser Stufe: Sie bebildern nicht nur das 18. Jahrhundert, sondern versuchen Stilqualitäten wiederzugewinnen, die man dieser Zeit zuschrieb: Die Tafelrunde in Sanssouci wird nun in eine brillante Szenerie verwandelt, die sie an das heranrückt, was Zeitgenossen Friedrichs des Großen zwar nicht in Potsdam, wohl aber in Paris und Venedig gemalt hatten. Daß Friedrich der Große es versäumt hatte, auf seinen Feldzügen einen Porträtmaler mitzunehmen, wurde nun mit historischer Gerechtigkeit ausgeglichen: Menzel schuf die Szenenbilder, die für die *Fridericus-Rex*-Filme des 20. Jahrhunderts Pate stehen sollten. Und nicht nur im Heroischen: Kein Maler hätte im 18. Jahrhundert einen preußischen Feldbriefträger als lohnendes Sujet empfunden; im Geiste des Historismus schuf Menzel (man wußte ja durch die Eisenbahn, den Telegrafen, den Weltpostverein Bescheid über die Bedeutung der Kommunikation im Kriege!) jene immer wieder reproduzierten Figuren aus dem Siebenjährigen Kriege, die authentischer scheinen als die Bilder des 18. Jahrhunderts selbst.

Eine spätere Generation mußte (und muß!) den Umgang mit so perfektem realistischen Schein erst wieder lernen. Die internationale Moderne, die Katastrophen des 20. Jahrhunderts, die Entlarvung großer Fälschungen haben uns sensibilisiert für den Darstellungscharakter von Kunstwerken, die in ihrer realistischen Qualität oft geradezu als Fenster in die Geschichte erscheinen, bei kritischer Würdigung aber eher Zerrbilder sind. Wie man sich daran gewöhnt hat, bei der Auswertung von Schriftquellen ganz selbstverständlich die grundlegenden Fragen zu stellen – nach der Nähe des Autors zum Berichteten, nach seiner sozialen, politischen, konfessionellen Grundhaltung, nach seinen Rechtfertigungs- und Propagandaabsichten –, so muß man auch die Bilder mit gleicher Kritik bedenken. Nur dann können sie zum Sprechen gebracht werden; nur dann können wir eine Erweiterung historischer Erkenntnis aus dem Umgang mit Bildern erwarten.

Sonderfall Porträt. Es gehört zum Menschen, daß er sich ein Andenken stiften will – oder umgekehrt: daß jemand eine abwesende oder verstorbene Person *in effigie* bei sich behalten möchte. Eine der ältesten Künstlerlegenden will die Entstehung des Porträts daraus erklären, daß der Schatten eines abreisenden Geliebten an der Wand mit Strichen festgehalten worden sei.[4] Grabdenkmäler enthalten oft auch Bilder eines Verstorbenen – zum Beispiel als Porträtmedaillon. Herrscher machten ihr Konterfei schon in der Antike auf Münzen bekannt. Immer stellt ein Porträt eine

4 Plinius d. Ä., *Historiae naturales* 35,1 (vgl. auch den Kommentar dazu bei Rudolf Preimesberger [u. a.] (Hrsg.), *Porträt*, Berlin 1999, S. 117–126).

Beziehung her: Es setzt ein Abbild für einen wirklichen Menschen, eine Sache für eine Person. Diese Repräsentation kann abstrakter Natur sein, bis hin zum reinen Symbol; sie kann aber auch eine möglichst getreue Wiedergabe einer Gestalt, eines Gesichtes, eines Profils anstreben.

Mit neuzeitlichem Blick sind wir versucht, Ähnlichkeit als Voraussetzung für ein Porträt zu fordern. Es erscheint uns geradezu als eine Frage der Ethik, ob ein Porträt wirklichkeitsgetreu oder geschönt ist. Deutlich wird diese Maxime etwa im Ausspruch des Puritaners Cromwell, der zu seinem Porträtisten gesagt haben soll, er solle alles in seinem Gesicht getreu wiedergeben, »warts and all that« (»mit Warzen und allem«). Andererseits können wir diese Haltung keineswegs allgemein voraussetzen: Nicht nur, weil viele Menschen gerne schöner, idealer, perfekter in Erinnerung bleiben wollen, als sie wirklich waren, sondern auch deshalb, weil jedes Porträt (auch das am Maßstab der Ähnlichkeit orientierte) immer schon einem Bildtypus folgt. Eine Gestalt bildet sich nicht selber ab; sie kann erst zum Porträt werden, indem ein Maler seinen Eindruck nachschaffend ins Bild setzt.

Porträts bilden eine Gattung der Kunst; jedes neue Porträt steht in einer unendlichen Reihe. Es wäre naiv, sich vorzustellen, ein Porträtmaler beginne mit jedem Porträt, mit jeder neuen Aufgabe gewissermaßen neu; es ist wohl wirklichkeitsnäher, davon auszugehen, daß ein Maler ein (und immer dasselbe!) Porträt gewissermaßen anhand eines aktuellen Objekts neu verwirklicht, in bezug auf den aktuellen Auftrag modifiziert realisiert. So kommt es auch, daß wir nicht nur Porträts, bei denen der Künstler sich in voller Freiheit vom Maßstab der Ähnlichkeit losgesagt hat, als Werke eines bestimmten Künstlers zu erkennen vermögen (Picasso, Francis Bacon), sondern auch bei Künstlern unter der Ähnlichkeitsprämisse gewöhnlich sofort den persönlichen Stil erkennen, auch wenn er auf die jeweils neue Porträtaufgabe individuell eingegangen ist (Van Dyck, Goya).

Im Porträt treffen sich offenbar zwei Linien: die Bildauffassung des Porträtisten und die Eigenheit des Porträtierten.

Wann können wir überhaupt ein individuelles Abbild einer Person erwarten? Dies hängt offenkundig mit der Sensibilität für Individualität zusammen, die nach klassischer Auffassung mit der Renaissance in ein neues Stadium getreten und in der Folge zum Signum der Neuzeit geworden ist. Jacob Burckhardt sprach seinerzeit eindringlich von einem komplementären Zusammenhang der »Entdeckung der Welt und des Menschen«.[5] Auch wenn das heute teilweise differenzierter gesehen wird, kann man kaum leugnen, daß zum Beginn der Neuzeit und erneut im 18. Jahrhundert innerhalb der europäischen Kultur Schübe der Individualisierung stattgefunden haben. Rudolf Preimesberger hat auf eine mittelalterliche Buchmalerei hingewiesen, auf der ein ganzer Nonnenkonvent abgebildet ist, und zwar in der Weise, daß zwar in der Beischrift jede einzelne Nonne namentlich bezeichnet ist, in der Abbildung aber jede durch eine nahezu gleichartige Figur repräsentiert wurde.[6] Das bedeutet wohl, daß hier die Zugehörigkeit zu einem bestimmten Kloster und Orden als entscheidendes Merkmal herausgehoben ist (wie es ja auch die Einheitlichkeit des Habits nahelegt), aber beispielsweise die individuelle Ausprägung der Gesichtszüge nicht als bildwürdig erachtet wurde. Umgekehrt erscheinen uns auf Gruppenporträts holländischer Schützengilden des 17. Jahrhunderts zwar auch alle Männer wesentlich durch Gleichartigkeit der Kleidung, Kopfbedeckung, Bewaffnung usw. als Korporationsmitglieder definiert, doch lassen sich durchaus in den Gesichtern bedeutende Unterschiede feststellen; offensichtlich haben die Auftraggeber selber Wert auf »Ähnlichkeit« gelegt, wollten selbst als Mitglieder einer solchen Korporation noch individuell kenntlich sein.

5 Jacob Burckhardt, *Die Kunst der Renaissance in Italien. Ein Versuch*, Stuttgart ^{10}1976, S. 261.

6 Preimesberger (s. Anm. 4) S. 20.

Was uns im Zeitalter der Fotografie nicht mehr hinreichend deutlich ist: Ältere Porträts sind grundsätzlich in ihrer Haltung und Gestik, vor allem aber in den Attributen sprechend. Zu einer historischen Bildkunde gehört es deshalb, daß man nicht nur am Stil des Malers und an der Kleidung des Porträtierten die Zeit und Umstände, oft die nationale oder regionale Tradition, nicht selten die Konfession und immer den Stand des Porträtierten erkennen kann, sondern auch mit den Attributen etwas anzufangen weiß. Verhältnismäßig einfach ist es, wenn die Attribute realistisch zu deuten sind, als Hinweise auf den Beruf etwa: Ein Geograph sitzt dann vor Karten und Globus; ein General trägt den Marschallstab. Komplexer wird es dort, wo sich die Sprache der Attribute auf ein damals allgemein geläufiges Symbolsystem bezieht, das heute erst wieder erlernt werden muß: Ein Mann mit einem Schädel kann zwar möglicherweise von Beruf Anatom gewesen sein; wahrscheinlicher ist es aber, daß dies ein allgemeines *Memento mori* darstellen soll und als religiöser Hinweis auf das Wissen um die Vergänglichkeit und Hinfälligkeit des Menschen zu lesen ist. Aber auch eine Dame mit einem Blumenstrauß wird seltener eine Blumenhändlerin sein; wahrscheinlicher ist es, daß das Welken der Schnittblumen ein Hinweis auf das tragische Wissen um das Transitorische der Schönheit, also letztlich wiederum der Vergänglichkeit menschlicher Dinge, sein soll. Der abgezogene, schlaff herunterhängende Handschuh eines Kavaliers aus dem 17. Jahrhundert zeigt uns zunächst einen Herrn von Stande, der sich zu benehmen weiß und seltene und teure Accessoires sein eigen nannte; es deutet aber auch auf den Melancholiker, der unter einer zeittypischen Gemütsverfassung leidet. Dieses Feld wird – trotz der Festgelegtheit der Symbole – komplexer, wenn man sich ihre Fülle und Zuordnung vergegenwärtigt und außerdem immer noch gewahr sein muß, daß ein Attribut jenseits des Symbolischen eben auch platt gegenständlich in Erscheinung treten kann. Es läßt sich nicht in jedem Falle klären, ob ein Sammler des 17. Jahrhunderts, der sich mit einem Skorpion abbilden läßt, dieses Sammlerstück, das er vielleicht teuer erworben hat, voll Besitzerstolz mit ins Bild setzen läßt – oder ob er damit etwas über seine Nativität (Tierkreiszeichen) oder über sein Temperament und seine Eigenschaften mitteilen will.

Porträts folgen immer einem Typus. Interessant wird es jedoch dort, wo Umdeutungen herkömmlicher Bildtraditionen und Aneignungen für neue Zwecke stattfinden. Albrecht Dürers berühmtes jugendliches Selbstporträt, in dem er mit lang wallendem Haar *en face* achsensymmetrisch in Erscheinung tritt, usurpiert einen Porträttypus, der bis dahin für Christus gegolten hatte. Es symbolisiert damit einen Anspruch des Künstlers, den man, religiös betrachtet, blasphemisch nennen müßte. Nazarener wie Johann Evangelist Scheffer von Leonhardshoff treten nicht nur programmatisch in die Nachfolge Raffaels, sondern porträtieren sich auch in (pseudo)raffaelischer Manier.[7] Ohne die beeindruckende Serie von Selbstdarstellungen, die uns Rembrandts körperlichen Verfall vom jungen Mann zum Greis überliefern, wären die Selbstporträts Goyas, Mengs' oder Joshua Reynolds' kaum denkbar. Frauen werden in der älteren Maltradition zu Madonnen; in einem sich säkularisierenden Zeitalter konnte der Madonnentypus unendlich oft zur Hebung der Würde individueller Frauen, Geliebter und Bräute eingesetzt und variiert werden.

Ein Sonderproblem ist dabei das Kostüm- oder Rollenbild: Nicht selten erheben Porträts ja gar nicht den Anspruch, jemanden Bestimmten als solchen darzustellen, sondern vielmehr jemanden Bestimmten in der Rolle eines anderen. Man kann sich eines Lächelns kaum enthalten, wenn man Kaiser Wilhelm II. sieht, wie er sich in der Art Ludwigs XIV. porträtieren läßt:[8] Die Komik ist ohne Zwei-

7 Vgl. die Reproduktion in Preimesberger (s. Anm. 4) S. 47 sowie die Interpretation ebd., S. 49–53.

8 Vgl. die Abbildungen bei Michael Sauer, *Bilder im Geschichtsunterricht*, Seelze/Velber 2000, S. 50.

fel unfreiwillig; es charakterisiert ihn geradezu, daß er Theaterwirkung sucht, ohne die Grenze der Lächerlichkeit zu respektieren. Ein so künstliches und gemachtes, ja falsches Bild wie dieses Repräsentationsbild ist deshalb, im Kontext anderer Zeugnisse über diesen Kaiser, höchst aussagekräftig; es ist weit charakteristischer, als es eine realistische Abbildung sein könnte.

Jedes Porträt repräsentiert einen Menschen, sei es nun betont individuell oder als Träger einer Rolle, als Mitglied einer Korporation, eines Standes. Jedes Porträt stiftet *Memoria*, verschafft dem Andenken einer Person Dauer.

Ein solches Bildnis gehört oft in eine Reihe, versucht, einen überpersönlichen Zusammenhang zu etablieren. Eine adlige Familie, die von Generation zu Generation porträtiert wird und diese Bilder in einer Ahnengalerie ausstellt, prägt den Nachfahren beides zugleich ein: die Familientradition und das Erscheinungsbild des jeweiligen Trägers. Eine Universität oder Fakultät schafft sich eine bildliche Repräsentation ihrer Institution, wenn sie alle Amtsträger oder die würdigsten Professoren in einer kontinuierlichen Reihe durch die Jahrhunderte im Porträt darstellen läßt – so geschehen etwa an der Universität Jena.[9] Der Streit um das Selbstverständnis einer solchen Institution, ihre *corporate identity*, kann sich dann möglicherweise an der Fortsetzung der Reihe ihrer Rektorenporträts entzünden (so ebenfalls in Jena geschehen).[10]

Das Porträt als Stellvertreter des Porträtierten – das ist ein archetypischer Zusammenhang, der sich, auch ohne Wissen um seine Geschichte, immer neu herstellen wird. Wenn heute ein Jugendlicher verreist und sich ein Foto seiner Freundin einsteckt, braucht er nicht unbedingt zu wissen, daß Werther und seine Zeitgenossen vor zweihundert Jahren ähnlich verfuhren (damals hatte man gerne Minia-

9 Barbara Oeme, *Jenaer Professoren im Bildnis. Gemälde aus 425 Jahren Universitätsgeschichte (1548/58–1983)*, Jena 1983.

10 Franz-Joachim Verspohl / Michael Platen (Hrsg.), *Anke Doberauer: Acht Magnifizenzen*, Jena/Gera 1997.

turen auf Anhängern, in Ringen oder Schnupftabakdosen). – Ähnlich der Kult um die Hitlerbilder in allen Amtsstuben, bei politischen Veranstaltungen und im privaten Kreis: Der »Führer« erstrebte mit diesem klassischen Mittel (unter Nachahmung der Kaiser und Könige früherer Zeiten) jene Allpräsenz unter »seinem« Volk, die er mit Hilfe des neuen Mediums Rundfunk dann akustisch durch seine Stimme erreichte.

Dem Historiker dienen Porträts in vielfacher Weise als Quellen: Über Aussehen und Eigenschaften historischer Persönlichkeiten, über die Persönlichkeitsauffassung verschiedener Epochen, über sachkundliche Befunde (Kostüm, Frisur, Barttracht, kulturell geprägte Verhaltensformen). Dabei darf nie vergessen werden: Bilder sind Artefakte; sie repräsentieren wohl einerseits den Abgebildeten, sie repräsentieren aber zugleich auch (und oft in erster Linie!) die Intention des Künstlers.

Der Künstler aber ist seinerseits nicht unabhängig zu denken von den Traditionen, die er vorfand und umbildete, und von den Medien, die ihm zur Verfügung standen. Ein Ölgemälde erhebt einen anderen Anspruch als eine Kohlezeichnung. Die Entscheidung für den Holzschnitt limitiert die Ausdrucksmöglichkeiten in anderer Weise als diejenige für den Kupferstich. Vielleicht ist die Wahl des Mediums schon die Botschaft: Die Wiederaufnahme des Holzschnitts im Expressionismus entsprach offenbar den künstlerischen Intentionen jener Künstlergruppe einer weltgeschichtlichen Krisenzeit. Die Fotografie schließlich, die sich in ihrer Anfangszeit mühsam an die anerkannten bildkünstlerischen Standards zu halten suchte, ohne die Möglichkeiten des neuen Mediums voll auszuschöpfen, brachte für Porträtkünstler eine klare Entlastung und Umdeutung ihrer Aufgabe: Entlastet vom Zwang des Ähnlichkeitspostulats, konnten sie jene ältere Auffassung revitalisieren, die immer schon vom Künstler mehr als das bloße Konterfei verlangt hatte, nämlich eine Deutung der Persönlichkeit – eine symbolische Gestaltung des sichtbaren »Gesichts« als Projektionsfläche für psychische Tatbestände, für Temperament und Charakter, für »innere« Qualitäten. Deren Ausdruck erwartete man nach klassischer Persönlichkeitstheorie physiognomisch, im Gesicht; vor allem die Augen galten als »Spiegel der Seele«. In diesem Sinne war das Porträt immer mehr als ein Abbild: eine Gratwanderung zwischen dem Ähnlichkeitspostulat (der Dargestellte oder diejenigen, die ihn kannten, sollten ihn im Bilde wiedererkennen können) und der imaginativen Aufgabe, im Spiegel des Gesichts etwas vom »Wesen« der Persönlichkeit zum Ausdruck zu bringen.

Eine solche Deutung beinhaltet immer eine Festlegung, im Guten wie im Bösen, eine Abstempelung geradezu. Denn ein lebend Anwesender hat ja immer auch sein momentanes Gesicht, das den Mitmenschen etwas über seine Stimmung, Haltung, Laune sagt; im Porträt jedoch würde das Momentane zwangsläufig zum Charakteristischen, ja Symbolischen. Durch die Jahrhunderte finden wir in der abendländischen Porträtmalerei eine große Scheu vor dem Ausdruck starker Affekte, extremer Regungen. Schon Lachen und Weinen – so gewöhnlich sie im Alltag sein mögen – sind im Porträt selten. Die Kultur des Individuellen erscheint unter diesem Gesichtspunkt eher als Kultur des Individualtypischen.

Kein Wunder, daß die geradezu magische Macht der Bilder immer wieder heftige Reaktionen hervorrief: Bilderzerstörungen richten sich häufiger gegen Porträts als gegen andere Bilder. Der Macht des Bildes mußte auch ein König wie Heinrich VIII. Tribut zollen: Das Porträt der Anna von Kleve, das ihm sein Hofmaler Hans Holbein angefertigt hatte, bestimmte ihn zur Aufnahme von Heiratsverhandlungen; das Eintreffen der realen Braut versetzte ihn in mühsam bewältigten Schrecken. Die Kontrolle über die Bilder wurde ein Element der Herrschaftstechnik für seine Tochter. Elisabeth I., deren körperliche Alterung man zu Beginn ihrer Regierungszeit noch im Porträt verfolgen kann, legte sich später auf einen geradezu byzantinisch-ikonenhaften Bildtypus fest, privilegierte bestimmte Hofmaler und verfolgte die unberechtigte Herstellung von Herrscherporträts.[11] Im Zeitalter Ludwigs XIV. war solche Monopolisierung von Abbildern als aktive *Image*-Politik schon selbstverständlich geworden.

All dies – und anderes mehr – ist bei der Interpretation von historischen Porträts zu bedenken. In alten Bildern treten uns, wie es uns scheinen mag, lebendige Menschen entgegen; solche Begegnungen können die Faszination von Begegnungen mit lebenden Menschen erreichen. Und trotzdem wäre es eine Illusion, zu glauben, daß uns von den Leinwänden Bilder der Art anblicken, wie sie uns ein moderner Flachspiegel entgegenwirft. Der Verdruß über das Mühsame und Trügerische schriftlicher Zeichen darf uns dieser Illusion nicht aufsitzen lassen. Auch diese Bilder sind Darstellungen – nicht Abbilder. Wir können aus ihnen unendlich viel lernen – aber nur, wenn wir zugleich die Gesetze der Gattung erforschen, ihre Geschichte, ihre Normen und die möglichen Abweichungen.

Sonderfall Historiengemälde. Höher als Porträts standen in der klassischen Kunsttheorie die Historiengemälde.[12] In der abendländischen Tradition hatte sich seit dem 15. Jahrhundert (am Anfang: Leon Battista Albertis Traktat *Della Pictura* von 1436) eine (uns heute fremd gewordene) Hierarchie der Gattungen ausgebildet. Ganz unten stand das Stilleben, es folgte die Landschaftsmalerei, dann das Genre, dann das Porträt, über allem aber die Historienmalerei. Eine gewisse innere Logik kann man dieser Reihung nicht absprechen: Das Unbelebte, argumentierte man gewöhnlich, sei leichter abzubilden als das Belebte. Vor allem aber hielt man sich an die biblische Vorgabe: die Krone der

11 Roy Strong, *Gloriana. The Portraits of Queen Elizabeth I*, New York 1987.
12 Zusammenstellung der theoretischen Äußerungen bei Thomas Gaehtgens / Uwe Fleckner (Hrsg.), *Historienmalerei*, Berlin 1996.

Schöpfung sei der Mensch, Gottes Ebenbild. Unter Historien verstand man die Wiedergabe historischer Ereignisse, wie sie in den Geschichtsbüchern vorkamen (die Parallelbiographien des Plutarch etwa erfreuten sich besonderer Beliebtheit), doch verstand man unter Historien auch die mythologischen Szenen, wie sie beispielsweise Homer darbot, insbesondere aber galt die Bibel als höchster Fundus von »Historien«. Die Kriterien, die man an solche Historiengemälde herantrug, waren erstens Wahrheit und Treue (so kritisierte man es etwa, wenn ein Maler wie Paolo Veronese biblische Geschichten ausgeschmückt hatte), zweitens *disegno*, d. h. den Bildaufbau, den Plan, die einsichtige Struktur (erst spät wurde demgegenüber das Kolorit als Gegenbegriff stärker gewichtet), drittens kam es auf die moralische, erbauliche, bessernde Botschaft an, auf die Wirkung, die man sich auf den Betrachter versprechen zu können glaubte.

Die Hierarchie der Gattungen und die besondere Hochwertung der Historienmalerei hatten verschiedene Nebeneffekte. Zunächst einmal war diese Gewichtung, schon seit Alberti, dafür herangezogen worden, zu begründen, daß ein Maler (d. h. ein wirklicher Maler, der z. B. Historien malen konnte), kein bloßer Handwerker war, sondern auf einer Stufe mit dem Gelehrten stand. Denn um ein Historiengemälde verfertigen zu können, mußte er belesen sein (oder sich zumindest entsprechend beraten lassen). In der Akademie unter Ludwig XIV. wurde dieses Element verstärkt: Die einer Mitgliedschaft gewürdigten Maler waren weit mehr als Handwerker; sie genossen ein beträchtliches Prestige und hatten gute Einkommenschancen. Im übrigen gelang es mit Hilfe dieser Institutionalisierung der Kunst und der Standardisierung des Kunstgeschmackes natürlich auch, die Künste zu kontrollieren und die Propagandamöglichkeiten auszuschöpfen.

Die Spannung zwischen dem ästhetischen Bestandteil der Definition von Historienmalerei und dem ethischen blieb unaufgelöst; sie wurde erst im 19. Jahrhundert allgemein bewußt und sprengte dann die Gattung konsequent. Auf dem Weg dahin war noch vielerlei zu diskutieren: Konnte man etwa moderne historische Szenen, entsprechend in zeitgenössischem Kostüm, den klassischen Mustern anreihen? Als der amerikanische Maler Benjamin West sein berühmtes Gemälde *Der Tod des Generals Wolfe* malte, eine Szene aus dem gerade erst abgeschlossenen Siebenjährigen Krieg, ging Sir Joshua Reynolds, Präsident der neugegründeten Londoner Royal Academy, zu ihm ins Atelier, um ihm darzulegen, daß das nicht möglich sei. In der Zeit der Französischen Revolution bewies Jacques-Louis David, der schon vorher als Historienmaler hervorgetreten war, daß gerade der Bezug auf die großen Ereignisse der Gegenwart ein würdiger Bildgegenstand sein könne und das Optimum dessen erreichte, was die damalige Theorie des Historiengemäldes forderte: Wirkung auf den Betrachter, Erschütterung, Erregung großer Empfindungen. (Freilich zeigte sich unter Napoleon dann sehr schnell, daß ein solcher Maler politisch in Dienst genommen werden konnte – ja mußte![13]) Andererseits entwickelten Maler als Zeitgenossen des großen Umbruchs um 1800 durchaus originelle, individuelle und nicht-vereinnahmte Reaktionen auf das verstörende Zeitgeschehen auch und gerade wieder im Rahmen einer neu verstandenen Historienmalerei: Man denke nur an Goya! Grundsätzlich mußte Historienmalerei aber dann etwas anderes und Neuartiges sein, wenn sie nicht mehr im Auftrag und durch Patronage der Herrschenden ihren selbstverständlichen Ort in der Gesellschaft fand.

Das 19. Jahrhundert entwickelte neue Lösungen: Beispielsweise wurde 1854/55 in Deutschland eine *Verbindung für historische Kunst* als Zusammenschluß regionaler Kunstvereine gebildet. Die Struktur des Vereins sollte an die Stelle

13 Richard Schult, »›… das Schiff der Revolution in den von ihm bestimmten Hafen zu bringen‹. Jacques-Louis David und die Krönung Napoleons«, in: *Geschichte in Wissenschaft und Unterricht* 43 (1992) S. 728–742.

fürstlicher Mäzene treten; mit Hilfe eines Vereinswesens sollten Aufträge vergeben, Künstlerreisen gefördert werden; Lotterien machten Kunstwerke zugänglich für Bürger – soweit sie als Vereinsmitglieder Beiträge zahlten.[14] Es bestand die Vorstellung, historische Gemälde seien zu fördern als Instrumente historischen Bewußtseins und als Träger des nationalen Gedankens. Historiengemälde bekamen in einem Kontext wie dem deutschen, der noch keinen Nationalstaat erreicht hatte, wohl aber einen solchen anstrebte, eine ganz neue Funktion und Aufgabe. Die ethische Erziehung durch ästhetische Meisterwerke, welche die ältere Historienmalerei durch *exempla historica* angestrebt hatte, wurde nun zu einer politischen Erziehung.

Die Kritik an solcher Kunst lag auf der Hand: Die Künstler hätten ihre Autonomie geopfert, um politisch wirksam zu werden. Trotz des Konsenses im Nationalen und trotz der im 19. Jahrhundert weithin unbefragten Begeisterung für alles Historische brach hier ein Problem auf. Die Künstler der Moderne wandten sich überwiegend von der Historienmalerei ab. Andererseits ist unübersehbar, daß gerade in Staaten mit regulierter Öffentlichkeit und einem propagandistischen Auftrag an die Kunst (beispielsweise in der Sowjetunion oder in der DDR) Historienmalerei in neuer Form zur Blüte kam.

Sonderfall Bildpublizistik. Bei der Heranziehung von Bildern als historischen Quellen darf der Historiker nie vergessen, daß die Maler nicht gemalt haben, um ihm Belege für seine Auffassungen zu liefern, sondern in ihrer je eigenen Tradition standen – im Zweifelsfall: einer *künstlerischen* Tradition. Trotzdem gibt es natürlich auch Bereiche, in denen Künstler (im Auftrag) auf eine politische Wirkung zielten, die derjenigen von Schriftquellen (Zeitungen, Flug-

14 Vgl. dazu Joachim Großmann, *Künstler, Hof und Bürgertum. Leben und Arbeit von Malern in Preußen 1786–1850*, Berlin 1994.

blättern usw.) analog sein kann. Voraussetzung sind dafür im Regelfall Reproduktionstechniken (um ein gewisses, nicht zu begrenztes) Publikum zu erreichen. Solche standen aber mit dem Holzschnitt und dem Kupferstich schon früh zur Verfügung. Zu Beginn der Neuzeit war bereits der Stand erreicht, daß künstlerische Reproduktionstechniken in den politischen, sozialen und konfessionellen Auseinandersetzungen wirkungsmächtig zum Einsatz kommen konnten – wohl zuerst in der Frühphase der Reformation, im Bauernkrieg, dann auch im Dreißigjährigen Krieg, im Zeitalter Ludwigs XIV. überall in Europa. Anfangs waren es vorwiegend deutsche Künstler, Drucker und Verleger, die sich auszeichneten; im 17. Jahrhundert wurde ein Großteil Europas von den Niederlanden aus beliefert.

Wir wollen uns einen interessanten Fall näher vornehmen. In Schulgeschichtsbüchern wird die Entdeckung Amerikas seit langem fast stereotyp mit einem Kupferstich von Theodor de Bry belegt, der freilich nicht das von modernen Augen erwartete Zielfoto des die Insel Hispaniola erstbetretenden Entdeckers darstellt, sondern vielmehr eine ganze Sequenz von Ereignissen:[15] Im Vordergrund der stolze Spanier, dem die nackten »Wilden« (freilich nicht von indianischem Typus!) huldigend Geschenke, Edelmetalle und Geschmeide, darbringen; dahinter Matrosen, die ein Kreuz errichten, ferner die ankommenden Schiffe und anderes mehr. Entscheidend ist nun, daß dieser Kupferstich erst hundert Jahre nach dem Ereignis geschaffen wurde, also nicht von einem Augenzeugen, und überhaupt soviel Phantastisches enthält, daß man ihn nur als eine sehr gebrochene historische Quelle heranziehen darf.

Der Kupferstecher und Verleger Theodor de Bry, hugenottischer Konfession, war 1570 angesichts der spanischen Verfolgung aus Lüttich geflohen und hatte sich in Frankfurt am Main niedergelassen. 1590 begann er mit seiner

15 Vgl. Günter Kaufmann, »Neue Bücher – alte Fehler. Zur Bildpräsentation in Schulgeschichtsbüchern«, in: *Geschichte in Wissenschaft und Unterricht* 51 (2000), S. 68–87; hier: S. 75–79.

Sammlung von Reisen in das westliche Indien, einer Edition von Reiseberichten zur Entdeckungsgeschichte von Amerika. In diesem Werk brachte er veröffentlichte und unveröffentlichte Reiseberichte; aufgrund der Stiche anderer, aber auch aus eigener Phantasie steuerte er Kupferstiche bei, die natürlich illustrieren, aber auch kommentieren und argumentieren.[16]

Die Tendenz läßt sich dahingehend zusammenfassen, daß er Amerika als ein paradiesisches Ideal der Naturschönheit und der friedlichen Menschen entwirft, in das die Europäer störend eingebrochen sind. Im Konfessionellen Zeitalter zerfielen die Europäer aber für jedes zeitgenössische Bewußtsein zwangsläufig in zwei Lager: Protestanten und Katholiken. Daß diese ideologische Blickschärfung besonders bei einem Mann wie de Bry ausgeprägt war, der um seines Glaubens willen aus der Heimat hatte fliehen müssen, kann nicht überraschen. Wo de Bry also reformierte Reiseberichte, etwa den des Sir Walter Raleigh, zu illustrieren hat, sieht er positive Möglichkeiten: Christianisierung und Kultivierung. Wo er dagegen katholische Reiseberichte zu illustrieren hat (am krassesten bei Girolamo Benzoni), porträtiert er die entdeckenden Spanier als wahre Bestien, die wie die reißenden Hunde über die amerikanischen Ureinwohner herfallen, die jede Sittenlosigkeit, jeden Raub, jedes Verbrechen begehen. Er zeigt, wie sie die Einwohner Amerikas versklaven, zur Arbeit in Bergwerken zwingen, wie Tiere an Ketten führen, aufspießen und rösten. Der hugenottische Kupferstecher Theodor de Bry wurde zu einem der wirkungsmächtigsten Propagandisten jener *leyenda nera* (»schwarzen Legende«), die überall in Europa das Bild des hochmütigen, grausamen und brutalen Spaniers verbreitete. Die Illustrierung von Reiseberichten aus der Neuen Welt diente ihm dazu als Umweg; er setzte ins Bild, was dieser Tendenz entsprach.

16 Vgl. zum Folgenden genauer: Hildegard Frübis, *Die Wirklichkeit des Fremden. Die Darstellung der Neuen Welt im 16. Jahrhundert*, Berlin 1995.

Bildpublizistik wurde als Mittel der Propaganda im Laufe der Neuzeit immer wichtiger und immer weiter ausgebaut. Auf die konfessionellen Differenzen folgten die zwischenstaatlichen, politischen, sodann die sozialen: Im Zeitalter der Französischen Revolution und Napoleons wurde nicht nur mit Bajonetten und Geschützen gekämpft, sondern auch mit der Feder und dem Grabstichel.[17] Karikaturen, immer schon möglich als Zeichnungen in kleineren Kommunikationszusammenhängen (Familie, Schule, Universität), wurden nun, als Kupferstiche reproduziert, zu einem Propagandainstrument von Staaten, bestimmten politisch-ideologisch kohärenten Gruppen, Parteien. Solche Karikaturen konnten als Einzelblätter vertrieben werden oder als Beigaben zu Zeitschriften und Büchern erscheinen.[18] – Eine spätere Möglichkeit, die vor allem in urbanen Milieus im Zeitalter der Massen (und der Massendemokratie) zum Einsatz kam: das politische Plakat, das Historiker so gerne heranziehen, weil es klare Wirkungsabsichten hat und fast immer eindeutig zugeordnet werden kann.[19] Aber auch weniger spektakuläre Medien, wie die nach 1870 entwickelte Bildpostkarte, die im Zeitalter der Eisenbahnen und des Weltpostvereins bald zu einem Massenmedium wurde, setzten diese Linie fort; sie konnte durchaus agitatorisch eingesetzt werden, vor allem in Kriegszeiten, aber auch ideologisch meinungsbildend (etwa antisemitisch).[20]

17 Vgl. Klaus Herding / Rolf Reichardt, *Die Bildpublizistik der Französischen Revolution*, Frankfurt a. M. 1989.

18 Ein instruktives Beispiel: Günter Kaufmann, »›O Bruder!‹ – drei Karikaturen H. E. Köhlers zur deutschen Teilung. Ein Versuch, sich der Suggestion von Karikaturen zu widersetzen«, in: *Geschichte in Wissenschaft und Unterricht* 45 (1994) S. 151–163.

19 Vgl. Frank Kämpfer, *»Der rote Keil«. Das politische Plakat. Theorie und Geschichte*, Berlin 1985.

20 Vgl. Rudolf Jaworski, »Alte Postkarten als kulturhistorische Quellen«, in: *Geschichte in Wissenschaft und Unterricht* 51 (2000) S. 88–103. Helmut Gold / Georg Heuberger (Hrsg.), *Abgestempelt. Judenfeindliche Postkarten*, Frankfurt a. M. 1999.

Was also hat der Historiker von der Heranziehung von Bildern als historischen Quellen? Muß er sich auf die publizistisch-propagandistischen Äußerungen beschränken, welche ihm verdoppeln und erläutern, was er auch aus Schriftquellen wissen kann?

Keineswegs. Es gab und gibt nicht wenige Historiker, die gerade auf die eigene Überzeugungskraft und Faszination der Bilder setzen, welche – wenn man das nicht zu naiv versteht – gewissermaßen einen direkten Zugang zur Vergangenheit offenlegen. Im Museum, meinte der große französische Historiker Jules Michelet, habe er als Jugendlicher einen lebendigen Eindruck der Geschichte erfahren – nicht aus Büchern.[21] Es gibt Autoren, die mit Überzeugung eine Geschichte in Bildern liefern wollen.[22] Bei einem Gang durch unsere Museen mit alten Meistern kann man jederzeit die Probe aufs Exempel machen. Das Ergebnis ist jedoch zwiespältig: Derjenige, der in Geschichte und Kunstgeschichte bewandert ist, entwickelt unendlich viele Assoziationen, er findet Belege, Widersprüche, Anschlußstellen; die Bilder sprechen zu ihm. Derjenige, der diesen Bezugsrahmen nicht hat, kann sich ästhetisch oder moralisch angesprochen fühlen durch die Kunst als Kunst; daß er in seiner Ausdeutung, wenn sie die historische und kunsthistorische Dimension nicht hat, öfter strauchelt und irrt, ist unvermeidlich. Ein produktiver Umgang mit Bildern ist nur in dialektischer Weise zu erwarten:[23] Historische Erkenntnisse

21 Vgl. Francis Haskell, *Die Geschichte und ihre Bilder. Die Kunst und die Deutung der Vergangenheit*, München 1995, S. 274–298; Gaehtgens/Fleckner (s. Anm. 12) S. 62 sowie S. 312–320.

22 Vgl. beispielsweise: *Frauenalltag durch die Jahrhunderte. Ein Bilder-Lesebuch* von Marie Lise Göpel mit Bildern aus dem Archiv für Kunst und Geschichte und Einführungstexten von Marianne Bernhard, Ismaning bei München 1986.

23 Vgl. Michael Maurer, »Bilder repräsentieren Geschichte. Repräsentieren Bilder Geschichte? Zur Funktion historischer Bildquellen in Wissenschaft und Öffentlichkeit«, in: Klaus Füßmann [u. a.] (Hrsg.), *Historische Faszination. Geschichtskultur heute*, Köln/Weimar/Wien 1994, S. 61–89.

aus Kunstwerken sind genau dann möglich, wenn wir sie historisch zu sehen lernen, d. h. in ihrer Zeit, in ihrer Wirkungsabsicht, nach Maßgabe der Patronageverhältnisse, der Entwicklung der künstlerischen Techniken einer Zeit, ihrer Kunsttheorie. Dabei benötigen wir den kritisch-reflexiven Stachel, der uns bewußt hält, daß die Maler nicht zum Nutzen der Historiker gemalt haben, anders ausgedrückt: daß die Frage nach Bildern aus historischen Quellen letztlich an der Intention der Künstler vorbeigeht, ihre Werke (Kunstwerke!) einer reduzierten Fragestellung unterwirft.

Und trotzdem: Von seinem Beruf und Denkansatz her eignet sich der Historiker alle Lebensgebiete an und entfremdet alle Zeugnisse aus ihrem ursprünglichen Kontext. So wenig ein Historiker fromm sein muß, um das Mittelalter verstehen zu können, so wenig muß er Künstler sein, um Kunstwerke als Quellen heranziehen zu dürfen. Was ihn trägt, ist die kulturhistorische Prämisse: Daß die verschiedenen Überreste einer Epoche (ob nun Gebäude, Gemälde, Traktate) im Zusammenhang zu sehen sind, »Ähnlichkeiten« aufweisen, einen »Stil«. Freilich: Ein gereiftes Verständnis der Epochen weiß auch um die Gleichzeitigkeit des Ungleichzeitigen. Die kulturhistorische Prämisse wird keineswegs von jedermann geteilt;[24] sie hat nicht den Status einer Realität, sondern den einer Arbeitshypothese. Allerdings einer solchen, die sich fruchtbar machen läßt.

24 Vgl. Ernst Gombrich, *Die Krise der Kulturgeschichte. Gedanken zum Wertproblem in den Geisteswissenschaften*, München 1991.

Literaturhinweise

Altrichter, Helmut (Hrsg.): Bilder erzählen Geschichte. Freiburg i. Br. 1995.

Gaehtgens, Thomas W. / Fleckner, Uwe (Hrsg.): Historienmalerei. Berlin 1996.

Haskell, Francis: Die Geschichte und ihre Bilder. Die Kunst und die Deutung der Vergangenheit. München 1995.

Kaufmann, Günter: Doppelbilder – Anregungen zum Umgang mit historischen Bildquellen. In: Geschichte in Wissenschaft und Unterricht 43 (1992) S. 659–680.

– Gesetzestafeln als Bildschmuck neuer Ordnungen. Die Säkularisierung und Profanisierung eines historischen Bildmotivs. In: Geschichte in Wissenschaft und Unterricht 47 (1996) S. 301–319.

– Neue Bilder – alte Fehler. Zur Bildpräsentation in Schulgeschichtsbüchern. In: Geschichte in Wissenschaft und Unterricht 51 (2000) S. 68–87.

Mai, Ekkehard (Hrsg.): Historienmalerei in Europa. Paradigmen in Form, Funktion und Ideologie. Mainz 1990.

Maurer, Michael: Bilder repräsentieren Geschichte. Repräsentieren Bilder Geschichte? Zur Funktion historischer Bildquellen in Wissenschaft und Öffentlichkeit. In: Klaus Füßmann [u. a.] (Hrsg.): Historische Faszination. Geschichtskultur heute. Köln/Weimar/Wien 1994. S. 61–89.

Michels, Helmut: Die Allegorie als Medium im Geschichtsunterricht. Eine Unterrichtsreihe zum politischen Denken der Aufklärung. In: Geschichte in Wissenschaft und Unterricht 51 (2000) S. 103–113.

Möseneder, Karl: Kulturgeschichte und Kunstwissenschaft. In: Klaus P. Hansen (Hrsg.): Kulturbegriff und Methode. Der stille Paradigmenwechsel in den Geisteswissenschaften. Tübingen 1993. S. 59–80.

Oexle, Otto Gerhard (Hrsg.): Der Blick auf die Bilder. Kunstgeschichte und Geschichte im Gespräch. Mit Beitr. von Klaus Krüger und Jean-Claude Schmitt. Göttingen 1997.

Panofsky, Erwin: Sinn und Deutung in der bildenden Kunst. Köln 1978.

Preimesberger, Rudolf [u. a.] (Hrsg.): Porträt. Berlin 1999.

Sauer, Michael: Bilder [Stichworte zur Geschichtsdidaktik]. In: Geschichte in Wissenschaft und Unterricht 51 (2000) S. 114–124.

– Bilder im Geschichtsunterricht. Seelze/Velber 2000.

Talkenberger, Heike: Von der Illustration zur Interpretation: Das Bild als historische Quelle. In: Zeitschrift für Historische Forschung 21 (1994) S. 289–314.

Tolkemitt, Brigitte / Wohlfeil, Rainer (Hrsg.): Historische Bildkunde – Probleme, Wege, Beispiele. Berlin 1991.

Wilharm, Irmgard (Hrsg.): Geschichte in Bildern. Von der Miniatur zum Film als historische Quelle. Pfaffenweiler 1995.

Wohlfeil, Rainer: Das Bild als Geschichtsquelle. In: Historische Zeitschrift 243 (1986) S. 91–100.

Fotografien

Von Karin Hartewig

> Nicht der Schrift-, sondern der Photographieunkundige wird, so hat man gesagt, der Analphabet der Zukunft sein.
>
> WALTER BENJAMIN

I
Bildwelten

Das 20. Jahrhundert ist das Jahrhundert der Bilder. Die Fotografie ist längst ein selbstverständliches Medium des alltäglichen Lebens geworden. Ihre massenhafte Reproduzierbarkeit hat sie allgegenwärtig werden lassen, von der trivialen Abbildung bis hin zur avantgardistischen Präsentation.

Als das Jahrhundert noch jung war, beanspruchte die Fotografie gebieterisch aufklärerische und erkenntnisfördernde Qualitäten. So verteidigte die *Berliner Illustrirte Zeitung* im Herbst 1919 das Medium gegen kulturkritische Vorbehalte:

> Man soll nicht von ›gedankenloser Bildgier‹ unseres Zeitalters reden. Sie bezeichnet eine Wandlung in der Denkungsart, weg von der abstrakten Spekulation, hin zur ›Naturwissenschaftlichkeit‹ einer konkreten Betrachtung. Die Illustrationsphotographie ist das zeitgeschichtliche Mikroskop des Weltbürgers. Der Photograph wandert für Euch um die Welt, um sie Euch nahe zu bringen. Er steht am Kraterrand des Vulkanausbruches, saust im Boot durch die Stromschnellen des Niagara, klettert auf dem Turmspitzkopf des Wol-

kenkratzers, fliegt im Flugzeug über den Himalaya, läßt sich im Schützengraben verschütten, steht im Schußwechsel zwischen Spartakus und Regierungstruppen. Und all dies nur, damit Ihr überall dabei sein könnt, wo Ihr nicht dabei wart, damit Ihr alle Perspektiven und Erscheinungsformen dieser Welt, von außen und innen, sehen lernt. Und indem Ihr seht, werdet Ihr wissend.

Mit der Erfindung und schnellen Verbreitung der Fotografie im 19. Jahrhundert hatte sich der Umgang mit Bildern und ihre Wahrnehmung verändert. Waren bis dahin Bilder von der Hand des Künstlers Artefakte, so umgab die Fotografie von Anfang an der Nimbus der Objektivität. Eine präzise Reproduktion der Wirklichkeit schien möglich.[1] Die Fotografie konnte in den Augen der Zeitgenossen belegen, daß sich Ereignisse »so und nicht anders« zugetragen hatten. Nicht zufällig faszinierte sie auch manche Vertreter des Historismus. Für Leopold von Ranke waren Fotos die »echtesten unmittelbaren Urkunden«, die von der Vergangenheit zeugten. Und er erwartete durch sie eine Revolutionierung der Geschichtswissenschaft.[2]

Eine neue Welt entstand, die nicht mehr durch Hörensagen oder schriftliche und bildnerische Aufzeichnungen überliefert wurde, sondern vermeintlich objektiv reproduziert werden konnte. Der Bildjournalismus warb mit der Authentizität der Bilder und machte seine schaulustigen Leser zu Augenzeugen der Weltgeschichte.[3] Seine Aufmerksamkeit galt der berühmten Persönlichkeit, der spektakulären Großtat, der (Natur-)Katastrophe und von An-

1 Gisèle Freund, *Fotografie und bürgerliche Gesellschaft. Eine kunstsoziologische Studie*, München ²1974, S. 14 ff.

2 Leopold von Ranke, *Sämtliche Werke*, Bd. 15, Leipzig 1873, S. 103.

3 Siehe dazu Peter Tausk, *Die Geschichte der Fotografie im 20. Jahrhundert. Von der Kunstfotografie bis zum Bildjournalismus*, Köln ²1980; *150 Jahre Fotojournalismus*, Bd. 1, hrsg. von Nick Yapp; Bd. 2, hrsg. von Amanda Hopkins, Köln 1995.

fang an dem Krieg.[4] Die Atelierfotografie lieferte gekrönten Häuptern, dem Bürgertum und schließlich auch den Unterschichten Porträtfotografien und Familienaufnahmen »zur Erinnerung« an bedeutsame Ereignisse.[5] Die Amateurfotografie, die nach 1900 einen schnellen Aufschwung erlebte, brachte unzählige Aufnahmen des privaten Lebens hervor. Mit der Verbreitung der Kodak-Kleinbildkameras, die mit dem Slogan warben »You press the button, we do the rest«, entstanden »Knipserbilder«, deren emotionaler Mehrwert stets die Qualität der Aufnahme überstieg.[6] Bereits im letzten Drittel des 19. Jahrhunderts erkannten die Kriminalistik und das Strafrecht[7], die Ethnographie[8] und die Anthropologie[9] die Bedeutung von Fotos bei der Ermittlung und Erkennung des Verdächtigen, des Fremden oder des Exotischen und bei der Diagnose von Krankheit und Abweichung.[10] In der Kriminalanthropologie wurde die Fotografie zum hervorragenden Medium, das wesentlich zur Ver-

4 Bereits im amerikanischen Bürgerkrieg wurde unablässig fotografiert. Aus der Fülle der Bildbände und der fotogeschichtlichen Literatur: William C. Davis / Bell I. Wiley (Hrsg.), *Photographic History of the Civil War*, 2 Bde., New York 1994.

5 Claudia Gabriele Philip, *Porträtfotografie in Deutschland. 1850–1918*, Stuttgart 1991; Klaus Honnef (Hrsg.), *Lichtbildnisse. Das Porträt in der Fotografie*, Köln 1982.

6 Tim Starl, *Knipser: Die Bildgeschichte der privaten Fotografie in Deutschland und Österreich von 1880 bis 1980*, München 1995.

7 John Tagg, »Power and Photography – A Means of Surveillance: the Photograph as Evidence in Law«, in: Tony Bennett (Hrsg.), *Culture, Ideology, and Social Process*, London 1981, S. 285–307.

8 Michael Wiener, *Ikonographie des Wilden: Menschenbilder in Ethnographie und Photographie 1850–1918*, München 1990; Thomas Theye, *Der geraubte Schatten. Eine Weltreise im Spiegel der ethnographischen Photographie*, München 1989.

9 Elizabeth Edwards, *Anthropology and Photography. 1860–1920*, New Haven / London 1994.

10 Vgl. Erin O'Connor, »Camera Medica. Towards a Morbid History of Photography«, in: *History of Photography. Special Issue: Medicine and Photography* (Autumn 1999) S. 232–244; Andreas-Holger Maehle, »Zielsetzungen und erste Anwendungsbereiche der medizinischen Photographie im 19. Jahrhundert«, in: *Photomed* 2 (1989) S. 137–148.

wissenschaftlichung der Physiognomik beitrug.[11] Die Fotografie lockte mit der Möglichkeit einer »visuellen Diagnose, die den Außenseiter, den Verbrecher, den Kranken, aber auch den rassischen Mustertypus mit der nötigen eidetischen Evidenz vorstellen zu können versprach«.[12]

Für Anthropologen und Ethnographen wurde die Kamera zum Standardwerkzeug ihrer Beobachtung. Der frühen Ethnographie galt das »unsichtbare Objektiv« als Königsweg der Recherche.[13] Andererseits bedienten die Porträts der eingeborenen Bevölkerung als »Typen« den zeitgenössischen europäischen Geschmack am »Pittoresken«. Die Anthropologie nutzte die Fotografie zur Erfassung des »kulturellen Inventars«.[14]

Auch die Wirtschaft zog ihren Nutzen aus der Fotografie. Um die Jahrhundertwende entdeckten große Industrieunternehmen und Konzerne das Medium als Mittel zur Repräsentation und Werbung nach außen, aber auch als gemeinschaftstiftende Universalsprache einer »corporate identity« nach innen.[15] Programmatisch versuchte die Arbeiterfotografie seit den 1920er Jahren, Gegenbilder der Arbeit in Umlauf zu bringen, die einer kritischen, linken Gegenkultur entsprangen.[16] Doch der Anspruch einer marxistischen Bildtheorie wurde eher im polemischen oder sozialkritischen Bildjournalismus umgesetzt,

11 Susanne Regener, *Fotografische Erfassung. Zur Geschichte medialer Konstruktionen des Kriminellen*, München 1999.

12 Claudia Schmölders, *Das Vorurteil im Leibe. Eine Einführung in die Physiognomik*, Berlin ²1997, S. 32, 120ff.

13 Vgl. Clifford Geertz, *Dichte Beschreibung. Beiträge zum Verstehen kultureller Systeme*, Frankfurt a. M. 1983.

14 John Collier / Malcolm Collier, *Visual Anthropology: Photography as a Research Method*, Albuquerque 1986, S. 45ff.

15 David E. Nye, *Image Worlds: Corporate Identities at General Electric. 1890–1930*, Cambridge 1985; Klaus Tenfelde (Hrsg.), *Bilder von Krupp. Fotografie und Geschichte im Industriezeitalter*, München 1994.

16 Alf Lüdtke, »Industriebilder – Bilder der Industriearbeit? Industrie- und Arbeiterphotographie von der Jahrhundertwende bis in die 1930er Jahre«, in: *Historische Anthropologie* 1 (1993) H. 3, S. 394–430.

der die bürgerliche Gesellschaft als Ganzes ins Visier nahm.[17]

Das älteste unter den »neuen Medien« hatte der Malerei und der Zeichenkunst bald den Rang abgelaufen und galt von da an als Verfahren zur objektiven Aufzeichnung der Wirklichkeit in ihrer »äußeren Gestalt« und in ihrem »inneren Gehalt«. Doch am Ende des 20. Jahrhunderts mutet der Optimismus, der der Fotografie entgegengebracht wurde, in einem dreifachen Sinne ›falsch‹ an. Er wirkt unangemessen, was die Unbestechlichkeit der Bilder angeht; übertrieben heroisierend, was die Stilisierung des Fotografen als Abenteurer und wagemutigen Entdecker betrifft; und naiv, wenn es um den Zusammenhang von Sehen und Erkenntnis geht.

II

Vom (politischen) Gebrauch der Fotografie oder Was beweist ein Foto?

Im Folgenden sollen zwei Beispiele gegeben werden, die in quellenkritischer Absicht die vielfältigen und folgenreichen Möglichkeiten des politischen Gebrauchs historischer Fotos erhellen – Gebrauchsweisen, denen mit einer flüchtigen oder aber einer distanzlosen, »gläubigen« Rezeption von Fotos durch den Betrachter nicht beizukommen ist.

Als die deutsche SS im April und Mai 1943 den Aufstand im Warschauer Ghetto blutig niederschlug, ließ der SS-Gruppenführer Jürgen Stroop neben einem Bericht ein Al-

17 Richard Hiepe, *Riese Proletariat und große Maschine. Zur Darstellung der Arbeiterklasse in der Fotografie von den Anfängen bis zur Gegenwart*, Erlangen 1983; Eckhard Siepmann, *Montage: John Heartfield. Vom Club DADA zur AIZ*, Berlin 1988.

bum mit 54 Fotos anfertigen. Darunter findet sich auch die Aufnahme eines kleinen Jungen, Zvie Nußbaum, der mit erhobenen Armen einer Gruppe von Frauen, Kindern und Männern aus dem Warschauer Ghetto vorangeht. Im Album trägt sie die Bildunterschrift: »Mit Gewalt aus Bunkern herausgeholt.«[18] Das Foto fehlt in kaum einem Schulbuch oder einer illustrierten Geschichte des Dritten Reiches. Und es ist in unzähligen Dokumentarfilmen über das Ghetto und über den Holocaust zu sehen. Doch die »vielzitierte« Aufnahme wurde mit abweichenden Bildlegenden versehen. Sie differieren vor allem in der Frage, wen das Foto zeige und welche Geschichte es erzähle. Die Identität des Fotografen bleibt im Dunkeln, ebenso der Anlaß zu fotografieren und der Zusammenhang, in dem die Aufnahme steht. Das Foto, das aus der Täterperspektive »geschossen« wurde, gibt vor, die Perspektive der Opfer einzunehmen.[19]

Zahlreich ist die fotografische Überlieferung der Konzentrations- und Vernichtungslager, der Ghettos, des Holocausts, die aus der Hand der Täter stammt. Der Entstehungszusammenhang vieler Aufnahmen und die Frage, wer da fotografierte, sind oft vergessen. Mit den Jahrzehnten fand eine Kanonisierung des öffentlichen Blicks und eine Reduktion auf wenige Bilder statt. Sie bilden eine Art visuelles Repertoire. In ihm nähern sich, sozusagen durch den fortwährenden Gebrauch, Fotos wie das genannte den Aufnahmen der alliierten Befreier der Konzentrations- und Vernichtungslager an.[20]

Als die Wehrmacht im Sommer 1941, nach dem Überfall auf die Sowjetunion, schnell nach Osten vorrückte, konnten die Amateur- und die bestellten Kriegsfotografen in Feld-

18 Jürgen Stroop, *»Es gibt keinen jüdischen Wohnbezirk in Warschau mehr«*, mit einem Vorw. von Andrzej Wirth, Neuwied 1960.

19 Jürgen Hannig, »Bilder die Geschichte machen. Anmerkungen zum Umgang mit ›Dokumentarfotos‹ in Geschichtslehrbüchern«, in: *Geschichte in Wissenschaft und Unterricht* 1 (1989) H. 1, S. 10–32; S. 12–16.

20 Cornelia Brink, *Ikonen der Vernichtung. Öffentlicher Gebrauch von Fotografien aus nationalsozialistischen Konzentrationslagern nach 1945*, Berlin 1998.

grau Massaker fotografieren, die die Sowjets vor ihrer Flucht vor den Deutschen in den Gefängnissen und Arbeitslagern in Regionen nahe der Demarkationslinie an Tausenden »konterrevolutionärer Elemente« verübt hatten. Zahlreiche deutsche Soldaten begaben sich zu den Orten, um die Verbrechen der Sowjets zu sehen – und zu fotografieren. Solche Fotos blieben zum Teil in Privatbesitz. Als Kriegsbeute gelangten sie aber auch in polnische und russische Archive. Nach 1945 wurden etliche dieser Fotos als Beweise für die deutschen Verbrechen in der Sowjetunion betrachtet, die ja tatsächlich in großer Zahl verübt worden waren. Zuletzt präsentierte das Hamburger Institut für Sozialforschung fälschlicherweise einige Aufnahmen von Opfern sowjetischer Kriegsverbrechen als Dokumente in der Ausstellung »Vernichtungskrieg. Verbrechen der Wehrmacht« und im Katalog.

In dem jüngst entbrannten Streit um diese Ausstellung, der zur vorläufigen Schließung der Schau führte, wurden die Schwierigkeiten mit der Fotografie überdeutlich: Die für die Ausstellung Verantwortlichen argumentierten defensiv, die Fotos seien nur Illustrationen wissenschaftlicher Erkenntnisse über die Verbrechen der Wehrmacht, also letztlich Beigaben. Doch die Wirkung der Ausstellung beruhte gerade auf den Bildern, die wie »Beweisaufnahmen« oder doch wie essentielle Aussagen rezipiert wurden und von den Veranstaltern ursprünglich auch als visuelle Evidenz gemeint waren.[21] Von der suggestiven Kraft der Fotos und ihrer emotionalisierenden Wirkung war die Rede, mehr noch von der Bildergläubigkeit im massenmedialen

21 Hamburger Institut für Sozialforschung (Hrsg.), *Vernichtungskrieg. Verbrechen der Wehrmacht 1941 bis 1944*, Hamburg [4]1999, z. B. S. 208, Foto Nr. 58. Zur Kritik siehe Bogdan Musial, »Bilder einer Ausstellung. Kritische Anmerkungen zur Wanderausstellung ›Vernichtungskrieg. Verbrechen der Wehrmacht 1941 bis 1944‹«, in: *Vierteljahrshefte für Zeitgeschichte* 47 (1999) H. 4, S. 563–592; Kristián Ungvary, »Echte Bilder – problematische Aussagen. Eine quantitative und qualitative Analyse des Bildmaterials der Ausstellung ›Vernichtungskrieg – Verbrechen der Wehrmacht 1941–1944‹«, in: *Geschichte in Wissenschaft und Unterricht* 10 (1999) S. 584–965.

Zeitalter. Wieder einmal wurde (von den Sympathisanten der Ausstellung) der Ruf nach einer Fotowissenschaft laut, während andere (die Kritiker) so taten, als handele es sich bereits um praktisches Allgemeinwissen, daß Fotos eingehender Quellenkritik bedürfen, weil sie für falsche Interpretationen sehr anfällig sind.

Die Beispiele ließen sich fortsetzen. Immer wieder wurden historische Fotos aus ihrem Entstehungszusammenhang herausgelöst und mit neuer Bedeutung aufgeladen, sei es durch die Präsentation in wechselnden Kontexten oder durch neue Bildunterschriften. Oder sie wurden in ihrer Aussage verändert, d. h. nur in einem Ausschnitt oder retuschiert gezeigt.[22] Eine Fotogeschichte der kommunistischen Bewegung zum Beispiel müßte das instrumentelle Verhältnis der politischen Führung zur Wirklichkeit und Wahrheit zum methodischen Leitfaden ihrer Darstellung machen. Im extensiven und unbekümmerten Gebrauch der Retusche wurden die prominenten Opfer der politischen »Säuberungen« in einem Akt der »damnatio memoriae« nach ihrer physischen Liquidierung ein zweites Mal zum Opfer.[23]

Doch neben solchen offensichtlichen Bedeutungswechseln kommt es auf eine subtilere Weise zu Bedeutungsverschiebungen, die von allen Beteiligten bewußt oder unbewußt vollzogen und geglaubt werden. Fotografien scheinen sich zu verändern. Ihre Wirkung hängt maßgeblich davon ab, in welchem öffentlichen, privaten und politischen Raum Kommentator und Publikum den Fotos begegnen. Anders gesagt: Das Medium »Fotografie« ist angeschlossen an den Kraftstrom sozialer Konventionen, an das narrative Repertoire eines nationalen kollektiven Gedächtnisses und an den Fundus der politischen und ideologischen Selbstverständlichkeiten einer

22 Siehe *X für U, Bilder, die lügen. Ausstellung im Haus der Geschichte der Bundesrepublik Deutschland*, Bonn 1999.

23 David King, *Stalins Retuschen. Foto- und Kunstmanipulationen in der Sowjetunion*, Hamburg 1997; Alain Jaubert, *Fotos, die lügen. Politik mit gefälschten Bildern*, Frankfurt a. M. 1989.

Epoche. Eine bruchstückhafte Überlieferungsgeschichte der Bilder, die Fallstricke wechselnder ideologischer Sinnzusammenhänge und die unkontrolliert verfertigten »Vor-Urteile«, die zu einer schnellen und eindeutigen Interpretation drängen, sind Herausforderungen für den Historiker. Die Evidenz der Bilder kann trügerisch sein.

Überspitzt könnte man sagen: Ein Foto für sich genommen beweist gar nichts. Es ist allenfalls der Beleg dafür, daß fotografiert wurde. Denn sonst würde die Aufnahme nicht existieren. Eine solche Position, der auch manche Archivare zu folgen scheinen, wenn sie vor der Frage stehen, unbekannte Fotos zu erhalten oder wegzuwerfen, beschränkt das Medium der Fotografie auf seine Gebrauchsweisen und die historischen, kulturellen, politischen oder ideologischen Kontexte. Im Kern besagt sie, daß die Aussage eines Fotos niemals in ihm selbst liegen kann.

III
Augenschein und Realität

Doch ist damit schon das meiste über die Fotografie gesagt? Sicher nicht. Die Semiotik lehrt uns, daß die Fotografie nicht nur in Beziehung zum »Interpretans« gesetzt werden muß, sondern auch in Beziehung zum Objekt, das dargestellt ist.[24] Das weite und umstrittene Feld der Bedeutung und Aussagekraft von Fotos wird von vielen Autoren und wissenschaftlichen Disziplinen bestellt. Das verbreitete Urteil lautet, ein Foto bilde etwas realistisch ab. Zwei Erkennungsmerkmale können hier als Ausweis von Realismus

24 Als Einstieg zu empfehlen: Umberto Eco, *Einführung in die Semiotik*, München [6]1988, S. 197–292.

dienen. Gernot Böhme bezeichnete sie als Prinzip der Augenzeugenschaft und des Wiedererkennens.[25] Eine realistische Darstellung setzt zum einen genau das ins Bild, was ein Augenzeuge von einem definierten Standort relativ zum Geschehen sehen konnte. Zum anderen gilt die Fähigkeit eines Fotos, beim Betrachter die Vorstellung des Dargestellten hervorzurufen, als Beweis für einen frappierenden Realismus. Ferner spricht die mathematische Abbildungstheorie der Mengenlehre für den Realismus von Fotos. Danach sind die Abbildungsverhältnisse zwischen Objekt und Foto eindeutig und umkehrbar, weil jedes Element der ersten Menge einem Element der zweiten zugeordnet werden kann und vice versa. Und schließlich werden für die Abbildungstreue der Fotografie die Gesetze der Optik angeführt.

Offenkundig handelt es sich dabei um unterschiedliche Definitionen von Realität. Denn die Fotografie eines Objekts oder einer Person läßt sich nicht ohne weiteres als das Objekt oder die Person selbst bezeichnen. Man könnte sagen: Der Unterschied zwischen einer Schwimmweste und der Fotografie einer Schwimmweste ist für den Schiffbrüchigen wie der Unterschied zwischen Leben und Tod. Bekanntlich ist ein Foto zweidimensional; lange war es nur in Schwarz/Weiß zu haben, während das menschliche Auge räumlich und in Farbe sieht.

Kunsthistoriker, Philosophen, Medientheoretiker betonen die Mehrdeutigkeit von Fotografien. Sie gelten als Abbild von »Wirklichkeit« *und* als ihre Deutung. Fotos beziehen sich auf die eine oder andere Art – wie, darüber streitet man sich – auf die gezeigten Objekte, Personen oder Ereignisse. Zugleich verweisen sie auf eine Realität, die hinter dem Abgebildeten liegt.[26] In ihnen sind die Wahrnehmungen und Interpretationen dessen, der fotografierte, einge-

25 Gernot Böhme, *Theorie des Bildes*, München 1999, S. 114.

26 Enno Kaufhold, *Bilder des Übergangs. Zur Mediengeschichte von Fotografie und Malerei in Deutschland um 1900*, Marburg 1986, Tl. 3: *Bildwirklichkeit*, S. 133 ff.

schrieben, und sie sind offen für die Wahrnehmungen des Betrachters.[27] Als ein solcher sprach Roland Barthes vom »punctum« des Fotos: dabei kann das »Bestechende« einer Aufnahme in einem nebensächlichen Detail liegen. Und es ist dieses Detail, das ihn gefangen nimmt und zugleich zu weitergehenden Fragen veranlaßt. Zugleich liege das »punctum« alter Fotos aber im »Zermalmen« der Zeit. Vor allem das Porträtfoto evoziere eine vollendete Zukunft, die über die Porträtierten sagt: sie werden gestorben sein.[28]

Das Abbild steht in einer Spannung zur möglichen Realität: Fotografien können Dokument und zugleich Fetisch sein. Sie veranschaulichen, was sie selbst darstellen, oder sie verhüllen es gerade. Und sie können Appell-Charakter haben.

IV

Von der Beschreibung zur Interpretation

Wer historisch-kritisch mit Fotografien arbeitet, kommt nicht umhin, den komplexen Zusammenhang von Produktion, Veröffentlichung, Rezeption und öffentlichem Gebrauch der Bilder bei der Verfertigung von »Geschichtsbildern« so genau wie möglich zu thematisieren. Redlicherweise muß betont werden, daß nur selten auf alle Aspekte erschöpfende Antworten gegeben werden können. Wenn es aber gelingt, den Fotografen, den Auftraggeber, die Entstehungssituation der Fotos und den ursprünglichen Verwendungszusammenhang zu eruieren, können mitunter verblüffende Erkenntnisse gewonnen werden.

27 Jonathan Crary, *Techniques of the Observer. On Vision and Modernity in the Nineteenth Century*, Cambridge/London 1990.

28 Roland Barthes, *Die helle Kammer. Bemerkung zur Photographie*, Frankfurt a. M. 1989, S. 57–68 und 105 f.

Doch weithin fehlt es an einer Schule des Sehens und der Interpretation, die sich auf die Fotografie konzentriert, an einer historischen »Fotowissenschaft«. Wissenschaftsgeschichtlich betrachtet, entdeckte die Geschichtsschreibung die Fotografie, bevor die Wissenschaft eine angemessene Quellenkritik für die Fotografie entwickelt hatte. Zwar üben Studenten der Geschichte im Pflichtprogramm der ersten Semester Quellenkritik, sie tun dies aber selten am Beispiel von Bildern. Als »Quellen« gelten noch immer vornehmlich Textquellen. Allgemeine Einführungen in die Geschichtswissenschaft nennen Bilder und Fotos meist nur am Rande. In den Einführungen zur Zeitgeschichte findet sich zumindest eine problematisierende Erwähnung von Bild- und Tonquellen.[29] Erst in jüngerer Zeit gehört es zum Handwerkszeug von Historikern, auch andere als sprachlich vermittelte »Überreste« und »Traditionen« der Vergangenheit zu beachten. Wenn von Fotografien die Rede ist, werden sie meist als Quellen mit »Überrest«-Qualität betrachtet, obgleich sie im Verwertungs- und Gebrauchszusammenhang mindestens ebensosehr »Traditions«-Quellen sind. Als »Tradition« (Zeugnis) ist eine Fotografie nach Droysen aber bereits in Beziehung zum Abgebildeten anzusehen: Denn man kann sie als bildliche Aussage über eine vergangene Wirklichkeit betrachten, die angefertigt wurde, um die Umwelt oder sogar die Nachwelt davon zu unterrichten. »Überrest« (Überbleibsel, Fragment) ist dieselbe Fotografie insofern, als sie von der historischen Tatsache der Aufnahme selbst zeugt und als sie Auskunft geben kann über »unwillkürlich« eingeflossene Darstellungsmuster einer Epoche oder über Bildinhalte, die unbeabsichtigt oder unbewußt in das Foto geraten sind.[30]

29 Vergleichsweise ausführlich bei Mathias Peter / Hans-Jürgen Schröder, *Einführung in das Studium der Zeitgeschichte*, Paderborn [u. a.] 1994, S. 256 ff.

30 Johann Gustav Droysen, *Historik. Vorlesungen über Enzyklopädie und Methodologie der Geschichte*, hrsg. von Rudolf Hübner, Darmstadt 1974, S. 333 f.

Mit einer eigenständigen Methode der Bildkritik tut sich die Geschichtswissenschaft schwer.[31] Die als akademisches Feld kaum etablierte Fotogeschichte bedient sich am ehesten noch der ikonographisch-ikonologischen Methode, die Erwin Panofsky für die bildende Kunst entwickelte,[32] gelegentlich der historischen Semiotik[33] und zunehmend einer Soziologie der Gebrauchsweisen und Verwertungszusammenhänge.[34] Allerdings förderte der eklektizistische Methoden-Mix, den man neben den »Königswegen« der reinen Lehren als »Wald- und Wiesenweg« der Praktiker bezeichnen könnte, bereits eine Fülle überzeugender Darstellungen und Bildpräsentationen zutage.[35] Darin werden Einzelfotos, Bildsequenzen und geschlossene Fotobestände einer Institution oder eines Fotografen vorgestellt, die zugleich bestimmten Genres der Fotografie oder bestimmten Medien ihrer Verbreitung – etwa der Amateurfotografie, dem Bildjournalismus bzw. der Fotopostkarte oder dem Fotoalbum – zuzurechnen sind. In der Regel werden bildimmanente Interpretationen punktuell und gelegentlich assoziativ mit Merkmalen und Momenten der historischen Entwicklung der Fotografie oder ihren Gebrauchsweisen, aber auch mit der Geschichte der Gesellschaft verbunden.

31 Heike Talkenberger, »Von der Illustration zur Interpretation: Das Bild als historische Quelle«, in: *Zeitschrift für historische Forschung* 21 (1994) S. 289–313; Gunther Waibl, »Fotografie und Geschichte«, Tl. 1, in: *Fotogeschichte* (1986) H. 21, S. 3–12; Tl. 2, in: ebd. (1986) H. 22, S. 3–10; Tl. 3, in: ebd. (1987) H. 23, S. 3–12.

32 Erwin Panofsky, »Zum Problem der Beschreibung und Inhaltsdeutung von Werken der bildenden Kunst« (1932/1964), in: Ekkehard Kaemmerling (Hrsg.), *Bildende Kunst als Zeichensystem. Ikonographie und Ikonologie. Theorien, Entwicklung, Probleme*, Bd. 1, Köln [5]1991, S. 185–206; E. Panofsky, »Ikonographie und Ikonologie«, in: ebd., S. 207–225.

33 Philippe Dubois, *Der fotografische Akt. Versuch über ein theoretisches Dispositiv*, Dresden 1998.

34 Pierre Bourdieu [u. a.], *Eine illegitime Kunst. Die sozialen Gebrauchsweisen der Photographie*, Frankfurt a. M. 1983 [zuerst Paris 1965].

35 Die überwiegende Mehrzahl der Beiträge in *Fotogeschichte* folgt dieser Herangehensweise.

Betrachtung und analytischer Blick

Die Flut der Bilder begünstigt eine Rezeptionshaltung flüchtiger Aufmerksamkeit oder einen Blick, der nur noch auf Bestätigung vorgefaßter Meinungen aus ist. Doch wer Fotografien als historische Quellen nutzen will, sollte sich in manchen Aspekten den Betrachtern aus der Pionierzeit der Fotografie anverwandeln, ohne allerdings aus der Fotografie einen Fetisch zu machen, wie viele Zeitgenossen es taten. Gunther Waibl plädierte mit Blick auf die Frühzeit der Fotografie für eine Strategie der Langsamkeit.[36] Sie gründet auf einer Praxis des genauen Hinsehens, der Aufmerksamkeit: für die Gegenstände, Landschaften oder Personen, vor allem aber für die »abbildhafte Art und Weise ihres Erscheinens«. Es handelt sich um ein analysierendes Interesse an der abgebildeten Wirklichkeit, das auch winzige Details mit einschließt, die möglicherweise nur noch mit der Lupe zu erkennen sind. In diesem Sinne kann der Betrachter zu Beginn seiner Reise in die Geschichte getrost dem Ratschlag Schopenhauers an seine Studenten folgen: »Vor ein Bild hat jeder sich hinzustellen wie vor einen Fürsten, abwartend, ob und was es zu ihm sprechen werde; und, wie jenen, auch dieses nicht selbst anzureden: denn da würde er nur sich selber vernehmen.«[37] Siegfried Kracauer bezeichnete die angemessene Rezeptionshaltung des Historikers zu Beginn seiner Arbeit als »aktive Passivität«. Dieser müsse »die verschiedenen Botschaften, die zu ihm dringen, mit allen angespannten Sinnen aufnehmen«[38].

36 Waibl (s. Anm. 31), Tl. 2, S. 4.

37 Arthur Schopenhauer, *Die Welt als Wille und Vorstellung*, 3. Buch, Kap. 34 (*Sämtliche Werke*, Bd. 2, Wiesbaden 1949, S. 464 f.).

38 Siegfried Kracauer, *Geschichte – vor den letzten Dingen* (*Schriften*, Bd. 4, Frankfurt a. M. 1971, S. 85).

Ausgesprochen produktiv ist es, sich auf die ikonographisch-ikonologische Methode Panofskys einzulassen. Sie stellt ein Verfahren der äußeren und inneren Bildkritik dar. Panofsky entwickelte ein dreistufiges Interpretationsmodell, das von der vor-ikonographischen formalen Beschreibung über die ikonographische Analyse zur ikonologischen Entschlüsselung der »eigentlichen Bedeutung« des Kunstwerks vorstoßen will. Die beiden ersten Schritte dienen dazu, das im Bild Dargestellte zu beschreiben und überhaupt zu erkennen. Sie erschließen nach Panofsky eine »primäre Sinnschicht« des Bildes, den »Phänomensinn«. Von diesem unterschieden übermittelt sich eine »sekundäre Sinnschicht« erst aufgrund zusätzlichen literarischen Wissens. Erst auf diese Weise stößt der Betrachter in die Region des »Bedeutungssinns« vor.[39] Die dritte Ebene eines Kunstwerks schließlich nennt Panofsky »Dokument- oder Wesenssinn«. Dieser erschließt sich aus einem Spannungsverhältnis zwischen kursierenden Interpretationen über ein Werk und der allgemeinen Geistesgeschichte über die betreffende Epoche oder den Kulturkreis.[40]

Zusammenfassend erläuterte Panofsky die drei Akte der Interpretation in einem Schema. Die vor-ikonographische Beschreibung und formale Analyse gründet auf praktischer Erfahrung und der Vertrautheit mit den Gegenständen und Ereignissen. Ihr Korrektiv ist die Stil-Geschichte. Die ikonographische Analyse von Bildern, Anekdoten und Allegorien gründet auf der Kenntnis literarischer Quellen und der Vertrautheit mit bestimmten Themen und Vorstellungen. Ihr Korrektiv ist die Typen-Geschichte. Die ikonologische Interpretation schließlich, die sich der »eigentlichen Bedeutung« zuwendet, gründet auf der »synthetischen Intuition«,

39 Panofsky, »Zum Problem« (s. Anm. 32) S. 188.
40 Ebd., S. 202.

auf einer »Vertrautheit mit den wesentlichen Tendenzen des menschlichen Geistes«. Ihr Korrektiv ist die Geschichte kultureller Symptome oder Symbole.[41]

Für eine Fotokritik besteht das Problem darin, die Methode von der Malerei auf das Massenmedium Foto zu übertragen. Denn Panofsky entwickelte seine Methode mit Blick auf einzelne Meisterwerke, Unikate eines Künstlers der frühen Neuzeit. Sie will eine Welt der Allegorien und Metaphern entschlüsseln, deren Verweissysteme und reale Sinngehalte nicht einfach auf Bildquellen der Gegenwart anwendbar sind. Es gilt also, eine Übersetzung zu leisten, die dem Medium der Fotografie als serielle Quelle gerecht wird und die die Allegorien und Metaphern der Moderne erarbeitet. Diese Übersetzungsleistung besteht auch darin, daß sie auf Bilder anwendbar ist, deren Autor unbekannt ist. Dennoch ist das methodische Voranschreiten ›durch den Oberflächenzusammenhang‹ und das Erfassen der Sinnschichten noch keineswegs überholt.

Schließlich erarbeitete die Soziologie ein Konzept der »sozialen Gebrauchsweisen« des Mediums Fotografie. Dieser von Pierre Bourdieu geprägte Ansatz, der sich ursprünglich auf die Amateurfotografie als Massenmedium - der 1960er Jahre in Frankreich bezog, wurde innerhalb der Fotogeschichte einflußreich, weil darin die Entstehungsgeschichte und Produktion der Bilder, ihre Verwendung/Verwertung und ihre mediale Funktion miteinander in Beziehung gesetzt werden können. Das Konzept ist auch auf gänzlich andere Bereiche und Genres der Fotografie übertragbar. Und es ist durchaus anschlußfähig an ein modernisiertes Modell der ikonographisch-ikonologischen Methode, das den fotografischen Bildquellen angepaßt wird.

Aus einer Theorie der Moderne in der Folge Walter Benjamins und Siegfried Kracauers wurden darüber hinaus An-

41 Panofsky, »Ikonographie und Ikonologie« (s. Anm. 32) S. 223.

sätze einer Kultur- und Mediengeschichte entwickelt, die die Fotografie als Teil einer Wahrnehmungs- und Kommunikationsgeschichte begriffen.[42]

Kleine Prüfliste für die Beschreibung und Interpretation von Fotos

Die folgenden Fragen sollte man sich bei der Arbeit mit historischen Fotos unbedingt stellen. Zunächst: Wann und wie ist das Foto, das Album usw. dorthin gelangt, wo es aufgefunden wurde? Da Fotos in Institutionen und Archiven häufig nicht nach dem Provenienzprinzip aufbewahrt werden, kann die Geschichte ihrer Überlieferung aufschlußreich sein sowohl für die Rekonstruktion des Entstehungszusammenhangs als auch für ihre frühe und spätere Verwendung.

Zur äußeren Beschreibung der Aufnahmen gehören neben Angaben über das Format und der Bestimmung des fotografischen Verfahrens, die einen wichtigen Anhaltspunkt für die Datierung historischer Fotos bietet, auch die Frage nach dem Originalnegativ. Ein Vergleich zwischen Positiv und Negativ läßt Aussagen über den Grad der Manipulationen – Negativretusche, Retusche im Positiv, Ausschnittwahl bei der Vergrößerung – zu.

Oft geben Blindstempel auf dem Abzug, Prägestempel im Fotokarton oder aber eine handschriftliche Notiz auf der Rückseite Aufschluß über den Fotografen und die Datierung der Aufnahme. Manchmal werden die abgebildeten Personen oder das »Ereignis«, das fotografiert wurde, auch

42 Walter Benjamin, »Kleine Geschichte der Photographie« (1931), in: W. B., *Das Kunstwerk im Zeitalter seiner technischen Reproduzierbarkeit*, Frankfurt a. M. 1977, S. 45–64; Siegfried Kracauer, »Die Photographie« (1927), in: S. K., *Das Ornament der Masse*, Frankfurt a. M. 1963, S. 21–39; Bernd Busch, *Belichtete Welt. Eine Wahrnehmungsgeschichte der Fotografie*, München/Wien 1989; Hans Scheurer, *Zur Kultur- und Mediengeschichte der Fotografie. Die Industrialisierung des Blicks*, Köln 1987; John Berger, *Das Sichtbare und das Verborgene. Essays*, München 1990.

genannt. Gerne greift man auf solche Angaben zurück, doch sollte in jedem Fall geprüft werden, ob die gegebenen Informationen plausibel sind. Vorsicht ist geboten, wenn die Beschriftungen erkennbar erst nachträglich vorgenommen wurden. Doch für eine Vielzahl von Fotos sind keine Informationen verfügbar. In solchen Fällen muß die Bildrecherche die spärlichsten Anhaltspunkte aufnehmen.

Am schwierigsten zu beantworten ist für die Masse der Fotografien sicherlich die Frage, was über den unmittelbaren Entstehungszusammenhang der Aufnahme in Erfahrung zu bringen ist. Am weitesten kommt man hier bei prominenten Aufnahmen bedeutender Fotografen und sicher bei den Knipserbildern von Amateurfotografen, solange es ein Wissen über die Herkunft der Aufnahmen gibt. Gerade für Amateure ist die Geschichte des Fotos, die Situation, in der fotografiert wurde, und die Anwesenheit und Abwesenheit von Personen im Bild geradezu konstitutiv für den Erinnerungswert der Aufnahme.

Wer fotografiert? Nicht immer läßt sich sagen, von wem eine Aufnahme stammt. Aber es ist doch möglich, etwas über den Standort, also über die Perspektive des Fotografen zu sagen. Während der Fotograf sein Bild sucht, muß er sich offensichtlich zwischen höchst unterschiedlichen Perspektiven entscheiden: der Vogelperspektive, der Froschperspektive, einer beiläufigen oder heimlichen Perspektive, die die Objekte gewissermaßen aus den Augenwinkeln betrachtet, und schließlich der archaischen Perspektive, die »mit weit aufgerissenen Augen« den Blick frontal auf etwas oder jemanden richtet.[43] Die Entscheidung für die eine oder andere Perspektive läßt sich für den aufmerksamen Betrachter aus den Fotos selbst rekonstruieren.

Was ist auf dem Foto oder der Bildsequenz zu sehen? Dies ist eine Frage, die zunächst trivial anmutet. Eine solche Beschreibung ist aber um so schwieriger, je weniger

43 Vilém Flusser, *Gesten. Versuch einer Phänomenologie*, Bensheim [2]1993, S. 110.

über die Aufnahme bekannt ist. Ausgangspunkt einer jeden Interpretation ist aber eine möglichst genaue Bildbeschreibung, die neben den ins Auge fallenden »Merk-Würdigkeiten« auch das registriert, was sich gleichsam von selbst versteht, um beides in einem zweiten Schritt zu historisieren.

Um die Interpretation von Fotos auf eine breitere Grundlage zu stellen, empfehlen sich drei methodische Schritte, die man als Historisierung, Vergleich und Kontextbildung bezeichnen kann. Wenn wir zu unserem Beispiel der »falschen« Fotos über die Verbrechen der Wehrmacht zurückkehren, so bedeutete dies – abgesehen von einer profunderen Quellenkritik im oben bezeichneten Sinne – folgendes: Zum ersten müßten fotografische Traditionen innerhalb der deutschen Kriegsfotografie seit dem Ersten Weltkrieg benannt und beschrieben werden: die Amateurfotografie der Soldaten ebenso wie die offizielle Propagandafotografie unter Zensurbedingungen. Zum zweiten kann eine historische Komparatistik nach mehreren Seiten hin für das Repertoire an bildwürdigen Themen sensibilisieren. Mit dem Ziel, den Bilderberg der Knipserfotos von der Ost- und Westfront auf Motive und Bildsprachen zu analysieren, ließe sich fragen, wie die deutsche Wehrmacht an der Westfront fotografierte. Man sollte sich die Fotografie des spanischen Bürgerkriegs ansehen. Und man könnte die Kriegsfotografie der Alliierten als Gegen-Lektüre betrachten.[44] Drittens schließlich muß die Frage nach dem Kontext der Bilder in ihrer Zeit gestellt werden. Sie berührt im Falle der Fotos von Kriegsverbrechen im Kern das Spannungsverhältnis von (gelenkter) Öffentlichkeit und Geheimnis.

44 *Der Blick des Besatzers. Propagandaphotographie der Wehrmacht aus Marseille. 1942–44*, mit einem Vorw. von Serge Klarsfeld, hrsg. von Ahlrich Meyer, Bremen 1999; Caroline Brothers, *War and Photography. A Cultural History*, London [u. a.] 1997; John Taylor, *War Photography. Realism in the British Press*, London [u. a.] 1991; Susan D. Moeller, *Shooting War. Photography and the American Experience of Combat*, New York 1989; Ernst Volland / Heinz Krimmer (Hrsg.), *Von Moskau nach Berlin. Bilder des russischen Fotografen Jewgeni Chaldej*, Berlin 1999.

V
Praktische Zugänge

Zuletzt sollen einige praktische Hinweise für die Suche nach Fotos gegeben werden. Wo sind, abgesehen von den eigenen und fremden Privatsammlungen, »alte Fotos« zu finden? Zunächst lohnt es fast immer, mit Beharrlichkeit bei Vereinen, Firmen und Betrieben, in Stadtarchiven, Kreis- und Stadtbildstellen und Museen nach Fotos und ganzen Fotobeständen nachzufragen. Auch langjährig ansässige Fotoateliers bergen mitunter umfangreiche Archive, die vor allem für eine Geschichte des privaten Lebens und der Porträtfotografie im 20. Jahrhundert ungemein aufschlußreich sein können.[45] Kommunale und betriebliche Archive lassen häufig bereits in Archivführern und Bestandsverzeichnissen erkennen, ob und in welchem Umfang es Fotos gibt, die für eine Benutzung zur Verfügung stehen. Der Gang durch Antiquariate und über Flohmärkte kann – vor allem was Fotopostkarten anlangt – den einen oder anderen Zufallsfund bescheren. Wer mit historischen Fotos nicht nur arbeiten, sondern sie auch besitzen möchte, kann ferner private Sammler über ein umfangreiches Adreßbuch ausfindig machen.[46]

Regionale und überregionale Landes- und Staatsarchive, Wirtschaftsarchive, Industrie- und Handelskammern, die Landesbildstellen und das Bundesarchiv Koblenz und seine Dependance in Berlin lassen in der Regel die größte Ausbeute an Fotografien erwarten. Kommerzielle Bildarchive, Fotoagenturen und die Bildarchive von Tageszeitungen und

45 Eine Trouvaille dieser Art ist: *»Jetzt lächeln!« Atelierfotografie am Beispiel Mathesie. Eine Enzyklopädie*, hrsg. von der Neuen Gesellschaft für Bildende Kunst, Berlin 1998.

46 *Sammleradreßbuch für Privatsammler*, hrsg. von Kuhle Buchverlag, Braunschweig 2000. Das Adreßbuch wird regelmäßig aktualisiert. Ein Eintrag, der über die Sammelgebiete und Themen informiert, ist kostenlos.

Publikumszeitschriften bieten Fotos an, deren Bereitstellung für die historische Forschung relativ teuer ist. Es empfiehlt sich, auf solche Archive und Agenturen nur zurückzugreifen, wenn man bereits genau weiß, welche einzelne Aufnahme man haben möchte.[47] Eine umfangreichere Recherche nach historischen Themen, Personen oder Ereignissen überforderte die Archive und Agenturen, aber auch das Budget des Forschers.

Einen Zugang zur wissenschaftlichen Literatur zur Fotografie und zu einschlägigen Veröffentlichungen von Fotos, zu Ausstellungen und Ausstellungskatalogen und zu Institutionen, die große Fotobestände archivieren, bieten Spezialbibliographien. Einen Überblick über den Stand der Forschung verschafft man sich aber am schnellsten über den Rezensionsteil der beiden wichtigsten Zeitschriften *Fotogeschichte* und *History of Photography*. Die *Fotogeschichte* informiert ferner regelmäßig über laufende Projekte im Bereich der Fotografie, während *History of Photography* themenbezogene Bibliographien zur Fotogeschichte bietet. Zusätzlich sollte der *Rundbrief Fotografie* zu Rate gezogen werden. Inzwischen ist für die Recherche von Fotografien und Fotoliteratur, aber auch für den Austausch von Informationen über Projekte und Workshops, das Internet ein zentrales Hilfsmittel.[48] Über die Suchmaschinen findet man auch weltweite Informationen über Museen und ihre Sammlungen.

47 Eine kleine Auswahl prominenter Fotos findet sich in: *Bilder vom Tage. 1842–1982. Der Ullstein Bilderdienst*, ausgew. und komm. von Christian Ferber, Frankfurt a. M. / Berlin 1983.

48 Eine beispielreiche Einführung bietet die sechsteilige Kolumne von Rolf Sachsse, »Fotografie im Netz«, in: *Rundbrief Fotografie* 6,3 (Sept. 1999) N. F. 23, S. 5f. und in den nachfolgenden Heften.

Literaturhinweise

Heidtmann, Frank: Bibliographie der Photographie. Deutschsprachige Publikationen der Jahre 1839–1984. Technik – Theorie – Bild. München [u. a.] ²1989.
– Wie finde ich photographische Informationen? Berlin ²1979.
Photo Agencies and Libraries. A Yearbook. English Edition. Baden-Baden 1991.
Roosens, Laurent / Salu, Luc (Hrsg.): History of Photography. A Bibliography of Books. London / New York 1989.

Barthes, Roland: Die helle Kammer. Bemerkung zur Fotografie. Frankfurt a. M. 1989.
Bourdieu, Pierre [u. a.]: Eine illegitime Kunst. Die sozialen Gebrauchsweisen der Photographie. Frankfurt a. M. 1983.
Freund, Gisèle: Fotografie und Gesellschaft. Reinbek 1979.
Kemp, Wolfgang (Hrsg.): Theorie der Fotografie. Bd. 1 (1839–1913). Bd. 2 (1912–1945). Bd. 3 (1945–1980). München 1999 [Neuaufl.].
– / Ameluxen, Hubertus von (Hrsg.): Theorie der Fotografie. Bd. 4 (1980–1992). München 1998.
Krichbaum, Jörg: Lexikon der Fotografen. Frankfurt a. M. 1981.
Sontag, Susan: Über Fotografie. Frankfurt a. M. 1980.
Tausk, Peter: Die Geschichte der Fotografie im 20. Jahrhundert. Von der Kunstfotografie bis zum Bildjournalismus. Köln 1985.
Verfahren der Fotografie. Hrsg. von der Fotografischen Sammlung im Museum Folkwang Essen. Essen 1989.

Nach Redaktionsschluß erschien der lesenswerte Band:

Jäger, Jens: Photographie: Bilder der Neuzeit. Einführung in die historische Bildforschung. Tübingen 2000.

*

Fotogeschichte. 1981 ff.
History of Photography. 1977 ff.
Rundbrief Fotografie (www.foto.unibas.ch/~rundbrief/)

Filme

Von Joachim Wendorf

»Wenn die Daguerreotypie, dieses Riesenkind, herangewachsen sein wird; wenn all seine Kunst und Stärke sich wird entfaltet haben, dann wird der Genius es plötzlich mit der Hand am Genick packen und laut rufen: Hierher! Mir gehörst du jetzt!« (Antoine Wiertz, 1870)[1]

Kein Zweifel: Aus den frühen Fotografien des 19. Jahrhunderts hat sich mit dem Film ein wahrhaftiges ›Riesenkind‹ entwickelt. Viele – auch verbrecherische – Genies haben es gepackt und geprägt. Im Gegensatz zu der populären Begeisterung, die Filme immer wieder hervorrufen, sind Historiker in bezug auf den Film als historische Quelle meist sehr zurückhaltend. Obwohl die Geschichtsschreibung verpflichtet ist, die Vergangenheit so umfassend wie möglich nachzuerleben, nutzen Historiker die seit Erfindung der Fotografie und des Bewegtbildes bestehenden Möglichkeiten nur sehr zögerlich. Jeder kann dies leicht nachvollziehen, indem er überlegt, wie viele Veröffentlichungen von Fachleuten er kennt, in denen fotografische Quellen als Belege angeführt – d. h. zitiert – werden. Wahrscheinlich fällt die Zahl gering aus, und das ist kein Wunder. Der Anteil der Historiker an den Nutzern des Bundesfilmarchivs beträgt beispielsweise weniger als zehn Prozent![2]

Zugleich mehren sich die Stimmen derer, die in Bildung und Wissenschaft vor der unkontrollierten Wirkung heutiger Bilderfluten warnen – vor der Bildung einer Zwei-Klassen-Gesellschaft bei der Medien-Nutzung[3] und vor vielen

1 Antoine J. Wiertz, *Œuvres littéraires*, Paris 1870, S. 309.

2 Peter Bucher, *Der Film als Quelle*, in: *Der Archivar* 41 (1988) Sp. 514.

3 Vgl. das Interview mit Ernst Zeitter bei Christian Deutsch, »Medien-Kompetenz oder Verblödung am Bildschirm? Gespräch mit Prof. Ernst Zeitter: Der Umgang mit audiovisuellen Medien ist lernbar«, in: *Weiterbildung* (1989) Nr. 6, S. 43–47.

anderen Gefahren[4]. Nach Meinung der amerikanischen Essayistin Susan Sontag hat »die Allgegenwart der Fotografie eine unberechenbare Auswirkung auf unsere Fähigkeit, ethisch zu empfinden. Indem sie die ohnehin unübersichtlich gewordene Welt abbildet und so mit einem Duplikat ihrer selbst ausstattet, läßt uns die Fotografie die Welt verfügbarer erscheinen, als sie in Wirklichkeit ist. [...] Die Industriegesellschaften verwandeln ihre Bürger in Bilder-Süchtige; dies ist die unwiderstehlichste Form von geistiger Verseuchung.«[5] Sontags Ausführungen gipfeln in der Behauptung, aus einem Foto ließe sich »genaugenommen nie etwas verstehen«[6].

Damit hat in der Beurteilung des historischen Aussagewertes von Fotos und Filmen ein gravierender Wandel stattgefunden. Noch 1898, das »Film« genannte Bewegtbild war gerade erfunden, fand das Medium in dem Polen Boleslaw Matuszewski einen seiner glühendsten Fürsprecher. Matuszewski sah im Film »im eigentlichen Sinn den wahrheitsgetreuen und unfehlbaren Augenzeugen«.[7] Und der Däne Niels Skyum-Nielsen plazierte 1974 Filmaufzeichnungen »an der Spitze der Hierarchie historischer Quellen«[8]. Dagegen waren für den deutschen Historiker Hagen Schulze 1990 die zweidimensionalen Bilder auch in ihrer Bedeutung flach.[9] Der gleiche Autor skizzierte sogar ange-

4 Bundeszentrale für gesundheitliche Aufklärung (Hrsg.), *Nicht nur laufen lassen! Kinder und Fernsehen*, Köln 1993.

5 Susan Sontag, *Über Fotografie*, Frankfurt a. M. 1980, S. 28.

6 Ebd.

7 Boleslaw Matuszewski, *Une nouvelle source de l'histoire*, Paris 1898 (Nachdr. Warschau 1955).

8 Niels Skyum-Nielsen, »TV-kommunikation set udefra«, in: *Historikeren og samfundet*, Oslo/Bergen/Tromsö 1974 (Studier i historisk Metode, 9), S. 104. Zit. nach: Karsten Fledelius, »Cinematographic Models as Historical Evidence«, in: *Research Film* 9 (1978) Nr. 6, S. 508.

9 Hierzu und im folgenden Hagen Schulze, »Revolution in der Glotze. Wie das Fernsehen die Geschichte erstickt«, in: *Die Zeit*, Nr. 12, 16. März 1990, S. 55. Der Autor deutet zwar an, daß Bilder »eingehender Interpretation bedürfen« und konzediert damit im Prinzip, daß Bilder durchaus aussagekräftig sein können; mit dem bösen Wort von der »flachen Bedeutung« hat er sein Urteil aber offensichtlich schon abschließend gebildet.

sichts des Massenmediums Fernsehen das Ende der Zeitgeschichtsschreibung.[10] In Anlehnung daran behauptet der Journalist Charles Henri Favrod, das 20. Jahrhundert werde »das Jahrhundert sein, in dem das Bild bereits vor der Wirklichkeit, die es abbildet, gesehen wird«.[11]

Sicher ist unbestritten, daß mit dem Fernsehen ein neuer wichtiger Faktor das heutige Geschehen, das morgen Geschichte sein wird, mitbestimmt. Wenn sich die traditionellen Werkzeuge des Historikers zu seiner Erklärung und Deutung als unbrauchbar erweisen, ist aber nicht das Massenmedium schuld, sondern die Geschichtswissenschaft, die die Entwicklung entsprechender Werkzeuge bislang unterlassen oder nicht zur Kenntnis genommen hat. Es ist sehr die Frage, wie lange sich die Forschung diese Ignoranz noch leisten kann, bevor die Prognose vom Ende der Zeitgeschichtsschreibung Wirklichkeit wird.

Filme bestehen aus einer Abfolge von Einzelbildern, die so schnell hintereinander ablaufen und technisch so geschickt dargeboten werden, daß ein Eindruck von Bewegung entsteht. Originalaufnahmen können physisch oder elektronisch geschnitten werden. Ein Filmstück zwischen zwei Schnitten wird Einstellung genannt, verschiedene Einstellungen ergeben im Rahmen eines Themenblocks eine Szene. Ein Film kann aus nur einer einzigen Einstellung, einer einzigen Szene oder aus mehreren Szenen bestehen. Seit der Erfindung des Tonfilms haben die meisten Filme nicht nur eine bildliche, sondern auch eine verbal-akustische Mitteilungsebene – die Tonspur. Auf dieser Tonspur können bildsynchron aufgenommene Originaltöne gespeichert sein, es kann aber auch eine vollkommen willkürliche Nachvertonung vorgenommen werden. So kann auf der Tonspur zum Beispiel eine Mischung aus Originalton, arti-

10 Vgl. auch Robert A. Rosenstone, »History in Images / History in Words«, in: *American Historical Review* 5 (1988), S. 1175.

11 Charles-Henri Favrod, »Die Revolution der Fotografie«, in: *du. Die Zeitschrift der Kultur*, Nr. 7/8, Juli/August 1992, S. 131.

fiziellem Studioton, Wortkommentar und Musik gespeichert sein. In vielen Tonfilmen wird die Aussage des Gesamtfilms sogar eher durch Wortkommentare als durch Bildaussagen bestimmt.

Bei beiden Mitteilungsebenen, oder auch nur bei einer von ihnen, kann es sich um gestellte oder ungestellte, um im Original belassene oder um mehr oder weniger bearbeitete Aufnahmen handeln. Die Aufnahmen auf beiden Ebenen können absolut fiktiv sein, und die Grenze zur historischen Fälschung ist fließend.

Filme unterliegen von der Aufnahme bis zur Herstellung der Endfassung einer derartigen Vielzahl von Manipulationsmöglichkeiten, daß es davon wohl nie eine vollständige Beschreibung geben wird. Wer sich unter historischer Fragestellung trotzdem an dieses Medium heranwagt, benötigt deshalb ein Basisinstrumentarium, das eine systematische Herangehensweise ermöglicht. Auch eine allgemeine Kenntnis von Standardmanipulationen an Bild und Ton ist unerläßlich.

Die historische Filmforschung beschreitet hauptsächlich zwei Wege, auf denen Filme zum historischen Erkenntnisgewinn beitragen können. Der erste Weg besteht darin, die Aussageabsichten von Filmemachern[12] zu analysieren. In diesem Sinn ist der Film vorrangig Traditionsquelle, z. B. zur Erforschung des Zeitgeistes zur Zeit seiner Produktion. Ein Film aus der Nazizeit über den Freiheitskampf gegen Napoleon wäre in diesem Sinn eine Quelle über den Ungeist des Nationalsozialismus, dagegen aber keine Quelle über den Widerstand gegen Napoleon. Unter bestimmten Fragestellungen können solche Filme auch als Überrest ausgewertet werden. Ein Beispiel dafür könnte etwa in einer Untersuchung zur Rolle der Frau im Nachkriegsdeutschland anhand ausgewählter Spielfilme dieser Zeit bestehen.

12 Mit diesem Begriff ist die Gesamtheit aller am Herstellungsprozeß eines Films Beteiligten vom Produzenten über den Regisseur, die Darsteller usw. gemeint.

Bei den beschriebenen historischen Analysen werden Filme in der Regel ganzheitlich, d. h. in der von den Filmemachern hergestellten Form, analysiert. Die hierzu herangezogenen Filmgattungen sind Spielfilme, Dokumentarfilme oder Wochenschauen, die in der ihrer Bezeichnung entsprechenden Idealform existieren, aber auch in Mischformen vorkommen, z. B. in einer Mixtur aus Spiel- und Dokumentarfilm. Die Bezeichnung ›Dokumentarfilm‹ ist vielfach mißbraucht worden (und wird vielfach mißbraucht), um eine falsche Authentizität vorzuspiegeln. Eklatante Beispiele dafür bieten viele Machwerke der NS-Zeit.

In Deutschland ist seit den fünfziger Jahren vor allem am Institut für den Wissenschaftlichen Film in Göttingen systematisch an der Erforschung des Quellenwertes historisch relevanter Filme gearbeitet worden. Aus den Ergebnissen dieser Arbeit haben sich die heute geltenden Standards für die Editionstechnik und die Interpretation historischer Filmquellen ergeben.

Der ernsthaften Nutzung von Filmen für Forschungszwecke stehen vielfältige Probleme entgegen. Das wohl größte Hindernis bietet die geltende Rechtslage, wonach die Nutzung von Filmmaterial an die Genehmigung der sogenannten Filmrechteinhaber geknüpft ist. Mit anderen Worten: Wer Filme oder Filmteile auswerten, sie einem Publikum, etwa einer Schulklasse oder Seminargruppe, vorführen oder sogar selbst verleihen will, muß in vielen Fällen für das dafür erforderliche Einverständnis des Rechteinhabers zahlen. Falls mit dem gewünschten Einsatzzweck die Herstellung einer Kopie verbunden ist, etwa die Überspielung eines 36-mm-Films auf eine Videokassette, sind noch einmal Gebühren fällig. Drittens ist es im Falle einer wissenschaftlichen Veröffentlichung ausgesprochen schwer, exakte Belegstellen für bestimmte Filmstellen anzugeben – etwa in Form von Fußnoten. Für ein Zitat aus einer Schriftquelle kann man die Dokumentennummer des jeweiligen Archivs oder der gedruckten Quellenedition oder die Seitenzahl eines Buches als Beleg angeben. Filmausschnitte sind dagegen überhaupt nicht so eindeutig zu identifizieren.

Um historisch relevante Filme diesen Widrigkeiten zum Trotz wenigstens für Bildung und Forschung zugänglich zu machen, gibt es in Deutschland verschiedene öffentlich geförderte und preiswert zu nutzende Archive und Verleihstellen. Dazu gehören unter anderem das Bundesfilmarchiv in Potsdam, das gleichfalls schon genannte Institut für den Wissenschaftlichen Film in Göttingen, das Institut für Film und Bild in Wissenschaft und Unterricht in München sowie Landes- und Kreisbildstellen und das Deutsche Institut für Filmkunde in Frankfurt am Main.

Die Frage nach der Zitierfähigkeit führt direkt weiter zur Darstellung der aktuellen Editionstechnik für Spielfilme, Dokumentarfilme und Wochenschauen. Um Filme zitierfähig zu machen und die verschiedenen filmischen Mitteilungsebenen jeweils für sich allein, aber auch in ihrer Verbindung zueinander darzustellen, ist das sogenannte ›Einstellungsprotokoll‹ entwickelt worden. In ihm werden die einzelnen Filmeinstellungen durchnumeriert und mit einer Angabe ihrer jeweiligen Dauer versehen. Eine dritte Spalte vermerkt die Art der Kameraeinstellung (Großaufnahme oder Totale, Kamerafahrt oder -schwenk usw.). Entsprechend diesen Angaben gibt das Einstellungsprotokoll Bildinhalt, Sprache sowie Musik/Geräusch in ihrer Synchronität wieder, indem Bildinhalt und Musik/Geräusch beschrieben und die Sprache der Schauspieler oder des Kommentators transkribiert werden. Der Übersichtlichkeit halber werden inhaltlich zusammengehörige Einstellungen in Sequenzen zusammengefaßt und mit einer Sequenzüberschrift versehen.[13]

13 Als besonders modernes Beispiel vgl. Stig Hornshøj-Møller, *Der ewige Jude*, Göttingen 1995 (Beiträge zu zeitgeschichtlichen Filmquellen, hrsg. vom Institut für den Wissenschaftlichen Film, 2).

Um dem potentiellen Nutzer eines Films die Arbeit noch weiter zu erleichtern, werden im Zusammenhang mit dem Einstellungsprotokoll in der Regel noch Zusatzinformationen zum Film gegeben. Dazu gehören Angaben zur Entstehungszeit, zum näheren historischen Kontext, zur Produktionsgeschichte sowie zu den an der Produktion beteiligten Personen und deren Motiven. Für Unterrichtszwecke können zusätzlich didaktische und methodische Hinweise erfolgen.[14]

Erfahrungsgemäß führt diese ganzheitliche Form der Filmanalyse vorrangig zu Erkenntnissen über Machart und Botschaft eines Films, letztlich also über die Erzählabsicht seiner Autoren. Wer wissen will, was einzelne Filmeinstellungen über das historische Ereignis aussagen, das sie inhaltlich zeigen, der bedarf eines zusätzlichen und feineren Instrumentariums. Dieses Handwerkszeug ist noch relativ neu, und es gibt bislang auch erst zwei Filmquelleneditionen, die entsprechend aufbereitetes Material zur Geschichte des 17. Juni 1953 sowie zum Zweiten Weltkrieg bieten.[15] Diese beiden Themen wurden ausgewählt, um an ihrem Beispiel die bislang erarbeitete Quellentheorie auf deren praktische Anwendbarkeit hin zu überprüfen. Nach White zählen »Landschaft, Schauplatz, Atmosphäre, komplexe Ereignisse wie Kriege, Schlachten, Menschenmassen und Emotionen«[16] zu denjenigen Phänomenen, die am ehesten historisch relevante Aussagekraft haben könnten. In der Literatur zur Quellentheorie herrscht lediglich Konsens in der Hinsicht, daß unser Geschichtsbild etwa in bezug auf das Phänomen Hitler ohne Film- und Tonaufnahmen sehr

14 Peter Meyers, *Film im Geschichtsunterricht*, Frankfurt a. M. 1998.

15 Manfred Hagen / Joachim Wendorf, *Film-, Foto- und Tonquellen zum 17. Juni 1953 in Berlin*, hrsg. vom Institut für den Wissenschaftlichen Film, Göttingen 1992; M. Hagen / Susanna Vida (unter der Mitarb. von J. Wendorf), *Mit der Amateurkamera hinter der Front. Privataufnahmen des Rittmeisters Harald von Vietinghoff-Riesch, 1938–1942*, Göttingen 1999.

16 Hayden White, »Historiography and Historiophoty«, in: *American Historical Review* 5 (1988), S. 1193.

viel ärmer wäre.[17] Wer weiter fragt, betritt quellentheoretisches Neuland.

Dabei ist zuerst zu klären, ob und wie weit aus Filmaufnahmen in bezug auf das, was sie inhaltlich zeigen, überhaupt eine wie auch immer geartete Kenntnis der Vergangenheit zu gewinnen ist. Dies hängt entscheidend von dem Grad der Realitätsnähe ab, für die der Fachbegriff der »Abbildungstreue« verwendet wird. Eine Erweiterung dieses Aspektes hat der dänische Medienwissenschaftler Karsten Fledelius in die Frage gekleidet, ob der Betrachter eines Filmes genausoviel erlebt wie ein tatsächlich vor Ort anwesender Augenzeuge.[18] Zur Klärung dieser Problembereiche ist die Kenntnis des fotografischen Prozesses sowie der ihn beeinflussenden Faktoren erforderlich. Die folgende Abbildung stellt in Form eines einfachen Schemas die schrittweise Transformation einer fotografierten »Realität«[19] in eine verbale Beschreibung oder Interpretation dar.

Farbfilmaufnahmen mit synchronem Stereo-Originalton stellen den derzeit höchsten technischen Normalstandard dar. Am häufigsten dürfte allerdings die einfache Mono-Tonaufnahme sein. Die üblicherweise verfügbaren Filmaufnahmen schließen demnach folgende Sinneswahrnehmungen prinzipiell aus:

17 Vgl. Karl Otmar von Aretin, »Der Film als zeitgeschichtliche Quelle«, in: *Politische Studien* (1958) Nr. 9, S. 254–265, bes. 259. Vgl. auch Matthias Peter / Hans-Jürgen Schröder, *Einführung in das Studium der Zeitgeschichte*, Paderborn 1994, S. 51.

18 Karsten Fledelius, »Film and History – An Introduction to the Theme«, in: *Comité International des Sciences Historiques. XVIe Congrès International des Sciences Historiques. Stuttgart du 25 août au 1er Septembre 1985. Rapports I. Grands Thèmes, Méthodologie, Section Chronologique* (I), Stuttgart 1985, S. 184.

19 Der Begriff »Realität« wird hier im Sinne Immanuel Kants benutzt, der Sachverhalte dann als real ansehen wollte, wenn diese sich durch Erfahrung und nicht nur durch Einbildung erfassen ließen. Unabhängig von der offenbar bis heute nicht gelösten philosophischen Grundfrage gelten im folgenden alle sinnlich erfaßbaren Sachverhalte als real. Vgl. Hermann Krings / Hans Michael Baumgartner / Christoph Wild (Hrsg.), *Handbuch philosophischer Grundbegriffe*, Bd. 2, München 1973, S. 1168–87, bes. 1169.

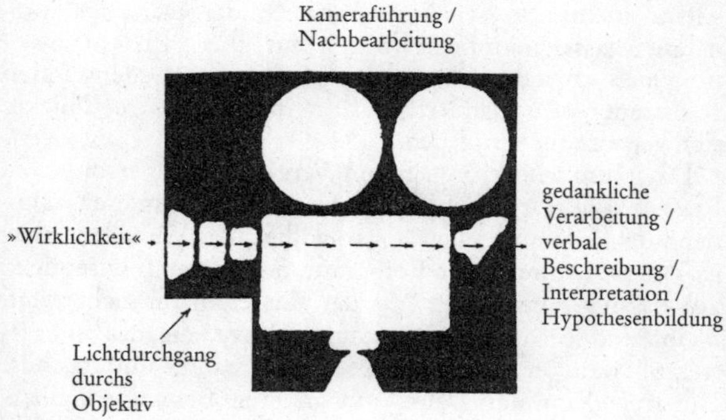

Transformation einer vergangenen »Wirklichkeit« durch den fotografischen Prozeß

(a) Dreidimensionales Sehen
(b) Hören, das nicht nur Geräusche von links oder rechts, sondern auch von vorn oder hinten, oben oder unten unterscheiden läßt (bei Mono-Tonaufnahmen ist selbst eine Unterscheidung zwischen links und rechts unmöglich)
(c) Geruchssinn
(d) Wahrnehmung taktiler Reize
(e) Kinästhetisches Bewegungsempfinden
(f) Andere Formen selbständiger Interaktion

Die unter (a) und (b) genannten Einschränkungen gewinnen zusätzliches Gewicht, wenn an Stelle von Farb- nur Schwarz/Weiß-Aufnahmen existieren und/oder nur Mono- oder gar kein Ton vorliegen.

Gegenüber den seitlich zueinander versetzten Augen des Menschen, die dreidimensionales Sehen ermöglichen, haben gewöhnliche Kameras nur ein Objektiv und liefern dementsprechend nur zweidimensionale Bilder. Derartige Aufnahmen lassen räumliches Sehen nur über Hilfskonstruktionen zu: etwa durch die relative Größe von Gegenständen zueinander oder dadurch, daß im Bild sichtbare Objekte sich gegenseitig verdecken.

Das räumliche Hören ist im Vergleich zur persönlichen Präsenz vor Ort ebenfalls eingeschränkt. Andere Wahrnehmungssysteme fallen sogar völlig aus. Vor allem aber ist der Betrachter einer Fotografie oder einer Filmsequenz zur Passivität verurteilt. Was der Kameramann nicht zeigt, bleibt ihm verborgen. Bestimmte Dinge, die ihn interessieren, kann er in der Regel nicht näher untersuchen. Die freie Kommunikation mit anderen Beteiligten, überhaupt die Teilnahme an dem Ereignis, ist ihm unmöglich. Ein Augenzeuge, der später verbal über seine Erlebnisse berichtet, unterliegt diesen Einschränkungen weniger. Die Betrachtung einer Fotografie oder einer Filmeinstellung kann demnach von vornherein nur ein eingeschränkt visuelles, daneben allenfalls ein ebenso begrenzt auditives Erlebnis sein.

Mit der Betätigung des Auslösers durch den Kameramann beginnt eine mehrstufige Transformation, in der die Realität, die sich vor dem Objektiv abspielt, vielfältigen Manipulationen ausgesetzt ist. Dabei treten sowohl subjektiv-menschliche als auch rein technisch bedingte Einflußnahmen auf.

Zu den menschlichen Faktoren gehören die Entscheidungen des Kameramanns und die Nachbearbeitung des Materials. Im einzelnen bestimmt der Fotograf den Aufnahmezeitpunkt, den Aufnahmeort, die Perspektive, den Bildausschnitt und die Einstellungsdauer.

Idealerweise sollte dem Druck auf den Auslöser ein gründlicher Entscheidungsprozeß vorausgehen, in dem die Repräsentativität des gefilmten Ausschnitts in bezug auf das Gesamtereignis geprüft wird. Dabei befinden sich die Verantwortlichen in einer schwierigen Situation. Im Gegensatz zu einem Historiker, der *post eventum*[20] (nach dem Ereignis) über ein Ereignis berichtet und sich dabei auf das für seine Fragestellung Wesentliche konzentrieren und Begründungsstränge herstellen kann, befinden sich zum Zeitpunkt der Filmaufnahme die Dinge noch im Fluß. Der Zwang, *sub eventu* (während des Ereignisses) die Relevanz von Teilvorgängen in kürzester Zeit zu erfassen, birgt die große Gefahr letztlich irrelevanter und/oder wenig repräsentativer Aufnahmen.

Die Lage wird noch komplizierter, wenn das Aufnahmeteam *pars eventus* (Teil des Ereignisses) wird. Dabei kann allein die Präsenz eines Fotografen die Aufnahmesituation beeinflussen, indem etwa die Menschen, die er fotografiert, dies bemerken und dadurch ihr Verhalten ändern. In einem solchen Fall wäre der Bildinhalt mehr als Traditions- und weniger als Überrestquelle zu behandeln. Ob die Gefilmten unter diesen Bedingungen ihr Verhalten nachhaltig modifizieren oder lediglich stärkere Akzente setzen, dürfte anhand jedes Einzelfalls gesondert zu prüfen sein. Derselben Einzelfallanalyse unterliegen die Absichten des Kameramanns, die z. B. aus einem speziellen Auftrag resultieren können, oder die Aufnahmesituation vor Ort. Die fertige Filmeinstellung ist als Überrestquelle in eine solche Untersuchung mit einzubeziehen.

Wird der Auslöser betätigt, öffnet sich der Verschluß, und der Film wird belichtet. Dabei beeinflußt bereits das Kameraobjektiv die spätere Abbildung. Während Weitwinkelobjektive den Vordergrund vergrößert abbilden, verschiebt die Verwendung von Teleobjektiven die Relation in die Gegenrichtung: Gegenüber dem Vordergrund erscheint nun der Hintergrund größer. Im Vergleich zur normalen menschlichen Sehgewohnheit oder zur Aufnahme mit einem Normalobjektiv erscheint damit auch die Entfernung zwischen Vorder- und Hintergrund je nachdem größer

20 Hierzu und im folgenden vgl. Fledelius (s. Anm. 18) S. 185 f.

oder kleiner. Auch die allgemeine Qualität des Objektivs ist in bezug auf die Frage von Bedeutung, ob es die aufgenommenen Gegenstände gleichmäßig abbildet oder verzeichnet. Daneben spielen Abbildungsschärfe, Auflösungsvermögen und Farbechtheit eine Rolle.

Wie exakt die fotografische Fixierung auf dem Trägermedium (z. B. Film oder Videoband) ist, hängt nicht nur von einer guten Belichtung und der Farbechtheit des Aufzeichnungsmaterials ab. Die Auflösung ist durch Körnung des Films oder die Anzahl der Videobildpunkte begrenzt. Die bei der Weiterbearbeitung des belichteten Materials erforderlichen Kopierprozesse – die ebenfalls teilweise der menschlich-subjektiven Entscheidung unterliegen – können Farbe, Kontrast, Helligkeit und Auflösung ebenfalls verändern.[21] Die ursprüngliche Wirklichkeit unterliegt den genannten Faktoren, bevor der Betrachter ein fertiges Bild in die Hand, auf die Leinwand oder den Bildschirm bekommt. Manche Wahrnehmungspsychologen und Semiologen sprechen deshalb von Bildern als »Surrogaten« der Wirklichkeit.[22]

Über die im Prinzip unvermeidlichen Entfremdungsprozesse hinaus unterliegen fotografische Aufnahmen oftmals aber auch bewußten Fälschungen. Einfache Foto-Manipulationen gehören zur alltäglichen Arbeit jedes Fotografen. Gemeint sind die Ausschnittvergrößerung oder das Wegretuschieren von Fusseln. Man kann wohl ohne weiteres sagen, daß Deckfarbe, Pinsel und Schere zur fotografischen Grundausrüstung gehören. Eine wahre Revolution der

21 Mit der hier sicher noch nicht vollständig berücksichtigten digitalen Bildbearbeitung sind in letzter Zeit die Manipulationsmöglichkeiten noch vielfältiger geworden.

22 James Gibson, »A Theory of Pictorial Perception«, in: *AV Communication Review* 2 (1954) Nr. 1, S. 3–23. Zit. nach: Hermann Kalkofen, »Zum Problem der Objektivität im wissenschaftlichen Filmdokument«, in: *Jugend Film Fernsehen. Zeitschrift für audiovisuelle Medien, Kommunikation und Pädagogik* 19 (1975) Nr. 2, S. 67, der mit dem Begriff des Surrogats nicht »die Assoziation [...] von Minderwertigkeit auslösen« möchte. Vgl. auch Nicolas Pronay, »The ›Moving Picture‹ and Historical Research«, in: *Journal of Contemporary History* (1983) Nr. 18, S. 388.

Möglichkeiten bietet die moderne Computertechnik; sie kann durchaus dazu führen, daß in Zukunft die historische Beweisführung umgedreht werden muß: Während bei den Aufnahmen früherer Jahre inhaltlich relevante Retuschen eher die Ausnahme waren, werden sie vielleicht schon bald als Regelfall anzusehen sein. Für Werbefilme gilt dies bereits heute.

Im Gegensatz zu Fotografien sind Retuschen an Filmbildern allerdings wesentlich schwerer auszuführen, weil dabei jedes einzelne Filmbild mit höchster Präzision manipuliert werden muß. Selbst mit Hilfe der Computertechnik ist dies noch immer sehr aufwendig. Im Gegensatz zur klassischen Retusche sind andere Manipulationen häufiger. Dazu gehören das Stellen frei erfundener Aufnahmesituationen, also die vollständige Vortäuschung falscher Realitäten, etwa durch den Sensationsjournalismus.[23] Es kommt auch vor, daß Filmbilder durch eine Neukommentierung in falsche Zusammenhänge gestellt werden. Außerdem ist es problemlos möglich, Filmeinstellungen so zu kürzen, daß ein falscher Sinnzusammenhang entsteht.

Fotografien sind »Gegenstände, die sich selbst in unnachahmlicher Treue mahlen«.[24] So jedenfalls beurteilte schon Alexander von Humboldt die ersten Lichtbilder. Und nach Fledelius und Skyum-Nielsen sind Fotografien »das Ergebnis eines fotochemischen oder elektromagnetischen Prozesses ohne jedes menschliche Medium«.[25]

Demgegenüber können wir anhand unserer bisherigen Ergebnisse den Ausschluß des »menschlichen Mediums« so

23 Vgl. Günter Theißen, »Die Wahrmacher. Warum es keine Objektivität vor geöffneten Objektiven gibt«, in: *Die Zeit*, Nr. 14, 29. März 1996.

24 Alexander von Humboldt an Friederike von Anhalt-Dessau, 1839, zit. nach: *»In unnachahmlicher Treue«. Photographie im 19. Jahrhundert – ihre Geschichte in den deutschsprachigen Ländern. Begleitbuch zu einer Ausstellung der Josef-Haubrich-Kunsthalle Köln in Zusammenarbeit mit dem Foto-Historama Agfa-Gevaert Leverkusen vom 8. September bis 31. Oktober 1979*, S. 28.

25 Karsten Fledelius in Anlehnung an Niels Skyum-Nielsen (s. Anm. 8) S. 508.

pauschal nicht bestätigen. Das fotografische Verfahren ist auch nicht auf den fotochemischen oder elektromagnetischen Prozeß zu reduzieren. Trotzdem gibt es im Entstehungsprozeß einer Fotografie oder eines Filmbildes eine bestimmte Phase, die unstreitig objektive Züge trägt. Es ist der Augenblick, in dem die durch das Objektiv einfallenden Lichtstrahlen die fotochemische oder elektromagnetische Reaktion auf dem Trägermedium auslösen. Bei diesem Vorgang findet eine höchst genaue Aufzeichnung statt: es wird nichts hinzugefügt und auch nichts weggelassen.[26] Die Abbildungstreue einer Fotografie ist demnach gleichbedeutend mit absoluter Detailtreue, die allerdings in der Lichtempfindlichkeit des Trägermediums, der Lichtstärke des Objektivs sowie dessen Auflösungsvermögen und Farbechtheit ihre Grenzen findet.

Ganz im Sinne der über 150 Jahre alten Einschätzung Alexander von Humboldts bescheinigt auch die moderne Semiotik der Fotografie hohe Abbildungstreue.[27] Sie äußert sich demnach in großer Ähnlichkeit des Bildes mit dem Original (Ikonizität) – einer Ähnlichkeit, die durch »einen kausalen Einfluß des Objekts auf das Zeichen«[28] (Indexikalität) bedingt ist.

Neben der Detailtreue weisen Filmaufnahmen eine weitere singuläre Eigenschaft auf: die Überlieferung durchgehend gefilmter Vorgänge in Realzeit![29] Um diese Charakteristik zu gewährleisten, müssen allerdings Aufnahme- und Abspielgeschwindigkeit gleich sein. Wie phasengenau eine

26 Manfred Hagen, »Filme und Tonaufnahmen als Überrestquellen. Versuch einer thematisch-kritischen Bild- und Tonquellenedition zum 17. Juni 1953«, in: *Geschichte in Wissenschaft und Unterricht* 41 (1990) S. 355.

27 Hierzu und im folgenden Winfried Nöth, *Handbuch der Semiotik*, Stuttgart 1985, S. 428 und 434. Dort wird auf weiterführende Literatur verwiesen.

28 Ebda, S. 434.

29 Kalkofen (s. Anm. 22) weist darauf hin, daß »mit dem Verkürzungsmerkmal sogar eins der Kriterien, anhand derer sich Originale und Modelle unterscheiden lassen«, wegfällt.

Bewegung darüber hinaus später nachzuweisen ist, hängt schließlich von der Anzahl der pro Zeiteinheit aufgenommenen Bilder ab.

Nach Abschluß der Betrachtungen über die entfremdenden Elemente auf der einen und die Abbildungstreue auf der anderen Seite bedarf es nun der Zusammenführung dieser Gedanken im Rahmen der übergeordneten Fragestellung. Wie schon gesagt, empfiehlt es sich dabei, die Bildquellen nicht isoliert zu betrachten. Durch den Vergleich mit dem verbalen Bericht eines Augenzeugen ist der Stellenwert der Fotografie und des Films besser zu beurteilen.

Es ist gezeigt worden, daß Fotografien nur ein eingeschränktes visuelles Erlebnis bieten. Ein vor Ort anwesender Augenzeuge hatte zwar alle Möglichkeiten der Sinneswahrnehmung und der Interaktion, aber letzten Endes ist sein Leser oder – wenn die Aussage auf Tonband oder Tonfilm vorliegt – Zuhörer genauso zur Passivität verurteilt wie der Betrachter eines Films.

Die verbale und die technisch fotografische Ereignis-Erfassung weisen eine Reihe von Gemeinsamkeiten auf. Wir vergleichen: Genauso wie der Kameramann Aufnahmeort, -zeit und -dauer, Perspektive, Objektivwahl und Bildausschnitt festlegt, beschreibt ein Augenzeuge ebenfalls aus seinem persönlichen Empfinden heraus. Die Bildbeeinflussung durch das Objektiv ähnelt der subjektiven Perspektive des Berichterstatters. Begrenzte Auflösung, Bildfolge und Ausschnitthaftigkeit einer Filmeinstellung finden ihre Entsprechung in mangelnder Aufmerksamkeit, fehlenden Informationen, begrenztem Gedächtnis und der Formulierungskraft des Erzählers. Ähnlich wie filmtechnische Kopierprozesse Veränderungen gegenüber dem Ausgangsmaterial mit sich bringen können, unterliegen auch Abschriften oder Zusammenfassungen der Gefahr der Manipulation. Die Frage eines Interviewers oder persönliche Betroffenheit beeinflussen den befragten Augenzeugen womöglich in ähnlicher Weise wie die von den Akteuren bemerkte Kamera. Sämtliche entfremdende Einflüsse, denen Filmaufnahmen unterliegen, finden demnach eine Entsprechung im Entstehungsprozeß verbaler Quellen!

Deshalb trifft auch die vielzitierte Aussage von Béla Balázs, wonach nichts so subjektiv sei wie das Objektiv,[30] nicht zu. Wollte man das Wortspiel fortsetzen, könnte man vielmehr sagen: Das Objektiv ist genauso subjektiv wie das Subjekt.

Dementsprechend weist jedes Filmbild – wie jede Schriftquelle – in Anlehnung an Ahasver von Brandt Elemente von Tradition und Überrest auf.[31] Genausowenig wie für Schriftquellen ist deren Anteil pauschal zu bestimmen. Im allgemeinen dürfte der Bildinhalt (sofern er nicht gestellt ist) den Überrest-Charakter einer Photographie ausmachen. Die Entscheidungen des Kameramanns und die technische Nachbearbeitung, die gegenüber dem Inhalt vorwiegend die Form der Aufnahme bestimmen, sind dagegen prinzipiell stärker als Traditions-Elemente zu werten. Gleiches gilt für die Beeinflussung der im Film handelnden Menschen, falls das bewußte Gefilmtwerden Einfluß auf deren Handeln gehabt haben sollte.

Gemessen an dem S. 458 dargestellten Transformationsschema ist eine Fotografie eine präverbale Quelle. Die verbale Erzählung, die visuelle Erlebnisse umsetzt, begibt sich demgegenüber auf eine neue Abstraktionsebene. Eine fotografische Quelle kann zeitlich und in bezug auf ihre Detailtreue wesentlich näher an der vergangenen Wirklichkeit liegen! Nicht nur das. – Die dauerhafte Fixierung auf dem Trägermaterial ermöglicht auch im nachhinein einen intersubjektiven Erfahrungsaustausch unter Ausnutzung der genannten Vorteile. Wir dürfen den auf vorverbalem Niveau dauerhaft festgehaltenen Augenblick genauso zu den Pluspunkten der Fotografie zählen wie die einzigartige Abbildungstreue.

30 Béla Balázs, *Der Film. Werden und Wesen einer neuen Kunst*, Wien [4]1972, S. 78.

31 Ahasver von Brandt, *Werkzeug des Historikers*, Stuttgart [u. a.] [9]1980, S. 54 f.

Semiologie und Philosophie bieten in bezug auf exakte Informationsunterschiede zwischen Bild und Wort leider erst wenige praktisch verwertbare Antworten. Für den in Prag geborenen Philosophen Vilém Flusser sind Texte »Metacodes« von Bildern[32] und demnach verbale Ausformungen visueller Eindrücke, womit das Schema S. 458 auch aus dieser Sicht gerechtfertigt erscheint. Vom Standpunkt des Historikers gesehen könnte in diesem Prozeß das Bild als Primär- und der Text als Sekundärquelle[33] betrachtet werden. Aus semiologischer Sicht ist diese Vorstellung allerdings zu einfach. Danach stehen bildliche Zeichen (präsentative Symbole) und deren verbale Beschreibung und Deutung (diskursive Symbole) »in einem Verhältnis wechselseitiger Unübersetzbarkeit zueinander«.[34] Als Hauptgrund für diese Annahme wird die Vermutung angegeben, daß die Sprache nicht über ausreichende Ausdrucksmittel für Bildinformationen verfügt: »Die Sprache [...] erscheint gerade wegen ihres definitiven, distinktiven Charakters kaum geeignet, wirklich Neues zum Ausdruck zu bringen. Unübersetzbar also sind die Inhalte, insofern sie ›jeweils noch nicht‹ übersetzbar sind, bzw. insofern sie, sobald sie diskursiv darstellbar werden, ihren spezifisch präsentativen Charakter verlieren.«[35] Und für die Philosophen Wittgenstein und Carnap beginnt jenseits der Verbalisierbarkeit definitiv die im wissenschaftlichen Sinne unkontrollierbare Welt der Gefühle.[36] Die Frage, ob es nonverbales Wissen gibt,[37] steht also weiter im Raum.

32 Vilém Flusser, *Für eine Philosophie der Fotografie*, Göttingen 1983, S. 11.

33 Vgl. Bodo Scheurig, *Einführung in die Zeitgeschichte*, Berlin ²1970, S. 39.

34 Hierzu und im folgenden Susanne K. Langer, zit. nach: Hartmut Winkler, *Der filmische Raum und der Zuschauer*, Heidelberg 1992, S. 145 f.

35 Winkler (s. Anm. 34) S. 146.

36 Wittgenstein und Carnap, zit. nach Winkler (s. Anm. 34) S. 145.

37 Rudolf Vierhaus, »Historische Wahrheit«, in: Guido Knopp / Siegfried Quandt (Hrsg.), *Geschichte im Fernsehen*, Darmstadt 1988, S. 165; Hagen (s. Anm. 26) S. 364; auch Karl-Georg Faber, *Theorie der Geschichtswissenschaft*, München 1971, S. 148.

Da der wissenschaftliche Diskurs traditionell auf verbaler Ebene verläuft, sind die nonverbalen Bildinformationen so exakt und so weitgehend wie möglich in verbale umzusetzen. Nur auf diese Weise sind Bilder konstruktiv in den Wissenschaftsprozeß einzubeziehen. Die Überlegung, ob es für Bilder einen adäquateren (nonverbalen?) Weg wissenschaftlicher Verwertung gibt, erscheint interessant, hat aber bis heute zu keiner praktisch verwertbaren Alternative geführt.

Ein weiterer wesentlicher Unterschied zwischen Text und Bild besteht darin, daß der verbale Bericht nach dem Ereignis verfaßt wird, während der Kameramann zeitgleich mit dem Ablauf aufnimmt. Der Fotograf ist demnach gezwungen, *sub eventu* die Relevanz des Augenblicks zu erfassen und in Szene zu setzen. Ein *post eventum* erzählender Augenzeuge kann im nachhinein entsprechend seiner Erzählabsicht Relevantes auswählen und ihm Unwichtiges weglassen. Die Möglichkeit, mit zeitlichem Abstand unter einer dann bedeutsamen Fragestellung aus einem breiten Erfahrungsspektrum zu berichten, ist ein unschätzbarer Vorteil verbaler Überlieferung. Probleme treten bei letzterer allerdings dann auf, wenn die Sichtweise des Berichterstatters allzusehr von der nachfolgenden Zeit geprägt ist. Die Bild- oder Tonaufnahme weist demgegenüber auf Grund der *Sub-eventu*-Entstehung und -Fixierung theoretische Vorteile auf.

Yves Gellie, Fotograf und Mitarbeiter der Zeitschrift *Geo*, wird zu diesen Sachverhalten wie folgt zitiert: »Das Vertrackte an unserem Beruf ist, daß Fotografie ein so erbarmungsloses Medium ist. Ein Bild zeigt immer nur, was da ist – nicht mehr und nicht weniger. Ein Schreiber kann Dinge hervorheben und weglassen, er kann seinen Lesern eine Ahnung von Ereignissen vermitteln, die er selbst weder gesehen noch gehört hat, indem er Augenzeugen erzählen läßt, er kann, wenn nötig, noch nach seiner Rückkehr fehlende Informationen aus den Archiven ergänzen. Wir

Fotografen sind auf Gedeih und Verderb darauf angewiesen, daß in einem Sekundenbruchteil alles zusammenkommt ...«[38]

Der kleine Ausschnitt, den eine Filmeinstellung oder ein Foto jeweils von einem Gesamtereignis vermittelt, entspricht einem Teil der optischen und – in Verbindung mit synchronem Originalton – auch auditiven Wahrnehmung des Augenzeugen. Fotografische Bilder können demnach lediglich (audio)visuelle Bausteine einer historischen Untersuchung sein. Sie bieten einerseits unmittelbarere Informationen als der Wortbericht, andererseits aber auch nur ausschnitthaftere und sind unter Umständen weniger relevant.

Allerdings ergeben der (nachträgliche) Zusammenschnitt mehrerer Einstellungen oder eine thematische Fotosammlung ebenfalls einen größeren Überblick, der in seiner Spannweite einer verbalen Erzählung näherkommt. Wie in einem verbalen Bericht auch ist es dann möglich, einzelne Fakten zu einer Geschichte zu verbinden und zeitlich und räumlich zu springen. In der Regel bedarf es eines zusätzlichen Wortkommentars, und insgesamt wächst der Anteil der Interpretation. Beim Zusammenschnitt – etwa zu Reportagezwecken – verlieren die Bilder deshalb oft ihre dominierende Rolle und dienen schließlich nur noch als (oft nur vermeintlicher) Beleg oder als Illustration eines Wortberichts.[39] Andererseits darf man an dieser Stelle nicht vergessen, daß die Interpretierbarkeit der meisten Bildquellen entscheidend von verbalen Begleitinformationen, etwa zu Aufnahmeort und -zeit, dem gefilmten Vorgang, den abge-

38 Zit. nach: Johanna Romberg, »Die Suche nach dem goldenen Schuß«, in: *Geo* (1996) Nr. 10, S. 196.

39 Hartmut Boockmann (*Geschichte im Museum? Zu den Problemen und Aufgaben eines Deutschen Historischen Museums*, München 1987, S. 49f.) diskutiert eine Gegenposition, wonach Fotos oder andere Exponate – etwa aus der Zeit des Nationalsozialismus – eine Faszination ausüben könnten, an der »die mit Worten erarbeiteten Darstellungen der Historiker [zu] zerschellen« drohten.

bildeten Personen, dem Filmproduzenten, dem Aufnahmezweck usw. abhängt.

Nach Walter Benjamin bieten Texte Freiraum für Assoziationen, Bilder aufgrund ihrer Konkretheit jedoch nicht.[40] Andererseits gelten fotografische Quellen als so komplex, daß sie sich einer vollständigen verbalen Beschreibung entziehen. Deshalb ist auch die Umkehrung der Aussage über Freiheit und Bindung möglich, denn Bilder halten den Augenblick fest und ermöglichen so eine längere und intensivere Ansicht eines vergangenen Ereignisses. Sie machen im nachhinein aus jedem Betrachter einen eingeschränkten Augenzeugen, der genug Muße hat, auch solchen Aspekten nachzugehen, die andere als scheinbar unwesentlich abgetan oder sogar ganz übersehen haben.[41]

Fotografische Quellen sind insofern »the nearest thing to reality we have«[42], als sie Surrogate eines optischen Erlebnisses sind. Nur mit ihrer Hilfe ist es dem Historiker möglich, die ansonsten unüberwindliche Barriere der verbalen Quellen (oder diskursiven Symbole) wenigstens ein Stück weit zu überwinden und mit Hilfe der präsentativen Symbole (oder Bildquellen) wenigstens punktuell – gewissermaßen wie durch ein Schlüsselloch – so nah an die vergangene »Wirklichkeit« heranzukommen wie sonst nie.

Daß fotografische Quellen »an der Spitze der Hierarchie historischer Quellen«[43] stehen, ist allenfalls in diesem Sinne zu verstehen und bedarf darüber hinaus praktischer Belege; denn eine allgemeinverbindliche Hierarchie gibt es sicher nicht. Eine Gewichtung der verschiedenen Quellengattungen dürfte vielmehr von der jeweiligen Fragestellung und Quellenlage abhängen.

40 Walter Benjamin, *Das Kunstwerk im Zeitalter seiner technischen Reproduzierbarkeit*, Frankfurt a. M. [11]1979, S. 64.

41 Scheurig (s. Anm. 33) S. 63.

42 Sir Arthur Elton, »The Film as Source Material for History«, in: *Aslib Proceedings* 7 (1955) S. 209.

43 Skyum-Nielsen (s. Anm. 8) S. 104; zit. nach: Fledelius (s. Anm. 8) S. 508.

Die theoretische Untersuchung des Wertes filmischer Quellen stößt an ihre Grenzen, wenn es um die praktische Relevanz dieser Quellengattung im Vergleich zur schriftlichen Überlieferung geht. Inwieweit sind die Beschränkung auf das Optische, der kleine Ausschnitt, das beschränkte Auflösungsvermögen oder der Zwang zur Ad-hoc-Aufnahme wirklich wertmindernd? Ist es möglich, im nachhinein ausreichende Begleitinformationen zu sammeln? Die Klärung dieser wichtigen Fragen ist zur Zeit empirisch noch nicht erhärtet und bedarf der zukünftigen Überprüfung an vielen praktischen Beispielen.

Literaturhinweise

Aretin, Karl Otmar von: Der Film als zeitgeschichtliche Quelle. In: Politische Studien (1958) Nr. 9. S. 254–265.

Bucher, Peter: Der Film als Quelle. In: Der Archivar 41 (1988) Sp. 497–542.

Elton, Sir Arthur: The Film as Source Material for History. In: Aslib Proceedings 7 (1955) S. 207–239.

Fledelius, Karsten: Film and History – An Introduction to the Theme. In: Comité International des Sciences Historiques. XVIe Congrès International des Sciences Historiques. Stuttgart du 25 août au 1er Septembre 1985. Rapports I. Grands Thèmes, Méthodologie, Section Chronologique (I). Stuttgart 1985. S. 180–189.

Gröschl, Jutta: Die Deutschlandpolitik der vier Großmächte in der Berichterstattung der Deutschen Wochenschauen 1945–1949. Ein Beitrag zur Diskussion um den Film als historische Quelle. (Beiträge zur Kommunikationsgeschichte. 5.) Berlin / New York 1997.

Hagen, Manfred: Filme und Tonaufnahmen als Überrestquellen. Versuch einer thematisch-kritischen Bild- und Tonquellenedition zum 17. Juni 1953. In: Geschichte in Wissenschaft und Unterricht 41 (1990) S. 352–369.

Hey, Bernd: Geschichte im Spielfilm. Grundsätzliches und ein Beispiel: der Western. In: Geschichte in Wissenschaft und Unterricht 39 (1988) S. 17–33.

– [u. a.]: Umgang mit Geschichte. Geschichte erforschen und darstellen – Geschichte erarbeiten und begreifen. Stuttgart 1992.

Herlihy, David: Am I a Camera? In: American Historical Review 5 (1988) S. 1186–92.

Hornshøj-Møller, Stig: Der ewige Jude. Göttingen 1995. (Beiträge zu zeitgeschichtlichen Filmquellen. Hrsg. vom Institut für den Wissenschaftlichen Film. 2.)

Institut für den Wissenschaftlichen Film (Hrsg.): Film-, Foto- und Tonquellen zum 17. Juni 1953 in Berlin. Bearb. von Manfred Hagen und Joachim Wendorf. Göttingen 1992.

Jackson, Martin A.: Film As a Source Material: Some Preliminary Notes Towards a Methodology. In: Journal of Interdisciplinary History (1973) Nr. 4. S. 73–80.

Jäger, Jens: Photographie: Bilder der Neuzeit. Einführung in die historische Bildforschung. Tübingen 2000.
Jaubert, Alain: Le commissariat aux archives. Les photos qui falsifient l'histoire. Paris [1987].
Körber, Esther-Beate: Wie interpretiert man eine Wochenschau? Überlegungen an Beispielen aus der Nachkriegszeit. In: Geschichte in Wissenschaft und Unterricht 45 (1994) S. 137–150.
Meyers, Peter: Film im Geschichtsunterricht. Frankfurt a. M. 1998.
O'Connor, John E.: History in Images / Images in History. In: American Historical Review 5 (1988) S. 1200–09.
Pandel, Hans-Jürgen / Schneider, Gerhard (Hrsg.): Medien im Geschichtsunterricht. Düsseldorf 1985.
Peter, Matthias / Schröder, Hans-Jürgen: Einführung in das Studium der Zeitgeschichte. Paderborn 1994.
Peters, J. M.: How a Camera Can Express and Convey Information – A Model für Analysing Audio-Visual Messages. In: Kenneth R. M. Short / Karsten Fledelius (Hrsg.): History and Film: Methodology – Research – Education. Kopenhagen 1980. (Studies in History, Film and Society. 2.) S. 39–52.
Raack, Richard C.: Historiography as Cinematography: A Prolegomenon to Film Work for Historians. In: Journal of Contemporary History (1983) Nr. 18. S. 411–438.
Rohlfes, Joachim: Geschichte und ihre Didaktik. Göttingen 1986.
Rosenstone, Robert A.: History in Images / History in Words. In: American Historical Review 5 (1988) S. 1173–85.
Scheurig, Bodo: Einführung in die Zeitgeschichte. Berlin ^{2}1970.
Toplin, Robert Brent: The Filmmaker as Historian. In: American Historical Review 5 (1988) S. 1210–27.

Zu den Autoren

BRUNO BLECKMANN

Geboren 1962. Studium der Geschichte, Latinistik und Romanistik in Würzburg, Münster und Köln. Professor für Römische Geschichte an der Universität Strasbourg II (ab März 2002 o. Professor für Alte Geschichte an der Universität Bern).

Publikationen: Die Reichskrise des III. Jahrhunderts in spätantiker und byzantinischer Geschichtsschreibung. Untersuchungen zu den nachdionischen Quellen des Johannes Zonaras. 1992. – Konstantin der Große. 1996. – Athens Weg in die Niederlage. Die letzten Jahre des Peloponnesischen Kriegs. 1998. – Die römische Nobilität im Ersten Punischen Krieg. 2002. – Aufsätze zur Geschichte und Geschichtsschreibung der Spätantike.

ENNO BÜNZ

Geboren 1961. Studium der Geschichte und Germanistik in Kiel und Würzburg. Dr. phil. habil. Professor für Sächsische Landesgeschichte an der Universität Leipzig.

Publikationen: Stift Haug in Würzburg. Untersuchungen zur Geschichte eines fränkischen Kollegiatstiftes im Mittelalter. 1998. – (Mitverf.) Fränkische Urbare. Verzeichnis der mittelalterlichen urbariellen Quellen im Bereich des Hochstifts Würzburg. 1998. – Der niedere Klerus im spätmittelalterlichen Thüringen. Studien zu Kirchenverfassung, Klerusbesteuerung, Pfarrgeistlichkeit und Pfründenmarkt im thüringischen Teil des Erzbistums Mainz (2002, im Druck). – (Mithrsg.) Der Tag X in der Geschichte. Erwartungen und Enttäuschungen seit 1000 Jahren. 1997. – (Mithrsg.) Klerus, Kirche und Frömmigkeit im spätmittelalterlichen Bistum Eichstätt. Ausgewählte Aufsätze von Franz Xaver Buchner. 1997. – (Mithrsg.) Forschungen zur Reichs-, Papst- und Landesgeschichte. Peter Herde zum 65. Geburtstag von Freunden, Schülern und Kollegen dargebracht. 1998. – Zahlreiche Aufsätze zur mittelalterlichen Geschichte, zu den Historischen Hilfswissenschaften und zur deutschen Landesgeschichte.

Maria H. Dettenhofer

Geboren 1960. Studium der Anglistik, Geschichte, Psychologie und Pädagogik in München. Dr. phil. Dr. phil. habil. Privatdozentin für Alte Geschichte an der Ludwig-Maximilians-Universität München.

Publikationen: Perdita Iuventus. Zwischen den Generationen von Caesar und Augustus. 1992. – Herrschaft und Widerstand im augusteischen Principat. Die Konkurrenz zwischen *res publica* und *domus Augusta.* 2000. – (Hrsg.) Reine Männersache? Frauen in Männerdomänen der antiken Welt. 1994.TB 1996. – Aufsätze zum römischen Principat, zur antiken Sozialgeschichte sowie interdisziplinäre Forschungen zu politologischen Themen.

Christian Halm

Geboren 1967. Studium der Rechtswissenschaften sowie der Mittleren und Neueren Geschichte in Kiel. Dr. jur. Rechtsanwalt, Fachanwalt für Verwaltungsrecht in Zweibrücken.

Publikationen: (Bearb.) Europäische Reiseberichte des späten Mittelalters. Eine analytische Bibliographie. Hrsg. von Werner Paravicini. Tl. 2: Deutsche Reiseberichte. 1994. 2., durchges. und um einen Nachtr. erg. Aufl. 2001. – (Mit Jan Hirschbiegel) Auswahlbibliographie von Neuerscheinungen zu Residenz und Hof 1991–1995. 1995. – Die Errichtung des Erzbistums und der Kirchenprovinz Hamburg durch Vertrag vom 22. September 1994. Ein Beitrag zur Rechtsgeschichte des Staatskirchenrechts. 2000. – Aufsätze, Beiträge u. a. zu kirchenrechtsgeschichtlichen und juristischen Fragen.

Karin Hartewig

Geboren 1959. Studium der Mittelalterlichen und Neueren Geschichte, Neueren Deutschen Literatur und des Fachs Deutsch als Fremdsprache in München. Dr. phil. Wissenschaftliche Mitarbeiterin an der Arbeitsstelle für Historische Anthropologie des Max-Planck-Instituts für Geschichte an der Universität Erfurt.

Publikationen: Das unberechenbare Jahrzehnt. Bergarbeiter und ihre Familien im Ruhrgebiet 1914–1924. 1993. – Zurückgekehrt. Die Geschichte der jüdischen Kommunisten in der DDR. 2000. –

(Hrsg.) The History of Oral History. Country Reports: The Americas, China, Eastern Europe, Western Europe, German Speaking Countries. Special Issue. 1. BIOS. Zeitschrift für Biographieforschung und Oral History. 1990. – (Hrsg.) Der lange Schatten. Widerspruchsvolle Erinnerungen an den Zweiten Weltkrieg und die Nachkriegszeit aus der Mitte Europas. 1939–1989. Sonderheft 2. BIOS. 1993. – (Hrsg.) Recha Rothschild: Verschlungene Wege. Identitätssuche einer deutschen Jüdin. Autobiographischer Roman. 1994. – Aufsätze zur Geschichte des 20. Jahrhunderts und zur Geschichte der Industrie- und Familienfotografie.

Jan Hirschbiegel

Geboren 1959. Studium der Alten, Mittleren und Neueren Geschichte und Volkskunde in Kiel. Wissenschaftlicher Mitarbeiter der Kieler Arbeitsstelle der Residenzen-Kommission der Akademie der Wissenschaften in Göttingen.

Publikationen: (Bearb.) Europäische Reiseberichte des späten Mittelalters. Eine analytische Bibliographie. Hrsg. von Werner Paravicini. Tl. 3: Niederländische Reiseberichte. Bearb. nach Vorarbeiten von Detlev Kraack. 2000. – (Mithrsg.) Das Frauenzimmer. Die Frau bei Hofe in Spätmittelalter und Früher Neuzeit. 6. Symposium der Residenzen-Kommission der Akademie der Wissenschaften in Göttingen. Dresden, 26.–29. September 1998. 2000. – Étrennes. Untersuchungen zum höfischen Geschenkverkehr im spätmittelalterlichen Frankreich der Zeit König Karls VI. (1380–1422) am Beispiel der Neujahrsgeschenke. Diss. Kiel 1997. (Publ. in Vorb.) – Verschiedene bibliographische Arbeiten. Aufsätze, zahlreiche Buchbesprechungen und Rezensionen u. a. zur Theorie des Hofes und der höfischen Kultur.

Klaus Herbers

Geboren 1951. Studium der Geschichte und Romanistik in Köln, Saarbrücken und Berlin. Dr. phil. Professor für mittelalterliche Geschichte und historische Hilfswissenschaften an der Friedrich-Alexander-Universität Erlangen.

Publikationen: Monographien: Der Jakobuskult des 12. Jahrhunderts und der »Liber Sancti Jacobi«. Studien zum Verhältnis zwischen Religion und Gesellschaft im hohen Mittelalter. 1984. – Leo IV. und das Papsttum in der Mitte des 9. Jahrhunderts. – Möglichkeiten und Grenzen päpstlicher Herrschaft in der späten Karolingerzeit. 1996. – Política y veneración de santos en la peninsula ibérica. Desarrollo del »Santiago político«. 1999. – Jakobus in Deutschland. 2000 (mit Robert Plötz). – Quelleneditionen, Quellenübersetzungen, Arbeitsmittel: Der Jakobsweg. Mit einem mittelalterlichen Pilgerführer unterwegs nach Santiago de Compostela. 1986. 7., überarb. Aufl. 2001. – Nach Santiago zogen sie. Berichte von Pilgerfahrten ans »Ende der Welt«. 1996 (mit Robert Plötz). – Span. Fass.: Caminaron a Santiago. Relatos de peregrinaciones al »fin del mundo«. 1999 (mit Robert Plötz). – Libellus Sancti Jacobi. 1997 (ins Deutsche übertr. und komm. zus. mit Hans-Wilhelm Klein †). – Liber Sancti Jacobi. Codex Calixtinus. 1998. (Hrsg. mit Manuel Santos Noia). – A pregrinaxe e o Camiño a Santiago. Hermannus Künig de Vach. 1999 (mit Robert Plötz). – Die Regesten des Kaiserreiches unter den Karolingern 751–918 (926/962), Bd. 4: Papstregesten 800–911, Tl. 2: 844–872, Lfg. 1: 844–858. 1999. – Reihen: (Mithrsg.) Jakobus-Studien. – (Mithrsg.) Beiträge zur Hagiographie. – Sammelbände: (Hrsg.) Deutsche Jakobspilger und ihre Berichte. 1988. – (Mithrsg.) Ex ipsis rerum documentis. Beiträge zur Mediävistik. 1991. – (Mithrsg.) Spiritualität des Pilgerns. Kontinuität und Wandel. 1993. – (Mithrsg.) Der Jakobuskult in Süddeutschland. 1995. – (Mithrsg.) Der Jakobuskult in »Kunst« und »Literatur«. Zeugnisse in Bild, Monument, Schrift und Ton. 1998. – (Hrsg.) Stadt und Pilger, Soziale Gemeinschaften und Heiligenkult. 1999. – (Mithrsg.) Hagiographie im Kontext, Wirkungsweisen und Möglichkeiten historischer Auswertung. 2000. – (Hrsg.) Europa an der Wende vom 11. zum 12. Jahrhundert. Beiträge zu Ehren von Werner Goez. 2001. – (Mithrsg.) Jerusalem im Hoch- und Spätmittelalter: Konflikte und Konfliktbewältigung – Vorstellungen und Vergegenwärtigungen. 2001. – Aufsätze zu: Karolingerzeit, Frömmigkeitsgeschichte, Hagiographie, Geschichte der Iberischen Halbinsel.

Christoph Kampmann

Geboren 1961. Studium der Geschichte, Philosophie, lateinischen Philologie und des Staatsrechts an den Universitäten Bonn, Köln und Oxford, Dr. phil. habil., Privatdozent für Neuere und Neueste Geschichte an der Universität Bayreuth.

Publikationen: Reichsrebellion und kaiserliche Acht. Politische Strafjustiz im Dreißigjährigen Krieg und das Verfahren gegen Wallenstein 1634. 1993. – Arbiter und Friedensstiftung. Die Auseinandersetzung um den politischen Schiedsrichter im Europa der Frühen Neuzeit. 2001. – (Mithrsg.) Wozu Historie heute? Beiträge zu einer Standortbestimmung im fachübergreifenden Gespräch. 1996. – Imperium/Empire/Reich. Ein Konzept politischer Herrschaft im deutsch-britischen Vergleich. An Anglo-German Comparison of a Concept of Rule. 1999. – Aufsätze zur Politik-, Rechts- und Verfassungsgeschichte des römisch-deutschen Reiches, zur zwischenstaatlichen Politik im frühneuzeitlichen Europa und zur Stellung religiöser Minderheiten in Mittel- und Westeuropa im 18. und 19. Jahrhundert.

Hans-Christof Kraus

Geboren 1958. Dr. phil., Historiker. Wissenschaftlicher Mitarbeiter an der Universität Stuttgart.

Publikationen: Ernst Ludwig von Gerlach. Politisches Denken und Handeln eines preußischen Altkonservativen. Bde. 1–2. 1994. – Theodor Anton Heinrich Schmalz (1760–1831) – Jurisprudenz, Universitätspolitik und Publizistik im Spannungsfeld von Revolution und Restauration. 1999. – Bismarck und die preußischen Konservativen. 2000. – (Hrsg.) Konservative Politiker in Deutschland. Eine Auswahl biographischer Porträts aus zwei Jahrhunderten. 1995. – Aufsätze zur englischen und deutschen, besonders preußischen Geschichte des 18. bis 20. Jahrhunderts, zur Geschichte des politischen Denkens sowie zu ausgewählten Themen der neueren Wissenschafts-, Geistes-, Rechts- und Verfassungsgeschichte.

Peter Thaddäus Lang

Geboren 1945. Studium der Anglistik und Geschichte in Tübingen. Leiter des Stadtarchivs Albstadt.

Publikationen: Die Ulmer Katholiken im Zeitalter der Glaubenskämpfe. Lebensbedingungen einer konfessionellen Minderheit. 1977. – (Mithrsg.) Repertorium der Kirchenvisitationsakten des 16.

und 17. Jahrhunderts in Archiven der Bundesrepublik Deutschland. Bd. 1: Hessen. 1982. – Bd. 2: Baden-Württemberg I. 1984. – Bd. 2: Baden-Württemberg II. 1987. – (Mithrsg.) Kirche und Visitation. Beiträge zur Erforschung des frühneuzeitlichen Visitationswesens in Europa. 1984. – Tagolf der Siedler. Ein Roman aus der Alemannenzeit 1994. – Die Jagd nach dem heiligen Stab. Ein historischer Roman aus der Alemannenzeit. 1998. – Aufsätze zum Kirchenvisitationswesen des 15. bis 19. Jahrhunderts, vor allem der Frühneuzeit, und zur Ortsgeschichte im Raum Albstadt.

Michael Maurer

Geboren 1954. Studium der Germanistik, Geschichte und Philosophie in Tübingen und London. Dr. phil. Professor für Kulturgeschichte an der Friedrich-Schiller-Universität Jena.

Publikationen: (Hrsg.) »Ich bin mehr Herz als Kopf«. Sophie von La Roche – ein Lebensbild in Briefen. 1983. ^{2}1985. – Aufklärung und Anglophilie in Deutschland. 1987. – (Hrsg.) »O Britannien, von deiner Freiheit einen Hut voll«. Deutsche Reiseberichte des 18. Jahrhunderts. 1992. – (Hrsg.) Johann Wilhelm von Archenholtz: England und Italien. 3 Bde. 1993. – (Mithrsg.) Großer Historischer Weltatlas. Tl. 4: Neueste Zeit. 1995/1996. – Die Biographie des Bürgers. Lebensformen und Denkweisen in der formativen Phase des deutschen Bürgertums (1680–1815). 1996. – Kleine Geschichte Englands. 1997. – Kleine Geschichte Irlands. 1998. – Kirche, Staat und Gesellschaft im 17. und 18. Jahrhundert. 1999. – (Hrsg.) Neue Impulse der Reiseforschung. 1999. – Geschichte Englands. 2000. – Aufsätze zur Kulturgeschichte (Feste, Briefe, Reisen), zur Historiographie, zur Mentalitätsgeschichte.

Burkhard Meissner

Geboren 1959. Studium der Geschichte, Slawistik, Philosophie, Klassischen Archäologie und Gräzistik in Kiel, Tübingen, Oxford und Heidelberg. PD Dr. phil. habil. Oberassistent an der Martin-Luther-Universität Halle-Wittenberg.

Publikationen: Historiker zwischen Polis und Königshof. Studien zur Stellung der Geschichtsschreiber in der griechischen Gesellschaft in spätklassischer und frühhellenistischer Zeit. 1992. – Die technologische Fachliteratur der Antike: Struktur, Überlieferung und Wirkung technischen Wissens in der Antike (ca. 400 v. Chr. – ca. 500 n. Chr.). 1999. – Aufsätze zur griechischen und römischen Geschichtsschreibung, zu antiken Papyri und Inschriften, zur Datenverarbeitung in den klassischen Altertumswissenschaften, zur Wissenschaftsgeschichte, zur Umweltgeschichte, zum antiken Nordafrika und über das antike Transkaukasien, zur Bildung und Ausbildung in der Antike, zur antiken Technik, zur hellenistischen Geschichte, zur Geschichte der römischen Republik und zur römischen Kaiserzeit.

Barbara Patzek

Geboren 1952. Studium der Archäologie, Altorientalistik, Alten Geschichte in Frankfurt a. M., Heidelberg und Paris. Dr. phil. habil., Privatdozentin an der Universität Essen.

Publikationen: Homer und Mykene. Mündliche Dichtung und Geschichtsschreibung. 1992. – (Hrsg.) Bilder und Bücher um Homer und Troia. Von der Ilias Ambrosiana zu Heinrich Schliemann. 1991. – (Hrsg.) Quellen zur Geschichte der Frauen. Antike. 2000. – Aufsätze zu Antike und Orient, Geschichtsauffassung und Geschichtsschreibung, Antikenrezeption, zur griechischen Kulturgeschichte.

Wolfgang Christian Schneider

Geboren 1947. Studium der Geschichte, Klassischen Archäologie und Literaturwissenschaft in Stuttgart und Tübingen. Dr. phil. habil., Privatdozent für Alte Geschichte an der Technischen Universität Darmstadt.

Publikationen: Ruhm, Heilsgeschehen, Dialektik. Drei kognitive Ordnungen in Geschichtsschreibung und Buchmalerei der Ottonenzeit. 1988. – Vom Handeln der Römer. Kommunikation und Interaktion der politischen Führungsschicht vor Ausbruch des Bürgerkriegs. 1999. – Die Elegischen Verse von Maximian. Eine letzte Widerrede gegen die neue christliche Zeit (6. Jh.). Mit den Gedichten der Appendix Maximiana und der Imitatio Maximiani. Interpretation, Text und Übersetzung. (i. Vorb.) – (Mithrsg.) Reformatio et Reformationes. Festschrift für Lothar Graf zu Dohna. 1989. – Zahlreiche Aufsätze zum Hellenismus, zur römischen Republik und zur Spätantike sowie zur mittelalterlichen Geschichte und Antikenrezeption.

Gerd Schwerhoff

Geboren 1957. Studium der Geschichte, Soziologie und Pädagogik in Köln und Bielefeld. Dr. phil. Professor für Geschichte der Frühen Neuzeit an der Technischen Universität Dresden.

Publikationen: Köln im Kreuzverhör. Kriminalität, Herrschaft und Gesellschaft in einer frühneuzeitlichen Stadt. 1991. – Gott und die Welt herausfordern. Theologische Konstruktion, rechtliche Bekämpfung und soziale Praxis der Blasphemie vom 13. bis zum Beginn des 17. Jahrhunderts. Habil. 1996. – Aktenkundig und gerichtsnotorisch. Einführung in die historische Kriminalitätsforschung 1999. – (Mithrsg.) Mit den Waffen der Justiz. Zur Kriminalitätsgeschichte des Spätmittelalters und der Frühen Neuzeit. 1993. – (Mithrsg.) Hexenverfolgung und Regionalgeschichte. Die Grafschaft Lippe im Vergleich. 1994. – (Mithrsg.) Verletzte Ehre. Ehrkonflikte in Gesellschaften des Mittelalters und der Frühen Neuzeit. 1995. – (Mithrsg.) Mundus in imagine. Bildersprache und Lebenswelten im Mittelalter. Festgabe für Klaus Schreiner. 1996. – (Mithrsg.) Köln als Kommunikationszentrum. Studien zur frühneuzeitlichen Stadtgeschichte. 2000. – (Mithrsg.) Kriminalitätsgeschichte. Beiträge zur Sozial- und Kulturgeschichte der Vormoderne. 2000. – Aufsätze zur Stadtgeschichte, zur Kriminalitäts- und Hexenforschung und zur Kulturgeschichte.

Thomas Vogtherr

Geboren 1955. Studium der Geschichte und Germanistik in Kiel. Dr. phil. Professor für Geschichte des Mittelalters an der Universität Osnabrück.

Publikationen: Wirtschaftlicher und sozialer Wandel im Lüneburger Landadel während des späten Mittelalters. 1983. – Urkundenbuch der Stadt Uelzen. 1988. – Der König und der Heilige. 1990. – Uelzen. Geschichte einer Stadt im Mittelalter. 1995. – (Hrsg.) Chronicon episcoporum Verdensium. 1998. – Die Reichsabteien der Benediktiner und das Königtum im hohen Mittelalter (900–1125). 2000. – Zeitrechnung. Von den Sumerern bis zur Swatch. 2001. – Aufsätze zur niedersächsischen und sächsischen Geschichte, zur Diplomatik und zur Geschichte des benediktinischen Mönchtums.

Joachim Wendorf

Geboren 1960. Studium der Fächer Geschichte, Sport, Pädagogik und Philosophie in Göttingen. Dr. phil. Gymnasiallehrer in Eisenach.

Publikationen: (Mitverf.) Film-, Foto- und Tonquellen zum 17. Juni 1953 in Berlin. 1992. – Über den Quellenwert historischer Film-, Photo- und Tonaufnahmen. Eine Untersuchung am Beispiel des 17. Juni 1953. 1999. – Aufsätze zur Editionstechnik und zur Interpretation auditiver und visueller Quellen.

Peter Wolf

Geboren 1966. Studium der Geschichte und Germanistik in Regensburg und Göttingen. Dr. phil. Gründungsmitglied des Bayerisch-Böhmischen Kulturbüros Regensburg. Wissenschaftlicher Angestellter beim Haus der Bayerischen Geschichte Augsburg.

Publikationen: Regionen im Wandel. Ostbayerns Weg ins technisch-industrielle Zeitalter. 1991. – Neubeginn Glas. Wirtschaftsglasindustrie in Amberg seit 1945. Mit Ausstellungskatalog. 1994. – Bilder und Vorstellungen vom Mittelalter. Regensburger Stadtchroniken der frühen Neuzeit. 1999. – (Hrsg.) Andreas Raselius: Regensburg. Ein Stadtrundgang im Jahre 1599. 1999. – (Mithrsg.) Ein Herzogtum und viele Kronen. Coburg in Bayern und Europa. Katalog zur Bayerischen Landesausstellung. 1997. – (Mithrsg.) Bavaria Germania Europa. Geschichte auf Bayerisch. Katalogbuch zur Landesausstellung des Hauses der Bayerischen Geschichte. 2000. – Aufsätze u. a. zur Montan- und Wirtschaftsgeschichte Bayerns und Böhmens, zur Stadtchronistik der frühen Neuzeit, zu Aufklärungszeitschriften im 18. Jahrhundert sowie zum EDV-Einsatz in Museen und Ausstellungen.